智能经济

李彦宏——著　张晓峰 杜军——主编

中信出版集团 | 北京

图书在版编目（CIP）数据

智能经济 / 李彦宏著；张晓峰，杜军主编 . -- 北京：中信出版社，2020.9（2022.4重印）
ISBN 978-7-5217-2142-3

Ⅰ . ①智… Ⅱ . ①李… ②张… ③杜… Ⅲ . ①人工智能—智能技术—技术经济学—研究 Ⅳ . ① F062.4

中国版本图书馆 CIP 数据核字（2020）第 154796 号

智能经济

著　　者：李彦宏
主　　编：张晓峰　杜军
出版发行：中信出版集团股份有限公司
（北京市朝阳区惠新东街甲 4 号富盛大厦 2 座　邮编　100029）
承 印 者：北京诚信伟业印刷有限公司

开　　本：787mm × 1092mm　1/16　　印　　张：28.75　　字　　数：400 千字
版　　次：2020 年 9 月第 1 版　　印　　次：2022 年 4 月第 8 次印刷
书　　号：ISBN 978-7-5217-2142-3
定　　价：88.00 元

服务热线：400-600-8099
投稿邮箱：author@citicpub.com

目录

推荐序

邬贺铨　中国工程院院士

2020年入春以来，新冠肺炎疫情席卷全球。世界各国相继实施严格的隔离和管治措施，这令全球经贸活动骤然降温，我国的经济发展也暂时减速。以5G（第五代移动通信技术）、人工智能（AI）为代表的经济活动逆势增长，新基建加快新一代信息基础设施的布局，成为我国对冲经济下行压力、构筑科技创新和产业升级之基，也成为支撑经济体系现代化的新引擎。

过去10年，光纤通信容量提升了100倍，移动通信速率提升了1000倍，超算能力提升了1000倍，数据量提升了32倍。信息采集、传输和存储效率的提升，以及计算能力的迅猛发展，奠定了人工智能时代的基础。以此为基础，深度学习算法实现突破，揭开了人工智能新时代的序幕。

在大数据、算力和算法三驾马车的拉动下，人工智能技术快速进步并已经在一些方面超越人类的平均水平。我国不少人工智能企业都在一些大赛中获得很好的成绩。例如，在语音识别上，百度的汉语识别系统的准确率高达97%，优于专业速记员，百度人脸识别的准确率超过99.99%。

在上述项目中，人工智能技术的表现并不代表人工智能可以胜任人类现有的工作。虽然人工智能的概念从提出到现在已有60多年，但它对一些简单问题的认识可能还不如几岁的孩子。与大脑相比，人工智能目前处于“大数据、大算力、小任务”状态，还存在“算法黑箱”、数据需求量大、抗噪性差、能耗高等不足，而且人工智能知其然，不知其所以然，缺乏对因果关系的可解释性，人工智能技术的发展似乎遇到了天花板。事实上，过去很多技术从高期望期到真正突破进入实用期之前都会经历艰难甚至漫长的培育过程。

此外，人工智能是通用技术，社会生活和各行各业都是人工智能可以发挥作用的舞台，人们对其前景普遍看好，因此对于人工智能的研究热度不减。人们对人工智能的认识也从追风逐渐趋于理性，其实，面对这一技术，不能急功近利，要为人工智能的长跑积蓄力量。我们看到，科研与教育单位从人工智能的技术瓶颈中看到了创新空间，资本在寻找成为独角兽的投资机会，更重要的是，有实力的企业主动担纲，成为推动人工智能技术发展的主力。

百度在十年前就敏锐地抓住了人工智能的方向，并很快将企业的战略重点转到人工智能技术与应用上，从理论技术研发、产业应用平台到人机交互，都有了非常深厚的积淀。百度的战略也越来越清晰，不仅落地于智能搜索和智能网联车，而且着眼于未来的智能社会与智能经济。

现在以5G、大数据和人工智能为代表的智能时代呼之欲出，与以计算机、互联网和移动通信为代表的信息时代相比，智能时代对我们生活、学习与工作的影响将更广泛、更深刻。从人+机器、机器辅助人到机器代替人，从提高生产效率到提升生活水平，从提供知识信息到引导辅助决策，人工智能正在以更广泛、更深刻的方式影响人类生活且改变社会。这本书介绍了人工智能在消费领域和产业领域的应用案例，展现了人工智能取得的令人鼓舞的成果。其实，这些应用能力肯定会超越我们现在的想象。回顾中国互联网发展史，我们可以发现很多业态是在网络能力具备以后催生的，3G（第三代移动通信技术）出现后，我们有了智能手机；4G（第四代移动通信技术）出现后，我们有了扫码支付、共享经济、智能搜索；5G和人工智能结合，一定会激发我们现在想象不到的新应用和新场景。

在2019年的乌镇世界互联网大会上，李彦宏先生首次提出“智能经济”这个新概念。现在，他在《智能经济》这本书里将这一概念进一步展开，“数字经济正进化到以人工智能为核心驱动力的智能经济新阶段，智能经济将给全球经济带来新的活力，是拉动全球经济重新向上的核心引擎”。麦肯锡全球研究所于2018年9月发布的报告提出，到2030年，人工智能可为全球额外贡献13万亿美元的GDP（国内生产总值），平均年增长率为1.2%，人工智能足以比肩19世纪的蒸汽机、20世纪的工业机器人和21世纪的信息技术。按照普华永道于2017年在夏季达沃斯论坛上所做的《抓住机遇》报告，人工智能对经济增长的贡献可归纳为激发新的消费需求、提升劳动生产率和改进产品及服务质量三个方面。可见人工智能正是我国向高质量可持续发展转型所期待的质量变革、效率变革和动力变革的新动能。普华永道还预计，到2030年，中国的GDP的26.1%将得益于人工智能的贡献。《智能经济》一书介绍了智能产业化的支撑技术和产业智能化丰富的应用案例与前景，为我们展现了未来智能经济的美好画卷。

20多年前，腾讯、阿里和百度等公司先后成立，它们引领中国互联网迅速发展。现在，很多年轻人抱怨生不逢时，没有赶上互联网发展的辉煌时期。其实，智能时代正向我们走来，与20年前相比，这是更宏伟的时代。下一个十年是发展智能经济的关键时期，智能经济是干出来的，我们能够参与及见证智能产业化和产业智能化发展，就无愧于这一时代。对于希望从事人工智能技术与应用创新创业的有志之士，《智能经济》一书将告诉我们如何迎接新的机会与挑战。这本书从基础理论、底层技术、产品开发、服务应用以及人机交互等维度总结了百度人工智能十年耕耘的体会，真实地回顾了技术选择、产品方向、商业模式、组织架构的思考过程与重要决策，这些会带给读者更多的启示。

习近平总书记在2018年10月31日中央政治局集体学习会议上指出，“人工智能是新一轮科技革命和产业变革的重要驱动力量，加快发展新一代人工智能是事关我国能否抓住新一轮科技革命和产业变革机遇的战略问题……各级领导干部要努力学习科技前沿知识，把握人工智能发展规律和特点，加强统筹协调，加大政策支持，形成工作合力”[①]。

期望这本书能促进人工智能知识的传播，能激励更多的读者携手共创智能时代。

① 习近平主持中共中央政治局第九次集体学习并讲话，参见中国政府网 http://www.gov.cn/xinwen/2018-10/31/content_5336251.htm。

序一

李彦宏　百度创始人、董事长兼首席执行官

2020年2月恐怕是北京几十年来最不堵车的一个月。即使在一个阳光灿烂的日子，天安门、王府井这些平时热闹非凡的地方也空空荡荡，各大商场要么停业，要么门可罗雀。我在家里待烦了，有时候会开车出去转悠，甚至偶尔会在故宫角楼旁、北海团城下的街道下来走走。我看着满天繁星，以及偶尔驶过的乘客寥寥无几的公交车，总有一种恍如隔世的感觉。

起初是一种莫名的兴奋，我从来没见过北京这样安静、通畅，任何时候要到任何地方都很方便。可是渐渐地，我的理性思考开始占据上风，这样下去经济怎么办，中小企业怎么办，公司业绩怎么办。因此，后来当我每天在不堵车的北京街道上通勤时，常常有一种期盼——北京什么时候能够再变得堵起来。以前，也有政府领导跟我说过："堵车是我们经济繁荣的表现。"

有没有两全其美的解决方案呢？能不能既不堵车，经济又很繁荣呢？未来很多年，中国经济增长的动力来源是什么？本书其实就想回答这些问题，方案的核心就是我们最熟悉的四个字——人工智能。

如同疫情期间的中国经济，大家也许能感觉到，现在是人工智能发展的一个低潮期，人工智能创业公司融资变得困难，很多公司逐步销声匿迹。大家形成了一种认知，就是

“人工智能不赚钱”。不赚钱，热情就会消退，这个过程会让人很焦虑、很痛苦。

这种煎熬，20 年前我也同样经历过。1999—2000 年，互联网泡沫破裂，纳斯达克指数从最高 5000 点跌到 1000 多点。之后的三四年，互联网行业都处于低谷。但是今天互联网的成就，恐怕连当初最疯狂的脑袋都不会想到。2019 年，全球市值前十的公司，绝大多数都是互联网公司，如苹果、微软、亚马逊、谷歌，它们的市值均接近万亿美元。

对我而言，无论是当初对互联网的信仰，还是今天对人工智能的信仰，都没有丝毫改变，是非常坚定的。我相信，人工智能是堪比工业革命的伟大浪潮，它将彻底改变我们的衣食住行，改变商业、制造，改变经济的运行效率、社会平等以及和谐程度。我们目前看到的自动驾驶、智能汽车、智能助手等，只是人工智能变革的冰山一角。

• • •

三年前，当我撰写《智能革命》一书时，人工智能还是“将来时”，我们还在憧憬和准备“迎接人工智能时代的社会、经济与文化变革”。今天，人工智能已经是“现在进行时”，虽然人工智能还没有赚钱，或者说还没有大规模赚钱，但是我们看到人工智能已经在交通、金融、能源、制造等行业应用开来。我们非常确定，一个智能经济时代已经来临。

中国过去 40 多年的改革开放，带来这么大规模、这么长时间、这么高速度的持续成长，在人类历史上都非常罕见，这非常了不起。其中，国家基础设施建设功不可没。仅仅在过去 10 年，我们修了 3.5 万公里的高铁，排名世界第一，占全世界高铁总里程的 60%；我们建设了 14.96 万公里的高速公路，高速公路总里程位居世界第一；此外，地铁的总里程预计会达到 6000 公里。

这些被称为“铁公基”的国家重大基础设施建设，搭建了一个高效、低成本的物流网络，成为连通、激活经济的大动脉。它们又与能源基础设施、水利基础设施、通信基础设施等，共同构建了中国经济和社会发展的基石和骨架，这是我国过去 10 年 GDP 保持高速增长的基础。

那么下一个 10 年或 20 年，中国靠什么驱动？答案肯定是靠技术创新，靠新基建。为什么这么说？我们可以看看以下这些数据：在“十二五”期间，我国在交通基础设施上的投资额分别达到12.5万亿元，交通、能源、通信等基础设施的规模已经十分庞大，发展空间有限，我们不可能无限地在物理空间建设高速公路、机场、高铁等。但是从“十二五”的信息基础设施投资来看，只有2万亿元。未来的新基建，一定是基于软件、基于数字孪生、基于虚拟空间的。新基建的重点是5G、人工智能、工业互联网、物联网、数据中心等。这样的智能化基础设施，空间巨大而且持续时间更长。

眼下，全球形势错综复杂，经济面临严峻挑战。我们面临一个新机会，就是把人工智能打造成新的基础设施，成为驱动中国经济增长的新引擎。这跟150年前美国工业化时面临的机会非常类似。中国正在积极推动的新基建，可以被看作人类进入智能经济和智能社会之前最大的基础设施工程，它将带来经济、社会的全面智能化。我相信，新基建将为智能经济提供最有力的支撑，新基建将加速智能经济的到来。

• • •

关于智能经济，在2019年的一次论坛上，我表达了一个观点：如果说过去10年，中国经济有一个非常亮眼的标签，我觉得这个标签应该是“互联网经济”，我们的电商、移动支付、移动社交、数字生活服务都是全球领先的；未来10年，如果我们预先给它贴一个标签，我觉得应该是“智能经济”。

人工智能驱动下的智能经济将在以下三个层面带来重大变革和影响。

其一，人机交互方式的变革。过去20年，是人们对手机的依赖程度不断提高的20年；未来20年，将是人们对手机的依赖程度不断降低的20年。在智能经济时代，智能终端会远远超越手机的范围，包括智能音箱、各种可穿戴设备、无处不在的智能传感器等，应用与服务的形态也会发生与之相应的变化，人们将会以更自然的方式和机器、工具进行交流。

其二，智能经济也会给基础设施层带来巨大的改变。传统的中央处理器、操作系统、数据库将不再处于舞台的中央，新型的人工智能芯片、便捷高效的云服务、各种应用开发平台、开放的深度学习框架、通用的人工智能算法等，将成为这个时代新的基础设施。未来最重要的操作系统将不是基于个人计算机，也不是基于手机，而是基于人工智能深度学习框架。深度学习框架对上承接各类智能应用，对下主宰人工智能芯片的设计。

其三，智能经济会催生很多新的业态。交通、医疗、城市安全、教育等各行各业正在快速实现智能化，新的消费需求、新的商业模式将层出不穷。人工智能正在渗透不同的产业，切切实实融入我们的生产、生活，看得见，摸得着。

比如，在全球新冠病毒感染人数累计接近2000万的今天，作为抵御病毒的终极武器，疫苗的快速研发十分迫切，全球科学家正在加速攻坚。百度研究院就推出了全球首个mRNA（信使核糖核酸）疫苗基因序列设计算法LinearDesign，能在16分钟内大大提升疫苗设计的稳定性和蛋白质表达水平，有效解决了mRNA疫苗研发中最重要的稳定性问题，加快疫苗研发速度。不只疫苗研发，人工智能在疾病筛查、辅助诊断治疗、新药测试等方面，都将带来非常积极重大的影响，更好地呵护我们的生命健康。

· · ·

最后，我想谈一谈智能经济中的两个关键角色——政府和企业。

政府是智能经济的顶层设计者，它的关键作用是营造一个有利于创新的环境，包括制定相关产业政策，引导资金投入方向，鼓励发展相关产业等。比如，国家新基建政策一出台，各地政府的投资清单就纷纷出炉，已经形成几十万亿元的投资规模。这些投资将形成更大的带动效应，推动中国未来相当长一段时间的高速发展。又比如，在智能家庭领域，政府推动标准建设，这会让更多智能产品尽快进入千家万户。

未来的企业只有两类：要么是人工智能企业，要么是人工智能化的企业。如何才能成为一家人工智能化的企业？企业必须从思维、能力和文化上完成人工智能化。这意味着企业家必须将眼光从手机屏幕上挪开，转向万物互联的世界；必须从过去主要关注C（用户）端，转向兼顾B（企业）端和C端；必须重新思考生产力的优化和生产关系的构建；必须重新思考技术和商业伦理。这就是我之前讲过的，人工智能化的企业，需要具有“人工智能思维”，遵守“人工智能伦理”。

百度希望在智能经济中扮演怎样的角色？我们在一开始，就想得非常清楚，百度是一家人工智能平台型公司。我们希望让即便再小的企业也能像使用水、电、气一样获得数据、算法、算力服务。未来，每一家公司都需要很多人工智能技术，但不是每一家公司都能够雇那么多人开发这些技术。百度有一万多名工程师，我们做出来的东西别人就不用再做了，不用重复“造轮子”，这是一个很高效的做法。百度大脑、飞桨深度学习框架的开源开放，就是基于这样的想法。

最近，我们还宣布了两个“500万”的目标：一是，到2030年，百度智能云服务器的规模将达到500万台；二是，未来5年，我们将为社会培养500万名人工智能人才。不只是百度，像阿里、腾讯、华为这样的平台型公司，都将在经济和社会的智能化转型过程中扮演越来越重要的角色。

推动本书创作的主要动力，也在于此。我希望能结合对过往技术变革的研究，结合我的思考、百度的实践，提供一些有关智能化转型的思考和建议，从而为经济和社会的智能化出一份力。

智能经济时代的下一个10年、20年，或者说30年、50年之后，我们的世界会变成什么样子，应该呈现怎样一幅图景？单凭我的想象力，还不能够完全准确地为大家描绘出来，但我想，那会是一个简单、和谐、美丽的新世界。

序二

张晓峰 “互联网 + 百人会”发起人

AlphaGo Master（阿尔法围棋升级版）和 AlphaGo Zero（阿尔法元）激起的波澜仍在向远处扩散。

对人工智能的发展而言，这还算不上一个标志性事件，可能只是一朵浪花。虽然这只是专用人工智能突破性进展的一小步，但足以给无数人遐想的空间。这进而也改变了全世界对人工智能的认知和预期。

在新冠疫情全球大流行的背景下，人们不得不面对生与死的残酷考验，新一代人工智能与网络信息技术也经历了血与火的洗礼，人们从来没有如此切身感知、真切体验技术的价值。中国的新基建大命题给沮丧、低迷的全球经济抹上了一层希望的亮色。

世界的改变有时是很偶然的因素推动的。新冠病毒给各国政府和无数地球村民的必答题都差不多，选答题的自由发挥空间也足够大，考试纪律也拿捏得比较统一。可信的技术、良好的自律、彼此的协同、强大的动员，要拿到高分，这四条缺一不可。

世界的真正改变往往又是多元因素、多重力量叠加推动的，特别是技术因素和非技术因素的交织。

搅动世界的两大因素：技术因素与非技术因素

我们都有幸经历了中国移动互联网的高速发展与渗透，由此积累的海量数据将为 AI 算法提供最具营养的“食物”。我们也有幸见证了科技领域和我们息息相关的两件大事：一件事已经发生，华为高擎 5G 旌旗，攀上新一代网络信息技术之巅；另一件事正在发生，以百度为“头雁”的中国人工智能平台型公司将执新一代人工智能技术之牛耳。

华为的故事大家已耳熟能详，百度的新篇章正有待大家的协同参与，中国也最有机会和条件打通 AI+5G，形成高质量发展的双引擎。全球顶级科技商业杂志、美国麻省理工学院主办的《麻省理工科技评论》于 2020 年 6 月刊文称，“百度飞桨深度学习平台，正在推动工业人工智能崛起”。最新的《福布斯》杂志则点赞百度自动驾驶的开放模式。时至今日，百度 Apollo（阿波罗）已成为全球最大的自动驾驶开放平台，也是国家级自动驾驶开放创新平台。波士顿咨询于 2019 年底发布的《产业智能化：中国特色 AI 平台模式》报告，以百度和谷歌为对比样本，得出的结论性判断是，“中国独特的市场环境使企业面临多方面挑战，需要技术和产业价值并重的中国特色 AI 平台”。当然，百度只是有雄心的中国人工智能技术公司的一个缩影，华为、腾讯、阿里、商汤、旷视等各有千秋，形成共同进化之势。

就像 AlphaGo Zero 经过三天自我训练就可以打败“哥哥”一样，人工智能技术近 5 年的进步速度非常快。以深度学习为例，从 DNN（深度神经网络）发展到 RNN（循环神经网络）、CNN（卷积神经网络），再到 GAN（生成式对抗网络），它在不停升级换代，并触发新的创新。

只看到技术因素的影响难以理解当今的世界，也难以洞察未来的世界。当今有四项改变世界的非技术因素，无出其右，即泛在连接、泛在共享、泛在融合与泛在协同。

非技术因素往往有“人”这个最能动的主体参与其中甚至主导。“泛在”是一个渐进的过程，意味着逐渐地无时无所不在。未来，你将逐步忽略人工智能的存在，因为它会无处不在。

有人会说：“这不还是技术因素吗？”其实这个判断有其合理成分。现在起作用的非技术因素往往有技术因素的影子，或者由技术因素提供支撑，并在时间和空间上与技术因素叠加融汇、相因相生。一如 5G、AI、开放共享、协同生态等技术因素和非技术因素的交织，将催生一个大连接、大空间、大协同的时代。

几经沉浮、让人爱之忧之的人工智能为什么时至今日方显英雄本色？人工智能技术将怎样改变经济与社会发展的逻辑，怎样影响我们的生活方式？希望本书的坦诚对话和持续交互能让我们一起距未来更近。

两大因素影响的是“关系”，比如人与机器、人与未来

我们可能会惊奇地发现，“技术”上的去中心化和“非技术”的以“人”为中心化是并行不悖、毫无违和感的。就像本书所阐述的，人工智能的本质是对人的理解。理解才能更懂你，更懂你才能更好地帮助你，助人成长是AI的至高伦理。再如新基建、新型智慧城市、新治理，其出发点是什么？归根结底都是以人为中心、促进人的成长与发展。AI大脑自身并不代表什么，当AI大脑、智能化的操作系统、开放共享生态组合在一起时，人工智能的场景化才真正有了基础。

世界就是一个“关系”结构。大到天体之间的“关系”，小到人体与细菌的“关系”。微信、QQ、社交电商都是一个个关系结构，一个组织、一个国家、一级政府也是一个个关系结构。全球化是一个关系结构，“一带一路”、命运共同体亦然。

这些大大小小的关系结构一直在发生变化，特别是基于人工智能新一代交互技术实现的万物互联、智能互联、产业智联，泛在连接与泛在感知、泛在交互一道重塑关系结构。人与人工智能可以共同进化，产业与人工智能将共同进化，社会也会和人工智能共同进化。产业内关系的重构、产业之间的融合是不可避免、值得拥抱的。企业等各类组织的边界已然不清晰，未来只会更模糊，所以才更具生态属性，泛在协同才会自然生长。

虚拟现实、增强现实与混合现实会改变我们对世界的认知，人的智能与人工智能的叠加、融汇，会为人类、为世界发展打开新空间。人的生存状态、生活方式、合作模式都会改变，虚拟员工、共享员工、项目式合作、兴趣式协作比比皆是，未来人更多地栖息于平台上、生态上，而不是单个组织空间，甚至是否还有“员工”这个概念都值得商榷。就像机器与人之间并非非此即彼、必须你主我从的关系，机器可能是人的数字孪生体、人的智能助手，人工智能是群体智能利用技术因素的映射、升华，将技术原则、技术伦理、技术哲学作为人机协同、超级智能世界的游戏元规则，机器智能和群体智能是

可以和谐相处，也可以交相辉映的。

人工智能是一个集成器、搅拌器、转化器和放大器，混合智能持续迭代会变得更强大。人类的历史就是一部交互史，也是追求低成本、低功耗、高效能、高便捷的持续演进史。互联网与人工智能改变了交互模式，混合智能更进一步，可以实现对技术因素的集成、非技术因素的集成以及彼此之间的集成，进而催生协同的智能经济兴起。

协同与融合、共享是相伴而生的。协同是新连接机制、新合作模式，深度协同可以功耗最低、效能最高、价值多重优化，可以真正跨界融合，共享每一项能力、关系与资源，不必都去做从 0 到 1 的事情，人不需要重复习得人工智能擅长的能力，这会大大解放群体的想象力空间与创造力空间，可以让参与者效用最大化。总之，协同效应是值得持续追求的目标，协同模式、协同时代正因技术因素和非技术因素的融合作用，特别是人的解放而衍生、放大、流行。

AI 将重新定义一切

AI 影响了关系，重新定义了关系，但不会仅限于此。AI 的重新定义还将渗透更多的节点、场景与时空。

（1）AI 将重新定义要素。要素市场化改革是中国下一个十年最重要的改革。除了过去的土地、劳动力、资本，现在国家明确提出技术、数据是新要素。假以时日，国家还会进一步突出人力资本、智力资本、生态、范式模式的要素价值。

（2）AI 将重新定义生产关系。要素变化，生产力发展，全要素生产率要求，社会关系结构调整，都会带动生产关系的因时因需改变。供应侧、需求侧的关系会被重塑，供应链、产业链、价值链（网）的关系会因知识流、智能流与生态因素而调整。类似百度这样的人工智能平台型公司与生态引领者，将成为智能关系的设计师、架构师，成为链条、节点的连接器、路由器、放大器。百度这样的公司的创新，必须是社会化、前瞻化、生态化、协同化的创新。类似百度的平台将是社会化、共享共生的平台，是基于人工智能发展的新型交互平台。平台的原则，需要首先符合智能时代之道，成为融合协同生态的润滑剂与酵母菌。平台与生态各个“物种”的关系，以百度为例，将是用户帮助百度重新界定自己、百度帮助用户成为自己的关系。毋庸置疑，AI 将重新定义百度，用户将重新定义百度，未来将重新定义百度。

（3）AI 将重新定义空间与系统。CPS（Cyber-Physical Systems，赛博物理系统，也叫信息物理系统）是 2006 年美国科学基金会提出的概念，通过计算、通信与控制系统的一体化设计，实现虚拟空间与物理空间的交互、感知与控制、实时协同。后来提出的 CPSS（Cyber-Physical-Social Systems，社会物理信息系统）是在 CPS 的基础上，把人及其组织纳入系统，使虚实互动、闭环反馈、平行执行成为可能（王飞跃等，2015）。CPSS 更加注重人脑资源、计算资源与物理资源的紧密结合与协调。当云计算与人工智能相交汇，数据、算法与服务相融合，特别是混合智能崛起时，数据 + 算法（云 +AI）与普通意义上的赛博已有较大差异，有必要独立看待，加上云（Cloud）的 CCPSS(Cloud-Cyber-Physical-Social Systems）今后在整体逻辑、架构设计、资源安排上会更加体现出优势。

（4）AI 重新定义行业与产业。AI 将对全生态链业务、管理与服务进行重构，导致节点、链条、网络与网格、区块呈现新形态，而逻辑机理、价值分布、空间组合都会被改写，制造业与服务业的融合以及基于生态共同体的多重融合将大量出现。

（5）AI 将重新定义经济。美国著名科学哲学家托马斯·库恩是“范式”的提出者，范式从本质上讲是一种理论体系。库恩（1962）指出：“按既定的用法，范式就是一种公认的模型或模式。”在库恩看来，“科学革命”的实质，一言以蔽之，就是“范式转换”；是少部分人在广泛接受的科学范式里，发现现有理论解决不了的“例外”。本书无意也能力不逮去构建这种新范式，而是告知大家这种“范式转换”的可能性或必然性。

（6）AI 将重新定义成长。我们每个人、每个物体甚至每件事都会被重新定义，都会渐进或主动或被动地“被”函数化、数字化、孪生化。数字化易于理解，每个人的每一个轨迹、每一次驻留、每一个行为都对应一组数据，当然人或者机器本身就有“参数”。微信、百家号是我们虚拟空间的映射，朋友圈的分享是我们的思想在虚拟空间留下的痕迹。其实每个人也都可以被理解为一个节点、一款 App（应用程序）；这些不同的“点”在人工智能的大背景下，被用新的方式解锁、激活，被泛在连接，产生泛在共享与泛在协同。

世界经济增长放缓是不争的事实。特别是西方发达国家，其生产力可提升的空间、生产关系的能力都已经受限。所以，不同的国家在寻求不同的新动能、新产业、新赛道。

中国改革开放 42 年发生了天翻地覆的变化，最根本的变化是思维的变革、体制的改革、规则的演进，人力资源被激活，人的能动性、创造力被释放，生产力被解放，生产力与生产关系的潜能被重新发现、重新定义。

中国有可能成为全球人工智能的创新中心，我们正在步入与机器共生的新时代。

这个时代，我们与AI共同进化，定义一切。

前言

从智能革命到智能经济、智能社会

2016年3月，“人工智能”一词被写入国家“十三五”规划纲要。

2017年3月，“人工智能”首次被写入政府工作报告。

2017年7月，国务院出台了《新一代人工智能发展规划》。

2018年10月31日，中央政治局组织集体学习，主题是人工智能。

据科技部新一代人工智能发展研究中心等机构发布的《中国新一代人工智能发展报告·2019》，仅2018年，就有12个国家、地区陆续发布或加强了其国家级人工智能战略计划，另有11个国家正在筹备制定其人工智能国家战略。

出口控制、实体清单、美国优先并非自今日始。一个例子是2018年，美国国会就通过了《2018年出口管制改革法案》，对包括计算机视觉、语音识别和自然语言理解等人工智能在内的“新兴和基础技术”设置了出口限制。后来，美国多批次将中国企业列入实体清单。2016年，奥巴马政府就制订了《国家人工智能研究发展战略计划》。

上述时间线，可以采集归纳出大量的信息。新基建最近大热，细心的读者更可以从中解读出不少有价值的信息。这还只是短周期呈现的一个侧面。

如果再往前看，人类文字的发明，无论是汉字、英文字母，还是阿拉伯数字，历史都只有几千年的时间。

如果回到10万年前，你会见证语言的出现。语言在进化中的门槛非常低，是每个人生而习得的技能。恰恰是这个拥有10万年历史、“下载量”最大、黏性最强、日活最高的超高频应用，在智能时代正迎来全新的应用空间。

从技术、经济、社会三角形看即将到来的智能社会

其实，技术、经济、社会是一个微妙的三角关系，三者相互促进、相互依托。技术、经济、社会三角形是一个简化的模型（见图0–1），值得关切的是这个三角形的内切圆，其重心是“人”；阴影部分可以被视为生态，在多重因素的不同作用下，生态有不同特征。技术、经济、社会的发展为了人，人也与技术、经济、社会之间持续互动。这个三角形整体是否结构均衡、是否有张力，角、边是否相得益彰，就要看四者之间的关系与交互影响。

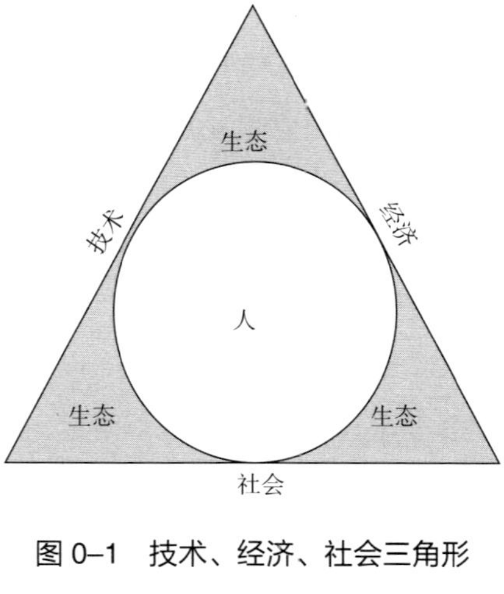

图0–1　技术、经济、社会三角形

如果把图0–1放在新一代人工智能背景下进行简单改造，不难得出如图0–2所示的结构和关系。智能革命的时代已经到来，对经济增长范式已形成影响，正在驱动以大数据为要素、以新一代人工智能为燃料的智能经济的到来，并催生智能产业化，促进更多场景的产业智能化转型。按照我国的宏观布局，作为中长期安排的新基建正在破题，智能化基础设施与基础设施的智能化将为智能社会构建新型基础设施，并促进政务服务、

公共服务与社会治理的智能化。有赖于此，大众智能生活正呼之欲出，而人与人、人与机器、人与社会、人与未来的关系正在被深刻改变。阴影部分是智能社会的生态，是新生产关系的集合体，它既涵养了人的成长、协同创新、产业智联、价值网，又是智能社会的智力资本的重要构成部分。其中，新基建既为智能社会、智能经济提供了新型基础设施，也是创新协同生态和智能生活、人的发展的强大支撑。

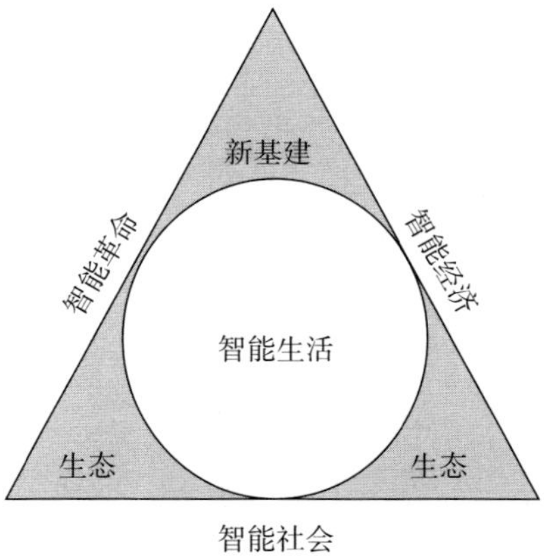

图 0–2　智能革命、智能经济、智能社会、智能生活与新基建

迎接人机协同、跨界融合、共创分享的智能时代

2019 年 5 月 16 日，国际人工智能与教育大会在北京召开。国家主席习近平在致大会的贺信中写道："人工智能是引领新一轮科技革命和产业变革的重要驱动力，正深刻改变着人们的生产、生活、学习方式，推动人类社会迎来人机协同、跨界融合、共创分享的智能时代。"①

中国政府前瞻性把握全球人工智能发展态势，对新一代人工智能之于中国的重大意义有着高度清醒的判断，对依托新一代人工智能推动智能经济、智能社会发展有重要决断。从2017年的《新一代人工智能发展规划》到即将正式揭开面纱的新型基础设施建设，无不让我们庆幸生活在这个时代，有机会参与并见证以人工智能为核心的技术革命带来

① 习近平向国际人工智能与教育大会致贺信，参见新华网 http://www.xinhuanet.com/politics/leaders/2019-05/16/c_1124502111.htm。

的第四次工业革命，有机会参与并见证中国向高质量发展转型的历史进程。

很多关心人工智能发展的朋友可能对 Gartner（高德纳）咨询公司的这张新兴技术成熟度曲线（见图 0–3）有印象或感兴趣。笔者建议把这个曲线和另外两个概念放在一起了解、分析，分别是“第二曲线”“第二经济”。放在一起思考的好处在于，便于研判赖以支撑增长的关键因素是什么，关键控制点在哪里，关键路径如何选择，以及时间、资源和动力如何配置。

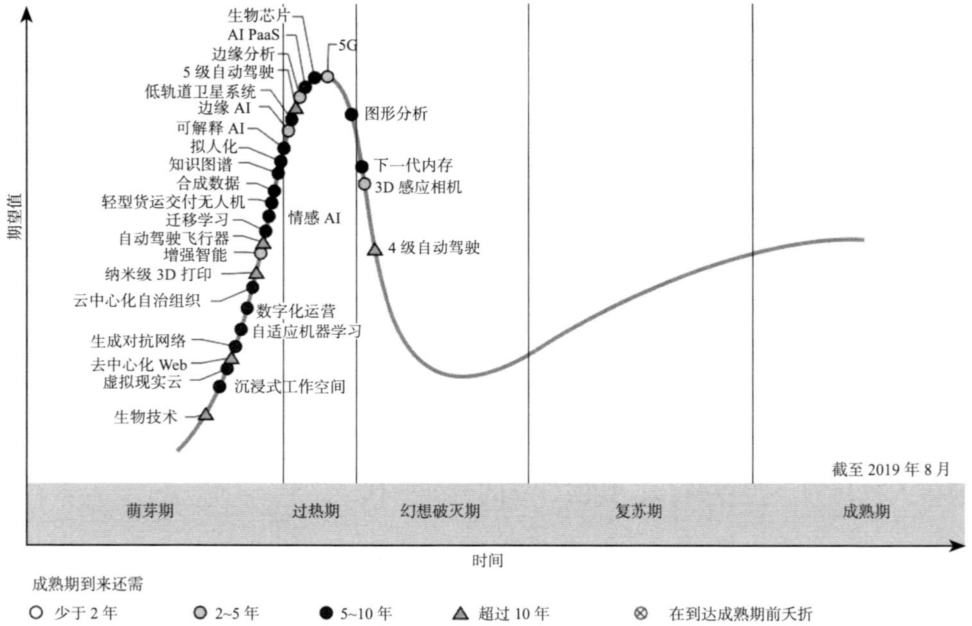

图 0–3　2019 年新兴技术成熟度曲线

资料来源：转载自中国科学院战略咨询研究院《科技前沿快报》2019 年第 10 期

英国管理思想大师查尔斯·汉迪提出了增长的“第二曲线”。他认为一切事物的发展都逃不开 S 形曲线，即“第一曲线”，但任何一条增长曲线都会面对增长极限的压力，所以一定会掉头向下，而获得可持续增长的秘密是在第一条曲线消失之前开始一条新的 S 形曲线（见图 0–4）。“第二曲线”的选择要根据你是谁来确定你走向哪里。对企业而言，Gartner 新兴技术成熟度曲线中的一两个元素可以作为“第二曲线”乃至“第三曲线”的考虑基点。对于区域特别是对于一个国家来说，则是另外一个概念和层面。比如，中国实际上是把新一代人工智能整体作为发展的“第二曲线”。

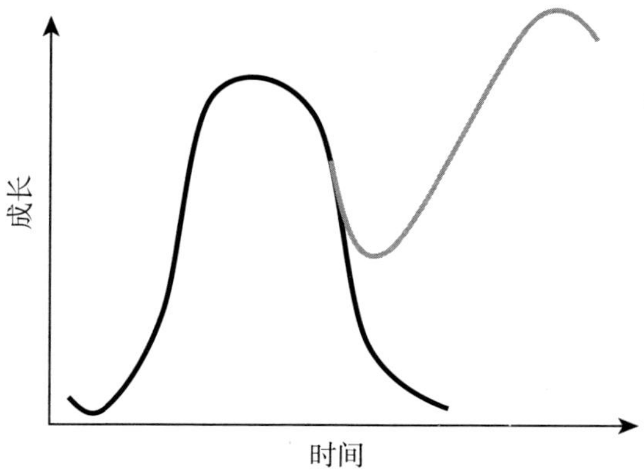

图 0–4 “第二曲线”示意

“第二经济”少有人听说或关注，其实就像很多理论一样，知晓度低并不代表其没有价值。布莱恩·阿瑟是复杂性科学奠基人、著名技术思想家、熊彼特奖得主、《技术的本质》一书作者，他这么看所谓的“第二经济”：原来的实体业务正变成数字业务；许多曾经在人与人之间发生的业务流程，现在正以电子方式执行；它们发生在一个看不见的领域，一个完全数字化的领域。

需要特别说明的是，新一代人工智能是实体经济友好型的，不再是互联网经济的左右腾挪和对实体经济具有半破坏性的“颠覆”。智能经济也不是单纯的人工智能唱主角，不是单纯的智能产业化而与其他场景、行业不搭界的独角戏。智能经济有鲜明的 to B（对商家）特征，会同 5G 一道帮助更多的行业实现产业智能化升级，走向高端高效，并创造丰厚的新价值。

总之，我们认知这个复杂世界需要好的方法论体系和逻辑框架，这样才能看清背后的逻辑，厘清未来的趋势，否则就一定会被“浮云遮望眼”，而“第二经济”、“第二曲线”、智能经济都是这个意义上的方法论。

下面的实例发生在我们身边，每个人都会有切身感受，从而做出清醒的判断，进行深刻的反思。

新冠疫情让全世界重新审视技术的价值

在新冠疫情冲击下，以互联网为代表的数字技术、人工智能技术成为这次战疫不可或缺的利器，也成为经济社会的稳定器和复工复产的加速器。处于战疫前线的中国，在新冠疫情防控上正给世界提供一个社会大协同的样本。由此，全社会重新审视连接的力量、科技的力量和大协同的力量。

中国是不折不扣的移动互联网应用大国，是大数据、人工智能、5G的领先大国。在非常时期，政府可以融合、聚类、协同、结构化各方孤岛、烟囱资源，实现社会目标。不可否认，疫情之初，我们还在沿用传统得心应手的治理模式和管理方略来应对疫情，结果未能做到有效控制，如果我们在第一时间全面打通通信、互联网、大数据、人工智能、公共卫生治理与服务、地方政府各方面军的大协同，效果应该会好得多。正如2020年2月3日中央政治局常委会会议所分析的那样，这次疫情是对我国治理体系和能力的一次大考，我们一定要总结经验、吸取教训。要针对这次疫情应对中暴露出来的短板和不足，健全国家应急管理体系，提高处理急难险重任务的能力。

“积力之所举，则无不胜也；众智之所为，则无不成也。”（《淮南子·主术训》）中国战疫局势迅速被扭转的关键正是得益于制度 + 技术 + 大协同。政府高效担当、雷霆行动，联防联控、群防群治贯彻迅速；社会动员高效缜密，全民众志成城、不打折扣；军队坚持生命至上、人民至上，火神山、雷神山医院展现中国速度；百度、阿里、腾讯为代表，各显其能；资源与市场开足马力，全球华人与物流各显神通；国际社会日月同天、八方支援；尤其是白衣天使义无反顾地逆行，对武汉、湖北展开“饱和式救援”……这一切令世界瞩目，令我们在感动中自律。这就是制度 + 技术 + 社会大协同的力量。

新冠疫情凸现了社会大协同、卫生命运共同体的价值，全方位呈现了技术的力量、技术的价值。

智能战疫之外，AI还有属于它的更多场景

社会是一个复杂巨系统，公共卫生突发事件的防控更是一个变量繁杂、关系复杂，并有多个层次的系统工程。体量越大，责任越强；结构、层次越复杂，沿袭旧有思路与

模式惯性越强，纰漏也可能越多，系统也可能越脆弱。

过去数十年，中国科学技术特别是互联网技术、人工智能技术取得了长足发展，为我们的经济社会发展积累了巨大的应变能力和弹性。这次疫情，众多社会机构使命在肩，技术驱动，智能战疫，令人击节称道。百度的 AI 开发者“战疫”守护者计划，腾讯的战疫开发者公益联盟，都连接、协同开发者，用技术、智能、资源、生态，为疫情防控构筑有效屏障。

百度作为中国最大的信息和知识平台，在疫情期间再次发挥了服务人、服务社会的价值。仅百度健康问医生就累计提供在线健康咨询服务数千万人次，成为中文在线健康咨询的第一入口。Apollo 无人车、智能外呼平台、AI 多人体温快速检测都活跃在战疫和促进复工复产的前线；支援 CDC（疾控中心）快速检测、专项基金助力疫情及公共卫生安全攻坚，不胜枚举。

人工智能是驱动力，疫情是催化剂，将改变多个行业，也将改变我们的合作方式、生活方式。除了如关注小微、保护创新力、保复工促就业，如远程医疗、停课不停学、远程办公、无接触服务，如应急体系、治理体系，AI 主战场大幕正在开启，AI 还将“解锁”产业智能化、协同的生态体系构建等更多场景。当更多的人被连接、卷进时，人工智能及其生态带来的乘数效应、协同效应会进一步增强，新的动能、新的红利正在产生。

疫情大考的新思考

一个休止符，一个暂停键，让我们重新审视。一次大考，一次破坏性试验，让我们再出发。这里，我们分享疫情带给我们的 5 个新思考。

（1）社会、全球合作体系被“再结构化”，关系、模式被重建。疫情将我们隔离，但人与人之间不是一座孤岛。疫情后关系、模式将被重建，机制、规则将被重塑，大数据作为新要素、新基建作为面向未来的基础设施、基于 AI 的协同生态构建将被提上重要日程。

（2）疫情给社会的数字化、智能化按下了加速键。从线下到线上，社会的数字进化全面加速。在这次疫情中，互联网医疗技术和大数据的发展，为防疫插上了一双翅膀，公共卫生体系发挥了重要作用。数字化和智能化转型起步早、程度高的企业受到的冲击相对较小，有的企业甚至实现逆势发展，而传统企业受到的影响则相对较大。

（3）远程、在线、上云、非接触、协同成为未来社会的新标签。无论是商务云化的提速，还是基础设施、社会服务、社会治理、智能制造的智能化升级，面对不确定性，是“硬核实力”还是纸上谈兵，检验很严格。只有拥抱以人工智能为代表的新技术，才能筑起面对沧海横流的防波堤、缓冲区。

（4）企业、产业强身健魄呼唤经济的“范式革命”。疫情让供应链被切断，产业链休克，全球化的基础面临解体危机。中国人工智能学会原理事长钟义信院士曾打了个比喻，“人工智能下一步的发展，继续在原来的范式下还可以做，但是一定要有一部分人（尖兵或者敢死队）做范式革命”。2020 年全国两会期间，习近平总书记在看望参加全国政协会议的经济界委员时强调，要坚持用全面、辩证、长远的眼光分析当前经济形势，努力在危机中育新机、于变局中开新局。

（5）新的社会治理要换赛道、换模式。在从智能化向智慧化发展的过程中，智慧城市对数据和技术都提出了更多新的要求。新冠疫情的暴发，使得智慧城市当前面临的缺乏动态时空数据的高效支撑、缺乏智能的技术响应手段普惠赋能、缺乏与城市域内域外大数据的全方位协同的挑战更加凸显①。静态数据已经无法满足我们全周期的管理需求，可感知、可信赖、可获得的中国新型智慧城市，如何补齐治理体系的短板和弱项？

《智能经济》，为未来而生

新一代人工智能技术正在深刻改变我们的产业、经济、社会与生活方式，也在改写要素、生产力、生产率与效能、生产关系与发展模式。随着以算力、算法、大数据为代表的人工智能成为新基建的“底座”，“智能经济”将成为未来十年中国经济的新标签。

本书首次系统化阐释百度的人工智能战略与产业智能化秉持的原则、价值主张及方法论，展现全球领先的人工智能平台型公司面向智能时代的独立洞察；全景呈现一家卓有建树的人工智能公司的开拓性布局、动态性调适、韧性创新、开放开源共生生态建构，理解人、服务人、成就人、以助人成长为依归的前瞻探索和实践。

---

① 百度智能云，《百度城市大脑白皮书》，2020 年 5 月。

本书创造性地指出了智能经济的新特征，剖析了人工智能、新基建与智能经济的关系，构建了新时代经济发展新动能、新空间、新范式；描摹了中国不同垂直场景下产业智能化的问题、前景、逻辑与路径，构建了中国数字化、智能化转型路线图；展望了智能经济下的思维转换、经济变革、产业转型与教育生活、社会治理、公共服务新图景。

本书创新性提出AI的本质是对人的理解，人机关系是智能助手化、共生协同化的关系，以“头雁效应”“生态效应”激活“乘数效应”“协同效应”，以智能产业化驱动产业智能化，以智能化基础设施激活基础设施智能化，推进数字经济向智能经济、工业社会向智能社会的有序进化，服务我国的新旧动能转换与高质量发展。

美好来自对未知的探索。来吧，让我们携手踏上智能经济之旅。

第一篇

智能经济：
人工智能正在驱动数字经济向智能经济演进

01

从“互联网+”到“智能+”：先“前菜”后“主菜”

促进人工智能和实体经济深度融合，要把握新一代人工智能发展的特点，坚持以市场需求为导向，以产业应用为目标，深化改革创新，优化制度环境，激发企业创新活力和内生动力，结合不同行业、不同区域特点，探索创新成果应用转化的路径和方法，构建数据驱动、人机协同、跨界融合、共创分享的智能经济形态。①

——习近平在中央全面深化改革委员会第七次会议上的讲话

（2019年3月19日）

互联网是前菜，它的特点是快；人工智能才是主菜，需要文火慢炖，但营养丰富。未来没有一家企业可以声称自己与人工智能无关，吃不到这道主菜，将失去一个时代。

讲前菜、主菜得到很多关注，也引起了极少数人的非议。若多讲几句，可能更便于大家理解。

① 习近平主持召开中央全面深化改革委员会第七次会议，参见新华网 http://www.xinhuanet.com/politics/leaders/ 2019-03/19/c_1124255626.htm。

互联网讲求的是快，就像一道开胃的前菜，上菜速度快，但是对技术的要求和挑战并不是很大；而人工智能是数据、算法和算力三位一体协同发展，能量显现出来会相对慢一些，就像是一道文火慢炖的主菜，需要更多耐心、更长时间的投入，但营养价值也会更高。这个由快到慢的过程，恰恰是技术创新对产业升级的影响不断加深的过程。

从“互联网+”到“智能+”：数字化、网络化向智能化进化

互联网叩响中国的大门，已是23年前的事。总体上，我国的移动互联网应用和数字化、网络化进程在全球形成了领先优势。

中国互联网20多年来的成长，其动力主要有四个：第一，网民人数的高速增长；第二，上网时长的不断增加；第三，服务不断向虚拟空间的跃迁；第四，网上的信息与服务不断增加。四个因素叠加，推动互联网快速繁荣。当然，这个进程是不均衡的，结构也在持续迭代。

互联网、移动互联网改变了中国

从中国看，移动互联网有四大贡献可圈可点。一是通过持续改善用户体验，坚定了用户对科技改变生活的信仰。这种渗透和教育是技术驱动、用户驱动、广泛动员、普遍参与的结果，这个成就不可低估。二是从对国民经济的巨大贡献看，消费互联网的培育过程伴随了整体消费升级的进程，改变了产品、服务触达用户的方式，进而改变了“三驾马车”的结构，增强了中国经济的活性、韧性与弹性。三是改变了人类思维。无论是互联网思维、生态思维、共享思维，还是数据思维，都大大改变了用户的心智与行为模式，催生了一波波创新、创造、创业的浪潮。四是互联网、移动互联网促进了向虚拟空间的大迁移和网络化实现，“互联网+”让数字化得以形成，为智能化提供了连接基础、信息基础和数据基础。

中国互联网络信息中心于2020年4月28日发布的第45次《中国互联网络发展状况统计报告》显示，截至2020年3月底，我国网民规模达9.04亿，较2018年底增长7508万，互联网普及率达64.5%；在线教育用户规模达4.23亿，较2018年底增长110.2%；

我国网络购物用户规模达 7.10 亿，网络消费作为数字经济的重要组成部分，在促进消费市场蓬勃发展方面正在发挥日趋重要的作用。

根据工信部的监测，2019 年互联网和相关服务业运行情况快报数据显示，我国互联网业务收入依然保持较高增速。我国规模以上互联网和相关服务企业完成业务收入首次过万亿元，达到 12061 亿元，同比增长 21.4%。2013—2019 年综合来看，增速处于下降通道（见图 1–1）。

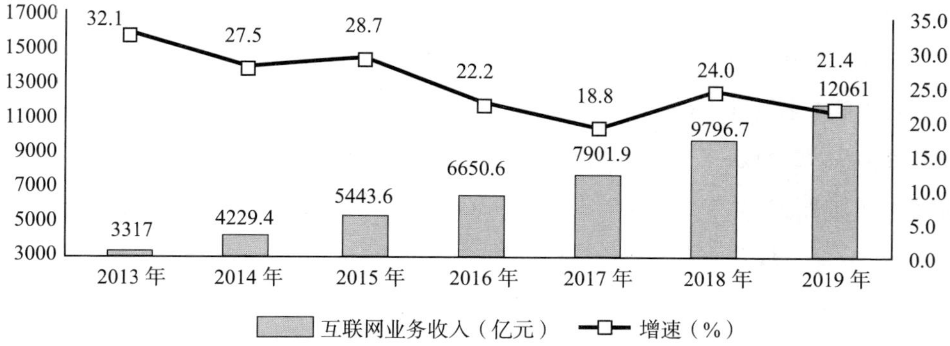

图 1–1　2013—2019 年互联网业务收入增长情况

资料来源：工信部运行监测协调局，2019 年互联网和相关服务业运行情况，2020 年 1 月 21 日

中国移动互联网遇到了瓶颈难题。互联网人口快速增长的人口红利逐渐消失，而每个人上网的时间也是有限、分散的。同时，移动互联网的封闭性越来越严重，大家都希望把用户封闭在自己的小生态里，给用户带来的体验是割裂的，这也让中小企业越来越难以生存。此外，尽管中国电子商务非常发达，但网上推广、零售的成本与线下成本在拉近甚至更高。

此外，App 整体数量呈下降态势。截至 2019 年底，国内市场上监测到的 App 数量为 367 万款，比 2018 年减少 85 万款，下降 18.8%[①]。种种迹象表明，互联网本身的成长也需要新的动力。

接力棒正在传递中

2015 年，“互联网 +”首次被写入政府工作报告。2019 年，“智能 +”被写入政府工

① 工信部运行监测协调局，2019 年互联网和相关服务业运行情况，2020 年 1 月 21 日，参见工信部官网。

作报告。这是一种接力，也是一种顺承与转换。

2019 年 3 月召开的中央全面深化改革委员会第七次会议审议通过了《关于促进人工智能和实体经济深度融合的指导意见》。会议指出，“促进人工智能和实体经济深度融合，要把握新一代人工智能发展的特点，坚持以市场需求为导向，以产业应用为目标，深化改革创新，优化制度环境，激发企业创新活力和内生动力，结合不同行业、不同区域特点，探索创新成果应用转化的路径和方法，构建数据驱动、人机协同、跨界融合、共创分享的智能经济形态”。

对人口红利式微的过度担心是多余的，因为技术发展的脚步不会停下，人们的创新不会止步。未来的新动能是 AI。AI 是一个 20 世纪 60 年代就被提出的概念。以新一代人工智能为代表的创新正在催生新的技术红利乃至新的人口红利。未来的几十年，人工智能将不断推动数字化、智能化的发展。与推动互联网成长的动力不同，人们形成的一般共识认为，新一代人工智能有三个成长的动力。

（1）算法。人工智能尤其是机器学习、深度学习的算法在过去几年迅速发展，不断有各种各样的创新，深度学习中从 DNN、RNN、CNN 到 GAN……不断有新的发明创造。

（2）算力。如今，计算的成本在不断下降，服务器也变得越来越强大。过去我们之所以觉得人工智能不实用，是因为它需要用到的算力太大，大家会觉得在经济上不能承受。但今天的算力已经到达一个临界点，使得人工智能变得实际、可用。

（3）数据。数据的产生仍在高速发展，尤其对于中国互联网来说，有非常独特之处，9 亿网民使用同一种语言、同样的文化和法律，这既是一个庞大的用户群、庞大的市场，又是一个庞大的数据集，并且不断产生新的数据，进一步推动算法不断创新，也对算力提出更新的要求。

这三个动力现在都在快速成长。直到最近，算力、数据和算法三项要素都具备了，人工智能才真正开始发挥作用。

重新定义未来

不同时期，大家对现代化的定义是不一样的。100 年前有几台纺织机，成立一个纺织厂，就很现代化了。50 年前，有几个冒烟的烟囱，人们会觉得这就是一个现代化城市。20 世纪 60 年代末出生的人都有这样的记忆，小时候在马路上闻到汽油的味道，就觉得嗅到了城市的味道。20年前，一般认为信息化就是现代化，办公用Excel代替手写，做一个网站，我们就觉得是一个现代化企业了。工业和信息化部其实就是那个时代的现代化部。

时至今日，现代化的定义需要改写，今天的现代化就是AI化。随着近几年AI技术的爆发式进步，随着算法、算力和数据之间的良性循环，人工智能技术的渗透率不断提升，对产业升级和经济变革的影响越来越突出，并将在未来几十年中为产业、经济和社会的发展提供新动能，催生新业态。

未来，中国经济社会发展的主要推动力就是人工智能，人工智能本身也会快速发展。“智能+”新模式、新业态正在不断涌现。

人工智能技术有机会证明自己是一个堪比工业革命的技术革命。从这个意义上讲，我们生活在一个非常伟大的时代，有机会见证甚至参与AI对人类历史的深刻影响，每个人都期待AI技术的推进会不断给我们带来惊喜。

它不是下一幕，而是现在进行时

人工智能不是互联网的一部分，不是互联网的第三个阶段，而是一个新的技术革命。

互联网的上一幕和这一幕

一般意义上的互联网时代从20世纪90年代初期算起，当时是一个基于PC（个人计算机）的网络或者说体系。这期间，产生了绝大多数今天大家耳熟能详的互联网公司。美国的谷歌、脸书、亚马逊，中国的百度、腾讯、阿里巴巴等大型互联网公司都是在PC互联网时代诞生的。

最近八九年，是互联网的第二幕，进入了移动互联网或者说无线互联网时代。百度创立时，中国只有不到1000万网民，20年后的今天已经达到9亿。这个时代也诞生了一些新公司，如美国的优步、爱彼迎；在中国，如美团、滴滴、今日头条，也出现了新的商业模式。其实，这一幕可能比很多人想象的都要短，未来，靠无线互联网再诞生新的商业模式、再催生创新型互联网公司的可能性已越来越小。如前文所述，移动互联网的增长速度在放缓，尤其是中国。

国家自 2015 年起开始推动“互联网 +”行动计划，依靠“互联网 +”带动整个经济，推动新常态，继续保持增长。但是未来互联网的增长到底靠什么?

美国股市市值排名前五的公司，都已变为互联网公司，它们是苹果、微软、亚马逊、谷歌和脸书。当然，严格意义上讲，微软和苹果诞生于前互联网时代。

未来，在什么领域还会诞生创新型、高速成长的公司呢？答案其实非常简单，就是人工智能。

人工智能并不是一个新概念，只是在过去几年，人工智能才发生了非常大的改变，且进步神速。甚至一些非常有影响力的人，如比尔·盖茨、埃隆·马斯克、史蒂芬·霍金，都呼吁大家关注人工智能可能带来的风险，即机器有没有可能控制人类。

当然，对这样一个快速发展的技术现象，一定是仁者见仁、智者见智，比如，有人说人工智能现在做的是仿生学。其实，人工智能、神经网络只是像人脑神经元的工作原理，人脑具体是怎么工作的，其实我们并不知道，那怎么去仿呢?

一般将人工智能的发展划分为三个阶段（见图 1–2），第一阶段是弱人工智能，第二阶段是强人工智能，第三阶段是超人工智能。现在的人工智能尤其是机器学习、深度学习的算法，还处在非常初级的阶段，有很大的提升空间，所以不用担心 AI 会挑战人的认知能力。

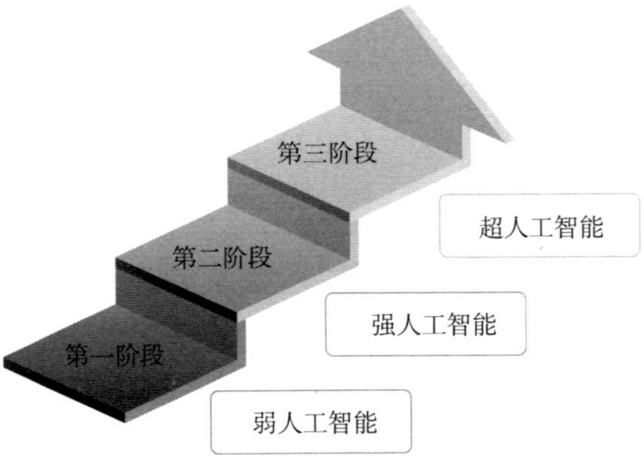

图 1–2　人工智能的三个阶段

我们强调人工智能，不代表手机或者移动互联网马上就会消失，但移动互联网的创新机会窗口变小了。新的时代带来的是新的机会，不能沉迷于常规的做法。

对行业与经济的改变前所未有：以汽车工业为例

汽车工业是一个上百年的产业，也是一个规模非常大、产业链很长的产业，在中国有 10 万亿元的产业规模，大概占 GDP 的 10%。这个百年产业，曾经长期顺风顺水，近期却遇到了瓶颈。巨大的变化正在发生，正是人工智能技术给它带来了新曙光。

中国消费者愿意拥抱新事物。戴姆勒集团原 CEO（首席执行官）迪特·蔡澈就说，中国奔驰车用户比国外大概年轻 20 岁，年轻人更能接受新事物。一个关于自动驾驶认可程度的调查显示，中国 83% 的消费者认可自动驾驶，高于其他国家。从这个意义来讲，自动驾驶在中国更快普及的可能性很大。

中国汽车行业也非常愿意应用新技术，所以无论是无人车的研发，还是制造，都处于领先位置。百度跟厦门金龙汽车合作，在 2018 年 7 月实现无人驾驶小巴的量产。它既没有驾驶位，也没有方向盘。它的名字叫阿波龙，是完全自动驾驶车辆。截至目前，它还没有在完全开放的道路上行驶，我们选择在相对封闭的区域，比如景区、码头、公园，让人们首先体验。虽然目前在开放道路上无人驾驶技术还没有成熟到可以完全摆脱司机，但技术进步速度非常快，每一天都有新的进展。

类似阿波龙这样的无人车，很快会真正进入在开放道路运行的状态。随着时间推移，自动驾驶会是更加安全的出行方式。百度的自动驾驶已可以自如地避让障碍，如果路上突然出现小动物，车可以检测到并停下来。

这个变化不仅会影响车厂，而且会对上下游全产业链产生深刻影响。这个影响会传导到无论是打车服务的提供商，如优步、滴滴，还是芯片制造商，如英特尔、英伟达，或者是车厂一级供应商，像博世、大陆，再到整车厂商。现在，中国已有 200 多家整车厂商，国外的福特、戴姆勒也都加入了百度 Apollo 开放平台。上下游很多公司、许多领域都会从新生态、新产业链、新模式中受益，动作迟缓者则可能受到人工智能技术发展的挑战。可以想见，未来全球会有更多的公司和中国自动驾驶开放平台合作，并从中受益。

互联网改变了消费方式、娱乐方式，人工智能将改变我们的生产方式

人工智能到底能起什么作用？作为企业家，我们应该更关注它能在市场中发挥的

作用。

对于这个问题，要从两个方面考虑。第一，人工智能今天能做什么，在不远的将来能做什么？第二，人工智能会影响哪些行业？

不只自动驾驶，AI 能改变的领域几乎无所不包。人工智能技术对实体经济、对各行各业的推动是显而易见的。我们能够想到的每一个行业，从金融到房产，从教育到医疗，从物流到能源，从制造到家居等，都会因为 AI 技术的创新和不断演进而改变。根据中国新一代人工智能发展战略研究院发布的《中国新一代人工智能科技产业发展报告 · 2020》，从 581 家应用层企业的应用领域分布来看，人工智能技术已经广泛分布在企业技术集成与方案提供、智能机器人、关键技术研发和应用平台、新媒体和数字内容、智能医疗、智能硬件、金融科技、智能商业和零售、智能制造等 18 个应用领域。

互联网改变了我们的消费方式、娱乐方式，AI 除了影响消费端之外，对供给端也有非常大的影响。AI 不仅可以大幅提升 B 端的工作、生产效率，还将大大改变我们的生产方式。

智能家居领域会出现很多新物种，形成新生态。像亚马逊的 Echo（智能音箱）、百度的小度智能音箱。音箱被赋予了 AI 技术与能力，它把你的手解放出来，让你不再需要按键、输密码、打开 App，用户的感觉、体验就完全不一样了。智能音箱可以说话，可以听得懂话、明白你的指令；原来电视要用遥控器来操控，今天摇身一变，成为用语音操控的新电视。百度小度助手（DuerOS）能够让家居智能化，也会催生新物种。

人工智能不仅可以改造音箱，也可以改造很多产品，并深刻地改造制造业，而且影响最大的行业就是制造业。中国是制造业大国，尤其需要关注人工智能技术的发展，及时利用最新技术升级产品与制造能力，平稳实现产业智能化转型。《中国制造 2025》提出从制造到智造。智能产业化将出现数个千亿元赛道，而产业智能化将是高达数万亿元规模的大市场。智能制造的一个重要方面就是任一设备都有一个接口，可以听懂人的语言。

人类自从发明了工具，就不断花很多精力学习如何使用工具。车就是一个例子，想开车，需要先花一个月左右时间考驾照。未来，所有的设备都可以听懂人话，人就再也不需要学习工具，而是工具学习人了。这个大转变会使中国制造迈上一个新台阶。

再如人脸识别的应用。我们都有在机场登机前至少要过两道安检，出示身份证进行比对的经历。其实应用人脸识别技术，将来旅客到机场，就能大摇大摆，畅行无阻，摄像头直接就能识别你是谁，你已经买票了，而不需要一道一道的烦琐检查。这还只是人脸识别，加上语音识别、自然语言理解、用户画像等，将改变更多的领域。

物联网（IoT）在商业上没有火起来，直到今天还不是一个很大的市场。移动互联网起来之后，很多人特别喜欢可穿戴设备，也觉得它会变成一个巨大的市场，但至今它也未达到预期。但是，当人工智能时代到来时，物联网、可穿戴设备都会变成很大的市场。物联网还会彻底改变我们的制造业，将来所有制造业都属于人工智能产业，或者说物联网产业。所有的商品都要能够联网，都要能够把数据传到云端，都要通过人工智能对相关技术进行分析，让它们能够给消费者和用户带来实实在在的价值。

健康产业中精准医疗近几年非常热，所谓精准医疗就是个性化医疗，不同的人要用不同的药、有不同的治疗方法。判断什么药对什么人是有效的，需要分析患者的基因状况和后天环境，这需要综合运用医学技术、健康技术和人工智能技术。

娱乐产业其实也会被改变。VR（虚拟现实）和AR（增强现实）未来很可能成为主流的内容形式。AR背后需要解决的是计算机视觉问题。语音技术最近几年也迅速成熟起来，可以人工合成几乎所有人的声音。现在拍电影、电视剧，要和演员签约，请其来拍摄，在现场一待几个月。当语音和图像技术进一步成熟时，理论上以后就不再需要明星到现场来拍摄。只要获得其授权，将其声音合成出来，照片、图像也可以自动合成。

刚才讲了几个大的产业，人工智能也可以赋能小产业。各位读者对自己所在的行业有足够了解，同时又了解一点儿人工智能技术，相信你们能够打开更多的创新空间。

我国在政策创新方面非常开放。2019年，我国地方政府共出台276项涉及人工智能发展的相关政策，覆盖了智慧政务、智慧医疗、工业互联网、智能制造、智能车联网、智慧教育等领域[①]。另据不完全统计，全国有30多个省、市、区出台了智能网联汽车测试管理规范或实施细则，允许开展自动驾驶开放道路测试工作。其中，允许载人测试的有广州、长沙、上海、武汉、沧州、北京6城。这个意义重大，会有效推动无人驾驶技术的持续提升。

政策之外，我国还有人才和数据两大优势。中国是全球最大的人力资源国家，同时

① 中国新一代人工智能发展战略研究院，《中国新一代人工智能科技产业发展报告·2020》，2020年6月。

中国人非常勤奋。中国 9 亿多互联网人口每天产生大量数据，这些数据可用来训练各种各样的机器学习模型，训练效果会越来越好，所以未来中国发展 AI 有得天独厚的条件。

这还只是开始，未来越来越多的行业会感受到人工智能技术创新带给它们的红利。每一个产业、每一个企业家要考虑的，是怎么用最有效的方法，提升技术创新能力，把人工智能变成“自己的菜”。否则，吃不上这道“主菜”，就有可能错过一个时代。

AI 让复杂的世界变得更简单

人工智能有一个和互联网的不同之处，就是它有强大的垂直整合特点，逐步共享化、生态化、协同化，形成网络空间的命运共同体。

以百度为例，来看一下 AI 技术创新对百度带来的改变。2000 年，百度创建之时，就希望人们能够最平等便捷地获取信息，找到所求。可以说，拉近人和信息之间的距离，是百度的神圣使命。百度 20 年，一直都在坚持技术创新，从搜索时代到人工智能时代一以贯之。

AI 让业务发展脱胎换骨

百度在 2010 年开始利用人工智能技术重新调整搜索算法，改进排序。当然，那时用的 AI 方法还不是后来的深度学习，只是一般意义上的机器学习。2012 年，百度首次用深度学习方法来做图像识别，以图搜图，发现效果非常好。

2013 年 1 月，百度成立了全球首个以深度学习命名的研究院，即百度 IDL。自此在 AI 上的投入越来越大。

百度在不断探索中发现，搜索引擎天然具有人工智能基因。一方面，搜索技术和深度学习技术结合得非常紧密；另一方面，每天积累的大量用户行为、语料样本，可以支撑人工智能学习所需的庞大数据。

这样的技术基因和技术优势，可以直接平移到我们的其他业务上，让业务发展脱胎换骨。比如百度信息流产品，借助“AI+ 搜索”双引擎，业务发展速度非常快，不到一年用户数量就超过一亿。

2016 年，百度正式发布了百度大脑。经过 4 年的演进，内容越来越丰富，同时也越来越从底层技术向实用、应用发展。百度大脑可谓百度所有人工智能的集合，从最底层的深度学习框架，到上面相应比较通用的语音识别技术、视觉技术、自然语言理解技术等；再往上，有开源开放的平台，有面向各行业的，也有更基础的平台，在很多领域都有落地应用，后文会详述。

下出“先手棋”

下棋讲究占先。坚持技术创新，就会让我们下出“先手棋”，而不只是做跟随者。

以智能音箱为代表的智能家居中控设备，是AI时代信息与内容服务的新入口，它让人们用更自然的方式和机器进行交互，也是家庭信息服务的入口。通过这个入口，百度建立的内容生态就有了更广的用武之地。比如调用“百度百科”的数据，小度智能音箱就可以回答人们在日常生活中遇到的绝大多数问题。

2018年，百度推出了全球第一款带屏智能音箱，进一步激活了此前视频方面的布局，后来亚马逊、谷歌、腾讯才陆续推出相似的产品。2019年2月，小度智能屏出货量首次超过无屏小度智能音箱，进而领跑全球。

深耕两个领域

智能家庭、自动驾驶是百度深耕的两个领域，而且这两个领域都已经实现开放开源生态化。

智能家庭领域，百度采用开放平台做法，将技术快速进步的DuerOS体系开放出来，让人机对话在更多的场景实现。最早的所谓智能音箱，被很多人称为“智障音箱”。那时的人机对话，基本上都是人编出来的，不是机器自己想出来的话，人连续问几句，音箱基本上就被问住、问倒了。但现在，人的多数表达都可以被机器理解，并且机器可以做出相应的响应。这就是为什么现在使用小度助手的设备越来越多，数亿激活设备的背后，语音交互次数达到65亿次。截至2020年6月，作为新的人机交互平台，小度开放平台上有3800多个优秀技能，有4万余名开发者在做各式各样的创新。

百度在智能驾驶领域的深耕也取得了令人欣喜的突破。搭载Apollo L4（全自动、无人驾驶汽车或其他车辆）自动驾驶能力的“新物种”已达到数万台。阿波龙目前已在14个城市落地，行驶超过96000公里，接待了96000余人。这只是其中一个物种，像“新石器”自动售货机，即便没有人开，也可以到处卖东西；还有很多我们想不到的应用场景，如公园里的清扫车、自动摘苹果的机器等。这些完全摆脱驾驶员的新物种，未来几年会迎来一次爆发性增长。

科技让复杂的世界变得更简单

仅仅车智能化了还不够，还要有基础设施的配合，就是路的智能化。我们现在称公路为“马路”，最早真是跑马的。后来发明了汽车，变成了跑汽车。可以想象，如果没有红绿灯，没有柏油路，汽车跑起来会非常痛苦。同样，当无人车步入我们的生活，路要跟着变得更聪明、更智能。过去城市花很多钱建造立交桥、地铁、大型停车场，都是为了解决交通问题，未来可能更多的基础设施的投入要关注软件，要在道路智能化、在促进车路协同上投入。

这方面我们已跟不少城市合作，比如北京，2018 年我们就开始跟海淀区合作，对红绿灯智能实时调整。根据测算，这使人们在交通拥堵中等待的时间减少 30%~40%。因为我们的摄像头可以全量、实时地监控目前在路上到底有多少辆车，智能化决策调整红绿灯的时间，让交通更加通畅。

我们与上海也在智能交通、自动驾驶以及工业升级等方面进行了战略合作，争取在全球率先探索出一个具有超前理念、自动驾驶渗透率很高的样板工程。大城市的人深受交通拥堵之苦。交通运输部测算，交通拥堵给 GDP 带来的损失高达 5%~8%。像北京、上海这样的大城市，因为交通拥堵每年会有上千亿元的损失。我们用人工智能方式助力，可以大幅提升人们的感知，降低能源的消耗，也会大幅提升整体效率。

百度目前在人工智能方面拥有语音、图像、NLP（自然语言处理）等人工智能技术，有 DuerOS 开放对话式人工智能系统、Apollo 智能驾驶系统两大行业生态，共享 AI 领域最新应用场景和解决方案。

相关研究成果如语音识别、语音合成、语音唤醒、文字识别、人脸识别、增强现实、知识图谱等，已全面应用于百度产品，让数亿网民从中受益。

百度希望利用这些优势，跟全球各产业链、供应链层面的公司以及地方政府一道，构建一个更加繁荣、更加健康的生态，让复杂的世界变得更加简单。

AI时代需要AI思维方式

十多年前，有人提出“互联网思维”。到2012年左右，中国互联网已进入移动互联网时代。移动互联网时代和PC互联网时代，人类的思维方式已经发生很大转变。

AI时代，有没有属于这个时代的思维方式

过去，百度精英们会经常讨论这个问题。既然认识到人工智能时代已经到来，我们的思维方式应该有什么不同？是不是要做转换？怎样转换？

互联网出现之前，人和人已经可以进行交流了，不管是面对面交流，还是打电话、传真等。但是人和物没有办法交流，因为物是“死”的。

进入互联网时代以来，网络信息技术给整个社会主要带来的是人与人沟通效率的革命，沟通交互效率大大提升。

人工智能时代，真正解决的是人和万物之间的交流。人工智能就是靠机器来理解人的意图。如果机器能够理解人，那么它自然而然也就能够和人进行交流。

所以，互联网只是前菜，人工智能才是主菜，因为对这个社会的改变，两者本质上不在一个量级。互联网使得原来存在的方式更加有效，而人工智能是把原来的不可能变成可能。

从“连接信息”转换到“唤醒万物”

这就是为什么2017年百度对使命做了更新。原来我们的使命是“让人们最平等便捷地获取信息，找到所求”，今天，科技的发展给我们带来了更多的可能性，所以我们的新使命是“用科技让复杂的世界更简单”。换句话说，百度的责任要从“连接信息”转换到“唤醒万物”。之所以能够这样，就是因为AI使“唤醒万物”成为可能。

怎么“唤醒万物”？跟电视机沟通可以不通过遥控器，只需用自然语言告诉它你想要干什么就行。遥控器不可能告诉你“这个演员叫刘涛”，而语音交互可以实现。这样的技术也可以应用到冰箱、空调上，还可以用到桌子、椅子上，几乎所有的物体都能够“懂人话”。语音技术逐步从手机场景进入家庭场景、汽车场景等生活场景，也已走进智能客服等服务场景。

有温度的 AI 洞察未知

用 AI 可以洞察未知，是不是有些科幻？AI 最主要的目的是像人一样能够理解人，知道人的意图，但毕竟它是机器，机器有不够聪明的地方，但是也有强于人的地方。比如它永远不知疲倦，它处理问题的速度非常快。我们觉得不可能做到的事情之所以“不可能”，是因为需要的时间太长或者需要的人力太多，而机器却可以轻松做到。

人工智能不是冰冷的技术，而是有温度、有感情的。有一个重庆孩子在四五岁时走失，在福建长大。时隔 27 年之后，通过百度 AI 技术，人脸比对，公安部门发现他就是当年那个从重庆走失的孩子。另一个走失者有精神障碍，现在已 38 岁，却说不出自己叫什么名字，很难通过常规手段帮助他找到家人，但是通过人脸比对的方式，就可以把父母和孩子联系在一起。

真的是“未来已来”，可是当未来已来，而你又不是未来的一部分时，会发生什么？

这是我们每一个人、每一家企业、每一名管理者都应该思考的问题。百度自己也在持续思考这样的问题。未来的世界和现在会非常不一样，我们的思维方式必须转变。

从 Think Mobile 转变为 Think AI（从移动先行到 AI 先行）

“Think Mobile”这个理念最早是脸书提出来的，一开始脸书也是一个 PC 产品，后来它意识到移动互联网时代到来了，扎克伯格就提出了 Mobile First。什么是 Mobile First？扎克伯格和公司内部工程师开会，大家在讲新产品或者新功能时，那些截屏往往是 PC 页面。他就说：“不行。如果你们再给我看 PC 页面截屏，我就不和你们一起开会了。只有先把手机页面截屏给我看，我才会和你们讨论。”扎克伯格就是用这种“极端”的方式逼迫脸书开始 Think Mobile，并把 Mobile 当作第一考虑平台。

但 Mobile 时代也就是 10 年的时间，世界真的是变化非常快。百度正在从 Mobile First 变成 AI First。原来我们首先要考虑的是在手机触摸屏上应该是一个什么样的体验，应该是上滑、下滑、左滑、右滑，还是点这个、点那个，想的都是这样的问题。但在 AI First 情境下，你可能想的是镜头应该具备什么样的功能，话筒应该具备什么样的功能。无独有偶，2017 年谷歌 I/O 大会上，谷歌的 CEO 也说要“From Mobile First to AI First”（从移动先行到 AI 先行）。所以，越来越多的公司都逐步意识到这个时代在变。

软硬结合，软硬一体

AI 时代一个典型特点是软硬结合。以前，互联网公司基本上以软件为主。整个互联网时代，无论是 PC 互联网，还是移动互联网，大家都更多关注软件层面。虽然硬件成长、变化也很快，但作为一家互联网公司，其实大多数时候只要关心要把自己的软件做成什么样就可以了，不太需要知道你的软件在一个什么样的硬件上运行。但 AI 时代，我们要更多关注软件和硬件的结合处能够有哪些创新，软件、硬件、服务这三者要进行强有力的结合才能真正发挥作用。

比如现在流行的智能音箱和手机的不同之处在哪里？比如它永远插电，你不用太考虑能耗问题。它的主要交互方式也不再是文字输入。手机有一个虚拟键盘，大多数时候人还是在和这个键盘交互，而你和智能音箱打交道的方式则是通过麦克风。麦克风阵列的技术就是一个典型的软硬件结合技术，不是你仅仅搞明白一个软件做成什么样就可以了。你还得决定，是两个麦克风的阵列，还是七个麦克风的阵列，其所用的技术完全不一样，获得的体验也很不一样。更明显的是无人驾驶汽车，它要搭载激光雷达和各类传感器，也要和各种各样的软件结合才能实现无人驾驶。

数据秒杀一切算法？

数据秒杀一切算法，可能是 AI 时代大家的第一反应或观察到的现象。因为如果你有足够多的数据，即便是算法稍微差一点儿，得出来的结果也是不错的。所以大家在开发产品时，特别注重搜集足够多的数据，尤其是比较干净的数据。就是说，这个数据能对应到什么结论，如果这种对应越来越多，机器就能学习得越来越准确、快速，能力也会越来越强。

然而，真正推动社会进步的是算法，而不是数据。工业革命的标志是蒸汽机的发明，可在瓦特发明改良蒸汽机之前 100 年，蒸汽机就已经被发明出来了。那时的蒸汽机最早出现在英国的煤矿行业。为什么是这样呢？因为早期的蒸汽机技术非常落后，需耗费大量能源，而煤矿边上是能源最集中、最廉价的地方。工业革命时，大家首先想到的是瓦特发明的改良蒸汽机，而不是英国的煤矿。这个时代，说“数据就是新的能源”，没错；说“数据秒杀算法”，也有道理。但真正推动这个社会进步的还是算法和技术。

AI 思维可以降维打击

AI 时代的思维方式到底对你有什么作用？最关键的，它可以起到降维打击的作用。现在手机还无可替代，如果你能用 AI 思维做互联网产品，那你就实现了降维打击。

比如用语音进行搜索是 AI 时代的思维方式，不是移动时代的思维方式。现在大家在手机上做的所有事情，如果重新用 AI 方式来做，就是降维打击，这方面的可能性还非常多。如果将其应用到家电、汽车领域，甚至各行各业，其前景将更为广大。这都需要人们早做准备，早转变思维方式。

百度已经是一家 AI 企业，不是大家印象中纯粹的互联网企业了。当外部认知还不到位、还不被更多人理解时，需要的是坚持，而不是随波逐流，盲目改变自己坚守的东西。

全球展望：西方已开启人工智能高速列车

从全球范围来看，美国已将人工智能列为国家优先事项，率先将人工智能提升到国家战略高度。一些西方国家也紧随其后。

近年来，美国、欧盟、英国、日本先后发布了云计算、大数据、人工智能等一系列战略行动，全方位多层次推进新工业革命。

美国优先，人工智能优先

2016 年 10 月，美国国家科学技术委员会（NSTC）发布《国家人工智能研究和发展战略计划》，确定了 7 个政府研发战略重点，旨在通过政府投资深化对人工智能的认识和研究，确保美国在人工智能领域的领导地位。当年，总统办公室还先后发布《为未来人工智能做好准备》《人工智能、自动化与经济报告》两份报告。

美国国防部发布《2018 年国防部人工智能战略摘要：利用人工智能促进安全与繁荣》，成立联合人工智能中心（JAIC），旨在加快人工智能快速赋能关键作战任务，统筹协调人工智能研发项目。

2018 年 8 月，美国国会通过《2018 年出口管制改革法案》，对“新兴和基础技术”设置了出口限制，该法案要求商务部制定规则，加强对敏感技术出口的监管，以保护美国经济和安全等方面的利益。同年 11 月，负责监管这些限制的美国商务部公布了一份可供考虑的技术清单，其中包括计算机视觉、语音识别和自然语言处理等人工智能领域。

2019年2月11日，美国总统特朗普签署13859号《维护美国人工智能领域领导力》的行政命令，启动“美国人工智能计划”，这是提升美国AI领导力的国家战略。2019年6月，NSTC发布新版《国家人工智能研究和发展战略计划》，在2016年版基础上更新原七大战略，评估调整人工智能优先事项，并新增第八大战略——“扩大公私合作伙伴关系”。美国白宫科技政策办公室（OSTP）发布了《美国人工智能倡议首年年度报告》，为美国的AI计划提供了长期愿景。这项旨在提高美国在AI领域领导地位的国家战略强调了以下6个关键政策和做法：投资AI研发，释放AI资源，清除AI创新的障碍，培养AI人才队伍，促进支持美国AI创新的国际环境，为政府服务和任务提供值得信赖的AI。

2019年11月14日，OSTP又发布了《国家战略性计算计划（更新版）：引领未来计算》。与由奥巴马政府发布的2016年版计划相比，更新版更加侧重于计算机硬件、软件和整体基础设施，以及开发创新的、实际的应用程序和机会，以支持美国计算的未来①。

2020年1月3日，针对中国等国家，特朗普政府突然发布了一份旨在限制人工智能软件出口的条例，新规于1月6日生效。根据这份条例，应用于智能化传感器、无人机、自动驾驶、卫星和其他自动化设备的目标识别软件都受到管制。

2020年5月26日《科学》新闻报道，为了应对中国竞争力的增加，美国国会立法，改造美国国家科学基金会（NSF），使之成为国家科学技术基金会，四年内经费增加四倍，五年注资增加1000亿美元。发起这场法案的两位参议员舒默、杨都认为中国在科技上的进步是对美国国家安全和经济繁荣的直接威胁。他们认为，在核心科技领域，如人工智能、量子计算、高级通信、先进制造业取得胜利的国家将会是未来的超级大国。

数字欧洲，重申欧洲的技术主权

2011年3月3日公布的“欧洲2020战略”指出，欧盟未来经济发展的重点将放在三个方面：发展以知识和创新为主的智能经济；通过提高能源使用效率增强竞争力，实现可持续发展；提高就业水平，加强社会凝聚力。

2020年2月19日（当地时间），欧盟委员会在布鲁塞尔发布《人工智能白皮书：通

① 中国科学院战略咨询研究院，美国发布《国家战略性计算计划（更新版）：引领未来计算》，科技前沿快报，2020年第1期。

往卓越和信任的欧洲路径》。白皮书指出,“欧盟需要在2018年4月发布的‘欧盟AI战略’基础上找到一条坚实可靠的欧洲路径。面对AI带来的机遇与挑战，欧盟需要秉持欧洲价值观，以自己独有的方式行动起来，推动AI的发展和部署。欧盟委员会致力于推动AI科技创新，保持欧盟AI科技的领先地位，确保新技术为全欧洲服务，在提升人们生活质量的同时尊重相关权益。为了抓牢本次AI带来的机遇，欧洲必须加强产业和技术能力建设。与‘欧洲AI战略’相呼应的‘欧洲数据战略’指出，仍需要采取措施使得欧洲成为全球数据中心。‘欧洲数据战略’旨在让欧洲成为世界上最具吸引力、最安全、最动态的数据经济体”。白皮书提出一系列人工智能研发和监管的政策措施，并提出建立“可信赖的人工智能框架”①。

欧盟委员会已根据“数字欧洲计划”提出了超过40亿欧元的建议，以支持高性能计算和量子计算，包括边缘计算和人工智能，数据和云基础设施。在过去三年中，欧盟为人工智能提供的研究与创新资金已增至15亿欧元，较之前同期增长70%。

近期，法国和德国准备发力云计算，计划大力支持建立云计算生态系统，旨在减少欧洲对硅谷巨头亚马逊、微软和谷歌的依赖。这个名为Gaia-X的项目将建立在本地服务器上存储和处理数据的通用标准，并遵守欧盟关于数据隐私的严格法律。这项举措是在法国和德国加强经济合作抗击疫情时提出的，第一步将由22家法国和德国公司建立一个非营利性基金会运营Gaia-X②。

① 欧盟委员会,《人工智能白皮书：通往卓越和信任的欧洲路径》(征求意见版)，陈玥如编译，2020年2月19日。
② 吴斌，不想依赖美国巨头，法国、德国“后知后觉”发力云计算，界面新闻–科创板日报，2020年6月4日。

02

什么是智能经济

深入实施创新驱动发展战略，以加快人工智能与经济、社会、国防深度融合为主线，以提升新一代人工智能科技创新能力为主攻方向，发展智能经济，建设智能社会，维护国家安全，构筑知识群、技术群、产业群互动融合和人才、制度、文化相互支撑的生态系统，前瞻应对风险挑战，推动以人类可持续发展为中心的智能化，全面提升社会生产力、综合国力和国家竞争力，为加快建设创新型国家和世界科技强国、实现“两个一百年”奋斗目标和中华民族伟大复兴中国梦提供强大支撑。

——国务院《新一代人工智能发展规划》

国发〔2017〕35号（2017年7月8日）

2019年10月29日是世界互联网诞生50周年纪念日。人们不无感慨地细数邮件、门户、搜索、网页、社交平台、私信、电商、移动支付、云服务、手机银行、短视频、信息流带来的新体验。

对于“人工智能元年”，有不同说法，就像中国发出的第一封电子邮件有两个争论不休的时间。《华尔街日报》《福布斯》《财富》杂志称2017年为AI元年，也有人将2019年称为AI元年。不管怎样，新技术在加速，新动能在发育，新赛道在转换，这是不争的事实。

上一章从技术演进的角度讲到人工智能是数据、算法、算力共同推动的产物，新一代人工智能技术将成为产业革命的核心驱动力量。这是我们下面谈智能经济的基础，否则就是无本之木。中国人工智能技术的具体发展可参阅本书第 9 章。

智能经济是不是一个伪命题

1956 年 8 月，在美国汉诺斯小镇宁静的达特茅斯学院，约翰·麦卡锡（LISP 语言创始人）、马文·闵斯基（人工智能与认知学专家）、克劳德·香农（信息论创始人）、艾伦·纽厄尔（计算机科学家）、赫伯特·西蒙（诺贝尔经济学奖得主）聚在一起，讨论一个完全不食人间烟火的主题——用机器模仿人类学习，让其具备人类的智能。开了两个月的会议的最大成果是确定了这一主题的名字——AI。

上一个 20 年与下一个 50 年

这是新一轮科技革命和新一轮产业革命的交叉期。

这是一个新一代信息技术和新一代人工智能技术交错发展的关键时期。

这是算力、算法、大数据发展形成叠加与拱卫效应的重要节点。

这是世界经济社会发展需要拨开重重迷雾、共同推动全球化向下一程进化的非常时期。

这也是中国由要素驱动的高速发展向创新驱动的高质量发展的转型期。

“五期”叠加，加之不确定性前所未有，我们该如何研判未来的经济社会发展？如何寻求产业发展之道？

如果说 IT（信息技术）是上一个 20 年最大的变量，中国确立了技术优势与应用优势，并带来人与人、人与服务的重新连接，资源与信息的对称，线上和线下的结合，加速了中国的网络化、数字化进程，那么下一个 50 年，最大的变量是 AI，量级、深度、广度完全不同的万物互联、全新交互、大规模协同，将推动各个产业、各个领域、各种场景全面的数字化、网络化，进行浩浩荡荡的智能化、智慧化的转型与升级。

过去 20 年，百度、谷歌、微信、推特、优步都变成一个个动词，熊掌、企鹅、猫、狗、蚂蚁占据了我们的脑海与虚拟空间、现实空间，几乎打开了一个新世界。今后50年，中国将成为全球人工智能创新中心、应用中心、协同中心。

高质量发展与全要素生产率

我们来看两个新名词，一个叫“高质量发展”，这是2017年中国共产党第十九次全国代表大会首次提出的新表述，表明中国经济由高速增长阶段转向高质量发展阶段。中国的高质量发展的核心是创新驱动发展。国务院发展研究中心副主任王一鸣指出，高质量发展根本在于经济的活力、创新力和竞争力①。

劳动生产率、资本效率是不是全部，会不会一成不变？答案为否。传统的要素驱动的高速发展模式下更关注要素生产率，而创新驱动的高质量发展模式下看什么呢？这就是第二个新名词——“全要素生产率”，也就是综合、结构化地考察系统中可以被定量衡量的各个要素以及无法被定量衡量的要素的系统生产率。

高质量发展意味着中国将向价值链的上游迁移，这个跃迁过程将伴随着我们在全球化价值网关键节点的影响力、控制力的打造与提升。这迫使我们重新思考面向未来的范式、模式、关系、机制与路径。

低生产成本、低劳动成本依然是中国的一个相对优势，但“双低”不可持续，会走向拐点，会对向产业链高端迈进产生抑制，所以是阶段性优势，中国不可能一直做“世界工厂”。就像“不可能三角形”一样，让低成本、高质量、高效率三者完全“兼容”，几乎是不可能完成的任务。低成本与低效率往往是一对孪生体，我们不能在各种场景下都为了保持低成本牺牲或者削弱效能。而高生产效率、高匹配效率的“双高”是应该追求的方向，有可能建构一种可持续的绝对优势。

归根结底看驱动力：更懂用户

技术的革命伴随交互的革命。交互的革命既是技术突破的方向，也是技术发展的结果。我们获得数据是希望更好地了解用户（泛在的用户），更好地提供基于用户画像、场景的服务。技术驱动和用户驱动是密不可分的，任何单维的强调都会陷入二元化的悖论。

① 王一鸣在中国经济50人论坛2018年年会上的讲话，2018年2月25日。

所以，今天人类社会正进入一个新时代，表面来看，这个时代左一个人工智能标签、右一个智能经济或智能社会标签，其实背后最关键的是，这是一个更懂用户、更智能、更聪明的时代。

百度对此有很深的感受。百度搜索离用户的需求最近，检索即需求，轨迹即数据，所以百度对用户画像的维度最全、最立体、最全息。百度又站在人工智能的前沿，推动面向交互技术不断进步的人工智能发展。智能时代不仅仅是更大规模的连接、更高效的互动，而且更懂用户，所以搜索即感知、搜索即服务。

在你发出指令之前，它就应该知道你想要什么，这才是未来真正的智能。这个智能的起点，可能是今天百度努力打造的 DuerOS 这样一个交互系统。这个交互可以是你与人、与平台、与应用，也可以是人车交互、人机交互、车路交互、物物交互、机机交互。交互的亲和、平滑、圆润会提高交互的效能。

改变的不仅仅是生产要素、生产力，生产关系也正在被重构

基础研究可以有某种程度上的例外，技术应用创新不能只盯着生产要素、生产力，更要看生产关系的变化趋势并通过技术实现它。

新一代信息技术与新一代人工智能技术交织在一起，给生产力变革带来重大影响。新一代信息技术打破了组织边界、关系结构，对权力结构产生了不可逆转的影响。比如，从 BBS（网络论坛）、博客、微博到公众号、百家号，从贴吧、社区、朋友圈到短视频，UGC（用户生成内容）让每个人发声的渠道变宽了，表达存在感、展现能力的舞台变多了，而分享经济、大规模合作则让合作、协同的方式与生活方式不断更新。

人工智能技术发展、智能化布局是“以人类可持续发展为中心”的，人的智能 + 人工智能所形成的混合智能（本书重点讨论人工智能）正在改写工业时代的生产要素和生产关系。由此，我们共同迎来了智能经济、智能社会的大未来。

三个层面带来重大的变革和影响

人工智能驱动下的智能经济将在以下三个层面带来重大的变革和影响。

第一，人机交互的方式会发生重大变革，万物智能互联让丰富的数据可低成本获得。如果说过去 20 年是人们对手机依赖程度逐步提升的 20 年，那么未来 20 年就是对手机依

赖程度逐步降低的20年。在智能经济时代，智能终端会远远超越手机的范围，包括智能音箱、车载系统、各种可穿戴设备、无处不在的智能传感器等。相应地，应用和服务的形态都将发生变化，人们将会以更加自然的方式和机器、工具进行交流。未来的搜索的形态会有很大变化，并将无时无处不在，市场规模之大将远超很多人的想象。

第二，IT等基础设施会带来巨大的颠覆，以算力、算法、生态为代表的新基建将大行其道，基础设施的智能化和智能化基础设施即将爆发。传统的CPU（中央处理器）、操作系统、数据库将不再是舞台的中央；而新型的AI芯片、便捷高效的智能云服务、AI生态性开放平台或AI中台、开放的深度学习框架、通用的人工智能算法等，都将成为这个时代的新型基础设施。百度作为人工智能平台型公司，在这个层面的投入非常大。百度大脑及飞桨深度学习平台，都是在基础设施层面的布局。我们视其为智能经济、智能社会的智能化引擎。

第三，智能经济会催生很多新的业态，重塑发展逻辑和商业模式，智能产业化、产业智能化成为一个新潮流。交通、医疗、城市安全、教育等，各个行业正在加速实现智能化。新的消费需求、新的商业模式将层出不穷。大家可能已注意到，百度的自动驾驶出租车队Robotaxi在长沙已正式开始试运营，在市区100公里范围内，普通市民可以通过App一键呼叫。这不仅对智能网联汽车行业的发展是一个强劲的推动，更将倒逼城市交通基础设施的智能化。

智能经济的这三个方面不是割裂的，它们相互影响并且产生化合反应。百度在三个层面都有大量的投资，并且占据了一定的位置。中长期目标上，百度要成为全球领先的人工智能平台型公司，加速人工智能的应用，从而践行我们的使命——用科技让复杂的世界更简单。

这不是伪命题，但需要协同对答案

从PC的产生和普及到PC互联网，再到移动互联网，全社会收获了丰厚的创新红利，这是一个从信息经济、互联网经济到数字经济的过程。那么，沉寂有时、进化到2.0的新一代人工智能技术能成为主角吗？以人工智能为核心驱动的第四次创新红利期的红利有多大，会持续多久？它对经济、社会将带来怎样的影响？它将怎样改变我们的连接方式、生产方式、消费方式、生活方式、合作模式、社会发展方式？为什么会产生智能经济？

2017年出台的《新一代人工智能发展规划》代表国家给出了答案，“通过壮大智能产业、培育智能经济，为我国未来十几年乃至几十年经济繁荣创造一个新的增长周期”①。

风起于青萍之末，浪成于微澜之间。其实，这种高瞻远瞩来得更早、更冷静、更坚定。

2014年6月，习近平总书记在两院院士大会讲话中指出，“机器人革命”将创造数万亿美元的市场。机器人是“制造业皇冠顶端的明珠”，其研发、制造、应用是衡量一个国家科技创新和高端制造业水平的重要标志。这样的新技术新领域还有很多，要审时度势，全盘考虑，抓紧谋划，扎实推进。

2015年11月20日，习近平总书记在致2015世界机器人大会的贺信中说：“中国将机器人和智能制造纳入了国家科技创新的优先重点领域，我们愿加强同各国科技界、产业界的合作，推动机器人科技研发和产业化进程，使机器人科技及其产品更好为推动发展、造福人民服务。”②

“我们要坚持创新驱动发展，加强在数字经济、人工智能、纳米技术、量子计算机等前沿领域合作，推动大数据、云计算、智慧城市建设，连接成21世纪的数字丝绸之路。”③2017年5月14日，习近平总书记在“一带一路”国际合作高峰论坛开幕式上的演讲中强调。

2017年10月，在党的十九大报告中，习近平总书记提出：“加快建设制造强国，加快发展先进制造业，推动互联网、大数据、人工智能和实体经济深度融合，在中高端消费、创新引领、绿色低碳、共享经济、现代供应链、人力资本服务等领域培育新增长点、形成新动能。”

2018年10月31日，习近平总书记在十九届中央政治局第九次集体学习时强调，促进新一代人工智能同经济社会发展深度融合，推动我国新一代人工智能健康发展。在这次重要讲话中，还首次提到“智能经济形态”：“要培育具有重大引领带动作用的人工智能企业和产业，构建数据驱动、人机协同、跨界融合、共创分享的智能经济形态。”④习近

① 《新一代人工智能发展规划》，国发〔2017〕35号，2017年7月8日。

② 习近平：致2015世界机器人大会贺信，参见新华网 http://www.xinhuanet.com/politics/2015-11/23/c_1117229738.htm。

③ 习近平在“一带一路”国际合作高峰论坛开幕式上的演讲，参见新华网 http://www.xinhuanet.com/2017-05/14/c_1120969677.htm。

④ 习近平主持中共中央政治局第九次集体学习并讲话，参见中国政府网 http://www.gov.cn/xinwen/2018-10/31/content_5336251.htm。

平总书记这样论述“新基建”：“要推动智能化信息基础设施建设，提升传统基础设施智能化水平，形成适应智能经济、智能社会需要的基础设施体系。”①

2018 年 11 月 1 日，中央召开民营企业座谈会，习近平总书记又专门提到了他对人工智能的期许……

企业、社会的努力与国家的高瞻远瞩相结合，是最值得高兴的事情。人工智能这么热，很有可能意味着未来几年就会迎来中国人工智能发展的高峰阶段。对于百度这样的从业者，这是最好的消息。

主动求变的中国，率先开启智能经济之门

这是主动求变的中国，这是不甘人后、不愿亦步亦趋、任人钳制的中国，这是站在新起点、更加开放、更加自信的中国。

中国率先开启智能经济之门

中国率先开启智能经济之门，除了新一代人工智能技术发展进入新阶段，还有七大因素发挥了重要作用（见图 2–1）。

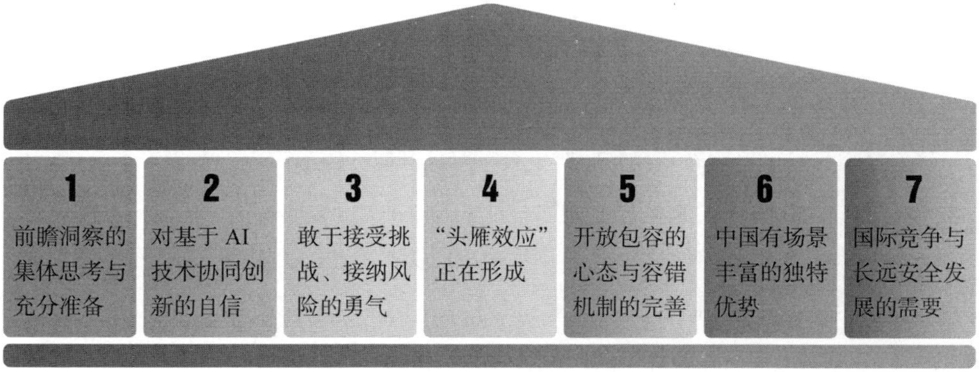

图 2–1　驱动中国率先开启智能经济之门的七大因素

① 习近平主持中共中央政治局第九次集体学习并讲话，参见中国政府网 http://www.gov.cn/xinwen/2018-10/31/content_5336251.htm。

（1）前瞻洞察的集体思考与充分准备。国家选赛道、定战略、勾画路线图不是心血来潮，不是权宜之计，2017 年出台的《新一代人工智能发展规划》，2019 年政府工作报告提出“智能 +”，中央政治局的集体学习提出新一代人工智能要与经济发展相结合，都是高瞻远瞩，深思熟虑的结果。发展的高质量需要寻求倒逼机制、新的激励机制、新的引领方向。知进，知止，知退，这既是“技术”，也是艺术。

（2）对基于 AI 技术协同创新的自信。创新驱动发展，抓住人工智能，就抓住了科技创新发展的“牛鼻子”。正如万钢的评价，中国新一代人工智能技术在图像识别、语音识别、行为分析等方面进入世界前列，在智能机器人、无人商店、机器翻译、共享汽车、自动驾驶等行业的新产品世人瞩目，在城市规划、智能交通、社会治理、卫生健康、农业科技和国家安全等领域的应用各具特色，形成了中国人工智能发展的独特优势[①]。

（3）敢于接受挑战、接纳风险的勇气。功成不必在我，这是高维度、大格局、长视野，是国家意志。国家意志不限于只讲高层和政府，包括每一个组织、每一个个体在内的社会整体思维与行为的改变更为重要。宁波市于 2015 年底就开始讲智能经济，于 2016 年就开始推进智能经济（参见本章第八节）。

（4）“头雁效应”正在形成。以企业为代表的市场力量更是不容忽视，也就是习总书记说的“头雁效应”，但需要看长周期、耐得住寂寞。百度自 2010 年起就深耕人工智能，近 6 年的研发投入均达到营业额的 15% 以上。

（5）开放包容的心态与容错机制的完善。政府拥抱新技术、新动能、新业态的开放度、社会监管包容审慎的容错机制前所未有，对公共服务体系投入不遗余力，这在世界上也是有口皆碑的。当然，也引致了忌惮与打压。

（6）中国有场景丰富的独特优势。丰富的应用场景更进一步推动了人工智能的发展，也为世界智能产业发展提供了巨大且有无限潜力的市场空间。从行业、企业来看，这是一个非常重要的原因：很多过去在世界上其他地方碰不到的困难，我们会碰到；在其他地方没有的场景，在我们这里会有；在其他地方没有解决的问题，我们有机会首先解决。首先解决问题，就是创新。

① 万钢，抓住人工智能发展机遇 打造新时代智能经济体——在第二届世界智能大会上的讲话（2018 年 5 月 16 日），科技日报，2018 年 5 月 17 日。

（7）国际竞争与长远安全发展的需要。人工智能是引领未来的战略性高科技，作为新一轮产业变革的核心驱动力，它会催生新技术、新产品、新产业、新模式，引发经济结构重大变革，深刻改变人类生产生活方式和思维模式，实现社会生产力的整体跃升。当前，外部形势越来越严峻，贸易体系在踩刹车，全球化在开倒车，中国的发展环境变得扑朔迷离。没有安全的发展是不可持续的，更不可能靠牺牲安全换发展。人工智能核心技术的自主创新、安全可控很重要，事实证明没有回旋余地。

正是基于此，习近平总书记强调，人工智能技术发展将深刻改变人类生活、改变世界，要求我们在此高技术领域加快部署实施。这是国家的决心，是我们的使命。

中国的变与不变

中国高质量发展靠的是创新驱动。即便是全球疫情期间，推动经济复苏的难度前所未有，全球化的不确定性前所未有，中国也不再走资源驱动、资本驱动的老路。不靠政绩驱动，不搞大水漫灌。这是定力。

这反映的是“主逻辑”变了。主逻辑变化的情况下，顶层设计和基础底座都要变，操作系统也要变，治理体系也要变。

技术的发展离不开持续投入，对未来的投资不能省。动能转换离不开生态重塑，离不开创新协同，所以新基建着眼中长期安排，保小微、保民生要立竿见影。收放之间，张弛有度。这是坚守。

这反映的是“主要素”变了。由土地财政、资源变现到技术增值、人力资本成长，由土地到大数据，由财务资本唯上到智力资本引领，由“铁公基”到新基建。

高质量发展的基点是老百姓的获得感，是以人民为中心的可持续，所以 2020 年的政府工作报告更像一个民生报告。这是民性。

这反映的是“主规则”变了。由注重数字、注重绩效、注重局部的 KPI（关键绩效指标）到更加注重目标方向、注重生态、注重协同、注重整体的 OKR(目标与关键成果法)。

智能经济会成为中国经济的新标签吗

未来的中国，将是一个巨型实验室，融合协同，试错纠错，孵化创新，验证模式，放大场景，人人参与，共创共享价值。

五年来我国在新一代人工智能方面的重要部署

本书以时间线梳理一下我国在新一代人工智能方面的重要部署。

2015 年 8 月 31 日，国务院发布《促进大数据发展行动纲要》。

2016 年 5 月 18 日，发改委、网信办等四部门联合下发《“互联网 +” 人工智能三年行动实施方案》。

2016 年 12 月 18 日，工信部发布《大数据产业发展规划（2016—2020 年）》。

2017 年 3 月，“人工智能” 首次被写入政府工作报告。

2017 年 7 月 8 日，国务院出台了《新一代人工智能发展规划》，制定了三步走的发展目标，明确以加快人工智能与经济、社会深度融合为主线，以提升新一代人工智能科技创新能力为主攻方向，发展智能经济，建设智能社会。

2017 年 11 月 15 日，科技部宣布成立新一代人工智能战略咨询委员会和新一代人工智能发展规划推进办公室，并公布了首批百度、阿里云、腾讯、科大讯飞 4 家国家新一代人工智能开放创新平台名单。其中，将依托百度建设“自动驾驶国家新一代人工智能开放创新平台”。

2017 年 12 月 13 日，工信部印发《促进新一代人工智能产业发展三年行动计划（2018—2020 年）》，强调培育一批人工智能领军企业，探索建设人工智能产业集聚区，促进人工智能产业突破发展，推动人工智能和实体经济深度融合。

2018 年 9 月，商汤科技成为第五家入选国家新一代人工智能开放创新平台的企业。

2019 年 3 月，政府工作报告首次提及“智能 +”。

2019 年 6 月 17 日，国家新一代人工智能治理专业委员会发布《新一代人工智能治理原则——发展负责任的人工智能》，提出人工智能治理框架和行动指南。

2019 年 8 月 1 日印发的《国家新一代人工智能开放创新平台建设工作指引》，以充分发挥人工智能行业领军企业、研究机构的引领示范作用，促进人工智能与实体经济的深度融合，进一步推进国家新一代人工智能开放创新平台建设，推动我国人工智能技术创新和产业发展。

2019 年 8 月 29 日，科技部公布第二批 10 家“国家新一代人工智能开放创新平台”，华为、小米等 10 家公司入选。

2019 年 8 月 29 日，科技部发布《国家新一代人工智能创新发展试验区建设工作指引》。明确到 2023 年，布局建设 20 个左右试验区，创新一批切实有效的政策工具，形成一批人工智能与经济社会发展深度融合的典型模式，积累一批可复制、可推广的经验做法，打造一批具有重大引领带动作用的人工智能创新高地。此后，北京、上海等城市开始打造"国家新一代人工智能创新发展试验区"。

中国最有机会成为全球人工智能创新中心

人工智能加速智能经济到来，中国无疑是最有能力抓住这轮机会的国家之一。我们对技术有长期而持续的重视和投资，同时我国政府高度重视技术发展，积极创造良好的创新激励空间，数据作为重要的生产要素被写入中央文件。此外，我们拥有全球最大规模的制造业和应用市场、最多的研发人员，这些都将为人工智能发展创造更多更好的应用场景，推动中国人民率先享受智能经济和智慧社会的福利。

（1）我们有规模优势。很多人都有坐在电视机前看春晚、参与摇红包的经历。你知道春晚和全球观众总共进行了多少次互动吗？在全家团聚、喜庆的时刻，对跟央视合作的百度而言，则不亚于一场战争般的严峻考验。原因是春晚红包互动人数多，其并发数据量大，对服务器要求很高。可是百度终结了春晚宕机的惯例。春晚期间，与全球观众总共进行了 208 亿次互动，不仅创造了零宕机，而且是丝滑的、毫无违和感的摇红包体验。春晚红包不仅仅对百度有里程碑的意义，也生动展现了中国 AI 产业云计算能力能够触达的一个高点。中国在人口、市场、场景等方面都有非常大的规模，作为一个缩影，春晚 208 亿次的互动很直观地显现出"中国规模"是一个什么概念。这是世界其他国家难以比拟的。

（2）我们有数据优势。数据优势一是来自用户规模，二是来自应用深度和交互沉淀能力。例如，长沙的城市人口大概是旧金山人口的 10 倍。当拥有这么大规模的用户与数据，算力成本不断降低，算法不断有各种各样新的创新出现时，这些力量就会推进我们每一个行业效率的不断提升。所以中国在未来智能化的道路上，应该可以起到引领作用。

（3）我们有场景优势。中国在现代意义上第一条跑汽车的公路诞生于湖南，即从长沙到湘潭的长潭公路，1921 年竣工。跟世界上第一条公路相比，间隔了 100 多年，那时我们确实很落后。而今，我们的实体经济转型、升级，我们国家靠创新驱动，很大程度上未来要靠人工智能。我们有这么多人工智能应用场景，有这么好的基础设施，世界的创新和技术发展会逐步进入“中国时间”。

（4）我们有政策环境优势。政府奉行“敢为天下先”这样的理念，中国有“先行先试”的政策环境，技术上也在不断缩小跟发达国家的差距。尤其是在自动驾驶、车路协同、智能交通等方面，虽然我们起步稍晚，但是步伐更快、潜力更大。2009 年，美国的迪比克开始建设第一座“数字城市”。到 2016 年，美国共有 335 个城市开始实施和规划智能城市。中国 2012 年底开始有智能城市的规划，同样到 2016 年，已有 597 个城市开始试点。所有这些，都将成为中国立足数字化、以人工智能技术创新推进产业变革的优势所在。所以我们说，原来技术创新改变中国，而接下来，中国的技术创新将逐步改变世界。

过去，中国一直坚持推进数字化战略，“数字中国”业已成形，为人工智能的创新和应用铺好了路，新基建将加速这一进程。从动能角度看，新基建是让智能经济火箭加速升空的“燃料舱”。当中国的整体数字化进程遇上人工智能这样一个历史机遇时，从国家到城市，再到行业、企业、个人，我们都有机会发挥自身的优势，抓住这一技术变革的历史性机遇，充分挖掘蕴含在数据中的巨大价值，为全球打造具有中国特色的“智能盛宴”。“智能经济”一定是未来十年中国经济的新标签。

智能经济的定义

何为智能经济？本书对其做出如下定义。

智能经济是以新一代信息技术、新一代人工智能技术及其协同创新成果为基础，以数字化、网络化、智能化融合发展为杠杆，以数据驱动、人机协同、跨界融合、共创分享为特征，与经济社会各领域、多元场景深度融合，通过智能化基础设施与基础设施智能化推动新基建，通过智能产业化与产业智能化推动技术进步、效率提升和发展方式变革，培育新动能，开展新治理，提升整体经济的活力、创新力、生产力与控制力，从而形成更广泛的以人工智能为基础设施和创新要素，支撑经济、社会和人高质量发展的新形态、新范式。

简言之，智能经济就是以新一代人工智能为基础设施和创新要素，以数字化、网络化、智能化融合发展为杠杆，与经济社会各领域、多元场景深度融合，支撑经济社会和人高质量发展的新形态、新范式。

针对这个定义，有以下几点需要做出说明。

（1）新一代信息技术、新一代人工智能技术有交叉又各自独立，不可混为一谈，也不可偏废。以“算力＋算法＋大数据”为支柱的人工智能居于主导地位，是核心驱动力。其中，数据为关键生产要素，算力为关键能力，算法为关键逻辑。

（2）数字化、网络化、智能化融合发展是一个整体。正如习近平总书记在2018年两院院士大会上的讲话，“要把握数字化、网络化、智能化融合发展的契机，以信息化、智能化为杠杆培育新动能”[①]。

（3）智能经济形态是数据驱动、人机协同、跨界融合、共创分享。对此，《新一代人工智能发展规划》做出了解释：“数据和知识成为经济增长的第一要素，人机协同成为主流生产和服务方式，跨界融合成为重要经济模式，共创分享成为经济生态基本特征，个性化需求与定制成为消费新潮流。”智能时代的组织边界、生产关系、游戏规则将被重塑。

（4）智能经济与新基建密切相关，新基建是智能经济、智能社会的组成部分与重要基础。新基建的重心是智能化基础设施与基础设施智能化。

（5）人工智能技术要与场景相结合，智能经济的价值实现要通过与经济社会各领域、多元场景的深度融合，以智能产业化、产业智能化、智能化治理提高效能、培育新动能。

（6）经济社会的高质量发展与人的可持续发展、成长是密不可分的，智能经济、智能社会以人的成长为中心。人工智能是经济发展新引擎、社会发展加速器，也是助人成长的智能助手。

（7）该定义也突出了技术、大数据与人力资本、生态四大生产要素。

（8）智能经济的定义具有时代性，不会一成不变，以后将由每一个参与者来定义。

① 习近平：在中国科学院第十九次院士大会、中国工程院第十四次院士大会上的讲话，参见新华网 http://www.xinhuanet.com/politics/leaders/2018-05/28/c_1122901308.htm。

这里，再列出有关机构和研究者对智能经济的定义，供大家比较、参考。

- 《宁波市智能经济中长期发展规划（2016—2025年）》：智能经济是以云计算、大数据、物联网、移动互联网等新一代信息技术为基础，以人工智能、虚拟现实、区块链等为代表的智能技术与经济社会各领域的深度融合和深入应用为主要内容，以智能产业化和产业智能化为主要形式，推动生产方式、生活方式和社会治理方式智能化革新的一种新型经济形态。
- 波士顿咨询、百度发展研究中心和阿里研究院共同发布的《解读中国互联网新篇章：迈向产业融合2019》报告：在“数据＋算力＋算法”定义的世界中，以数据流动的自动化，化解复杂系统的不确定性，实现资源优化配置，支撑经济高质量发展的经济新形态。
- 纪玉山、程娜（《智能经济对宏观经济治理提出哪些新挑战》，光明日报，2019年11月19日）：所谓智能经济，是指以人工智能技术为战略资源和关键生产要素，以大数据、云计算和现代信息网络作为基础设施，以人工智能技术产业为先导，以人工智能技术与传统产业有机融合为重心的智能化、数字化、网络化经济运行系统。

为智能经济、智能社会“画像”：11个本质属性解密真相

“画龙画虎难画骨”，再冗长的定义也难以解构智能经济、智能社会本身。其实，人工智能具有技术属性和社会属性高度融合的特点，我们不能割裂地看待智能经济与智能社会。

有11个本质属性的标签，有助于我们深度了解和把握智能经济、智能社会的真相。这11个本质属性是大周期、大底座、大连接、大交互、大中台、大生态、大生产、大分发、大接口、大协同、大成长（见图2–2）。

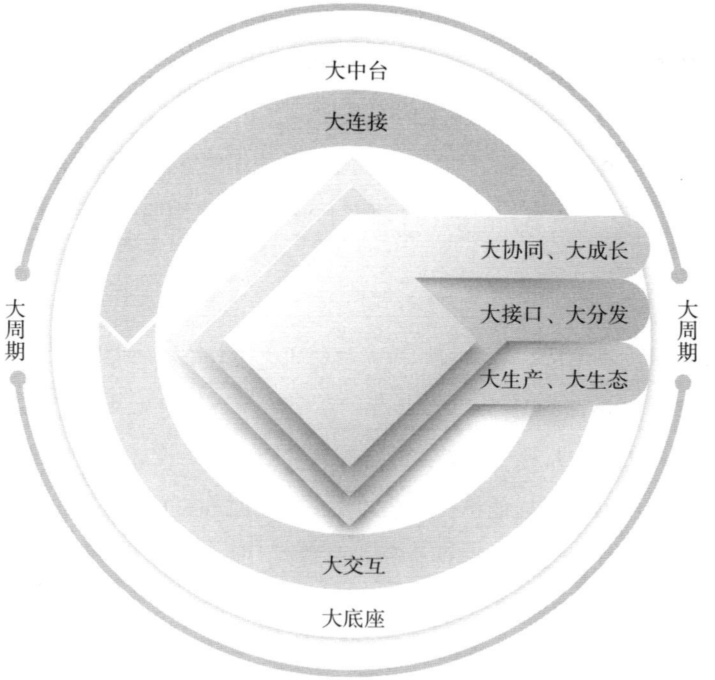

图 2-2　刻画智能经济、智能社会的 11 个本质属性

大周期

周期大家都不难理解，那什么是大周期呢？大周期就是时间跨度长、影响大的周期。经营企业的人会比较熟悉，你盯的是产业、技术、应用的短周期还是长周期，决定了你做什么不做什么，先做什么后做什么，也攸关你的战略资源安排。

在经济学里，有一个“康德拉季耶夫周期”，是 1926 年由俄国经济学家尼古拉·康德拉季耶夫提出的观点。它指一种为期五六十年的经济周期，所以是长周期或长波，也被称为“康波”。大数据和人工智能有很大可能引发智能时代新的经济长波。

做一下类比更易于理解。开始于 18 世纪 60 年代的工业革命是以机器取代人力、以大规模工厂化生产取代个体手工生产的一场生产与科技革命。纺织机、蒸汽机等一系列技术革命引起了从手工劳动向动力机器生产转变的重大飞跃。这个周期一直延续到 19 世纪 40 年代。

《新一代人工智能发展规划》指出："通过壮大智能产业、培育智能经济，为我国未来十几年乃至几十年经济繁荣创造一个新的增长周期。"

中国看到了智能革命后，人工智能持续发展＋人的智能发展融合这个长周期的机会与影响力，只要把握好这个"第二曲线"，就能推动中国向智能经济、智能社会转型，向高质量发展演进，避开中等收入陷阱，并迎来下一个长景气周期。

大底座

理解大底座有三个维度：一是新一代人工智能之于社会，二是人工智能平台型公司之于中国，三是中国之于世界。

先说中国之于世界。从经济上看，改革开放的中国成为世界经济发展的火车头和助推器，为世界提供了共享发展的机会。拿芯片来说，IC Insights（一家半导体分析机构）称，2018 年中国芯片消费量占全球总消费量的 33%，是全球最大的芯片消费国，超过位居二、三的美洲和欧洲消费量的总和。

另外，中国是人类命运共同体的一个样本。中国倡导人类命运共同体，也将为人类命运共同体输出底座价值。中国连同众多国家推动的"一带一路"，就是一种新的连接，呈现新的空间，必将产生新的协同，中国也是做底座。中国的底座能力、底座样板足够有说服力，世界的底座才会有章可循。

从基础设施角度，再看中国的大底座是什么。中国拥抱网络信息技术、推动数字中国建设，底座的网络化、数字化得以发展，而新一代人工智能是新基建的核心。假以时日，随着智能化基础设施、基础设施智能化的发展，将为网络化、数字化、智能化提供浑厚的基础。智能时代当然更强调算力、算法、大数据的大底座。

最后谈谈人工智能平台型公司之于社会。底座能力是评价任何一家公司的重要量纲。正是越来越多的公司持续研发、平台化、创新性基础设施化，才支撑起新基建的大底座、中国的大底座。像华为就拥有强大的底座能力，5G 本身就为面向智能制造、智能教育、智能医疗、智能车联提供了基础。像百度一直坚持先做后说。做什么？做 AI 技术研发重点突破，又在特定领域培育全栈能力，并且开放开源，从而提高社会底座化的能力。

大连接

5G 下行 GBPS（交换带宽）具有大带宽和大连接的能力。智能时代，连接的方式、连接的物种、连接的广度深度密度、连接的智能化程度相比信息时代都有大跃升。连接、物联、万物互联向万物智联迈进。

大交互

大连接带来大交互是不用解释的事情。此外，人工智能驱动的形如小度助手这样的新交互方式带来的变革正在发生。大交互产生的新业态、新模式、大数据都是新要素的一部分。

大中台

中台和前台、后台对应，指的是在一些系统中被共用的中间件的集合，如安全中台、数据中台、深度学习中台、智能驾驶中台等。许多技术性的开放平台都具有中台的性质，都具有公共、公益属性。智能时代强调大中台，也就是社会的中台足够丰富、结构逐步合理、具备越来越强的中台能力，大家既不需要重复研发，也会产生协同创新，必将推动智能经济、智能社会的发展与进步。例如，每一家企业不可能都养一批人工智能人才、建立人工智能部门，它们完全可以借助大中台与大生态实现产业智能化转型的目标。

大生态

现在没有一家互联网公司、平台型公司不重视生态。智能经济下的大生态就是习总书记阐释“智能经济形态”中的“跨界融合、共创分享”。百度在人工智能领域投入了大量的研发经费和人力资本，所形成的创新成果通过平台、生态进行开放开源和共享，就是想大大节约社会资本，同时在产业智能化大生态方面起到推动作用。

大生产

这里讲的大生产，不是回到第一次工业革命所讲的机器大生产，而是 AI 大生产。大底座、大中台、大生态为 AI 大生产提供了强大支撑，推动生产模式、生产方式、生产关系的变革。大生产讲的不纯粹是制造语境下的生产。比如 AI 支持用户创造内容，就会出现内容大生产。

大分发

互联网存在的价值之一就是某种程度上解决了信息不对称、供需连接不畅不垂直。对称、垂直之后，就是分发，包括信息的分发、内容的分发、服务的分发等。在智能时代背景下，分发的性质、形态都会大为不同，体验、效率都会大为提升。

大接口

这个理解起来可能抽象一点。先举例说明，我们认为每一个人都是一个接口，别人通过你可以了解你了解的资讯、连接你熟悉的人。而大底座、大中台、大生态、开放平台就扮演大接口的角色，百度搜索就扮演超级接口的角色。其实，无论是人，还是组织，平台的接口能力并未充分激活。从信息、数据的角度看，移动互联网特别为人所诟病的一个方面就是它阻碍了接口、连接与分发，变成一个个数据"烟囱"。

另外再举一个开发者、运营者比较熟悉的例子。使用 API（应用程序接口），可以调用其他程序的资源、数据、服务，而又无须访问原码，或理解内部工作机制的细节。其实 API 就承担了一个接口的角色。百度智能小程序就全网通用。

大协同

对经济与产业而言，连接革命、数据革命、智能革命、共享革命将联合开启协同革命。大连接、大交互、大生态、大接口会推动大协同，人工智能技术会助力大协同。边界清晰、相互割裂、排斥开放、缺乏生态思维不会产生大协同。大协同将重新定义诸多行业、产业，将对传统管理体系、治理规则带来挑战。无论是国家、区域，还是组织、个体，都值得拥抱大协同，由此才能产生创新协同、生态协同、人机协同、车路协同、产业协同乃至区域协同，收获协同的红利。

自带生态基因、协同基因的新兴公司将获得青睐，"传统的"大公司也开始呈现对大协同的归依。中信有自己的"协同战略"，小米的战略生态链具有大协同的调性。2019 年的"双 11"，腾讯继 2018 年 9 月 30 日战略升级之后，又做出了一项重要安排，将腾讯文化升级为 3.0，并将"合作"升级为"协作"，即"开放协同，持续进化"。阿里董事局主席张勇曾说：“在商业力量、科技、大数据驱动下，‘双 11’已成为一场全球范围内的社会大协同。”阿里的大文娱、菜鸟物流也迈开了大协同的步伐。

大成长

成长对国家而言是经济的发展、社会的进步，对企业而言是增长与可持续，对个人而言是进步与发展。大成长是智能经济、智能社会的目标，也是考虑一切问题、进行智能化决策的基点。

这里重点从人的角度阐释大成长。“以人民为中心”业已成为中国最朴素的执政理念。《新一代人工智能发展规划》中有一句表述特别令人认可，即“推动以人类可持续发展为中心的智能化”。帮助人的成长，也正是百度的愿景。人工智能不是冷冰冰的，而是有温度、懂感知的。前面提到的大底座、大连接、大分发也好，大中台、大生态、大协同也好，其直接受益者与最终受益者都是每一个普普通通的个体，他们的大成长才是智能经济、智能社会的归宿。

通过这 11 个本质属性我们可以全面刻画智能经济。为什么没有讲大数据，没有讲场景呢？不讲并不意味着它们不重要，而是因为大数据是不言自明的、是贯通的，而智能时代是要把以人工智能为核心的技术深度融入各种场景。

智能经济与数字经济

很多读者会有疑问，现在国家强调数字经济、数字中国、数字城市、数字基础设施，怎么又冒出一个智能经济？它与数字经济究竟是什么关系？

智能经济的前世今生

马克·波拉特在 1977 年出版的 9 卷本《信息经济》成为世界各国对信息经济学研究以及对信息经济测度的典范之一。书中指出，除了“第一信息部门”外，还应包括融合信息产品和服务的其他经济部门，就是波拉特所说的“第二信息部门”，数字技术创新与其他经济部门融合渗透，经济社会影响进一步深化。

自 2015 年起，“互联网 +”被写入政府工作报告 6 次。自 2017 年开始，“数字经济”

被写入政府工作报告3次。相关的“工业互联网”“智能制造”分别有4次、3次被写入政府工作报告。

中国信息通信研究院《中国数字经济发展与就业白皮书（2019年）》显示，2018年我国数字经济规模达到31.3万亿元，增长20.9%，占GDP比重达34.8%，对GDP增长的贡献率超过2/3。这些数据虽然有些夸张，但某种程度上反映了数字化的威力。

关于数字经济的口径，从国家发改委公布的《数字经济发展的若干重点领域》可以看出端倪。

专栏　数字经济发展的若干重点领域

1. 数字基础设施：包括网络基础设施、数字应用设施（例如大数据中心、物联网、云计算）、试验基础设施（例如车联网、无人机、无人驾驶、无人配送等试验场地）等。

2. 数字化治理：包括政府、企业、行业组织、公众等共同参与的协同治理机制，依托数字技术提高政府治理精准性、有效性，以及互联网平台责任等。

3. 数字化公共服务：包括智慧政务（例如政府数据资源开放共享、大数据辅助决策）、数字乡村（例如农村管理服务数字化、农民生活数字化服务、网络扶贫）、新型智慧城市（城市精细化管理）等。

4. 数字化转型：包括农业、工业、服务业与能源等领域数字化转型，数字化生活和服务产业，以及网络工厂、个性化定制、众包众创、共享经济等新模式新业态等。

5. 数字化创新能力：包括数字技术基础研发能力、数据要素整合共享、提升数字产业核心竞争力等。

6. 数字经济交流合作：包括参与全球数字经济治理体系、加强数字经济国际合作等。

7. 数字经济发展环境：包括数字经济政策法规、重大风险防范、理论研究、统计体系和评估监测、数字化人才队伍建设，以及制约数字化生产力的体制和政策障碍等。

资料来源：国家发展改革委创新和高技术发展司，2019 年 4 月发布

数字化、网络化的大餐还很丰盛，但并不意味着智能化就会被束之高阁。三者互为犄角，但智能化是网络化、数字化的归宿。一如互联网经济向数字经济的跃迁，数字经济向智能经济的演进将势不可当。不要等到数字化、网络化的红利消失殆尽再考虑智能化安排，况且数字化、网络化本身也需要人工智能技术的加持与提升。

网络化、数字化、智能化要整体看待、并行推进

回答智能经济与数字经济关系的问题，还要从数字化、网络化、智能化这个整体及其关系说起。国家治理的复杂性可想而知。现在整体发展的多重不平衡是现实存在的，数字化、网络化覆盖也参差不齐。单维强调网络化时过境迁，单纯强调数字化有可能丧失智能化的未来，宜因地制宜、因时制宜、因企制宜、因场景制宜。

从新一代网络信息技术到新一代人工智能技术，从“互联网 +”到“智能 +”，从数字经济到智能经济，这是一个融合、协同、跃迁的过程。由此，从互联网到智联网，从云到智能云，从数字化到智能化，这个转型正在发生。

周济院士领衔的“新一代人工智能引领下的智能制造研究”课题组就提出，我国智能制造宜采用“并行推进、融合发展”的技术路线，走一条数字化、网络化、智能化并行推进的智能制造创新之路，在技术上并不是割裂的，而是相互交织、迭代升级。一方面，必须坚持“创新引领”，直接利用互联网、大数据、人工智能等最先进的技术，推进先进信息技术和制造技术的深度融合。另一方面，必须实事求是，因企制宜、循序渐进地推进企业的技术改造、智能升级。“以高打低”——采取先进的技术解决传统制造难以解决的问题，完成数字化“补课”，同时，向更高的智能制造水平迈进①。

总之，数字化、网络化是智能化的基础；数字经济是智能经济的基础，也是智能经

① “新一代人工智能引领下的智能制造研究”课题组，中国智能制造发展战略研究，中国工程科学，2018 年第 20 卷第 4 期，第 3~4 页。

济的一部分；智能经济包含数字经济，是数字经济的下一站。当提出数字经济时，新一代人工智能的作用还没有显现。

现在智能经济的统计口径，应该将上述发改委列明的“数字经济发展的若干重点领域”统计在内。此外还应包括智能产业化、产业智能化，治理的智能化、新型智慧城市与智能交通、公共服务的智能化，智能化基础设施与基础设施的智能化为核心的新基建。

当然，不能为智能化而智能化，不同的领域、不同的行业、不同的场景、不同的发展阶段、不同的技术当量，其发展千差万别，需要个性化安排，甚至要补信息化的课。我们强调产业智能化是下一站，并非强调线性思维、号召好大喜功、揠苗助长。当我们有了战略洞察与长期预判时，即便做数字化转型，我们的方法论也和我们在不了解整体趋势下所做的安排完全不同。

智能经济的“时间窗口”是公平的，也是残酷的

“处大事贵乎明而能断，临大势贵在顺而有为”，国家倡导新基建是在做新选择，是非常高瞻远瞩的新引领，因为人工智能才是新基建的主旋律，基础设施的智能化与智能化的基础设施、智能产业化与产业智能化、发现新动能、切换新动能才是我们面向下一个十年的题中应有之义。

机会留给有准备者，但机会不会等你一直准备

未来是属于机器学习和人工智能的。正如国家高瞻远瞩的判断，随着互联网、大数据、云计算和物联网等技术不断发展，人工智能正引发可产生链式反应的科学突破、催生一批颠覆性技术，加速培育经济发展新动能、塑造新型产业体系，引领新一轮科技革命和产业变革。

《从 0 到 1》阐述了取得进步的两种方式：一是平行扩张，规模化、全球化；二是垂直进步，技术创新带来裂变，实现指数级增长。

我们见证一个时代的诞生，这何其幸运，而且我们不仅要做技术变革的亲历者，还要做智能经济的建设者。

在当前全球经济迷雾重重的形势之下，这样的讨论和思考会让我们更好地看清方向，

进行决策，采取行动。

选择，需要几个理由

（1）技术驱动。算力、算法、大数据三者的吻合点到了，成熟度到了。得益于移动互联网技术与应用的快速渗透，中国在数据方面的优势凸显出来。一方面，经济转型升级的内在要求为人工智能服务的实体经济提供了广阔的空间。另一方面，国内很多应用场景为科技企业提供了宝贵的“练兵”机会，亿万网民产生的海量数据为机器学习提供了丰富的“原料”，这就大大加速了技术的迭代和创新，加速了智能经济的发展。

（2）创新驱动。这是中国高质量发展转型与确立国家未来十年在全球可持续竞争优势的需要。改革开放 42 年，我们要换赛道，要转换发展方式了，要高质量发展了。这是建构国家可持续竞争优势的需要，建构新动能、培育新引擎的需要，是内生要求。创新驱动靠什么驱动？新一代人工智能是首选。

（3）要素驱动。中国进入老龄化社会，适龄劳动力不足，旧的人口红利消失殆尽，“后浪”短缺型成为常态。经济怎么办，运营怎么办，转型怎么办？劳动力只有依靠效率来提高。效率怎么提升？

（4）场景驱动。中国是全球唯一拥有联合国产业分类目录当中所有工业门类的国家，这是非常值得我们骄傲的一件事情。中华人民共和国成立 70 年，强大的工业布局和物质基础，让我们今天在谈论智能经济、谈论 AI 布局时，不会成为无源之水、无本之木。AI 的特点就在于让它应用的场景变得越来越智能，在做相应的事情时它的效率会更高、效果会更好。我们不难观察到，行业积极性很高，推动力很强，如汽车制造领域。其实，行业的环境与未来各有不同，所以会形成梯度线。

（5）用户驱动。用户驱动说起来很美，如何做到？必须用户洞察。用户洞察需要数据与数据分析，这是很简单的逻辑。

（6）安全驱动。拥抱新技术是我们国家安全的需要，要自主创新、关键技术自主可控，不能走亦步亦趋、受制于人的老路。现代安全经济学“三角形理论”认为，经济是两条斜边（一条是实体经济，另一条是虚拟经济），安全是底边，如果没有底边的支撑，即使经济发展再快，也构不成稳定的三角形。

上述六大推动力形成交叉，就会进一步催生智能经济。如果说，有例外的一个驱动力，那就是新冠疫情。

快速行动，来自远见与担当

上海、广州、宁波、浙江省、南京等地快人一步，先发制人。

上海发力构筑人工智能发展高地，百度等人工智能企业快速集聚。2018 年 9 月 18 日，上海推出促人工智能发展 22 条。2018 年 12 月，上海在全国率先发布“人工智能应用场景建设实施计划”，首批场景共吸引全球 170 多个解决方案。2019 年 5 月 25 日，科技部与上海市政府共同启动上海国家新一代人工智能创新发展试验区建设。2019 年 8 月 31 日，上海发布“建设人工智能上海高地，构建一流创新生态三年行动方案”，同时成立上海人工智能产业投资基金。

2020 年 5 月 8 日，广州市首批 73 个数字新基建重大项目正式揭牌，其中包括以百度阿波罗智能汽车生态基地、华为“鲲鹏 + 昇腾”生态创新中心等为代表的创新类项目，以 5G、阿里云、工业互联网等为代表的信息类项目，以 5G 智慧港口、BIM（建筑信息模型）技术 + 智慧城市等为代表的融合类项目，总投资达 1800 亿元。通过实施重大项目“攻城拔寨、落地生根、开花结果”专项行动，广州先后成功获批智能网联汽车与智慧交通应用示范区、综合类北斗产业示范园区、人工智能与数字经济试验区。春江水暖鸭先知，企业最能感受到广州未来在新基建领域勇于进取的信心和决心①。

国家决心，全民意志，光荣使命

高新技术发展及产业化水平直接关系到国家科技竞争力和产业核心竞争力。2016 年 7 月，国务院印发《“十三五”国家科技创新规划》。这是首次以国家科技创新规划命名，我们认为这是国家创新驱动发展的需要。规划提出“面向 2030 年，再选择一批体现国家战略意图的重大科技项目”，启动“科技创新 2030—重大项目”。经过千余名专家多轮论证，最终形成 15 个项目立项建议。

在“科技创新 2030—重大项目”中，涉及重大科技项目 6 项，重大工程 9 项。其中 9 项涉及高新领域，分别是航空发动机及燃气轮机、国家网络安全空间、深空探测及空间

① 罗艾桦，数字经济为发展注入活力　广州加快提升经济新动能，人民日报，2020 年 5 月 27 日第 9 版。

飞行器在轨服务与维护系统、煤炭清洁高效利用、智能电网、天地一体化信息网络、大数据、智能制造和机器人、重点新材料研发及应用。

“科技创新 2030—重大项目”与国家科技重大专项之间的关系是怎样的呢？二者要“形成远近结合、梯次接续的系统布局”。

2017 年 2 月 15 日，科技部披露，中国“科技创新 2030—重大项目”15 个立项项目中已启动量子通信和量子计算机、脑科学与类脑研究、深海空间站及天体一体化信息网络 4 个试点和实施方案编制。结合当前人工智能迅速发展的态势，计划在已有的 15 个项目的基础上新增“人工智能 2.0”，形成“15+1”格局。后来，这个“1”被确定为“新一代人工智能”。

在已经有智能制造和机器人、大数据等重大项目的前提下，又将新一代人工智能拎出来列入“科技创新 2030”，足见国家眼光、国家意志，也反映出积极应对外部挑战的国家决心。由此，2017 年 7 月 8 日，国务院以国发〔2017〕35 号正式发布《新一代人工智能发展规划》。

为融合协同创新之力，科技部分别于 2018 年 10 月 12 日、2020 年 3 月 27 日两次发布《科技创新 2030——“新一代人工智能”重大项目年度项目申报指南》，并提出总体目标及五大持续攻关方向：“以推动人工智能技术持续创新和与经济社会深度融合为主线，按照并跑、领跑两步走战略，围绕大数据智能、跨媒体智能、群体智能、混合增强智能、自主智能系统五大方向持续攻关，从基础理论、支撑体系、关键技术、创新应用四个层面构筑知识群、技术群和产品群的生态环境，抢占人工智能技术制高点，妥善应对可能带来的新问题和新挑战，促进大众创业万众创新，使人工智能成为智能经济社会发展的强大引擎。”

智能经济宁波样本

前面是从宏观层面，进行海内外比较研究、国家人工智能战略行动计划脉络的梳理。本节我们从中观上，以浙江宁波作为样本，看看宁波是怎样走上智能经济发展之路的。当然，从微观层面、行业层面、技术层面、应用层面，百度一直是一个有发言权的创新者、践行者。

宁波是全国最早谋划、系统部署智能经济发展的城市。2016 年 5 月，宁波就提出要大力发展智能经济，2017 年 5 月，在全国率先发布了“智能经济发展规划”。同时，宁波是我国智慧城市发展的实践者，也是智能制造、智能网联汽车等重点领域的先行者。近年来，宁波立足做强做大智能经济、先进制造和服务经济，积极推进城市治理服务提档升级和传统制造业改造提升，取得了显著成效。

根据能够搜索到的资料，我们试图从时间线全景呈现宁波市是如何一步步围绕建设“数字宁波”、壮大智能经济而发力的。

在 2015 年 20 期《宁波市人民政府公报》（发布日期：2015 年 11 月 17 日）的“卷首语”上，第一次出现“智能经济”，强调“坚持创新发展。以科技创新为引导，利用信息经济的良好基础，加速‘互联网 +’应用，大力发展智能经济，加快传统优势制造和特色服务业的改造升级”。

2016 年 5 月 11 日至 12 日，时任浙江省委书记夏宝龙（现任十三届全国政协副主席，国务院港澳事务办公室主任、党组书记）在宁波调研，强调要着力补齐科技创新这个第一短板，大力发展智能经济等新经济形态，推进制造业升级。

2016 年 6 月 9 日，宁波市委常委会，时任市委副书记、代市长唐一军（现司法部长）主持会议，首次明确“要发展智能经济，高水平推进机器人小镇建设，加强智能技术研发，大力发展智能制造，倡导共享智慧生活，把宁波打造成国内领先的智能经济示范区”。

2016 年 6 月 13 日，时任浙江省委书记夏宝龙在余姚主持召开智能经济发展情况汇报会。唐一军做了关于市智能经济发展情况和目标、措施的汇报。夏宝龙指出，智能经济正在深刻改变社会生产生活方式，发展前景十分广阔。发展智能经济，宁波当仁不让、责无旁贷，加快建设智能经济发展示范区，为全省发展智能经济树立标杆样板、做好示范带动。

2017 年 5 月 13 日，宁波市人民政府发布《宁波市智能经济中长期发展规划（2016—2025 年）》，明确提出，未来十年“宁波以大力发展智能经济为战略抉择，夯基础、扬优势、补短板，培育新业态、新模式，抢占发展制高点”。

2018 年 3 月 21 日，宁波市委、市政府下发《关于开展“六争攻坚、三年攀高”行动的实施意见》，提出“主动对接国家大数据战略，大力发展智能终端产业以及软件、芯片、人工智能、大数据、新材料五大智能支撑产业，使智能经济成为新的经济增长点”。

2018 年 4 月 10 日，市委副书记、市长裘东耀在全市推进“中国制造 2025”试点示范城市建设工作会议上强调，“要以强化智能引领为导向，壮大智能经济，提升传统产业，加快发展生产性服务业，增强产业发展新旧动能‘双引擎’”。

2018 年 5 月 21 日，宁波市政府决定成立宁波市“中国制造 2025”与智能经济战略咨询委员会。

2018 年 8 月 18 日，工信部、中国工程院、新华社和宁波市政府在北京联合召开“中国制造 2025”城市试点示范新闻发布会，宣布全国首个“中国制造 2025”试点示范城市花落宁波。

2018 年 9 月 7 日，全球智能经济峰会在宁波举行。宁波市委副书记、市长裘东耀在致辞时表示，举办全球智能经济峰会是宁波抢抓国家战略机遇，实施数字经济“一号工程”，以智能经济为主攻方向，推动高质量发展，创造高品质生活的一项具体行动。

2018 年 12 月 2 日，上海交大宁波人工智能研究院正式揭牌，推进人工智能技术在宁波集聚转化，助推宁波高质量发展，为宁波提升数字经济特别是智能经济发展水平提供支持。

2018 年底，宁波市海曙区初步形成以智能经济为引领、以现代服务业和先进制造业为支撑、以临空经济和体验经济为特色的现代都市经济发展体系。

2019 年初，宁波东部新城产业发展方向确定为建设时尚创意、智能经济和大健康“三大特色集聚区”，成为宁波产业转型发展的主阵地。

2019 年初，宁波第一方阵的余姚市，将智能经济、重大平台、乡村振兴作为余姚 2019 年攻坚的三大重点。2018 年，智能经济五大主攻产业产值突破 500 亿元，战略性新兴产业、高新技术产业增加值增幅分别位居宁波第二和第一。下一步，余姚将加快智能经济示范区建设。

2019 年 3 月 27 日，发布《数字宁波建设规划（2018—2022 年）》。

2019 年 4 月 16 日，宁波市政府通过了《宁波市共享经济发展行动方案》，构建宁波共享经济发展的风向标、任务书和路线图，指出“依托制造业的雄厚基础和智能经济的率先启航，宁波推进‘互联网 + 制造业’步伐加快，培育了中小企业云、物联网家电云、纺织服装云、生意帮、众车联等一批制造服务共享平台”。

2019 年 9 月 24 日，《宁波市新一代人工智能发展行动方案（2019—2022 年）》发布，将发挥制造业基础好、人工智能技术需求大、场景应用市场广等优势，围绕应用、研发和产业培育三个环节，抓好研发创新、场景应用，推动人工智能与传统产业融合；将打造覆盖“应用场景—核心算法—智能器件—智能软件及系统—智能产品—智能企业—智能产业”的智能产业链条。雄心勃勃地提出“力争至 2022 年，初步形成具有全国影响力的人机物智能协同创新引领区、新一代智能制造应用示范区、人工智能产业发展生态先行区”。

2020 年 3 月 23 日，《宁波市推进长江三角洲区域一体化发展行动计划》发布，进一步形成交通互联、产业协同、要素共享、环境互保、社保互联等格局。

2020 年 4 月 16 日，宁波市委全面深化改革委员会第四次会议，审议通过了《关于创建余姚智能经济先行示范区的实施方案》。

有耕耘就有收获，宁波智能经济发展已初见成效：2019 年，全市实现地区生产总值 11985 亿元，增长 6.8%，总量跃居全国城市第 12 位，比 2018 年上升三位，居计划单列市第二位；研发投入强度接近 2.8%，数字经济核心产业增加值增长 14.8%；新增国家制造业单项冠军 11 个，总数达到 39 个，居全国城市首位；市场主体突破 100 万户，成为国家“双创”示范城市；加快 5G 应用和产业化，建成 5G 基站 3000 多个，软件业务收入增长 25.1%，集成电路产业规上工业总产值增长 17.7%，宁波工业互联网研究院产业园开工建设。

智能时代背景下人的教育和成长

从全要素生产率来看，今后经济发展关键来自技术进步，而技术进步的决定因素在人才。要拥抱智能经济、智能社会的未来，就需要对未来投资，并重新思考人的教育、培训、终身学习和成长。

“前瞻发展”要免除“后顾之忧”

与发达国家相比，我国在人工智能基础理论、原创算法、高端芯片和生态系统等方面仍有较大差距，学科交叉融合亟待深化，人才培养导向性亟待加强。现在，值得研究人工智能技术演进的最新趋势及其对劳动力市场与人才教育和终身学习的深远影响。要从以下三个层次看人工智能人才。

（1）人工智能创新型顶尖人才、领军人物。清华大学此前发布的《中国人工智能发展报告 2018》显示，中国等发展中国家人工智能杰出人才比例显著偏低。美国在人工智能杰出人才数量上遥遥领先，累计高达 5158 人。虽然中国人工智能人才总数位居全球第二，但杰出人才数量为 977 人，不及美国的 20%，仅排名全球第六[①]。

（2）人工智能的应用型专业人才。李国杰院士在 2018 年底的一次演讲中指出：我国人工智能基础层、技术层和应用层的人才数量占比分别为 3.3%、34.9% 和 61.8%，而美国分别为 22.7%、37.4%、39.9%，我们的基础人才比例严重偏低，头重脚轻、根基不牢。人社部 2020 年 4 月 30 日发布的《人工智能工程技术人员就业景气现状分析报告》对人工智能工程技术人员下了一个定义：从事与人工智能相关算法、深度学习等多种技术的分析、研究、开发，并对人工智能系统进行设计、优化、运维、管理和应用的工程技术人员。数据分析显示，2020 年智能制造领域人才需求预测 750 万人，人才缺口预测 300 万人。到 2025 年，人才需求预测 900 万人，人才缺口预测 450 万人。当前及未来一个时期的任务，就是为智能制造产业输送“顶梁柱”式人才。

（3）人工智能复合型人才。《新一代人工智能发展规划》特别强调，重视复合型人才培养，重点培养贯通人工智能理论、方法、技术、产品与应用等的纵向复合型人才，以及掌握“人工智能 +”经济、社会、管理、标准、法律等的横向复合型人才。

教育改革，箭在弦上不得不发

2018 年 4 月 2 日，教育部印发《高等学校人工智能创新行动计划》。突出“加快人工智能在教育领域的创新应用，利用智能技术支撑人才培养模式的创新、教学方法的改革、教育治理能力的提升，构建智能化、网络化、个性化、终身化的教育体系，是推进教育均衡发展、促进教育公平、提高教育质量的重要手段，是实现教育现代化不可或缺的动力和支撑”。提出到 2020 年建设 100 个“人工智能 +X”复合特色专业，建立 50 家人工智能学院、研究院或交叉研究中心。

① 彭茜，黎华玲，新闻分析：透视中国人工智能人才体系五大短板，新华社重庆，2019 年 8 月 28 日。

随着社会各界认知的转变，随着人工智能能力被纳入教育计划，人工智能将逐渐融入中小学教育、高等教育、职业教育和社会培训，各地、各层次的行动速度也开始加快。自 2019 年 9 月秋季学期开始，青岛在 100 所中小学至少两万名学生中启动实施人工智能教育课程。河南省于 2019 年提出建 500 所人工智能教育实验学校。2019 年 5 月 18 日，清华大学人工智能学堂班（简称“智班”）宣布成立，成为“清华学堂人才培养计划”第八个实验班，图灵奖得主、清华大学交叉信息研究院院长姚期智院士将担任智班首席教授。清华大学再次向刚刚卸任微软全球执行副总裁的沈向洋博士伸出橄榄枝，续聘教授。2019 年 5 月 25 日，北京航空航天大学发布信息，将新增人工智能等专业。

2020 年 3 月，教育部、发改委、财政部印发《关于“双一流”建设高校促进学科融合 加快人工智能领域研究生培养的若干意见》，提出要以国家发展人工智能的重大战略需求为中心，以“需求导向、应用驱动”“项目牵引、多元支持”“跨界融合、精准培养”为基本原则，瞄准“理论、算法、平台、芯片和应用”等急、断、缺的短板领域，构建基础理论人才与“人工智能 +X”复合型人才并重的培养体系。另外，探索深度融合的学科建设和人才培养新模式，培育高水平创新型人才、有序推动人工智能高端人才队伍建设，为我国抢占世界科技前沿，取得人工智能领域引领性原创成果的重大突破，提供更加充分的人才支撑。

人工智能与教育培训、终身学习深度融合

面向人工智能及其跨学科的培养是一个方面，而通过人工智能赋能教育培训、促进人的终身学习和可持续成长是另一项重要任务。

2019 年 5 月，联合国教科文组织正式发布《北京共识——人工智能与教育》。这是联合国教科文组织首个为利用人工智能技术实现 2030 年教育议程提供指导和建议的文件。其要点如下。

> 通过人工智能与教育的系统融合，全面创新教育、教学和学习方式，并利用人工智能加快建设开放灵活的教育体系，确保全民享有公平、适合每个人且优质的终身学习机会，从而推动可持续发展目标和人类命运共同体的实现。

- 从终身学习的角度规划并制定与教育政策接轨和有机协调的全系统教育人工智能战略。
- 认识到进行有效的人机协作需要具备一系列人工智能素养，采取体制化的行动，提高社会各个层面所需的基本人工智能素养。
- 采用人工智能平台和基于数据的学习分析等关键技术构建可支持人人皆学、处处能学、时时可学的综合型终身学习体系。
- 促进教育人工智能应用的公平与包容。确保人工智能促进全民优质教育和学习机会。教育人工智能的开发和使用不应加深数字鸿沟，也不能对任何少数群体或弱势群体表现出偏见。

2018 年 9 月 18 日，上海发布《关于加快推进人工智能高质量发展的实施办法》，围绕人才队伍、数据资源、技术创新、空间生态、资本力量五大发展要素推出 22 条具体举措。在集聚高端人才方面，上海将符合条件的人工智能人才和核心团队纳入“人才高峰工程”，“一人一策”配置具有国际竞争力的事业发展平台。

回顾 2016 年 6 月，时任浙江省委书记夏宝龙在余姚主持召开智能经济发展情况汇报会就有关智能经济专业人才的一席话，仍充满温度和力量：“宁波必须要有雄心壮志，树立高远发展目标，要集聚人才，筑牢智能经济发展根基，虎口夺食抢人才，全力以赴育人才，当好‘店小二’服务人才，最大程度引进培育智能经济专业人才，最大限度支持人才创新创业，加快把宁波打造成智能经济专业人才集聚的高地。”

助力中国成为人力资本强国，AI 生态系统大有可为

人工智能进场将引致人才培养模式、协同模式、成长模式、创造模式的大变革。

工信部原副部长、现任中国电子科技集团有限公司董事长、党组书记陈肇雄就提出，“坚持产教结合，完善融合生态。加快推进以企业为主体的创新成果转化，优化产学资源配置，创新合作模式，促进教育链、人才链与产业链、创新链有机衔接，形成产教创新双向传导、人才双向流动、融合双向促进的良好局面”[①]。

① 陈肇雄：构筑人工智能发展新优势，在“人工智能与教育大数据峰会 · 2019”上的讲话，2019 年 8 月 1 日。

《新一代人工智能发展规划》也强调，“构筑知识群、技术群、产业群互动融合和人才、制度、文化相互支撑的生态系统”“建立适应智能经济和智能社会需要的终身学习和就业培训体系”。

人工智能平台型公司与人工智能方面的开放平台和生态，发挥用户画像、知识图谱、深度学习等方面的技术优势，发挥融合创新、开放开源的生态优势，发挥连接场景、共生协同的协同优势，未来将是助力中国成为人力资本强国的生力军。

03

新基建夯实智能经济、智能社会之基：高质量发展行稳致远，制胜下一个十年

要推动智能化信息基础设施建设，提升传统基础设施智能化水平，形成适应智能经济、智能社会需要的基础设施体系。[①]

——习近平在中共中央政治局第九次集体学习时的讲话

（2018 年 10 月 31 日）

根据我们的分析和判断，2020 年刚刚出台的《关于构建更加完善的要素市场化配置体制机制的意见》《关于新时代加快完善社会主义市场经济体制的意见》，加上之前出台的《中共中央关于坚持和完善中国特色社会主义制度、推进国家治理体系和治理能力现代化若干重大问题的决定》（党的十九届四中全会审议通过）、《国家创新驱动发展战略纲要》，以及频频露出的“新型基础设施建设”、国家发改委正在牵头制定的推动新型基础设施发展的有关指导意见，将成为立足改革开放 42 年高起点、在“两个一百年”奋斗目

① 习近平主持中共中央政治局第九次集体学习并讲话，参见中国政府网 http://www.gov.cn/xinwen/2018-10/31/content_5336251.htm。

标的历史交汇点上，我国下一个十年的改革开放新顶层设计和新战略路线图（见图 3–1）。

相信新一轮、高起点的改革开放大潮即将奔涌而至，也让我们共同期待该推动新基建指导意见的尽快出台。

其实，在此之前，自贸区、自贸港，新一代人工智能创新发展试验区、新旧动能转换试验区、数字经济创新发展试验区、中国特色社会主义先行示范区，京津冀协同发展、长三角一体化、粤港澳大湾区等，已经深度涉及操作层面。现在，智能经济、智能社会将是穿起这些珍珠的那根线。

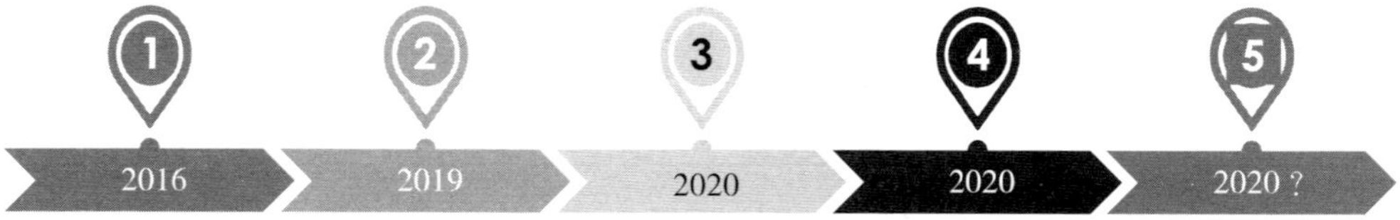

新发展	新治理	新要素	新体制	新基建
《国家创新驱动发展战略纲要》	《中共中央关于坚持和完善中国特色社会主义制度、推进国家治理体系和治理能力现代化若干重大问题的决定》	《关于构建更加完善的要素市场化配置体制机制的意见》	《关于新时代加快完善社会主义市场经济体制的意见》	推动新型基础设施发展的有关指导意见，国家发改委正在牵头制定

图 3–1　中国下一个十年的改革开放新顶层设计和新战略路线图

管中能窥豹，见微可知著，睹始而知终。南深圳、北雄安，这是未来中国的试验区。中央现在给它们的使命，就代表对中国未来蓝图的勾画。只是这种试验，已经不是单打独斗的“特区”，而是站在高起点、秉持新发展理念、共襄盛举的大协同试验区。这个螺旋式上升也越来越清晰：深化改革—高容错试验—动态迭代调适—示范引领—遍地开花—新一轮改革。

2019 年 8 月 18 日，中共中央、国务院印发《关于支持深圳建设中国特色社会主义先行示范区的意见》，明确提出，要支持深圳建设中国特色社会主义先行示范区，到 2025 年，深圳经济实力、发展质量跻身全球城市前列，研发投入强度、产业创新能力世界一流，建成现代化国际化创新型城市。“加快构建现代产业体系，积极发展智能经济，打造数字经济创新发展试验区。”

这是面向智能经济时代，构建新基建大底座的下一个十年。这是释放智力资本动能，创新驱动发展的下一个十年。这是引领新一代人工智能技术，确立全球人工智能创新中心的下一个十年。这是以人民为中心，推进新治理的下一个十年。这是更高水平对外开放，奠定高质量发展底盘的下一个十年。

高质量发展行稳致远的八大支撑，如图 3–2 所示。

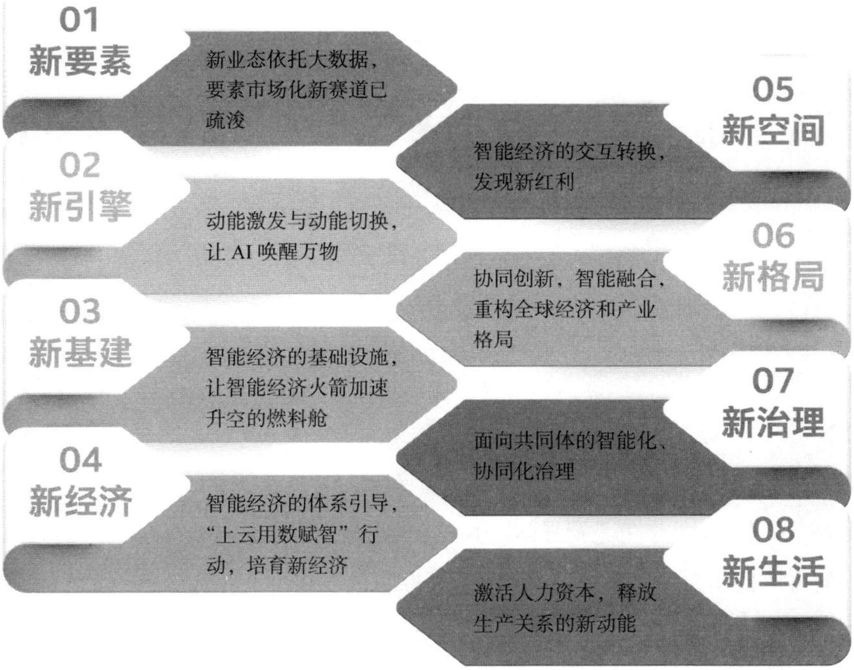

图 3–2　高质量发展行稳致远的八大支撑

新要素：新业态依托大数据，要素市场化新赛道已疏浚

中共中央、国务院《关于构建更加完善的要素市场化配置体制机制的意见》开宗明义，“为深化要素市场化配置改革，促进要素自主有序流动，提高要素配置效率，进一步激发全社会创造力和市场活力，推动经济发展质量变革、效率变革、动力变革”。

新轴心，新赛道

发展是有“轴心”的。过去特定阶段，我们对资源过度消耗，对环境生态破坏持高容忍度。现在与未来，我们对创新、创造、新业态、新动能予以大力支持。这个“轴心”的转换就是要素的转换和对全要素生产率的追求，因为这样才代表创新驱动和高质量发展。

根据生产要素的重要性和时代性，这次明确要素的范畴为土地、劳动力、资本、技术、数据。

要素转换与要素市场化双重作用，为中国发展、中国道路开辟新赛道。

这可以被视为向高质量发展的进军号。这个号能不能吹响，这个转换能不能平滑，将决定给 AI 发挥作用提供多大的空间。数据 +AI，才会挖掘数据的价值；劳动力 +AI，使人力资源资本化；土地 +AI，可以让土地的增值能力变强；技术 +AI，将让技术创新产生协同效应。

数据具有倍增效应，AI 具有乘数效应

生产要素的形态随着经济发展不断变迁，其重要性因时而异。这是由发展的多因性、复杂性决定的。但普遍意义上，动力机制和动力变革伴随人类社会的发展，产业革命往往受益于技术革命。这次经济增长长期动力的重新界定，虽然还有局限性，比如对企业家精神、对智力资本、对生态的重视强调还不够，但进步是明显的，依然具有里程碑意义。

为何将数据作为一种新型生产要素？国家发改委相关负责人指出，随着信息经济发展，以大数据为代表的信息资源向生产要素的形态演进，数据已和其他要素一起融入经济价值创造过程，对生产力发展有广泛影响。要发挥数据对其他要素效率的倍增作用，培育发展数据要素市场，使大数据成为推动经济高质量发展的新动能。

推动实体经济和智能经济的融合发展，就要推动以制造业为代表的各行各业、各种场景加速向数字化、网络化、智能化发展，运用大数据提升国家治理现代化水平，提高感知、预测、防范风险的能力。

明者见于无形，智者虑于未萌

智者虑远。长远来看，技术创新与进步、人力资本成长、制度文化流程、共生与协同生态、知识与知识产权，都是智力资本的范畴，具有软和硬两个方面的特征。其实所

谓的创新驱动本质上就是智力资本（包括人力资本、结构资本、关系资本）驱动。

过去，资源的错配、生态发育不良、人力资本未被充分激活、知识产权未走上中心舞台、治理不够智能高效、软环境协同度欠缺等长期制约中国经济活力的释放。这些因素还需要引起高度重视，并在智能经济时代进行充分发育，成为滋养新动能的土壤或者转化为新动能。

“老的”要素如土地、劳动力、资本，现在还存在资源错配、流通度弱、透明度差等问题。新要素发育需要过程，新要素的获取规则与交易规则、市场平台建立和规则设计都需要沉淀。

目前，我国商品和服务价格97%以上由市场定价，但土地、劳动力、资本、技术、数据等要素市场发育相对滞后，影响了市场对资源配置决定性作用的发挥，成为高标准市场体系建设的一个突出短板。只有促进要素的合理流动、自主有序流动的机制，提高要素宏观配置效率，才能共同支撑实体经济发展，形成协同发展的产业体系[①]。

“数据孤岛”就是“创新孤岛”

移动通信技术的应用与市场的快速扩张将一些问题充分暴露出来。其中很典型的就是数据的“孤岛”化与“烟囱”化。与破解“数据孤岛”同样迫切甚至更加迫切的是改变“创新孤岛”。

中国拥有海量的数据，可这些数据之间并没有连接且无法打通。以智能医疗为例，电子病历在不同医院之间不能互通，患者往往在一个医院看完病后，去另一个医院还要重新描述病情和做检查。这需要在保护用户隐私的基础上，由相关部门推动数据互联互通与共享，提升数据应用的价值。

创新不仅是技术的协同，更需要各界合作。人工智能发展至今，开放是走下去的必要条件。只有把更多的数据、算力、技术汇集在一起，才能够展现更大的影响力。过去几年，百度逐步建立一系列开放平台，面对行业共享技术、数据等。我们希望为更多创新者“做减法”，降低门槛，打通壁垒，形成合力，有效协同。

百度希望共享的是一种创新能力。通过不断降低门槛，让人们更好地开发、使用技

① 安蓓，构建更加完善的要素市场化配置体制机制——专访国家发展改革委有关负责人，新华社北京2020年4月9日电。

术，推动产业加速迈向成熟。随着技术应用不断迈向成熟，产业开放合作的时代正在到来。百度愿做人工智能这艘“巨轮”上的“甲板”，为更多创新者的腾飞提供支持，共同推动产业健康发展。

人工智能的技术创新与智能经济应用是一个足够宽的赛道。比竞争更迫切的是找到更多的创新点，创造更多的价值，让技术更好地造福社会[①]。

新引擎：动能激发与动能切换，让 AI 唤醒万物

美国得克萨斯大学对多行业和大型企业的数据利用率和人均产出率进行广泛研究后发现，数据利用率提高 10%，《财富》世界 100 强企业人均产出提高 14.4%，制造业平均提高 20%。显然，数据驱动的背后是技术效率的稳步提升。

经济稳步增长和高质量发展的“双引擎”，促进产业和消费“双升级”

20 世纪 80 年代末，美国学者调查了数百家企业，发现了一个奇怪的现象，这些企业的 IT 投资和投资收益率之间没有明显的关联。诺贝尔经济学奖获得者（1987 年）罗伯特·索洛将此现象称为“生产率悖论”：我们到处都看得见计算机，但是在生产率统计方面却看不见计算机。这又被称为“索洛悖论”。

单看数据产业、智能产业，现在的规模都不到 1000 亿元。但大数据、人工智能对产业数字化、智能化的影响，对效能的提升，对产品服务品质与用户体验的改善又是非常巨大的。所以，这些底座型技术发挥的是引擎的作用，带来的是外部效应、溢出效应与乘数效应，带动的是动力革命、质量革命与效率革命。

李国杰院士认为大数据与人工智能就像一对双胞胎，目前还是使能技术，不是像电力一样的通用技术，从使能技术到通用技术需要一个大规模普及的发展过程。谈大数据、人工智能的作用不能只看量和增长，还要关注质的变化。创新驱动就是全要素生产率驱动。大数据和人工智能本质上是提高效率、改善配置的优化技术，更多的是对全要素生产率的影响，所以理解大数据和人工智能对经济发展的巨大推动作用，更多要从全要素

① 张辛欣，陈炜伟，李彦宏委员：人工智能时代要打破“数据孤岛”和“创新孤岛”，新华社北京 2019 年 3 月 2 日电。

生产率的角度来理解[①]。

AI 促进万物智联

中国有一句古话叫作“一生二，二生三，三生万物”。AI 虽然不能够产生万物，但是它可以连接万物、唤醒万物。过去的几年，相信很多行业的朋友都已经逐步开始感知到 AI 在唤醒万物方面的进展。AI 时代，人工智能降低了技术门槛，提升了治理效能，技术带来的改变总是让人难以想象又迅速依赖。我们能够想到的任何一个行业里，几乎都能看到人工智能的存在。经历漫长的技术研发、算法培育和算力提升，产业正迎来应用的快速增长期，并且在未来很长时间内都将处于高速增长阶段。

比如智能交通。百度深耕无人车多年，越来越认识到，缓解拥堵不仅是车本身的问题，更需要全社会的合作。百度与北京市海淀区合作智能信控，也在与长沙合作调试基于车路协同技术的自动泊车解决方案。国内各地智慧城市建设也在加速推进，例如，当前重庆、长沙、保定等地已经开始利用“ACE 交通引擎”（自动驾驶、车路协同、高效出行交通引擎）优化城市交通治理。

新基建：智能经济的基础设施，让智能经济火箭加速升空的燃料舱

中共中央政治局于 2018 年 10 月 31 日就人工智能发展现状和趋势举行第九次集体学习时，中共中央总书记习近平强调，“要推动智能化信息基础设施建设，提升传统基础设施智能化水平，形成适应智能经济、智能社会需要的基础设施体系”[②]。

“加快 5G 商用步伐，加强人工智能、工业互联网、物联网等新型基础设施建设”，2018 年 12 月 19 日至 21 日召开的中央经济工作会议上，新基建以一个集合概念首次出现在官方文件中。

2019 年的政府工作报告要求“加强新一代信息基础设施建设”。2020 年首次国务院常务会议明确提出，要“出台信息网络等新型基础设施投资支持政策”。

---

① 刘垠，李国杰院士：发展数字经济不能头重脚轻，科学导报，2018 年 10 月 26 日。
② 习近平主持中共中央政治局第九次集体学习并讲话，参见中国政府网 http://www.gov.cn/xinwen/2018-10/31/content_5336251.htm。

在2020年的全国“两会”上，“新型基础设施建设”首次被写入政府工作报告。

正本清源，认知新基建

新型基础设施是“以新发展理念为引领，以技术创新为驱动，以信息网络为基础，面向高质量发展需要，提供数字转型、智能升级、融合创新等服务的基础设施体系”。2020年4月20日，国家发改委首次就新基建的概念和内涵做出正式解释，并将其分解为三个方面的内容。

（1）信息基础设施。这主要是指基于新一代信息技术演化生成的基础设施，比如，以5G、物联网、工业互联网、卫星互联网为代表的通信网络基础设施，以人工智能、云计算、区块链等为代表的新技术基础设施，以数据中心、智能计算中心为代表的算力基础设施等。

（2）融合基础设施。这主要是指深度应用互联网、大数据、人工智能等技术，支撑传统基础设施转型升级，进而形成的融合基础设施，比如，智能交通基础设施、智慧能源基础设施等。

（3）创新基础设施。这主要是指支撑科学研究、技术开发、产品研制的具有公益属性的基础设施，比如，重大科技基础设施、科教基础设施、产业技术创新基础设施等。

其实，早在2017年7月《新一代人工智能发展规划》（本章以下简称《规划》）中，就提出了“构建泛在安全高效的智能化基础设施体系”：

> 大力推动智能化信息基础设施建设，提升传统基础设施的智能化水平，形成适应智能经济、智能社会和国防建设需要的基础设施体系。加快推动以信息传输为核心的数字化、网络化信息基础设施，向集融合感知、传输、存储、计算、处理于一体的智能化信息基础设施转变。优化升级网络基础设施，研发布局第五代移动通信（5G）系统，完善物联网基础设施，加快天地一体化信息网络建设，提高低时延、高通量的传输能力。统筹利用大数据基础设施，强化数据安全与隐私保护，为人工智能研发和广泛应用提供海量数据支撑。建设高效能计算基础设施，提升超级计算中心对人工智能应用的服务支撑能力。建设分布式高效能源互联网，形成支撑多能源协调互补、及时有效接入的新型能源网络，推广智能储能设施、智能用电设施，

实现能源供需信息的实时匹配和智能化响应。

上述文件还专门对“智能化基础设施”进行了界定（见以下专栏）。

专栏　智能化基础设施

1. 网络基础设施。加快布局实时协同人工智能的5G增强技术研发及应用，建设面向空间协同人工智能的高精度导航定位网络，加强智能感知物联网核心技术攻关和关键设施建设，发展支撑智能化的工业互联网、面向无人驾驶的车联网等，研究智能化网络安全架构。加快建设天地一体化信息网络，推进天基信息网、未来互联网、移动通信网的全面融合。

2. 大数据基础设施。依托国家数据共享交换平台、数据开放平台等公共基础设施，建设政府治理、公共服务、产业发展、技术研发等领域大数据基础信息数据库，支撑开展国家治理大数据应用。整合社会各类数据平台和数据中心资源，形成覆盖全国、布局合理、链接畅通的一体化服务能力。

3. 高效能计算基础设施。继续加强超级计算基础设施、分布式计算基础设施和云计算中心建设，构建可持续发展的高性能计算应用生态环境，推进下一代超级计算机研发应用。

理解新基建的六个路标

总结发改委的解释与规划文件，笔者就理解新基建给出几个要点提示。

（1）“新型基础设施”的“新”与“旧”。第一个“新”代表了技术的“新”，是新技术——新一代信息技术、新一代人工智能技术；第二个“新”是指与传统一般意义上的“铁公基”等固定资产投资的基础设施不同；第三个“新”是这些基础设施更加智能化、底座化。

（2）“新型基础设施”的“软”与“硬”。新基建是“软硬兼施”的。为什么这么说？发改委专门提到“创新基础设施”，且具有公益属性，这就把新基建的底座属性和生态属性结合在一起，不是钢筋水泥 + 网线，创新基础设施是为创新驱动发展、高质量发展服务的具有公共性的服务平台。比如公共技术平台、公共服务平台、应急系统、疾控系统、基于人工智能的教育与终身学习系统，再比如人工智能创新平台（包括《规划》提出的人工智能开源软硬件基础平台、群体智能服务平台、混合增强智能支撑平台、自主无人系统支撑平台、人工智能基础数据与安全检测平台 5 个基础支撑平台），再比如科技部已分两批公布的 15 个国家新一代人工智能开放创新平台等，应该都属于这个范畴。

（3）“新型基础设施”的智能化属性。该属性非常鲜明，也非常重要，其核心是智能化基础设施与基础设施的智能化。一是习总书记在2018年10月31日的讲话中提到的“要推动智能化信息基础设施建设”。二是《规划》提到的也是智能化基础设施，对其中的“信息基础设施”是这样讲的，“加快推动以信息传输为核心的数字化、网络化信息基础设施，向集融合感知、传输、存储、计算、处理于一体的智能化信息基础设施转变”。三是发改委提出的三个大的分类中，无论是“信息基础设施”中以人工智能、云计算、区块链等为代表的新技术基础设施，以数据中心、智能计算中心为代表的算力基础设施，还是“融合基础设施”中应用大数据、人工智能等技术，服务于基础设施智能化的，如智能交通基础设施、智慧能源基础设施，抑或“创新基础设施”中的重大科技基础设施、科教基础设施、产业技术创新基础设施等，都和算力算法大数据支撑的新一代人工智能技术息息相关。

（4）2020 年政府工作报告表述的口径大家有疑惑，口径不一，怎么理解？政府工作报告（修订后）指出，应“加强新型基础设施建设，发展新一代信息网络，拓展 5G 应用，建设充电桩，推广新能源汽车，激发新消费需求、助力产业升级”。虽然看起来没有对新基建所涉及的各个层面全部展开，但考虑到这是一个年度报告、讲本年度的重点，不是面面俱到的中长期规划，就不难理解了。

（5）如何理解发改委与《规划》表述的共性和差异？《规划》本身一定会更强调智能化，发改委的解释更全面。发改委释义与《规划》的共性方面包括：信息基础设施，网络基础设施，大数据基础设施，高效能计算基础设施。更全面的《规划》要期待发改委牵头制定的推动新基建指导意见尽快出台。

（6）“新型基础设施”服务于网络化、数字化、智能化，是智能经济、智能社会的“大底座”，而新一代人工智能是新基建的“大底座”。

新基建：智能经济、智能社会的“大底座”

国家发力新基建就像一场及时雨。泛在的新型基础设施促进泛在连接、泛在感知、泛在交互，具有技术友好型、智能友好型、生态友好型、用户友好型特征。新基建与人工智能深度结合，通过智能化基础设施与基础设施的智能化，成为智能经济、智能社会的“大底座”。中国的智能经济、智能社会也有必要建构在自主可控、软硬兼施的“大底座”之上。

新基建是智能经济的底层框架，是智能社会协同的智能高速公路，是让智能经济火箭加速升空的燃料舱，它像人工智能一样具有“乘数效应”。新基建不仅创造、拉动大量投资机会，而且驱动增长；不仅能在中短期内提升发展动能，而且能有力推动中国高质量发展的转型；不仅能加速智能经济的落地和智能社会的到来，为中国在未来引领智能时代奠定坚实的基础，而且能提升人类应对不确定性风险的能力。同时，新基建及开放生态还会降低创业的门槛，提升创新的速度，助推生产效率提高，给人们带来更加丰富的生活。

当然，由于尚未从国家层面统筹推进，我国的人工智能新型基础设施建设还存在一些问题。例如，国内部分企业推出了深度学习平台，但由于构建底层平台所需的技术门槛高，且周期长、投入大，多数企业选择在国外平台上二次开发的方式；人工智能专用芯片尚未实现大规模应用和量产；用户使用人工智能开放平台的积极性有待提升；多元场景的落地还需要协力推动；智能云的普及率仍然较低等。这些都是要在发展过程中面对的问题。

新基建将成为中国未来几十年经济发展的新动能，以人工智能、云计算、5G、物联网和区块链等为代表的新兴技术是其关键技术支撑。百度作为责无旁贷的人工智能平台型企业，以多年积累的人工智能技术成果和实践经验助力新基建提速，促进人工智能更快落地，让各行各业都能从中获得前所未有的新动能（见图 3–3）。百度目前拥有涵盖北京、保定、苏州、南京、广州、阳泉、西安、武汉、香港等 10 多个地区的数据中心。预计到 2030 年，百度智能云服务器台数将超过 500 万。

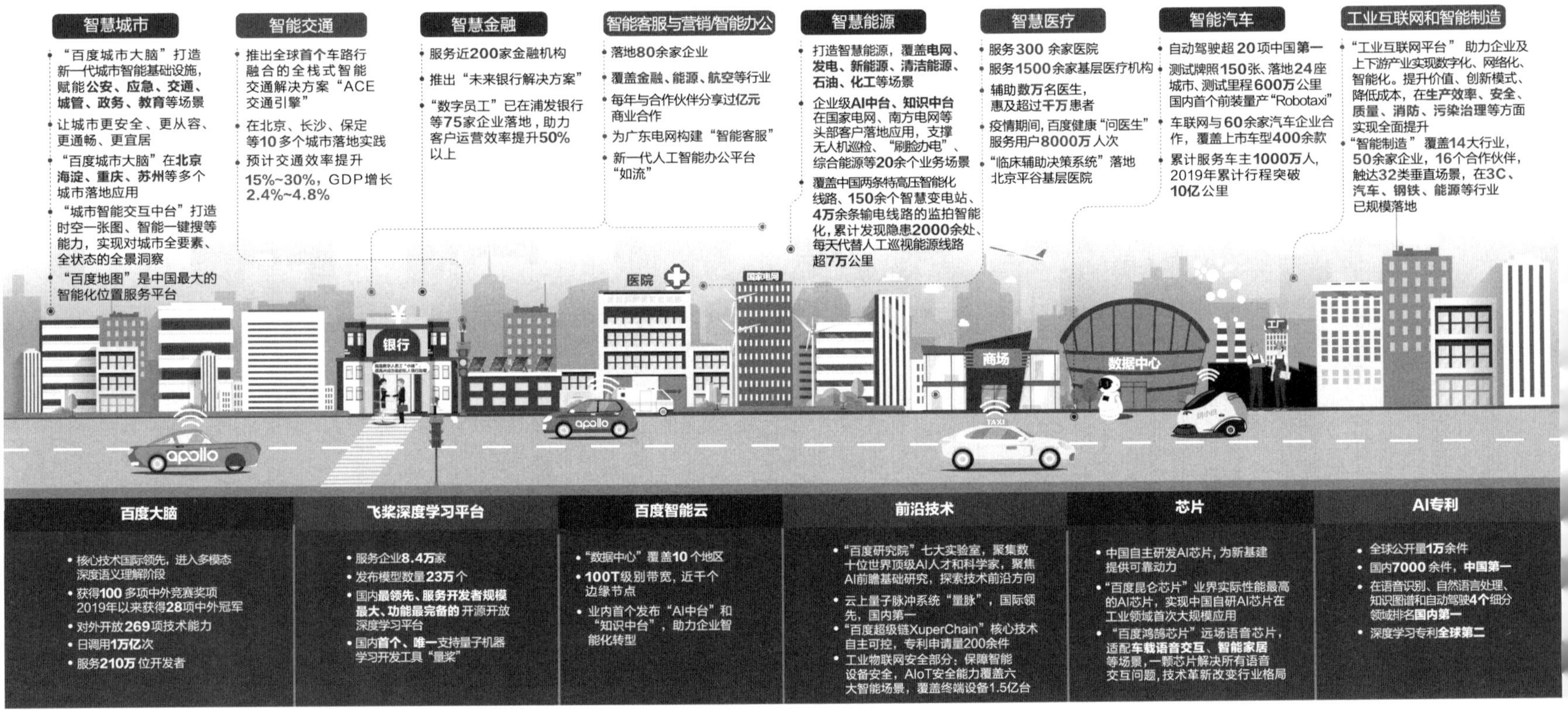

图 3–3　百度 AI 新基建版图

新经济：智能经济的体系引导，“上云用数赋智”行动，培育新经济

随着中国数字经济、智能经济按下了“快进键”，传统产业的数字化、智能化转型将加速，动力变革在快速发育，新动能、新业态会快速呈现，由此带来的质量、效能改变将推动智能经济破土而出，逐步蓬勃发展。

数据显示，2019 年我国 5G、人工智能、物联网、工业互联网、数据中心五大新型基础设施领域投资超过 6000 亿元；预计未来五年，五大领域总投资将达 10 万亿元，带动产业链上下游应用投资近 50 万亿元增值①。

根据《新一代人工智能发展规划》“三步走”战略目标，到 2025 年，人工智能核心产业规模超过 4000 亿元，带动相关产业规模超过 5 万亿元；到 2030 年，人工智能核心产业规模超过 1 万亿元，带动相关产业规模超过 10 万亿元。

新经济不仅仅表现在投资拉动，以人工智能为代表的新技术与实体经济、多元场景深度融合，对全要素生产率的提升才是主战场。要素市场化也使得原有要素流动有序、配置合理，新要素的价值创造能力被激发和显现。此外，人工智能还会深刻影响人们的消费习惯和消费场景，并将给各行各业带来根本性的改变，在这个变化过程中还将涌现更多全新的机会。

2020 年 4 月 7 日，国家发改委、中央网信办牵头，启动“上云用数赋智”行动，培育新经济发展。其中，“上云”是指探索推行普惠型的云服务支持政策；“用数”是在更深层次推进大数据的融合运用；“赋智”是要加大对企业智能化改造的支持力度，特别是要推进人工智能和实体经济的深度融合。

上述行动计划提出“探索培育传统行业服务型经济”，“为中小微企业提供最终用户智能数据分析服务”，“引导云服务拓展至生产制造领域和中小微企业”，“推动产业链协同试点”，“开展新业态成长计划”，“探索‘云量贷’服务”，“探索建立政府—金融机构—平台—中小微企业联动机制，以专项资金、金融扶持形式鼓励平台为中小微企业提供云计算、大数据、人工智能等技术，以及虚拟数字化生产资料等服务，加强数字化生产资料共享”，这些都是亮点。

百度第一时间响应“上云用数赋智”行动及其“数字化转型伙伴倡议”“灵活就业激

① 杨清清，专访全国政协委员、百度公司董事长李彦宏：把握智能经济“新基建”新机遇，21 世纪经济报道，2020 年 5 月 28 日。

励计划”，第一批次公布 7 个方面的帮扶举措：开放区块链引擎，加速赋能中小企业的链上创新；深度学习开源开放平台飞桨，提供完备的工具组件、开发套件和产业级服务平台，全功能全方位支持大规模产业应用；开放百度大脑 260 多项 AI 能力；天工物联网平台优惠一年；“AIoT（人工智能物联网）疫情防护罩计划”，基础物联网服务与边缘计算服务；免费开放在线办公平台；全面免费开放百度营销增值功能，线上开店全国免佣金，B2B（商对商）采购平台专项扶持，赋能中小企业发展；免费开放智能电费优化服务，实现真正的降本增效等。百度对湖北企业还有特别措施安排。

此前，百度对内容创作者、开发者等各类灵活就业者，就通过平台化、生态化的方式，提供开放的职业技能培训、开放的框架工具和生态服务、公益解决方案开发支持、技术服务与知识服务的供需对接和分发等多样化服务。近日，百度还公布培育 5 万名数据标注师的计划，为促就业、保民生做出实实在在的努力。

实践已经证明，互联网技术特别是数字技术的长足发展，为中国经济社会积累了巨大的应变弹性。实践也即将证明，新一代人工智能驱动的智能经济将给中国打开更大的想象空间：新基建助推之下，人工智能变得越来越基础设施化，为生活添智慧，为产业添转型动力[①]。智能经济将有效助力国家“六稳”“六保”“两新一重”等整体安排，为新冠肺炎疫情后的经济恢复发展带来新动力，成为经济稳步增长和高质量发展的“双引擎”，促进产业和消费“双升级”。同时，随着智能设备的普及，无论是老人，还是儿童，未来都将能更为平等便捷地享受人工智能带来的美好生活。

新空间：智能经济的交互转换，发现新红利

新空间就是找到经济社会发展的未来空间和发展的动能。这个空间既是方向，也是规模，又是结构，更是质量与效能。动能对以上因素均会产生影响。

新空间：不断积聚可持续发展的新动能、新势能

新空间可以有多样的定义与构成，如经济新空间、发展新空间、资本新空间、生活

① 凌纪伟，全国政协委员李彦宏：AI 有望推动智能经济早日到来，新华社北京 2020 年 5 月 21 日电。

新空间、治理新空间、文化新空间、城市合作新空间、新要素空间等。

之所以为“新”，这里变化的不仅是空间，更重要的是动能。没有新动能就没有新空间，否则就会重蹈土地财政的覆辙，走计划经济的老路。党的十八届五中全会就要求“用发展新空间培育发展新动力，用发展新动力开拓发展新空间”。

过去，中国依靠大规模资本投资和劳动力扩张推动其崛起，但是这两个引擎正在失去作用，而数字技术、智能技术正在通过释放企业生产潜力，帮助中国经济实现可持续高质量发展。新一代人工智能技术将为中国带来新的发展红利。

智能经济通过重构连接与交互、业态与生态、产业链与价值网，重新定义要素、资源、分工、协作和关系，融合智能云、虚拟空间、现实空间与社会和人，成为社会价值创新的新形态。

讲新空间，就一定会涉及空间结构，什么样的空间结构是合理的？这就需要持续优化区域布局和空间结构、城市结构、产业结构、人才结构等。

打开对未来的信心空间、想象空间和预期空间

信心比黄金重要。投资就是投资信心、投资信任、投资预期、投资未来。新基建会塑造良好的投资环境、发育生态，会大大增强投资者、从业者的信心，并提升可预期的投资收益，激发人们的投资热情、消费动力。

2020 年 3 月，美国爱德曼国际公关公司发布的信任度调查报告显示，中国人民对各领域发展的信心不断增强，中国的信任度综合指数连续三年居世界主要经济体首位①。

有想象空间，才能给大家以想象力空间；通过技术智能智慧起来，才可能在连接、融合、协同创新上绘就美丽的图画。在新空间、新治理、新生活上寻求一种动态均衡的安排，各类新生产要素才会形成集聚与融合；创新生态、协同生态持续优化才会形成聚变和裂变。

拓展未来新红利产生的新领域、新空间

党的十八届五中全会列出了五大可拓展的空间：区域发展空间，产业发展空间，基础设施建设空间，网络经济空间，蓝色经济空间。五大新空间几年来均有所发展，特别

① 王进业，李志晖，李云路，娄琛，中国两会，向世界传递了什么？新华社北京 2020 年 5 月 27 日电。

是新型基础设施建设空间今后会被大家寄予很高的预期。

智能经济、智能社会背景下的新空间更是包罗众多，如技术经济空间、信息消费空间、提质增效空间、融合创新空间、新业态价值空间、智慧民生空间、分享经济空间、消除数字鸿沟带来的经济空间、制度创新价值空间、数据资产空间及安全价值空间等，新空间与新基建是相辅相成的。

下面，笔者从空间规模与结构、动力动能可获得性、新红利丰厚程度三个角度，选取几个新空间进行分析。

（1）新要素带来的新空间。完善要素市场化配置，将让要素活力迸发。盘活“沉睡”的要素资源，激发要素的潜能，提高要素配置效率和全要素生产率，使之成为推动经济发展的动能。数据作为一种新型生产要素，对其他要素效率具有倍增作用；而且发展数据要素市场，既是经济的新增量，又是发展的助推器。

（2）提质增效的新空间。新一代人工智能与场景结合、与实体经济融合，将在效能提升、成本降低、产业连接、供给侧改革等方面带来显而易见的影响。

（3）新兴产业发展新空间。例如，数字产业化、智能产业化，新业态、新产业、新模式、新应用，新型战略产业发展等。

（4）协同发展新空间。协同发展与大协同的红利是值得重视、发力挖掘的。以粤港澳大湾区为例，粤港澳大湾区是一个“智力资本富集区”。复杂原因使然，粤港澳大湾区并未跨界融合，形成整体生态。所以，它还不是一个智力资本跨界融合区。没有跨界融合，就没有世界级大湾区，就会无端增加大量的信任成本、交易成本、协作成本和制度成本，而让连接的红利、关系资本的红利、融合创新的红利、生态的红利乃至智力资本的红利式微。这是一个核心问题①。

（5）生态发展新空间。新基建专门提到“创新基础设施”。其实在此之前腾讯的开放平台、百度的开源开放生态，还有一些联盟如工业 App 联盟、数字孪生体联盟、工业互联网联盟等，以及各类众创空间、技术公共服务平台等，均具有新生态性质。这种生态可以是有形的，更多是无形的，但却是智能社会的重要空间安排，将带动创新协同、场景服务、产业联动，为智能经济培育新动能。

---

① 张晓峰，粤港澳大湾区：融合智力资本，成就世界级湾区，《黄金时代》，2017 年第 7 期。

（6）新治理带来的新空间。国家治理、社会治理、基层治理与行业治理未来都有智能化提升空间：一方面政府可以购买服务，如智慧城市、智能交通、智能治理、智能的公共服务；另一方面新治理将直接激发生产力的解放、公共服务的有效性、行业监管的包容性等的活力。

在要素市场化配置体制机制意见中，就强调“增强要素应急配置能力。把要素的应急管理和配置作为国家应急管理体系建设的重要内容，适应应急物资生产调配和应急管理需要，建立对相关生产要素的紧急调拨、采购等制度，提高应急状态下的要素高效协同配置能力。鼓励运用大数据、人工智能、云计算等数字技术，在应急管理、疫情防控、资源调配、社会管理等方面更好发挥作用”。

（7）智力资本新空间。“智力资本”关注的是经济社会发展、企业成长背后的逻辑、驱动要素，发生作用、创造价值的机理，连接、匹配、融合的规则和方式。

中国进入创新驱动的高质量发展新时代，其实也是到了把智力资本提到重要议事日程的时候。智力资本包括人力资本、结构资本、关系资本（见图 3–4）。人力资本、关系资本不难理解。结构资本包括战略与定位、路径、价值观与文化、知识产权、制度、规

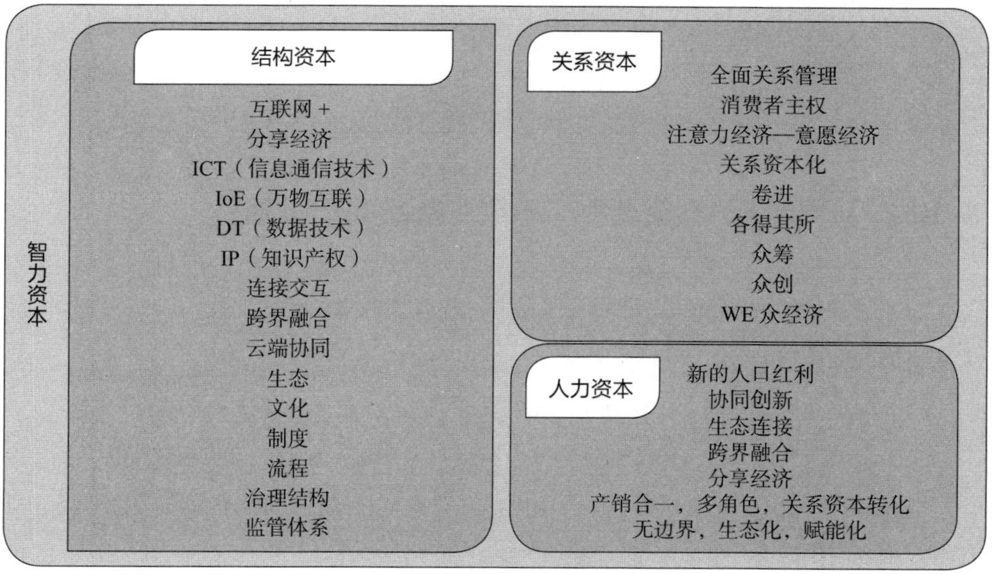

图 3–4　智力资本的框架与线索

资料来源：张晓峰，粤港澳大湾区：融合智力资本，成就世界级湾区，《黄金时代》，2017 年第 7 期

则、流程、商业模式、价值网塑造、组织结构与治理结构、打造的平台、生态等。

正是智力资本将公司与公司、区域与区域做了本质上的区分。智力资本水平直接影响企业、区域所处节点的水平与质量，决定企业、区域在价值网中的控制和影响力。

城市是国家经济增长的“发动机”，新型智慧城市是经济社会发展的倍增器。例如，深圳的作用不仅仅是创造了多少 GDP，而是成为一个改革、创新的标杆，成为创新中国的低成本试错的试验田。深圳有能力逐步成为东方的智力资本之都。

因时制宜，拓展经济发展新空间

疫情期间，数字化、智能化改变了服务方式、教育方式、工作方式、医疗方式。无接触服务、云端办公、线上培训、远程医疗成为活生生的现实；共享员工等灵活就业新模式出现，直播迅速走红；G20（二十国集团）峰会在线，联合国会议在线；AI、5G、VR/AR、大数据等现代信息技术手段赋能“云展览”“云对接”“云洽谈”“云签约”。由此，几乎引发了商业模式和运作方式的大变革，也促使我们在新空间塑造、新空间运营上进行新的思考。

“上云用数赋智”行动中也提出，“大力发展共享经济、数字贸易、零工经济，支持新零售、在线消费、无接触配送、互联网医疗、线上教育、一站式出行、共享员工、远程办公、‘宅经济’等新业态，疏通政策障碍和难点堵点”。

新格局：协同创新，智能融合，重构全球经济和产业格局

站在当前的时间节点，立足前瞻性思考，从智能社会的视角，我们尝试对中国的几大新格局进行梳理。

（1）国家发展新格局（内生性）：五大发展理念 + 创新驱动发展 + 高质量发展。

（2）国家新发展格局（综合性）：国内国际双循环相互促进的新发展格局。

“逐步形成以国内大循环为主体、国内国际双循环相互促进的新发展格局，培育新形势下我国参与国际合作和竞争新优势。”[①]2020 年 5 月 23 日，在会见政协经济界委员的联

① 习近平看望参加政协会议的经济界委员，参见中国新闻网 http://www.chinanews.com/gn/2020/05-23/9192859.shtml。

组会上，习近平总书记针对国际形势做出这样的判断。

“国内国际双循环相互促进的新发展格局”的提法不是第一次出现。5月14日召开的中央政治局常委会会议指出，要深化供给侧结构性改革，充分发挥我国超大规模市场优势和内需潜力，构建国内国际双循环相互促进的新发展格局。

（3）经济发展新格局：五大理念驱动下，以数字技术、新一代人工智能技术为核心，与实体经济深度融合，推动供给侧结构性改革、网络化数字化智能化转型升级、新旧动能转换，形成的经济发展新格局。当前突出数字技术与数字经济，同时重点关注面向未来的智能技术与智能经济。

（4）绿色发展新格局：解决好人与自然和谐共生发展的新格局。

（5）全面开放新格局：习近平总书记在党的十九大报告中指出：“推动形成全面开放新格局。”既包括开放范围扩大、领域拓宽、层次加深，也包括开放方式创新、布局优化、质量提升。“一带一路”、亚投行就是中国更高层次改革开放新格局的表现之一。

（6）治理新格局：包含不同的层次，至少有社会治理新格局、城市治理新格局、基层治理新格局。

社会治理现代化是治理体系和治理能力现代化的题中应有之义。党的十八届三中全会提出“加快形成科学有效的社会治理体制”；十九大报告提出“加强和创新社会治理，打造共建共治共享的社会治理格局”；党的十九届四中全会提出“坚持和完善共建共治共享的社会治理制度”。构建社会治理新格局，需要理念的科学化，结构的合理化，方式的精细化，过程的民主化。

乡村振兴、城乡融合也是社会治理的一种表达。而对于基层社会治理新格局，十九届四中全会《决定》提出，坚持和完善共建共治共享的社会治理制度必须“构建基层社会治理新格局”。“只有找到了党建引领城乡基层治理的有效途径，才能更好发挥政府治理能力、激发社会协同能力、提升群众参与能力，实现政府治理和社会调节、居民自治的良性互动，构建协同治理格局。”①

（7）区域协调发展新格局（生态化协同化新格局）：协同发展成为主旋律。十八大以来，京津冀协同发展、长江经济带发展、粤港澳大湾区建设、长三角一体化发展、黄

① 姜晓萍，构建城乡基层治理新格局，求是网，2020年5月22日。

河流域生态保护和高质量发展、西部大开发等重大战略，推动区域协调发展取得一系列历史性成就，我国区域协调发展呈现开放合作程度加深、产业转型升级加速、效率与公平并重的新特点。增强区域内生发展动力，塑造要素有序自由流动、主体功能约束有效、基本公共服务均等、资源环境可承载的区域协调发展新格局①。

（8）创新新格局：培育创新增长点、增长带、增长极，我国形成区域创新梯次联动新格局②。全国科技振兴城市经济研究会学术委员会主席白津夫对创新新格局进行了清晰的梳理：一是在创新方式上，由个体创新转向平台创新；二是在创新区域格局上，由单极化转向多元化；三是在创新重点上，由“应用创新”转向“原始创新”；四是在创新布局上，由技术化创新转向构建创新生态系统；五是在创新行动上，由园区创新转向协同创新；六是在创新策略上，由分离式创新转向融通创新③。

新治理：面向共同体的智能化、协同化治理

智能社会，新要素、新空间、新生活都需要辅以新治理。技术在不断进化，区域和城市也在不断进化，社会治理也需要不断进化，因此需要新治理。转变发展的方式与转换治理模式是相辅相成的。新治理要综合考虑经济、社会的发展和人的发展，并坚持人民至上。

新治理：持续动态优化的社会操作系统

2016 年 10 月 9 日，习近平总书记在中共中央政治局就实施网络强国战略进行第三十六次集体学习时的讲话中提及社会治理，强调了社会治理模式发生了“三个转变”：正在从单向管理转向双向互动，从线下转向线上线下融合，从单纯的政府监管向更加注重社会协同治理转变④。

2019 年 10 月 31 日，党的十九届四中全会通过《中共中央关于坚持和完善中国特色社会主义制度、推进国家治理体系和治理能力现代化若干重大问题的决定》。据新华社，

① 董雪兵，李霁霞，史晋川，塑造区域协调发展新格局，人民日报，2019 年 10 月 18 日。
② 李禾，我国形成区域创新梯次联动新格局，科技日报，2019 年 3 月 27 日。
③ 白津夫，数字化浪潮下，创新有了新格局，科技日报，2019 年 10 月 11 日。
④ 习近平在中共中央政治局第三十六次集体学习时强调：加快推进网络信息技术自主创新　朝着建设网络强国目标不懈努力，参见中国共产党新闻网 http://dangjian.people.com.cn/n1/2016/1011/c117092-28768107.html。

在“两个一百年”奋斗目标的历史交汇点上，党的十九届四中全会围绕“坚持和完善中国特色社会主义制度、推进国家治理体系和治理能力现代化”的议题做出一系列重大部署，开辟“中国之治”新境界。

正如2020年2月3日中央政治局常委会会议所分析的一样，“这次疫情是对我国治理体系和能力的一次大考，我们一定要总结经验、吸取教训。要针对这次疫情应对中暴露出来的短板和不足，健全国家应急管理体系，提高处理急难险重任务能力”。

新治理是对社会、自然与人的关系重新认知与审视的基础上，用新的思维、新的理念对经济、产业、生活、要素、规则、文化等进行结构化思考、系统化构建，综合运用技术手段和人的广泛参与，建立并持续优化经济社会操作系统，从而共建共享、协同治理的过程。

新治理是以人民为中心的体系化、机制化，是治理能力、引领发展、普惠服务、驾驭新技术能力的不断提升。新治理需要叠加、融合人的智能与人工智能，用新的方式与渠道展开交互、构建信任、融合智慧，共建共享协同治理。

治理和服务的空间均已不再局限于现实空间。管理就是交互、对话，治理就是服务、协同。未来，交互的主渠道是网络化、智能化的，随时触达、多向激发。

当然，治理体系、治理模式转型升级、治理能力提升不是一朝一夕之事，政府面对交互、融合带来的挑战和新治理的要求，亟待提升及强化新治理能力：数据化智能化的决策与管理能力，网络与现实融合空间交互、服务能力，安全能力，应急能力，融合治理能力，网络空间与现实空间的公信力等。

社会操作系统需要不断优化、持续迭代

基础设施越来越智能化，越来越多的城市建设新型智慧城市，甚至拥有了“城市大脑”，但缺乏构建智能的、协同的社会操作系统。

智能的、协同的“社会操作系统”是一个隐喻，不一定限于软件，指代一个区域、城市将使命、愿景、价值观、规则、机制、文化等集成融合在日常运营系统中。比如，如何提交优质服务，如何共建生态，如何做到各得其所，如何多元普惠、公平透明，如何提高交互的效度，如何做到协同治理、协同监管，如何让信用机制发挥效力等。社会操作系统也可能是一种协同文化、协同机制、协同生态，可能是智能数字生态系统、智

慧的社会操作系统（新监管、新治理）、协同创新、关系结构重塑的融合叠加。

面对社会、城市这个复杂的巨系统，其经济结构、创新结构、关系结构、交互结构要与智能化基础设施、基础设施的数字化智能化同步安排。

新型智慧城市有多维的目标，也会有复杂的机制。比如会持续关注政务效率、服务效能的提升，会强化智慧感知、推进公共协同空间的营造。

在一定程度上，新一代人工智能推动的跨界融合为区域、城市发展提供了弯道超车机会，或将缓解及打破区域发展不平衡。通过数字化、智能化的方式解决区域不平衡导致的资源不平衡及经济发展不均衡，后发城市借助智能化的升级，是有机会率先崛起的。

新治理还体现在对吸纳就业、创新价值的市场主体的体察与支持。中国市场主体超过一亿，其中数量庞大的中小微企业是吸纳就业的主力军。为化解疫情冲击，中国政府大规模减税降费，进一步加强金融支持，并推动降低企业生产经营成本。市场主体信心在增强，活力在涌现[①]。

新生活：激活人力资本，释放生产关系的新动能

以人民为中心，让老百姓有获得感，打赢脱贫攻坚战，全面建成小康社会，这些都诠释了“人民至上”的执政理念。

2020年的政府工作报告，就是一个民生报告，健康、收入、就业、脱贫、小康、发展，都是基于人、成就人。

民法典已经审议表决通过，中国将迎来“民法典时代”，将最大程度保护人民的权利。

新生活：更简单、更便捷、更智能、更普惠、更有尊严、更强的获得感

疫情阴霾正在消散，经济社会复苏正在加速，两会话题展现了美好生活的广阔前景：从智能制造、数字经济、5G应用到养老、家政、中医药、少数民族文化遗产保护等，都是代表委员和亿万民众的关注热点。

① 王进业，李志晖，李云路，娄琛，中国两会，向世界传递了什么？新华社北京5月27日电。

近期，多部委出台措施，实施灵活就业激励计划，降低灵活就业门槛，鼓励创新创业。

面向自由设计师、网约车司机、自由行管家、外卖骑手、线上红娘、线上健身教练、自由摄影师、内容创作者等各类灵活就业者，将集成社会化力量，提供职业培训、供需对接等多样化就业服务和社保服务、商业保险等多层次劳动保障。

伦敦国王学院中国研究院院长克里·布朗评价，中国正携手世界，创造一个可持续、公平、包容和互利共赢的社会[①]。

未来的城市，是在线的世界，是各得其所的生态共同体。区域、城市发展的成败，关键在人。

有没有吸引力，能不能吸引、留下创新创业创造者，能不能连接、融合外部要素，能不能让有想象力空间和创造力实力的人放下包袱、开动机器，需要可信赖、可感知、可获得，这是根本。

城市是一种关系结构，“互联网 +”“智能 +”正在重塑这种结构。新型智慧城市将催生一种新的“关系”、“合作模式”和“城市规则”。在这个过程中，居民生活将更简单、更便捷、更有尊严，并有更强的获得感。

AI 唤醒创造，AI 激活人力资本

AI，唤醒亲情，唤醒创造，唤醒渴望，唤醒良知。

改变生活方式和合作方式，才是 AI 带给我们最好的礼物。

重新连接、智能交互，让人参与未来智能经济、智能社会的方式，相比工业时代，有了翻天覆地的变化。

AI 激活人力资本，帮助人的终身学习。AI 正在改变生产要素和全要素生产率，但没有生产关系的改变，生产力只是一种潜力。

其实，在移动互联网、共享经济多重作用下，这种改变已经发生，只是 AI 将重新改写人与人、人与外部世界的关系。

与此同时，人工智能也让更多的普通人可以享受技术带来的便捷，有助于缩小数字

① 王进业，李志晖，李云路，娄琛，中国两会，向世界传递了什么？新华社北京 5 月 27 日电。

鸿沟。位于北京大栅栏社区的独居老人，家里装上了电动窗帘滑轨、智能插座、智能灯等，通过与小度智能音箱互动，就可以开关电灯窗帘、调节空调温度。

总之，新基建、新型智慧城市是将网络信息技术、新一代人工智能技术基础设施化，通过云、网、端、边，实现实时在线、智能集成、互联互通、交互融合、智能驱动，拓展新空间，优化新治理，触达新生活，从而重构人与服务、人与城市、人与社会、人与资源环境、人与未来关系的可持续经济社会发展新形态。

“主编访谈”

尹生：第三只眼看百度

尹生　互联网价值思想家，互联网价值研究者，《福布斯》中文版前副主编

访谈时间：2020 年 4 月 16 日

张晓峰： 尹老师这么多年研究互联网的价值，和百度有比较多的交集。您怎么看百度在全球 AI 发展中的地位，智能经济会是百度的重要标签吗？

百度之于智能经济

尹　生： 从 2014 年开始，我对百度开展了比较系统的研究。此前媒体一直报道互联网领域，我对百度的跟踪也比较多。

据我观察，现在 AI 处于加速发展阶段，对经济社会发展的影响会越来越深刻，尤其会起到人力替代、智能解放、创新引擎和效能提升四大作用。

目前资本市场对 AI 还有很多顾虑。包括谷歌 AI 业务在公司估值的占比也一直被质疑，到底它能带来多大价值，大家还在观望。

智能经济已从以概念导入和特定技术的智能化为特点的早期探索阶段，进入以产业、经济的智能化与普及为特征的成长期。这时，首先面临的是怎么落地的问题。这个过程中，百度要扮演什么角色，需要确立定位和方向。

百度现有战略和业务方向与智能经济未来趋势比较契合，肯定能找到落脚点。

作为一家国内最专注，也是目前在 AI 领域最领先的公司，百度应该发挥布道和落地的引领作用，给行业指明方向，对未来进行深入探索。

智能经济发展本身需要系统性思想输出，帮助行业建立或形成恰当认知。目前人们整体上对智能经济缺乏系统性思考，尤其缺乏从经济和社会维度阐述 AI 技术。我希望这本书可以弥补这方面的认知短板，在未来形成一套行之有效的、对行业的系统观察与思考方法。

这个观察方法在资本市场尤为重要。很多人想分析，但缺乏工具；懂技术的不一定懂商业、懂经济，懂经济的可能对技术又不是很了解。开发一套框架，无论对中国，还是对全球，都有帮助。

张晓峰：跳出中国，和谷歌、亚马逊等国外最有实力的 AI 公司相比，百度在技术积累上的厚重性、引领性处于什么位置？

尹　生：在国内公司中，百度在 AI 领域起步最早、基础能力积累也最全面、最强大。虽说其他几家公司的力度也不小，但百度在国内暂时处于领先位置。

放在全球看，中国的优势之一就是应用场景丰富。相比美国，中国在基础设施和相关服务方面具有后发优势。相比欧美，中国在新技术创新、应用的监管方面，相对更宽松灵活，这对于处于产业化和应用普及阶段的人工智能而言，非常重要。

手握关键业务、关键场景、关键能力，剩下的就是抢抓机遇

张晓峰：我感觉到了您对百度的认可和发自内心的期冀，似乎还有时不我待的紧迫感？

尹　生：一定要有抢抓机遇的紧迫感。在目前的 AI 行业，布道的角色尤为重要。产品有清晰的方向，通过思考引导行动，而不是做到以后再说。要避免对手用很一般的产品，提前抢占位置。AI 早期是一个 to B 的业务，有一部分是 to C 业务，一旦形成广泛认知，竞争对手开展强大推广，即便拥有最好的技术和产品，也会处于被动位置。从长远来看，决定百度估值是百亿还是千亿美元量级的，一定是人工智能。所以要看得专注一点，长远一点，敢于付出，敢于孤注一掷。

当初华为做 3G 的超前投资时遇到了很大的短期困难，因为没有抓住国内几个短期增长市场，比如小灵通，但是它全力去做 3G，长期航向是对的。当 3G 时

代到来时，它的时代也就来了。

AI 也一样，长期来说肯定没有问题。百度 AI 基础能力有先发优势，百度大脑和飞桨提供了关键能力，而且目前可能是全球主要互联网公司中最开放的平台之一；已经拥有关键业务——搜索本身就是很大的业务，也是一个关键应用场景；百度无人驾驶技术在国内处于比较明显的领先位置，智能交通是一个吸引了全球顶级竞争，但技术和生态门槛都比较高的垂直应用领域；而小度助手和智能音箱则占据了 to C 的操作系统与终端这样具有战略重要性的位置。

另外，百度拥有充足的现金储备，能为转型期所需要的大量投资提供支撑。所以，百度现在正处于非常有利的位置，现有业务也可以利用 AI 进行重构。目前国内主要的互联网公司中，只有百度可以说是一家纯粹的 AI 平台型公司，比其他公司能更专注地在智能经济赛道上“轻装上阵”。

张晓峰：小度智能屏的市场战打得很漂亮，其实更大的意义是 DuerOS 未来更高效的交互、无所不在的连接。您认为 DuerOS 有机会成为 AI 的主流操作系统之一吗？

尹　生：DuerOS 值得寄予厚望。中国在家用电器制造领域是全球第一，而且要实现全球化。抓住这些公司跟它们一起全球化，DuerOS 就能成为全球化的操作系统。应该跟这些公司主动建立联盟，协同参与国际竞争，利益共享，共同发展。

每一代互联网技术都出现了全新的应用、全新的终端，AI 也会如此。DuerOS 可能成为未来主流的、代表 AI 的新终端或者应用，有成为新平台的机会。智能音箱的使用门槛很低，老年人或者小孩，尤其中国几千万留守儿童都在用，这个产品大有可为。DuerOS 还可以应用在其他关键场景如汽车上，将直接产生价值。

张晓峰：百度确实可能成为一个现象级的基础，不单纯在于商业上多成功，更在于它嵌入每一个场景、每一个时间点，成为交互的基础界面，成为给智能经济、智能社会赋能的基础操作系统。

曾经的投资并购，未来的赛道选择

张晓峰：百度曾经大手笔并购 91 在线，外界对这件事的议论非常多。当时，并购 91 在线应该是百度构建生态的一部分。这种进和退，时过境迁看，有怎样的意义？

尹　生：我一直认为并购 91 在线不是一个失败。在移动互联网转型时，它发挥了关键作用。毕竟91在线在应用分发上还是有能力的，快速并购整合进来，即使后来整个团队、产品都没了，但那个阶段至少让百度一定程度上看到了移动互联网是什么，自己在移动互联网的业务可以怎么做。91在线对百度来说，是一个阶段性的价值，它完成了自己的使命。

张晓峰：专注于做一些事情，剥离一些事情，做什么，不做什么，确实需要果断取舍。百度曾涉足外卖，后来也放弃了，而美团仅靠做外卖也做成了大生意。

尹　生：刚开始也有人认为百度做外卖是失败的战略，但我认为那是百度之前几年最成功的战略。现在的搜索、智能音箱和其他业务，如果没有当时百度外卖等本地生活相关布局，很多连接是没有的，包括服务连接都是空白的。百度外卖恰恰建立了广泛的连接，作为一个中文搜索引擎，必须有连接服务。即使代价比较大，我觉得也值。买了一张入场门票，也验证了百度擅长做什么、不擅长做什么。虽然最后的取舍稍有遗憾，但我始终坚信做O2O（线上到线下）是当时百度最好的战略选择之一。

AI起来以后，需要取舍。也因为资源问题，百度不像阿里和腾讯可以同时打赢两场战争，它只能打赢一场战争。这样在AI和O2O之间只能选择一个。这二者之间当然应该毫不犹豫选择AI。从这个角度来看，这个取舍是很明智的。现在对于百度来说唯一的机会就是AI，这也是它目前最大的机会。

张晓峰：那么百度以后会不会全力做AI？

尹　生：其实不管愿意不愿意，现在百度几乎已全力在做AI。但是大家还是有些担忧：第一，AI这个商业模式能否走通，业界还存在质疑；第二，百度能不能在AI领域立得住，跑赢这场马拉松。在消除这两个担忧之前，要全力以赴还是需要一些勇气和魄力的。但无论如何，我认为必须全力以赴，真等到这两个担忧都消除了，也许就没有百度什么事了。但我也认为，百度在全力以赴时，尤其要避免“两张皮”的问题，就是传统的搜索和移动业务想继续按自己的节奏发展，新的AI业务也要全力以赴，这会导致整个公司在描述自己的战略定位时，试图简单地左右兼顾，结果哪一方面都不能真正顾得上。明智的做法，也许是用AI战略重构整个公司，就像当初华为通过3G牵引整个公司一样。

选准支点，构建生态，打磨模式

张晓峰： 百度 AI 能力服务各行业、解锁各个场景，优先级怎么排？

尹　生： 一是智能交互维度。以智能音箱为基础加大推广力度，把它作为 AI 时代的新用户终端，或者应用平台，进行生态建设，然后推进全球化。智能音箱可以是一个行业，也可当作 to C 端落地的抓手。

二是基础设施维度。行业应用拓展得好不好，取决于它的通用能力，取决于基础设施强不强。百度大脑和飞桨有很强的能力，如果能建立一群嫡系粉丝、开发者，进行粉丝化运营，将开发者和粉丝纳入公司产品和技术开发，而不是简单地做一个生意，就能积累更多的势能。

三是以无人驾驶为基础，进行智能交通、智能城市相关业务的拓展。无人驾驶是集成了许多新技术的平台。未来无人驾驶的很多能力可以成为 AI 通用能力的一部分，成为 AI 基础设施的一部分。

这三个支点，终极商业模式就是智能云服务。未来智能云能占多大的市场份额，取决于云能力有多强，能不能开发更多的应用。云服务已经过了早期的计算空间云化阶段，现在是基础能力云化阶段。

百度将通用能力产品化、解决方案化，放在云服务平台上，就有更多的企业使用。云服务是未来所有 AI 商业模式的平台。可以发展整个生态，吸引更多企业，包括无人驾驶，做好就是一个标杆。

百度商业模式很清晰，to C 一方面以智能音箱为基础，软硬一体加服务，另一方面围绕百度 App 做基于智能手机的内容和服务平台；而 to B 是以智能云服务为基础，提供广泛的能力，让各个行业聚集使用；还可以拉入行业中间件，或者行业通用平台公司，纳入云服务平台，以合作的模式聚拢诸多行业的通用品牌。这样云的生态就建设起来了，就能形成云平台公司的框架。

能力产品化，避免 85% 主义，打造样板工程

张晓峰： 百度把 AI 的能力变成大底座、大中台、大生态，把智能技术产品化、工具化、操作系统化、解决方案化，赋能产业智能化，实现落地应用。您觉得这样的路径能够助力百度实现目标吗？

尹　生：关键是 AI 的应用。在早中期，打造样板工程很重要。让大家看到 AI 是什么样的，有怎样广阔的前景。

智能技术的产品化，也是非常重要的一环。比如前几年在语音识别、图片识别等能力方面，百度有很强大的积累。但是后来大家认可的是科大讯飞，因为它实现了产品化，建立了整体广阔的认知。

能力的产品化，要避免 85% 主义。什么叫 85% 主义呢？工程师经常犯的一个错误就是从功能上实现一个产品、实现一个技术，事情做到 85%，就觉得大功告成了。而一个产品之所以能与用户建立关系，是在后面的 15%。用户拿到技术进行体验，才能实现价值。在企业文化中，要避免 85% 主义，把事情 100% 做透、做彻底。

能力的产品化，还要提升可视度，就是提高 AI 带来价值的透明度、可视化、可辨识度，让用户看到它能带来的价值，客户企业在使用它时，就能降低风险和投入。

第一代小米手机对中国智能手机发展功不可没，因为它用一种很低的成本教育了用户，让用户以很低的风险尝试 3G。因为当时小米手机的价格非常优惠，很多用户就买了尝试使用，慢慢都接受了智能手机。

现在 AI 也处于一个用户教育的阶段，要降低他们尝试的风险或者成本。可以逐步引入，化整为零，让用户尝到甜头。好处是增加可辨识度，让用户感知产品，必须提供可感知度，要把抽象的技术具体化。建立了认知，用户接受技术或者产品就容易了。

开放开源协同，构建良性生态

张晓峰：对于 to B 平台来说，只有生态成功了，企业才能成功。一个平台型企业要怎样丰富 to B 能力，并逐步构建良性生态呢？

尹　生：首先，我觉得后台通用能力要足够强大，在业内被认可。其次，还要有搭建生态的意识。当各公司在技术能力上差不多时，在未来决定胜负的一定是生态。

其实，to B 和 to C 有本质区别。对于 to C 来说，只要抓住用户就好了，就像苹果，即使被诟病，但是因为有 to C 优势，开发者还得求着它。国内比较成功的公司，像阿里、腾讯也做开放平台。2014 年，阿里就推出“云合计划”，要吸引一万家云服务合作伙伴，建立庞大的合作伙伴生态，落地 to B。其实，to B 一定要跟生态伙伴是一条命，就像马化腾说的，半条命在伙伴手里。

在 to B 行业，吃独食是大忌，会影响合作者对生态的信心。假如没有强大生态的认可，to B 公司即使有强大的基础能力也走不远。要把核心业务建立在 to B 上，就一定要抱有生态共赢的理念，宁肯自己少赚，也要帮生态多赚一点。最后，决定一家平台型公司价值的是你所在的生态有多强的生产力。以后的竞争是生态间的竞争，一个生态的生产力有没有优势以及是否愿意与生态伙伴分享利润是竞争力的关键。一个大的优良生态，必须有生产力的优势，且生产关系一定要和谐。

百度有庞大的渠道，这有利于搭建生态，百度也很重视、依赖、扶持这个生态。在百度现有厚重的 AI 技术积累的基础上，生态成功了，企业就成功了。

战略的动态调适与商业化变现

张晓峰：2017 年百度所做的战略调整，更坚定了 AI 方向，您怎样看待这次转型？

尹　生：一个战略转型有两个关键点，一是方向，二是执行。方向明确是最重要的，方向被认同才能产生合力和带动力，才能吸引更多资源和新力量的加入。作为一家在互联网行业已经形成很丰富历史积累的公司，要改变战略，重建一个新的引擎，必须形成新的共识、新的方向感。

目前，百度战略转型处于新旧动力切换阶段，数字和营收看上去波澜不兴，但内部的结构在变化。比如，云服务等新动能的贡献已经开始显现；智能音箱的市场表现，AI 业务上和技术上的表现已经开始真正给公司积累价值、创造价值，变现只是迟早的事。

公司内部有必要对新的方向重新解读，赋予它新的意义，以形成上下同欲的信心与认同感、归属感。

张晓峰：几个重要的 AI 方向，单纯从商业角度来看，大约在什么时候能实现转化？现在处于什么阶段？

尹　生：无人驾驶是一个比较长期的项目，在这次疫情中，已经显现阶段性成果，但尚不是终极的无人化。这项技术能力应该逐渐推进商业化，比如在要求低一点的物流、科技园区，一点一点逐步商业化。

当智能音箱用户过亿时，相当于形成一亿用户的终端平台。此时，入驻大量的应用和服务链接，就能影响产业和产业链，就可以打造一个非常好的商业化平台。也许用不了一两年，这个平台就能成为非常重要的收入来源。

智能云服务目前继续保持增长势头。技术能力的产品化，to B 生态的成长，这些因素决定了云服务能否继续保持快速成长。

百度移动生态依然有很大空间

张晓峰：搜索 + 信息流 + 内容 + 服务这一块毕竟是百度的看家本领，移动生态形成了用户垂直连接与分发。在内容生态方面，还有怎样的可能与升级空间？

尹　生：百度的内容主要分为两部分。一是人无我有，比如百科、问答、文库、贴吧，品类最全，其他平台没有，但也面临产品化输出的问题。智能音箱给了它机会，把这些知识产品再加工，成为音箱上的教育助手、家庭老师，或者“十万个为什么”在线版的知识助手。但是百度需要借助新的平台去产品化。

二是人有我有，比如智能小程序、视频、百家号。不一定做得最好，但是人家有我也得有，这是为整个生态服务的，发挥弥补短板的作用。

还有一部分是可以真正重建的、to C 端的抓手。比如小视频，可以做一些新的尝试，热门内容产品化，最后也能成为一个平台。这一端存在大机会。

百度可以继续完善已有生态，放大人无我有，尝试探索热门 to C 应用，不断丰富完善内容生态。

张晓峰：短视频与直播都处于风口期，百度有机会独辟蹊径、更加深入人心吗？

尹　生：短视频是目前竞争非常激烈的领域，因为它是变现效率最高的一种媒体形态。视频可视为产品库存，一个注意力的转换是一次周转，短视频库存周转非常快，可能几秒钟、几分钟就周转一次。长视频要一两个小时周转一次，生意就不容易做得太大，特别是广告模式的生意。

百度有大体量用户规模，肯定要抓住这样的机遇。但不能说做到多大流量就好，而必须做出让用户真正喜欢、愿意投入热情和精力，并且愿意帮助传播的产品。期待百度在智能音箱上找到突破口，能够以这个新的、自己能掌控的平台，开发新应用，给自己创造一个蓝海。智能音箱上的应用，不能把传统内容生态统统搬过去，一定要符合、适合智能音箱的生态特点。

该承担风险就承担，该撤就撤

张晓峰：对市场还没有认可的技术和创新，作为一个新生态的主导者，还有哪些做法？

尹　生：在智能经济发展的前期，要有领先的企业做出样板工程；到后期，生态逐步形成，需要再返回生态的开放性原则。

一些没有被市场认知的技术，或者无法达到有效市场规模的技术，比如无人驾驶，只有自己亲自下场，去冒险。比如谷歌为什么自己做无人驾驶，要自己落地？高通在早期也自己造芯片，都是一样的道理。很多企业不愿意投钱，作为生态的主导者必须冒这种风险。生态成熟以后，就一定要交给生态，如高通现在已不再自己制造芯片了。

目前阶段，百度必须有这种灵活性，既开放，但又不要被开放限制住。有些行业必须软硬一体，垂直下去。拉着合作伙伴一起做，或者自己做，做到一定程度，再交给生态，该撤就撤。

人文关怀与社会对话

张晓峰：工程师气质的百度，该如何与社会、与大众对话？该如何展露自己的真实形象，以得到社会更多的认可和支持？

尹　生：AI 是一个抽象的技术领域，但它的一个很重要的维度就是 to C，智能社会更加注重人文关怀，所以长远来看，需要有社会想象力。

最近百度成立了科技与社会研究中心，针对科技怎样服务社会需求和人文关怀进行研究，我觉得这是一个很关键的进步。通过这样一个机构，建立业界专家生态，帮助他们生产、输出内容，帮助大家认知 AI、智能经济、智能社会，以及实现公司与社会的交流、技术与公众的沟通。

百度一直奉行工程师文化，技术人员都比较踏实，有一说一。技术领域又是抽象、专业的，外部社会很难理解。一定要把技术的社会价值在哪儿以通俗易懂的方式呈现出来，大家才能认知和接受，同时，这个过程也是了解用户需求、创新产品的过程。所以，热门产品的粉丝化运营是有效的沟通方法。以智能音箱、百度飞桨两种产品为抓手，开发社群，形成两个阵地，能够被广大用户接受的话，自然会形成合力，产生扩散效应和社会高认可度。

从智能经济做起，百度开始输出思考，输出自己的价值主张，开始注重与社会的沟通与互动，并通过这一过程影响自身的行为，这是一个很好的起点。

张晓峰：智能经济还是一个无人区，需要思想生态、智慧生态的支持和引领，您认为应该以什么角度向社会和大众阐释它？

尹　生：智能经济是一个新经济时代的起点，它是中国的，也是世界的，所以应该用全球视野看待它。要超越技术本身，超越 AI 谈 AI。从社会视角、人文视角、经济视角，进行立体呈现，才能给受众一个比较全面的展示。

第二篇

百度：新基建的“底座”，智能经济、智能社会的“中台”

04

智能经济的智能化引擎：百度的基因与使命

> 人工智能是引领这一轮科技革命和产业变革的战略性技术，具有溢出带动性很强的“头雁”效应。①
>
> **——习近平在中共中央政治局第九次集体学习时的讲话**
>
> **（2018年10月31日）**

问大家一个问题，你知道百度生态上有多少名“同学”吗？好好考虑一下再回答。

之所以让你好好考虑，是因为一是这个问题在百度上搜不到，二是你的答案一定是错的。

因为百度还有更多不在册的“同学”，他们或负责存储，或负责数据标注，或负责机器学习、深度学习，或忙于训练模型，或负责管理贴吧……

还有，一大批内容创作者、一大批开发者、一大批专业服务者栖息在我们的百科、

① 习近平主持中共中央政治局第九次集体学习并讲话，参见中国政府网 http://www.gov.cn/xinwen/2018-10/31/content_5336251.htm。

贴吧、知道、百度健康、视频、百家号、开放平台……

求其近者必追其远

廿年求索，不负韶华

百度刚刚度过了 20 岁的生日。在生日前后，我们都在全力以赴抗击疫情，所以原定的 20 年庆典被取消了。但是，百度和同学们的强势表白不能少。当风华正茂的百度 20 岁遇到 2020 年 5 月 20 日，也就是百度的“吾 20”时，就有了如下一幕（见图 4–1）。

图 4–1　百度“吾 20”

百度大厦和百度科技园的大楼上，挂上了用百度同学的照片组成的 30 米 ×40 米的巨幅海报，向全体百度同学花式表白。

巨幅海报的爱如此强烈，百度同学的回应也丝毫不输（见图 4–2）。同学们也在积木墙上给 20 岁的百度写下祝福，还拼出各种有趣的图案。

“这些梦想，我们一起实现！”百度同学们在内网对 20 岁的百度接连喊话，喊出了自己想和百度一起实现的那些梦想。

图 4–2　百度同学的表白

@ 旺同学

把百度的 AI 产业化在行业内做出真正的名堂来。

@ 祥同学

做好百度地图，让用户不会走错每一条路。

@ 向同学

让百度成为最伟大的人工智能公司，到时候无人车满街跑，小度家家户户都有，百度的 App 每个人都在用。

@ 铭同学

坐着无人车上下班！

@ 风同学

用我们每个人的力量，让百度成为一家伟大的科技公司！

@ 惠同学

多年以后，你依然存在，我的子子孙孙依然是你的忠实粉丝，哈哈哈！

@ 坚同学

一起走过风雨，拥抱彩虹！

@ 娜同学

每天都成长，不断超越昨天的自己！

@ 熙同学

百度会成为每天都能够给用户提供便捷服务的公司。

@ 亚同学

让越来越多的 00 后、10 后了解百度，认同百度，走近百度，爱上百度，让我们在未来的 20 年里越来越好！

@ 欢同学

和百度一起度过下一个 20 年。

@ 慧同学

让 bug（漏洞）少一些！！！

@ 刚同学

构建全网最强大的以信息和知识为核心的移动生态。

@ 哲同学

一起持续攀登，登顶更高的山峰！

@ 林同学

让人们的生活和工作变得更便捷、更美好！

@ 菲同学

和百度一起，永远年轻，永远热泪盈眶。

以梦为马，恰百度同学少年

这一幕幕场景，不由让人思绪翻腾。

【闪回之一】十年前的 2011 年 1 月 15 日，百度召开十周年年会，大家一起细数百度十年的变化。一是公司规模。从 7 个人的创业团队变成了一家 7000 人的大公司。二是产业环境。创业之初的中国互联网，一切都处于起步阶段，那时还有很多人不知道搜索引擎的概念。2011 年，中国已经拥有近 4 亿网民。对绝大多数网民来说，离开了搜索，在互联网上简直寸步难行。人们的每一个愿望，都可以“百度”一下。三是技术和产品。客观上，百度已经成为促进整个互联网不断壮大和良性发展的动力引擎。百度代表的搜索引擎已经不是一个普通的互联网应用，而成为推动整个互联网发展的最为重要的基础平台。

【闪回之二】回到 20 年前，2000 年 1 月 1 日，百度在中关村诞生了。我们租不起像样的办公室，只好租了北大资源宾馆的两个房间办公。在草草布置、非常简陋的两间不足 20 平方米的办公室里，崔珊珊、郭眈、王啸一起在为第一版搜索引擎做产品架构规划和项目分工。在那里，中国最早一批懂得搜索、热爱搜索的人聚在一起，迈出了事业的第一步。当时，没有人想到，百度可以用两年时间一举拿下 80% 的中文搜索引擎市场；也没有人想到，今天会有数万人聚在一起，共同庆祝百度 20 岁的生日。

创始团队梦想按照硅谷文化打造自己的公司，实行弹性工作制。但每个员工都自觉“弹性”工作到凌晨一两点，一些员工甚至睡觉前才想起自己没吃晚饭。

在那段激情燃烧的岁月，百度创业者用最少的钱、最小的团队，但是最出色的技术、最昂扬的斗志、最快的速度开发出比世界上最热门的互联网公司的产品更优秀的产品，并获得广大网民的认可。这一切，都源于 20 年前的一个技术改变世界的梦想和我们最初的使命：帮助人们最便捷地获取信息，找到所求。“百度”二字，来自南宋词人辛弃疾的一句词：“众里寻他千百度。”这句话描述了词人对理想的执着追求。很高兴某些场景下“百度”一词已经演化成一个动词。

崔珊珊　百度集团资深副总裁、百度文化委员会秘书长，“百度七剑客”之一（访谈时间：2020 年 4 月 24 日）

1999 年末，即将研究生毕业的我，作为实习生进入初创公司百度。2000 年 7 月，我放弃了那个时代备受瞩目的外企的录用通知，正式入职百度。

当时搜索引擎的技术门槛很高，在中国还没有人做出来，所以我觉得百度会成为一个了不起的企业。去外企的话，很难有机会做核心技术，它们更多地把中国人培养成售后或者售前工作人员。如果想做核心技术、想做研发，中国人是没有机会的。

2000 年，我们仅用了五个多月的时间，就开发完成了第一版搜索引擎，5 月就上线了。

那时，我对自己能在百度做核心技术这件事感到特别自豪，但当时很少有人理解我。因为大部分人都会选择薪资比较高的公司，而百度还是一家很小的初创公司，也不解决户口。

那时，我们经常加班到深夜。每个人开发完自己的模块，经常是晚上才开始联调测试。很多伙伴是实习生，白天要在学校上课，晚上才能聚齐。我们做联调测试一般要做到深夜，有时要做到一两点。

忙完了，我会走回宿舍，一路很兴奋，因为我们的进展太快了。伙伴们太优秀了，每天都能从他们身上学到很多东西，像李彦宏，还有周围的同事。我从来没有跟这样一帮优秀的人在一起工作过，特别兴奋。那个春天，我在北大西门西墙外租了一间小房子，离公司不到一公里，加班多晚都会走回去。北大西墙内种了好多丁香。4 月，花开了，我们看不见花，但是能闻到花香。丁香是一种夜来香，夜深人静的时候，香味馥郁，还挺梦幻的。当时，我就特别激动，感觉自己在做一件了不起的事。

百度七剑客，一直保持了三四个月。团队的同质性特点鲜明，在那样一个特定的阶段，我们显现出理想主义的、聪明的、单纯的特质，那种完美主义倾向恰是初创科技企业需要的。

李彦宏在一些生活琐事上可能非常粗枝大叶，但在技术和产品上，非常注重细节。而且他描述的愿景很遥远，让人觉得不可能实现，但很多年以后，事情的发展验证了他当初的判断是准确的。

【闪回之三】2002年3月，百度敲定了一个代号为“闪电计划”的内部项目计划，旨在于9个月内让百度引擎在技术上全面与谷歌抗衡，部分指标还要领先谷歌。

彼时，谷歌正在加紧华语市场的扩张，并在2000年9月推出中文版。之前两年，百度在中国与谷歌的交手，完全不在一个量级。

抗衡、领先谷歌，而且要求“闪电计划”完成后，百度的日访问量要比原来多10倍，日下载数据库内容比谷歌多30%，页面反应速度与谷歌一样快，内容更新频率全面超过谷歌。

领衔这一计划的雷鸣是我在北大的小师弟，他是搜索引擎方面的天才。8月，为加快进度，管理人员也全面加入进来。

2002年12月，“闪电计划”终于大功告成，一段忙碌的攻坚岁月尘埃落定。

15人参与的“闪电计划”被戏称为“野战排”，与阵容豪华、财大气粗的谷歌打了一场遭遇战。结果大家都知道了，百度人用技术攻坚、用坚韧意志、用团队协作证明了中国人自己的搜索引擎不比谷歌的差。

【闪回之四】至2011年底，百度的员工总数已经接近15000人。回想一下，公司员工数量达到第一个5000，我们用了8年的时间；第二个5000仅仅用了不到两年的时间；而2011年，我们用一年时间又即将突破第三个5000。

【闪回之五】2012年，对于百度来说，可能是创业以来最艰难、最不容易的一年。外界对我们的发展有一些质疑，有关百度的报道很多是负面的，都在质疑百度还能走多久远，百度是不是错失了布局未来的先机，是不是只会躺在领先优势上吃老本，是不是缺乏创新的动力和能力……甚至有人觉得，2012年，百度不仅遭遇了竞争和挑战，未来的前景也不是很明朗。很多同学在问：“接下来的路，百度该怎么走？我们的未来在哪里？”

我们经历过2000年前后互联网泡沫的破裂，经历过2008年全球金融危机。这些起起伏伏、上上下下，我们能够承受。但是2012年我们确实很担心，担心这些年轻的百度同学无法承受、面对这样的压力。

其实，从来没有什么困难能够难倒我们。2002年以“闪电计划”与谷歌决胜负是这样，2005 年排除万难登陆纳斯达克也是这样。

2005 年，谷歌高调进入中国，很多人预言百度马上就活不下去了。结果，百度不仅活了下来，而且活得很好。

就像百度历史上所经历的每一个困难时期，无论有多难，我们从来没有放弃对未来的信心，我们每一次都能够众志成城地挺过来，并再一次迎来全新的发展空间。

20 年，坚持仰望星空

其任也重，其道也远。20 岁的百度，从最早在北大资源宾馆创业时的七剑客，到现在，已经是数万名员工一起奋斗在致力让人类生活更美好的征程中。

回顾过去的 20 年，百度有三种最值得珍视的资本：一是百度的信念、信仰和文化，二是百度最宝贵的资源——员工与伙伴，三是对百度不离不弃、共同成长的用户。

技术是百度的信仰，技术是百度的生命线

智能搜索、信息流分发、下一代交互、无人驾驶、百度大脑、深度学习框架、智能云……技术改变世界，在百度同学看来已不再是一个梦想。

拥有技术，就会把命运掌握在自己手里。百度生而技术，有先进的技术才能造福人类、改变世界，而不是在短周期的红海里恶性厮杀，纠缠不休。越是困难时期，越要加大对未来的投资。

百度发展到今天，已经不是一家单纯追求自身发展的公司。百度人的工作，往往关系到更大的范畴——社会的幸福和进步。

对人工智能、智能经济产生前瞻洞察，百度具备先天的优势。百度对用户数据的积累已有相当长的时间，有数亿用户和行为的数据，更重要的是技术是百度的基因。一直以来，百度在技术上不断投入，努力让机器更好地理解人，真正地连接人和机器。有了这些数据，相当于有了人工智能时代的“燃料”，再用百度的技术对它们产生更深刻的理解。

百度价值观：简单可依赖

简单可依赖是百度 20 年历经检验的价值观。简单，意味着没有公司政治、说话不绕

弯子；意味着愿意被挑战；意味着公司利益大于部门利益；也意味着心无旁骛，不被外界噪声干扰。

可依赖意味着什么？意味着自信，意味着开放式沟通，意味着只把最好的结果交给下一个环节。可依赖和可信赖是有区别的，它有亲情在里头。在你需要帮助的时候，会有很多人愿意真心帮助你；在别人需要帮助的时候，你也会真心帮助他们。在你受伤的时候，这里是你疗伤的地方。这里有你的感情寄托。当全体百度同学团结一心时，来自外界的困难和挑战只会积蓄势能，推动百度人向更高更远的目标迈进。

在简单可依赖的文化氛围中，每一个百度人始终会用积极乐观的心态面对外界的挑战，每一个百度人始终会在其他兄弟团队遇到压力时与他们守望相助。这正是百度人从工作中获得幸福感的源头。百度同学和家属们，你们始终都是公司迎接挑战、战胜困难的最强大的后盾。

【闪回之六】2004 年的一个周末，大家在圆明园旁边的一家茶馆开展头脑风暴，大半天之后，最终总结出 5 个字——简单可依赖。大家认为高度凝练的 5 个字代表了百度的信仰，代表了百度的价值观。

十五六年过去了，最近百度内部思考、讨论得比较多的一个主题是“喜欢被挑战”。喜欢挑战和喜欢被挑战是两码事。喜欢被挑战就是不要把别人的挑战当作他对你这个人的不认可，更多的是他在直接表达他的意见。如果他的意见对，你应该喜欢听；如果他的意见不对，你也应该喜欢听，因为你有机会解释为什么自己是对的。这样的氛围应该被鼓励，尤其是业务部门，在内部会议发现盲点，讨论改正错误，一定好过到市场上碰得头破血流，好过被竞争对手打败。这同样是简单可依赖。

百度愿景：帮助人们成长

2019 年，百度发布企业愿景：成为最懂用户，并能帮助人们成长的全球顶级高科技公司。

陆原　百度集团副总裁，CEO 业务助理，负责集团战略及战略投资管理（访谈时间：2020 年 4 月 24 日）

张晓峰：2019 年 1 月，百度发布愿景。当时的背景、升级的必要性是怎样的？为什么这样描绘集团的愿景？这个过程顺利吗？

陆　原：自 2017 年以来，百度进行新战略升级，确定新的企业使命，以文化升级促进企业向智能经济的方向发展。

到 2019 年，战略部门访谈了 100 多位高管加中层管理干部，占所有管理干部体量的近 50%，内部形成一个突出的共识，就是需要一个牵引大家进行战略选择、进行比较艰难的取舍的最高纲领。这就是百度愿景诞生的背景。

2018 年确立的企业使命是不是可以承载愿景呢？经过讨论，大家发现这还是两种不同的东西。愿景就是我们想成为什么样的公司，使命就是我们要干什么事。经过几个月的时间，综合高管们的多轮讨论，确定并发布了现在的百度愿景：成为最懂用户，并能帮助人们成长的全球顶级高科技公司。

百度愿景里有几个关键词——最懂用户、帮助人们成长、高科技公司、全球。这里阐释一下这些关键词背后的含义。

第一，最懂用户。这里所说的用户包含百度 to B 生意的客户，也包含百度的生态伙伴。百度就是要理解他们，知道他们的需求，百度的产品和解决方案才会适合他们，并被他们接受。说到最懂，源自对用户行为的深刻理解、对用户行业知识的洞察，源自我们能够前瞻性地知道社会将发生什么样的变迁，从而给用户和客户提供更好、更恰当的产品和服务。

第二，帮助人们成长。什么叫帮助人们成长？因为我们并不希望用户在使用百度产品的时候是沉迷的，要花很多时间，甚至花很多金钱，最后却没有得到任何收获；尤其是从长期来说，不能帮助他们成功成长、提高人生价值。

有人会说娱乐也是价值，但是没有人愿意让自己的孩子过度娱乐，而耽误了作为一个人成长所必需的知识、素养的积累和身体健康。

百度希望给人提供什么样的价值？那就是帮助人们成长。使用百度的产品和服务的用户，能够真正从产品和服务上得到成长，得到快乐。

第三，高科技公司。百度从来就是一家以技术为差异化优势的公司，我们仍然希望秉承和坚持这样的定位，成为一家高科技公司。科技的基因贯穿了百度的使命和愿景，这是百度最值得骄傲的地方，也是值得始终坚守的方向。

第四，全球。在这里有两层含义：一是百度在体量上能够是一家比较大的公司，从全球视野来看，具有一定的影响力和知名度；二是判断百度未来发展的舞台，和整个中国在全球经济舞台、外交舞台和政治舞台上的地位是相契合的。当中国某一天成为全球重要治理力量的时候，中国的企业就会成为全球经济和商业的重要参与者。百度希望成为其中的一员。

企业愿景是一个长期的目标，10 年、15 年、20 年都要坚持，它表达了百度所有员工长期的愿望。

我们正在以新愿景、使命和价值观为牵引，对过去产品体验不尽完善的地方，生态上可以做得更好的地方，进一步优化。

张晓峰：愿景的清晰化，有利于内部对齐，更有利于外界重新认知百度。作为曾经为百度提供咨询服务的“外脑”，当初决定加入百度，最吸引您的是什么？

陆　原：最大的原因，百度有非常坚实的商业素质、商业本质。第一，百度是互联网最重要的基础设施之一。互联网三大主力基础设施——搜索 + 电商 + 社交，至今仍然是重要的基础。10 亿以上用户体量的公司，实际上也没几家。

第二，企业素质。百度不是复杂的场景，它很简单、简约。这很不容易做到，做减法是最难的。百度已经做到极致的减法，仍然能够快速满足客户，并且能够和客户互动，理解客户的需求是什么。

第三，百度的商业模式有很好的现金流，它是一个高变现的成熟的商业模式，技术天花板很高的业务之一。基于这样的基础，既能应用很多 AI 技术，也有很多变化和发展的想象空间。

这对我来说是非常好的机会。我在这个平台能够夯实战略，并进一步推动战略的细化、发展、延伸。

张晓峰：企业健康需要做到治理优化、敢于自我净化，听说百度有一个非常独特的蓝军机制，引导大家喜欢被挑战？

陆　原：在集团层面有蓝军制度，我们希望和红军形成建设性的关系。自己内部挑战总比外部挑战好，总比在市场上被竞争对手挑战好。但我们又是建设性的，挑战不是吵架，只挑战，没有思考解决问题是不行的。我也是蓝军之一。这个蓝军部门、蓝军机制已运作一段时间，有了一定效果，发现了很多盲点，提升了业务的健康水平，帮助我们在过去发现了一些我们应该要做的改变。当然，这个机制也有很多迭代和优化空间。

当我们发现问题，而这些问题需要做一些取舍的时候，基于愿景的这个蓝军机制就会起作用，我们就知道应该怎么做。例如，百度的托管页，使得某些行业的落地展现要符合百度的规范，不再是商家想怎么说就怎么说，它要符合百度的用户体验要求，同时长期而言这也是一种基础设施，也会提高用户的信任和随之而来的转化效果。我们愿意做这些事，就是希望用户能够留在我们的生态内，得到最好的体验，它是有信任感的。在公司治理架构下，这些能够为业务持续健康发展起到应用的作用。

员工和伙伴是百度最宝贵的资产

回顾这 20 年，最令我们欣慰的就是伴随着公司的成长，一大批最具天赋的年轻人在百度脱颖而出，走上了重要的岗位，担负起更大的责任，他们是百度事业的不竭动力。今天的百度团队人才济济、卧虎藏龙。因这样那样的原因离开百度的同学，也都有很好的发展，百度人祝福他们，也想念他们。

今天百度员工的平均年龄为 30 岁，并非队伍老化了，而是结构更合理了。许多年轻人选择百度为他们职业生涯的第一站，他们为百度愿景奉献了青春和热情。然而，青春从不应由年龄来简单定义——“青春”是一种锐意进取的精神，是一种不满足于现状的心态，更是那些渴望改变世界的人在谈及梦想时，眼中释放的光芒。在百度，永远热泪盈眶，永远热血激荡，永远青春勃发，永远挥斥方遒。

无论何时，心中的梦想与期待不变，奋斗的勇气与执着不变，我们就可以从容越野千里，归来依旧少年。

内容创作者、开发者、知识贡献者都是我们最值得信赖、最值得助力的伙伴。现在，大量开发者栖息在百度各大开放平台上，一起共建共生共享。

截至目前，仅百度 AI 开放平台就已开放 260 多项 AI 技术能力。百度 AI 开放平台上的开发者规模持续快速增长并突破 190 万，覆盖金融、工业、农业、零售、医疗、互联网等各行各业。

用户成就百度

技术是我们的信仰，是因为我们认为只要我们深耕技术，用户就一定会信任、喜欢基于技术的应用。用户的每一次点击都是对百度的一次“投票”。我们每天都满怀敬畏、虔诚地接受来自用户的数十亿次投票。这是推动百度发展、迭代的根本动力。

用户的每一次搜索，每一种需求，每一个行为，都成为一个轨迹。这些信息轨迹都是我们数据的一部分。数亿名用户依赖百度，也成就了百度。

我们所做的事业，是为中国更多的普通百姓，打造知识海洋的挪亚方舟，帮助他们最平等便捷地获取信息，摆脱贫穷，消除歧视，成就每一个人的梦想。

今天，百度迈入了下一个 20 年的征程，百度站在了历史的新起点上。这个节点，我们很幸运与祖国的脉搏共振、同频。我们也希望能够一直和我们的用户一起面向我们共同的智能经济和智能社会的新时代。

提前布局，重仓技术，成为中国 AI 技术创新“头雁”

百度的投资是对未来的投资，对生态的投资，对助人成长的投资，对信心和信仰的投资。既要面向未来，又要保持较高的转化效率，这个把握的确不易。

随着 AI 成为引领新一轮科技革命和产业变革的重要驱动力量与战略性技术，加之国家对研发的导向发生变化，AI 成为科技企业的研发重点，专利申请量也在逐年提升。AI 领军企业越来越呈现很强的具有溢出带动性的“头雁”效应。

专栏　关于研发的新政策导向

1. 2016 年 5 月，中共中央、国务院印发《国家创新驱动发展战略纲要》，提出发展面向市场的新型研发机构。

2. 2016 年 8 月，国务院印发《“十三五”国家科技创新规划》，提出培育面向市场的新型研发机构，构建更加高效的科研组织体系。

3. 2020 年 3 月，科技部、发改委等部门印发《加强“从 0 到 1”基础研究工作方案》，提出强化基础研究的原创导向。

4. 2020 年 5 月，科技部官网公布的《新形势下加强基础研究若干重点举措》提到，加强基础研究统筹布局，加强重大科学目标导向、应用目标导向的基础研究项目部署，引导和鼓励企业加大对基础研究和应用基础研究的投入力度。

2018 年 11 月，中国专利保护协会发布的《人工智能技术专利深度分析报告》显示，百度近几年 AI 专利申请量迅速上升，以 2368 件的申请量在国内申请人中位列第一（见图 4–4），与 IBM（国际商业机器公司）分别成为中国、美国 AI 专利的领头羊。

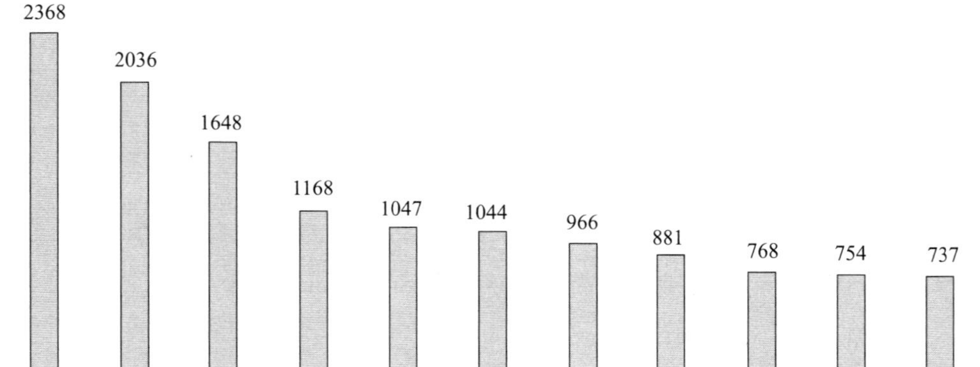

图 4–4　2018 年中国重点机构人工智能技术专利申请量

资料来源：中国专利保护协会，《人工智能技术专利深度分析报告》，2018 年 11 月

除了申请总量的绝对优势，在自动驾驶、语音识别、自然语言处理、智能搜索和智能推荐关键技术领域，百度也位列第一。在智能驾驶方向，百度不仅作为唯一一家互联网公司上榜，更超过福特、丰田等老牌传统车企，跃居首位。

2019 年 2 月，世界知识产权组织（WIPO）发布了首份技术趋势报告，聚焦人工智能领域专利申请及发展状况。报告显示，百度在深度学习领域的专利申请量位居全球第二，超越 Alphabet（谷歌母公司）、微软、IBM 等企业和国外学术机构，在全球企业中居于首位。

2019 年 12 月 2 日，国家工业信息安全发展研究中心发布的《人工智能中国专利技术分析报告》指出，中国 AI 专利申请量排名中，百度以 5712 件位列第一，是 2018 年的 2.4 倍，并包揽了深度学习技术、语音识别、自然语言处理、智能驾驶等多个 AI 核心领域的第一（见图 4–5）。这也是百度连续两年位列第一。

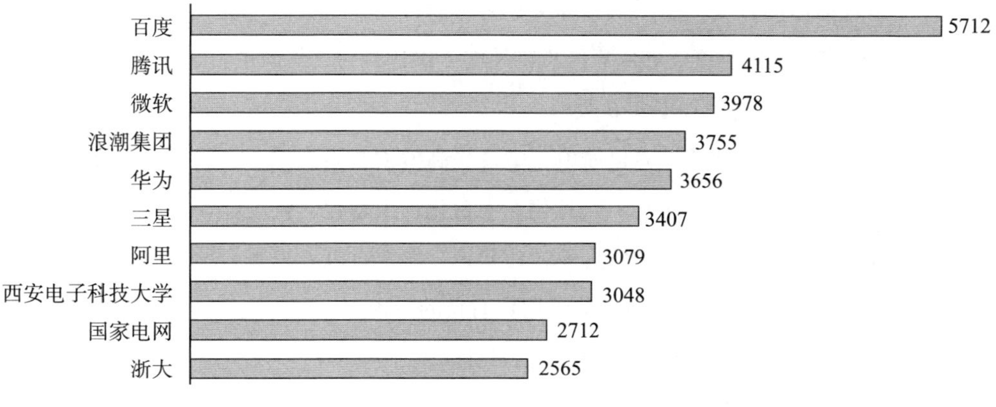

图 4–5　2019 年中国人工智能领域的专利申请量

资料来源：国家工业信息安全发展研究中心，《人工智能中国专利技术分析报告》，2019 年 12 月 2 日

报告数据同时显示，截至 2019 年 10 月，中国已经超越美国成为 AI 领域专利申请量最高的国家。百度、腾讯、微软、浪潮集团、华为的专利申请数量名列前五。

百度在 AI 布局很早，和很多有远见的公司一样，百度有自己的全球化格局观。2013 年 1 月，百度成立深度学习研究院，这是全球工业界第一个用深度学习来命名的研究实验室；2014 年 5 月，硅谷人工智能实验室（SVAIL）成立；2017 年 10 月，百度在硅谷设立第二个研发中心，重点是无人驾驶、互联网安全。百度也吸引到更多优秀人才从世界各地来到中国。在深度学习上，百度比美国很多大公司还要领先。从多年前的蓄力累积，到当下的落地深耕，再到未来的担当与引领，百度正成为中国在世界 AI 领域的一张名片。

这就是百度：做未来的守望者

百度的用户定义了搜索是什么，百度的创作者定义了内容是什么，百度的知识贡献者定义了知识是什么，百度的技术人员和广大开发者定义了人工智能是什么、生态是什么……

秉持简单哲学、底座思维的百度：更简单、更易用、更高效

百度是有信仰的百度，是以工程师文化著称的百度，是在做与说之间有尺度、在责任与利益之间有态度的百度。底座思维贯彻始终、渗透行为，与简单哲学产生协同之妙。

百度 20 年的里程碑，如图 4–6 所示。

无论是用科技让复杂的世界更简单，坚持提高搜索首条满足率、给用户更极致的用户体验，还是技术开源、底座化、工具化、中台化、生态化，百度让使用者更便捷、更易用，抑或分发、匹配更精准的信息流，让知识、内容贡献者更垂直地被触达，简单哲学的灵魂无处不在。在 OKR 中没有关于用户时长的干预项，因为我们知道用户定义的搜索、用户定义的生态、用户定义的智能生活是什么。

为什么这么说？百度会随时随地和用户交互，用户的每一次点击就是对百度的投票、对信任的投票、对服务的投票，百度的生态就相当于一个区块链生态，基于参与者的信息、内容、知识、开发分布式，科技再结构化、标签化、匹配化，百度用户的每一个需求、每一个轨迹、每一项数据、每一次参与都在连接多元场景，描绘服务可能，刻画未来社会，用户协同完成了这个智能世界的拼图。

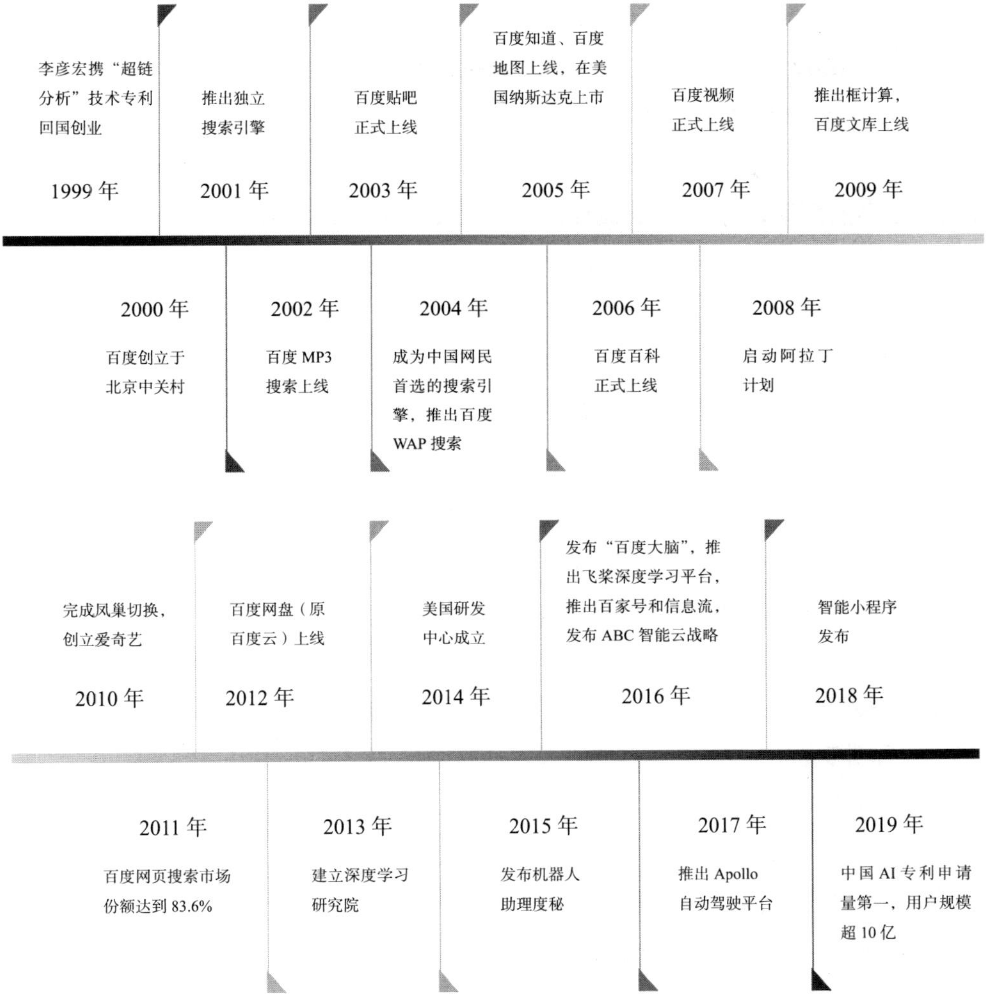

图 4–6　百度 20 年时间线里程碑

技术普惠、助人成长的百度：以人为中心，让每个人都能平等享受 AI 能力

从创业第一天使命的界定到人工智能不断迭代的进程，百度一直做着相同的事，即让每个人都能平等享受 AI 能力。百度拥抱每一个开发者、每一位创作者、每一个用户、每一个伙伴，听取来自每一个用户内心的声音。

百度愿景的核心是帮助人的成长。Do better（科技为更好）不是空洞无物、镶嵌装裱的口号，而是百度每一天存在的意义。在抗击疫情期间，百度给用户提供触手可及的权威资讯，利用技术协助政府科学、精准抗疫。

开放、开源的百度：AI 让生态高度进化，更多的人和组织互利共生

百度的生态就是参与者、开发者成长的生态。人工智能要加速发展和落地，就要充分发挥开源和开放平台的作用。在开源、开放方面，百度飞桨平台已成为全面开源开放、功能完备的产业级深度学习平台，百度 Apollo 已成为全球领先的自动驾驶开放平台和生态[①]。

百度在移动互联网的布局全面加速，已经打造战略级入口百度 App +“搜索 + 信息流”双引擎 + “百家号 + 小程序 + 托管页”三大支柱的完整体系。其中每一个环节，AI 技术都大幅提升了产品体验，让用户在应用百度移动产品时获得高效、准确、智能化的体验。

AI 让搜索首条满足率不断提升，更能理解用户的搜索需求，让内容服务者更易连接，提供更直观、准确的信息、知识和服务。

硬科技、黑科技的百度：投入不怕犯傻，储备务必齐备，布局力避讨巧

百度深耕布局，定力坚守，蓄势待发，厚积薄发，正所谓“伏久者，飞必高”。“晦塞为深，虽奥非隐；雕削取巧，虽美非秀”[②]。在技术领跑的无人区，风景这边独好，而又荆棘丛生。过去七八年百度在研发上一直有非常大的投入，连续五年研发投入过百亿元，2019 年达到 185 亿元（见图 4–7）。在中国 500 强企业当中，论收入肯定不是排在第一，但在研发占收入的比例上，绝对是第一。而研发投入，绝大多数都投到人工智能上。

2013 年初，百度就成立了全球第一家深度学习研究院。现在王海峰博士兼任院长的百度研究院，下设七大实验室，卧虎藏龙，群英荟萃：大数据实验室（BDL）、商业智能实验室（BIL）、认知计算实验室（CCL）、深度学习实验室（IDL）、量子计算研究所（IQC）、机器人与自动驾驶实验室（RAL）和硅谷人工智能实验室，会聚了包括肯尼斯 · 沃德 · 丘奇、窦德景、段润尧、郭国栋、黄亮、李平、熊辉等在内的 AI 领域众多世

① 凌纪伟，全国政协委员李彦宏：AI 有望推动智能经济早日到来，新华网北京 2020 年 5 月 21 日电。
② 出自中国南朝文学理论家刘勰的《文心雕龙 · 隐秀》，原文“或有晦塞为深，虽奥非隐；雕削取巧，虽美非秀矣”，意即有的（作品）以隐晦不顺畅为深奥，虽然深奥但不是含蓄；有的以刻意雕琢求得工巧，虽然工巧但不是秀句。

界级科学家。

百度研究院的顾问委员会成立于2018年。顾问都是世界响当当的人工智能领域翘楚，目前已有 AT&T（美国电话电报公司）和贝尔实验室前副总裁及首席科学家大卫·贝朗格（David Belanger），伊利诺伊大学厄巴纳–香槟分校终身教授、计算机视觉领域顶级科学家大卫·福赛思（David Forsyth），著名计算语言学专家马克·利伯曼（Mark Liberman），明尼苏达大学终身教授、知识发现与数据挖掘（KDD）领域最高技术荣誉 ACM SIGKDD 创新奖得主威品·库玛尔（Vinpin Kumar），量子密码学的共同发明者之一、牛津大学终身教授、新加坡国立大学量子技术中心主任阿图尔·康拉德·埃克特（Artur Konrad Ekert），著名计算机和大数据理论领域专家、密西西比大学前校长、计算机教育界知名人士杰弗里·维特（Jeffrey Vitter）等国际知名科学家加入。

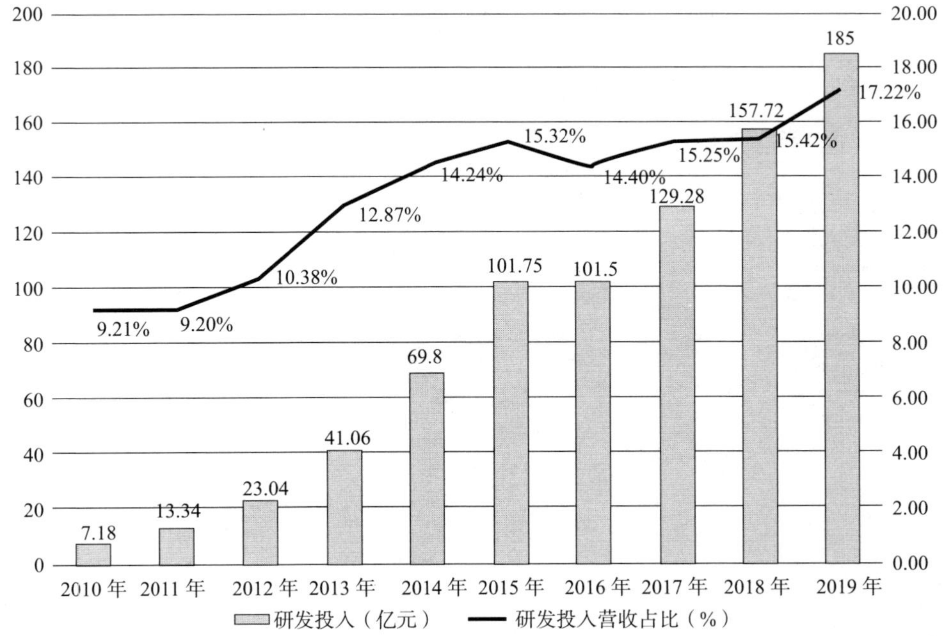

图 4–7　百度研发投入

百度研究院的研究领域几乎囊括了从底层基础到感知、认知技术的 AI 全领域范畴，包括机器学习、数据挖掘、计算机视觉、语音、自然语言处理、商业智能、量子计算等（见图 4–8）。

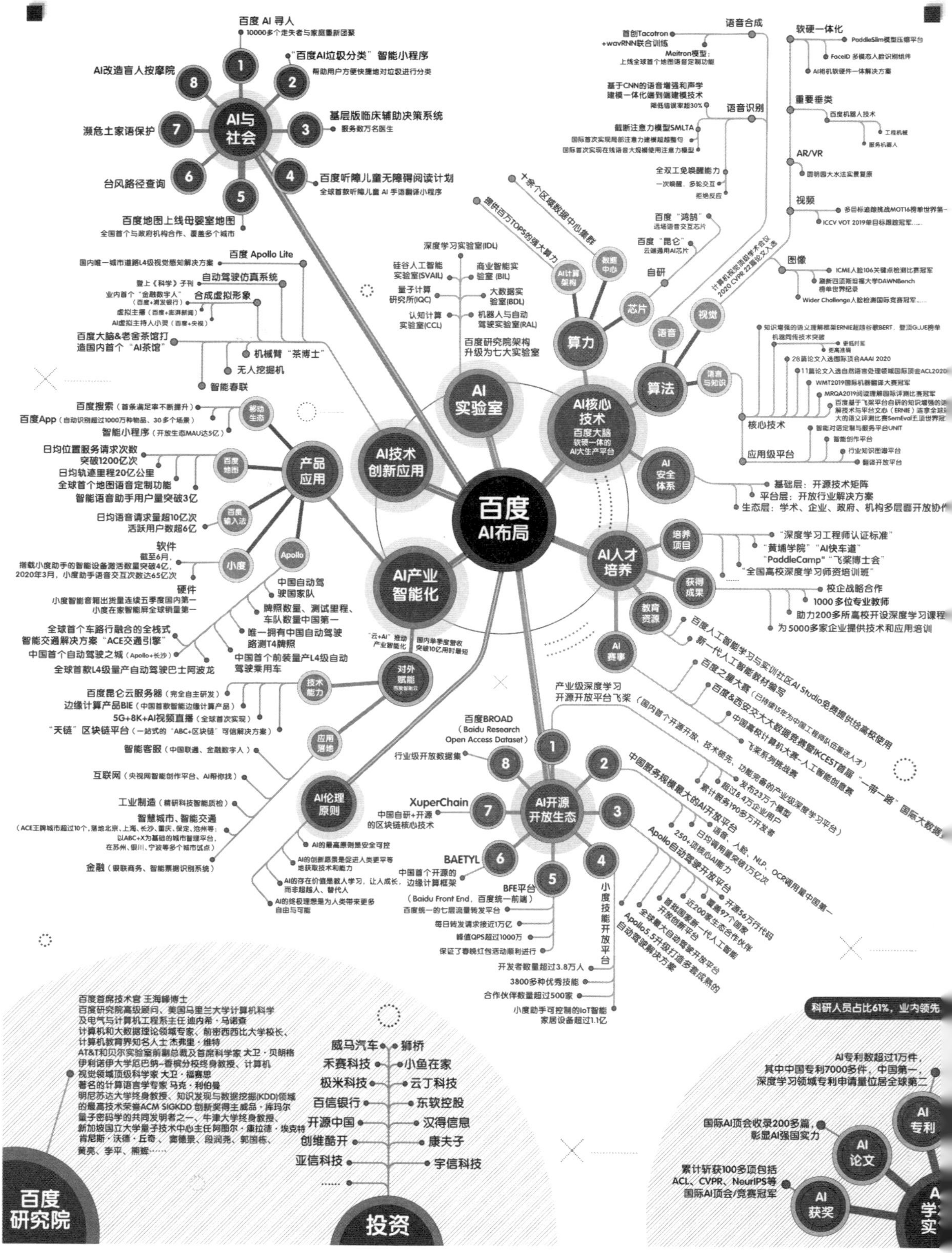

图 4–8　百度 AI 布局全景

为解决中国人工智能基础支撑能力不足等问题，2017 年 2 月国家发改委正式批复、3 月挂牌，由百度牵头筹建“深度学习技术及应用国家工程实验室”，共建单位包括清华、北航、中国电子技术标准化研究院、中国信息通信研究院。该实验室发力深度学习技术、计算机视觉感知技术、计算机听觉技术、生物特征识别技术、新型人机交互技术、标准化服务、深度学习知识产权七大方向，建设“国内领先、世界一流”的深度学习技术及应用研究机构，从研究突破、产业合作、技术成果转让、人才培养等方面提升中国在人工智能领域的整体竞争力。

2017 年 11 月 15 日，科技部公布了首批 4 家国家新一代人工智能开放创新平台名单。其中，将依托百度公司建设“自动驾驶国家新一代人工智能开放创新平台”。

在这样关键的变革时期，百度 AI 坚持走自己的路，深入研究，扎实应用：核心技术创新突破，在国际舞台屡夺桂冠；建设软硬一体 AI 大生产平台，全面自主可控、开源开放；数据、算法和算力有机融合，依托百度智能云，赋能各行各业智能化升级；培养 AI 人才，践行 AI 服务社会。2019 年，在中国人工智能专利申请量排名中，位列第一的百度以 5712 件遥遥领先，并包揽了深度学习技术、语音识别、自然语言处理、智能驾驶等多个人工智能核心领域的第一。截至 2020 年 5 月，百度全球 AI 专利申请量已超过一万件，其中中国专利 7000 多件，继续位列中国第一，并在语音识别、自然语言处理、知识图谱和自动驾驶四个细分领域排名中国第一。

伦理牵引、让技术有温度的百度：为人类带来更多自由与可能

AI 相关的伦理、安全以及社会责任，一直是百度 AI 前行的指引和方向。百度始终相信：安全可控是 AI 的最高原则；促进人类更平等地获取技术和能力是 AI 的创新愿景；教人学习，让人成长，而非超越人、替代人，才是 AI 的存在价值；为人类带来更多自由与可能，是 AI 的终极理想（见图 4–9）。

在无数我们想得到和想不到的场景里，百度力求让 AI 变成时代洪流中一个个让人欣慰的笑容。培养一位 AI 人才就像是为 AI 发展之路点亮了一盏灯。

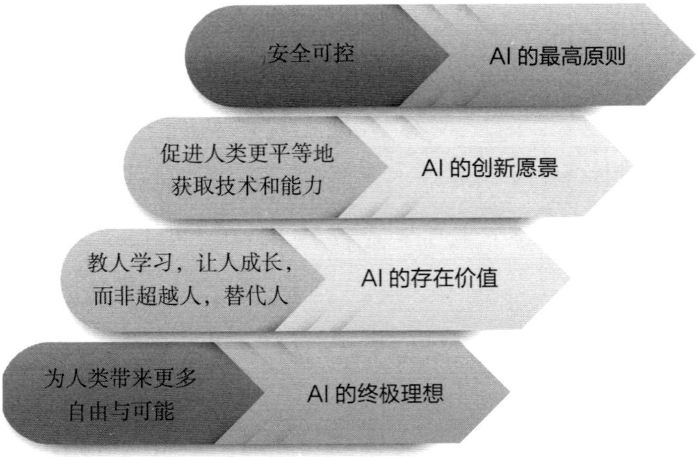

图 4–9　百度认知的 AI 伦理

更自信、更被信任的百度：征衣未拭尘，又逐岁华新

胡适先生说："一点一滴努力，满仓满谷收成。"

《麻省理工科技评论》自 2001 年以来每年会公布十大突破技术，这被公认为评审严、门槛高、"充满未来感"的权威榜单，代表了当前全球科技的发展水平和方向，并将影响未来人类生活。百度 2016 年凭借深度语音识别系统（Deep Speech 2）成为唯一入选该榜单的中国科技公司；2017 年 2 月，百度再度以刷脸支付、强化学习、自动驾驶货车三项技术入选，并包揽人工智能所有奖项；2018 年，百度再次成为唯一入选的中国公司，凭借实时语音翻译领域的一系列突破成果，与谷歌被列为该领域的"关键玩家"。至此，百度成为首个连续三年入选该榜单的中国企业。我们可以从图 4–10 所示的 6 个维度全面认知百度。

2018 年，DuerOS、百度 Apollo、爱奇艺跻身《福布斯》中国最具创新力企业榜。2019 年，百度 Apollo、爱奇艺再次联袂进入《福布斯》中国最具创新力企业榜。

Apollo 受到国内外权威机构的一致认可。《福布斯》《麻省理工科技评论》等权威媒体及全球知名创投研究机构 CB Insights 等，均对百度自动驾驶给予高度认可，《福布斯》曾发文称百度有望在自动驾驶领域超越谷歌、特斯拉等美国科技巨头。

图 4–10　6 个维度认知百度

2020 年 1 月，Frost & Sullivan 发布《2019 年中美人工智能产业及厂商评估》报告，从技术储备、技术布局、技术生态及 AI 应用 4 个核心维度，对中美 AI 厂商企业的 AI 综合实力进行全面的量化对比分析。其中技术储备与技术布局综合体现企业的 AI 技术实力，是企业技术生态与 AI 应用布局的基础；而技术生态与 AI 应用是企业 AI 业务商业变现的直接方式。

本次评估的结论是，“中国厂商中百度一马当先，位居全球前四，是中国 AI 产业领先者。中国厂商在利好政策扶持下抓住发展机遇，百度积极在 AI 产业全面布局，部分核心技术领先美国厂商，并承担深度学习工程实验室、自动驾驶平台等国家级项目，在中国 AI 厂商中综合实力排在首位”。

《哈佛商业评论》中文版于 2020 年 2 月发布《2019 人工智能专项调研报告》，遴选出“2019 全球 AI 公司五强”，上榜企业分别为谷歌、苹果、微软、百度和亚马逊。其对百度的评价为，“百度是全球领先的人工智能平台型公司，是中国 AI 领域投入最早、技术最强、布局最完整的企业。百度大脑是中国唯一的软硬一体 AI 大生产平台，在语音、视觉、知识图谱、自然语言处理等核心技术层面保持世界领先水平。以智能云为载体，百度正在积极推动 AI 应用落地，广泛落地应用于金融、客服、城市、医疗、互联网、工业等领域，成为中国产业智能化的引领者。百度还打造了中国最大的对话式人工智能操作系统 DuerOS，小度系列智能音箱出货量位居全球第二、中国第一；并拥有代表中国最强自动驾驶实力的 Apollo，在车联网、智能交通等领域拥有完备的解决方案。目前，百度 AI 在专利数、飞桨深度学习开源平台、AI 日调用量、开发者生态规模、AI Cloud 等方面都位列中国第一”。

05

社会中台化：技术和产业价值并重的百度

我们生活在一个纷繁复杂的世界，有的人想利用人性的弱点，通过传播谣言，发布低俗信息，用标题党赚取DAU（日活跃用户数）和市场，但是我们要的是帮人学习，助人成长；有的人希望通过建立封闭的生态，筑起围墙，独占内容，实现一家独大，但我们做的是开放、连接，保持移动互联网的互联互通；有的人希望通过技术拉开人与人之间的差距、国家与国家之间的差距，而我们却希望通过开源和生态，让每个人都能享受AI带来的好处，让这个世界变得更平等、更简单。

也许，我们现在做的这些事情还不能够被很多人理解，也许，我们有的时候甚至会犯这样或那样的错误，但是只要我们坚守初心，坚持努力，终有一天，我们的技术和产品会越来越被社会和市场认可；终将有一天，我们的百度会一飞冲天、一鸣惊人。

——李彦宏在百度夏日盛会上的演讲（2018年8月11日）

通过持之以恒、自主可控的 AI 技术坚守、积淀与进取，成为智能社会新基建的大底座、经济发展的新引擎；通过各类平台、中台的共享共生与生态的共建协同，成为经济社会的技术大中台、大生产平台；通过技术和产业价值并重，成为行业、产业智能化的助手，伙伴垂直场景新价值的挖掘机；通过以人为中心、以助人成长为目标的大连接、大交互、大分发，促进内容创作者、开发者和每一个人的学习、成长。这是面向智能经济、智能社会的百度价值主张。

百度为什么有这样的信心？因为百度坚信“技术可以改变世界，平台型公司可以助人成长、助企转型、助经济增长、助社会进步”的道路，坚信沿着这一道路必然达成的使命——“科技让复杂的世界更简单”。

事实上，过去的十几年已经证明这一点。在 PC 互联网时代，百度弥合了信息的鸿沟，让每个人离信息的距离都是一样的，还开发了贴吧、知道、百科等互联网产品。在无线互联网时代，百度引领着搜索的潮流，也有像百度网盘、百度地图这样有着巨大用户群体、良好用户口碑的移动 App。

大连接：智能搜索连接一切

过去，我们获取信息，一是通过老师的传道、授业、解惑，二是向人请教，三是读书破万卷，博览群书。假如我们在浩如烟海的信息中搜索一个期望的准确信息，一如在知识的海洋里捕捉那枚你最中意的贝壳，是一件小概率、非常费力不讨好的事情。

社会化、普惠化的知识管理平台

有一部电影，讲的是《牛津英语词典》编纂过程背后不为人知的真实故事，电影名叫《教授与疯子》。《牛津英语词典》卷帙浩繁，1857 年编委会成立，1876 年语言学家詹姆斯·默里教授接手词典的编写工作。为了充分展现英语的魅力，默里提出要将每一个词条几乎所有的应用场景和词义的变化列举出来，而且附上所有原文。只靠有限的几位编撰者，这几乎是不可能完成的任务。默里提出了一个大胆的想法，呼吁更多的志愿者加入，动员全体使用英语的普通人搜集词义，归纳词条使用过的全部内容，而编纂者将重心集中在整理和编辑上。自 1857 年编委会成立到 1928 年词典出版，共耗时 71 年，这堪称人类历史上最浩大的智力工程之一。

这是那个没有互联网、没有搜索引擎时代发生的故事。默里和很多志愿者没有等到词典正式出版就已离世。也正是互联网的发展，正是搜索技术的发展，使得我们检索信息、获取知识、寻求服务变成一件非常容易、触手可及的事情。所以互联网与搜索技术、AI 技术的发展，让我们离我们的需求更近，让我们获取知识的能力更强、学习的效率更高。自从有了百度搜索引擎，大家有问题需要搜索的时候就略带调侃地说“问度娘”。

从这个意义来讲，百度是一个社会化、普惠化的知识管理平台（见图 5–1）。我们每天做的事情是非常有意义的，的确让中国人甚至全世界的人越来越平等、便捷地获取信息，找到他们的所求。

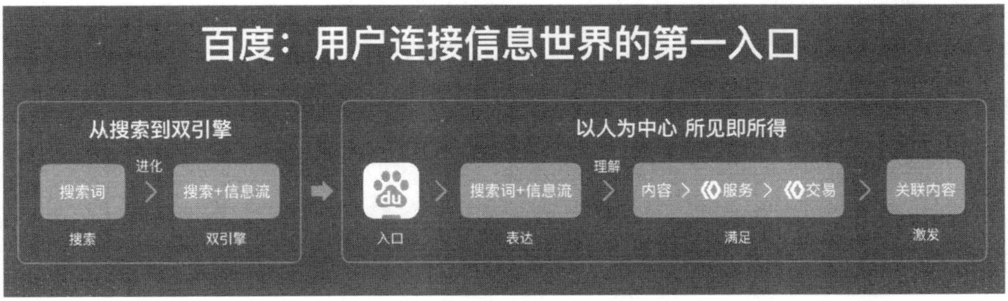

图 5–1　百度移动生态为用户连接世界

有了知识图谱，人也可以“深度学习”了。其实百度百科就是知识图谱的一个缩影。在百度贴吧、百度知道，大家可以互动；在百度文库，大家可以在自己的知识店铺分享自己的知识，轻松实现知识变现；在百度网盘，大家把自己找到的那些“贝壳”陈列于此，把书架放到云端，进行云存储、云管理。

信息的结构化成就了搜索引擎，知识的结构化成就了百度百科、百度知道、百度经验，而数据的结构化成就了智能营销和深度学习。

搜索引擎的进化史，就是人工智能技术进步的缩影

百度从出生就带有很强的人工智能基因。技术及其应用是我们送给外部世界最好的礼物。让每一个人获得他们期望的每一次连接，这是百度存在的价值、安身立命的意义。我们最开始做的事情就是连接人和信息；后来有了知识产品，我们连接人与知识；再后

来我们意识到可以助力更多企业发展，帮助人获得服务，所以我们连接人与服务。当权威资讯、政务信息需要触达网民时，我们致力于连接政府、媒体与人。现在到了 AI 时代，百度连接场景无限放大，连接人与场景、人与人、人与服务、人与物、物与物、人与自然、人与城市、人与车、人与未来。

搜索引擎本质上就是一个人工智能产品。搜索引擎是干什么的呢？用户用自然语言表达他的需求，计算机分析出用户到底想要找什么，然后向他提供相应的答案。那么人工智能是干什么的呢？就是让计算机学会像人一样思考。所以从一开始，搜索就是一个人工智能产品。

百度一直坚持为用户提供有价值的信息和服务。百度搜索从信息与知识入手，促进信息对称与垂直连接，智能洞察机会，把握需求态势，进行舆情分析，并展开无处不在的交互与分发。自 2012 年开始，搜索引擎的排序算法逐步从基于经验总结的人工规则过渡到基于大量标注样本的机器学习模型。百度的信息流通过先进的推荐算法，把优质、权威的内容精准推送给亿万读者。所以今天大家使用的百度背后，完全是一个人工智能的引擎，其本质是一个无处不在的超级入口、一个智能交互入口。百度搜索引擎基于移动端、PC 端和大量的联盟伙伴，成为中文搜索领域首屈一指的社会基础设施服务商。

搜索是有温度的，技术是有灵魂的

百度移动生态是以信息和知识为核心的移动生态，而获取信息和知识是用户基本的刚需，这个刚需在过去没有减弱，在未来也不会减弱。百家号、智能小程序、托管页，长视频、短视频与直播，知识垂类和服务垂类，共同构建了一个新的内容和服务生态。会同独家的“智能搜索 + 信息流”，形成对用户的便捷触达和分发，相当于重建了一个无处不在、无所不包、密切连接的信息、知识、服务世界。

新冠疫情期间大家足不出户，尤其需要有品质的搜索，这也更体现了搜索引擎的价值。越是有不确定性，大家越是关心周边的事情，越是需要主动地去发现，所以更多的用户通过百度搜索获取自己想要的信息，百度的信息流也会在用户需要的时候给用户主动推荐。疫情期间，百度同事和广大的内容创作者、生态合作伙伴一道为大家提供了最及时、准确、权威的信息。通过搜索 + 信息流，每天超过 10 亿人次在百度获取疫情相关的信息。

信息和知识之外，用户也需要相应的服务。百度和伙伴一起为大家提供了规模最大的在线医疗咨询平台，百度健康就是这期间专门推出的一个新品牌，通过百度和伙伴的能力为大家提供医疗健康相关的服务。百度健康问医生为全球网民提供了超过千万次的医疗咨询服务。这项服务得到了北京市政府的认可，同时也获得了全球 100 多个领事馆的推荐。

除了为用户提供信息和服务，疫情期间还有更多的合作伙伴、更多的中小企业需要我们的帮助。疫情之初，我们就第一时间推出了“共度计划”，为企业提供技术上的支持，提供营销资源上的扶持，帮助大家复工复产、有效经营自己的业务。

主动变革，重构百度移动生态

虽然百度移动生态的核心一直没有改变，但是时代在变，用户在变，我们服务用户和客户的方式也因需而变，甚至是颠覆性改变（见图 5–2）。如将搜索的首条满足率作为衡量用户体验的关键指标，用智能小程序生态建立“新连接”，实现从连接信息到连接商品、连接服务的升级，打通用户、百度、开发者之间的链路，给伙伴、用户原生增长的动力。

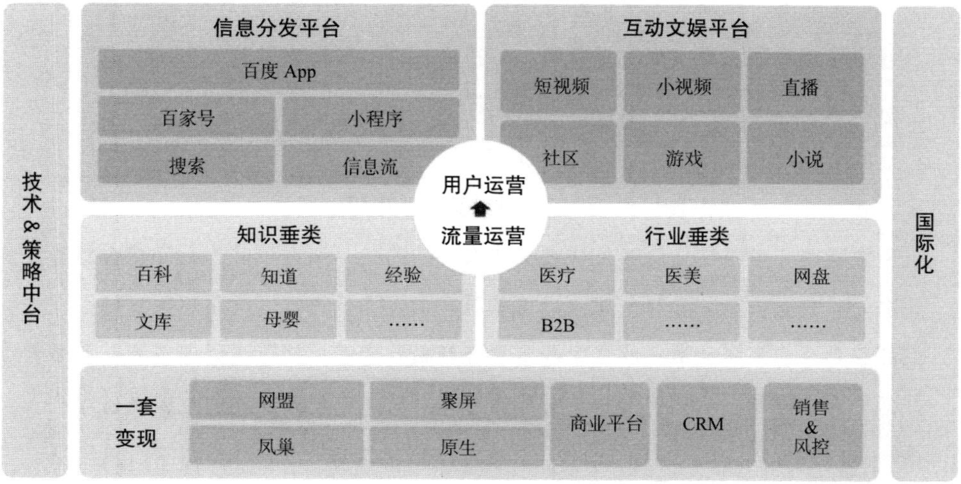

图 5–2　百度移动生态结构

沈抖　博士，百度集团执行副总裁，负责移动生态事业群，2012 年加入百度，并担任 KDDC（ACM 数据挖掘中国分会）副主席等学术职务（访谈时间：2020 年 4 月 26 日）

张晓峰：您从进入百度之初，就在推动让智能搜索无处不在。当然搜索即智能，一开始就带有 AI 的基因，AI 推动了整个搜索体验的变化。您很强调搜索的首条满足率，我看百度的这一指标从开始的 10% 上升到了 50% 左右，现在是不是又有新的变化？

沈　抖：对，最新数据是 58%。搜索是用户带着明确意图做出的行为，我们应该有满足这个意图的好的方式。首条满足率对搜索引擎来讲非常重要。最初是把相关的信息交给用户筛选、总结提炼，现在问题来了一把搞定，直接呈现最合适的结果。

首条满足率也是搜索智能化的表现之一。本质上，用户的需求很少是单点需求。智能的表现除了首先在单点上要尽可能满足，同时对用户的意图应有一个上下游的理解，帮助用户形成决策链条。

未来搜索，初期形态会更像万能助理。搜索引擎最终的形态、最终的发展应该是通用智能。要实现这个目的，路径很长，人和搜索引擎的交互方式也会不断升级。

人格化：重塑连接

张晓峰：当移动互联网使得数据被人为孤岛化、烟囱化时，会让搜索能够获取的养料资源和“食材”变少。这倒逼我们自己做内容，所谓坏事变好，我们的移动生态离不开这些内容、知识、视频创作者。把知识提供者当成一个个鲜活的人来看待，他们有知识、有能力、有关系、有资源，他们也需要有成就感、可以价值化。这样的连接是基于百度的能力打造一个真正的接口。做精准的匹配是未来的机会。如何加大用户与平台之间、用户与知识贡献者之间、用户之间、知识贡献者之间的交互，相信您还有思考。

沈　抖：这确实是在慢慢演变的过程中出现的新形态。

原来的搜索，大家的认知就是一个搜索入口，是解决既定内容的发现过程，不太需要人和人之间的关系，就是一个数据库，把它拿出来就行了。再往后发展，每一个搜索背后都是一个鲜活的、有生命力的人在提供服务。过去搜索确实是静态的，离社交很远，跟人是没关系的。

按刚才这个逻辑，每一个结果背后都是一个鲜活的人。比如你想知道怎样换轮胎，要么咱俩现在马上视频通话，我告诉你怎么换，要么看某个视频，不懂可以给我发消息。它不会发展成像微信这样的一个社交关系，但一定会沉淀更多的人和人之间的关系。

张晓峰：知识的共创，创新的协同，未来人工智能时代可能会用一种全新的方式实现它，而入口就是百度。

沈　抖：对！再举一个例子，百科是由很多人共同编辑出来的词条。假如我认为某个词条写错了，怎么告诉其创建者？以前做不到直接交互，只能告诉百度这个词条错了，百度再找人编辑。

现在已经实现百科任一词条的创建者都有一个个人主页。某条百科有五个人编辑过，用户可以关注，看他以前编辑过哪些词条，有什么问题也可以跟他联系。这样百科编辑就变成了“活”的编辑。

需求驱动，直播满足

张晓峰：通过人格化凸显人的属性这件事是一个展望，还是我们已经按部就班在做了？

沈　抖：现在百度正在做几件事情。百度知道有“新问答”，现在一个用户在知道上提出一个问题，我们就会给他匹配某个人。这个人可以现场跟他交流，也可以连线交流。以前就是你在知道问一个问题，也可能过一两天都没有人回答。现在问题马上有人回应。我们发现很多用户慢慢地把问问题的过程变成聊天的过程。原来是一个答疑解惑的过程，现在变成一个排忧解难的过程。这是以前简单连接无法实现的。

百家号的文章已经实现了讨论，其他的内容我们也在做。包括搜索结果多数时候都有一个热议的模块，让用户能够真正地参与某个话题的讨论。

直播也会变成这样一个思路。用户来百度搜索孕妇什么东西能吃，什么东西不能吃，孕期应该注意什么，这种问题搜索每天都有几十万次。既然大家都有需求，为什么不可以找一个妇产科或者孕产科的专家过来直播答疑？这就是从用户搜索的需求出发，变成一个需求驱动下直播的连接过程。原来用户只是根据搜索结果了解文字信息，现在可以跟医生直接交流，可以在聊天室、直播间问自己关心的问题。

类似这种是其他平台所不能用的方式。其他平台固然可以搞一堆专家过来，在某一时间段直播，但受众不精准，想了解的也未必撞得上。百度不一样，搜索就是用户直接表达需求的过程，可以发挥直播预约的作用。甚至如果需求量大，我们全天都可以安排。孕产只是其中一个，其他如律师、升学、写作、填报志愿都可以用这种方式，可以从需求驱动，直播满足。这也是和原来那种搜索文字、图片相比更好的搜索体验。逻辑上也是因为背后有了活生生的人，可以直接交互。

张晓峰：令人期待！连接专业的人去挖掘知识的价值，如果从战略层面来看，百度相当于把人工智能和人的智能做了一个叠加，融合成群体智能。

沈　抖：AI 本身作为一种能力，确实是在特定领域、场景，解决攻坚问题很高效的一种方式。当我们的训练样本、数据足够多、足够强的时候，甚至可以解决一个行业的问题。人类需要解决的问题非常多，这是几亿年来人类慢慢积累的生存能力。这种能力全部数字化、知识化，让 AI 去访问、去获取，还是有很大缺口的。但是如果我们把人本身的智能也作为一个资源，通过 AI 的方式充分利用人的资源，就可以极大地释放人的这种能力。这本身就是 AI 对人的智能的一种加持。

从根本上来讲，搜索引擎是解决效率的问题，解决资源匹配的问题，搜索引擎就是为了打破信息不对称。只不过以前的信息不对称更多是用户需求和静态内容资源之间的不对称。当人的智能加进来，连接并释放这种群体智能能力时，连接的过程本身的价值和能力也就更大了。

大分发：以人为中心的知识、内容、服务与信息流

百度业务的核心是分发，是内容的分发、服务的分发，分发的背后核心就是人工智能。百度“搜索+信息流”的双引擎是独树一帜的，二者也相得益彰。今天无论是搜索，还是信息流，所用的技术完全是人工智能技术。

信息流是搜索自然的延伸。人找信息就是搜索，信息找人就是信息流。其基础都是优质的内容，其底层都是 AI，因此，以后还会有知识流、视频流。

知识、信息、内容的分发

柏拉图对知识有过很多阐述，其中一句这样讲，“知识是经久验证的、正确的信仰”。几年来，内容生态发生了很大变化，大家都是这场变革的亲历者。很多用户不得不面对信息过载，面对选择有价值信息的压力。所以知识的价值凸显出来，内容的呈现必须变革，而且应该由使用者主导，百度依托知识图谱、深度学习等 AI 技术，依托大量的内容贡献者，其实有很大的优势。

做知识产品没有速成班，要始终保持对知识的敬畏，需要长时间积累和打磨，要很好地把握用户的需求。百度联动用户生产内容的力量，一起把最权威和最有价值的知识传递给用户。这种价值主张直接决定了你青睐什么内容，与谁合作，生态怎么搭。

2005 年，第一款知识产品百度知道上线，至今积累了 5.6 亿条问答，是整个中文领域最大的问答平台。2006 年，为了满足定义性的需求，百度百科上线，目前一共有 1690 万条百科类内容。2009 年百度文库上线，至今有 7 亿文档量，每天服务众多文档检索和数据需求用户。2010 年，为满足对结构化内容的需求，如美食具体应该怎么做，百度经验上线了，到现在为止有 697 万个经验内容。

随着互联网行业的发展，演化出很多垂直类型的内容需求。2014 年 4 月，宝宝知道上线了，主要在各种场景满足母婴类人群的需求。宝宝知道已是国内有名的母婴类社区，汇聚了近 9200 万条专业的母婴内容。2014 年 10 月，百度学术上线，共收录了 120 万个国内外学术站点，索引超过 5 亿学术文档，许多老师、大学生、研究人员都使用百度学术进行学习、研究。

这 6 款产品汇聚成了今天的百度知识垂类（见图 5–3），成为网友每天获取知识非常

重要的渠道。如何让这些老产品焕发出新的创作能力，是摆在我们面前的一个非常重要问题。

内容这个方向目前孕育出几个新变化，特别是在品质化和视频化上有很好的升级。如何满足百度搜索下的知识内容需求，如何用信息流让更多的用户得到知识，这是知识垂类近年在做的深入尝试。

百度知识垂类在整个行业的影响力是领先的。目前知识内容的日均检索量峰值已达到 20.5 亿次，每天超过 3.4 亿用户人次在百度 App 或各类手机浏览器、PC 端访问知识类内容，用户在百度知识产品中每天贡献的时长超过了 6.3 亿分钟。

品质内容的创作者促进了百度知识生态的繁荣。内容创作者既有专家与权威机构，也有普通网友，帮助更多的用户平等认知世界。目前，已有超过 2.2 亿的知识内容创作者在百度平台上发布知识类内容，其中包括 5 万位权威专家、6 万家优质合作机构，与广大网友携手创造了一个健康、优质、繁荣的内容生态。

图 5–3　百度知识垂类发展路线

知识领域正在发生视频化、人格化以及服务化三大变革。百度知识垂类将引领这场变革。

第一，视频化。百度2016年就率先开始了知识视频化征程，当年，"秒懂视频"上线，大量秒懂百科类型内容在百科的重要位置展现，被更多用户检索到。音箱可以轻松搜秒懂百科。秒懂百科目前是中文最大的视频百科全书。

我们尝试了秒懂本尊答、Idol进化论等新玩法，由明星、名人本人来讲自己，更好地与受众互动。在百度知道中，也上线了更多信息量大、更亲切的视频解答。自2020年起，为加快知识视频化征程，我们重磅推出"星知计划"，从流量、分发、品牌和商业多个维度赋能视频创作者，提供像内容电商、直播带货、流量分成以及现金激励等多元变现能力，与知识创作者共享知识红利。百度将发掘一万个具有潜力的知识视频的新星，并将其打造成知识视频的新势力。

第二，人格化。人格化重点是强化知识创作者的影响力。如何让作者跟读者之间的距离更近，如何通过人来鉴别内容，是一个关键命题。百度知识未来将通过强化人格化的方式，让更多知识内容创作者曝光。百度知识、百家号、好看视频深度融合，建立认证体系和粉丝生态，强化全网渠道与粉丝生态，让每一个知识创作者在用户群体有更好的品牌认知。

经过多年发展，知识垂类积累了大批有特色、有影响力的知识IP。对头部IP将推出升级版的"百度百科人物计划"，让本人更好地管理和高效经营自己的词条，整合个人产出与知识店铺，开放知识付费的入口，在流量加持下打造个人品牌。

第三，服务化。知识+服务能够带来无限的想象。知识营销、知识付费、线上服务化方向一直在深耕。百度知道、宝宝知道上线了付费问答，让用户第一时间就可以在线上找到专家来请教问题，减少信息的不对称。"知道合伙人"是2019年上线、2020年重点扶持的长线尝试方向；精准的橱窗导流，实现从内容到用户的转化。2020年，百度对知识店铺做了系统的升级，百度文库全面升级为知识电商，知识、内容生产者可以一键开店；文库也从单一的文档分享平台升级为可交易的视频课程、音频文集、图书知识服务等全方位的平台，实现个人和企业品牌的闭环，让供需双方在知识店铺里得到高效的对接。百度百科的"博物馆计划"2.0目前已和全球300多家博物馆建立了数字合作。

所有这些努力，都是为了呈现知识的力量和知识公益的力量并助人成长，为了提高知识信息分发的效度与精准度，为知识IP提供更好的生态，为用户带来更丰富、权威、生动的内容体验。

从连接信息、知识、内容到连接服务

百度从 20 年前开始做搜索，就一直希望能把用户最需要、最优质的内容带给他们。近年来，随着人工智能技术与信息流产品不断结合，机器可以更准确地理解不同信息的主题和内容，更深入地把握这些信息对于不同用户的价值，真正做到把每一个用户的需求和推荐给他的内容完美结合起来。

过去三年，百度 App 完成了从搜索到“搜索 + 信息流”双引擎的升级，在人找信息和信息找人层面，都实现了全面的领先。今后要满足用户从内容到服务的全链路体验，帮助用户找到所求、达成所求，这背后就是百度 App 新的产品理念的体现——“以人为中心，所见即所得”。疫情期间，一个百度 App 就满足了用户从内容到服务的一站式诉求。这在几年前是一个令人难以想象的用户体验。

在内容上，从图文到视频再到直播，百度 App 的内容形态变化很大。直播作为一个载体，过去主要是像游戏、秀场这些内容，2020 年更丰富的内容出现在直播上。疫情期间，直播观看用户数环比疫情前增长 430%，其中信息知识类直播增长最快。百度 App 推出了战疫直播间，可以在线赏樱花，可以云游故宫，有专业医生讲解疫情期间准妈妈如何产检，有吴晓波老师分享危机之后的行业复苏，这些内容受到了用户的喜爱和欢迎。通过信息流的分发，优质权威内容有了更多触达用户的机会，百家号平台已聚拢超过 300 万内容创作者，并通过系列长期计划鼓励原创作者、保障优质内容。过去一年原创内容增长 122%，百万粉丝作者几乎翻倍，月入过万元作者增长了 86%。

在服务上，用户红利见顶的大背景下，百家号和小程序已然成为广大创业者和企业连接用户的新范式，实现搜索服务直达。目前搜索中分发服务的次数日均超过 500 万次。举一个查询公积金的例子，以前用户觉得查询非常烦琐，也不知道怎么查。我们和政府利用百度的人工智能技术联合开发了一款小程序，用户搜索“公积金查询”，就可以通过一键刷脸实现快速查询，非常安全和便捷。目前，在百度搜索里有越来越多的用户对服务的搜索，每三次的搜索分发就有一次由小程序来承载。

内容和服务闭环。从内容延展到服务，其实也是对用户需求的一个延伸满足。商品和服务的小程序可以在各类信息流的文章、视频、动态中进行挂载分发，用户在看到感兴趣的内容的同时就可以顺手完成购买。比如用户阅读一篇影评文章，产生兴趣就可以直接购票；看到一个最新的手机评测，想买就可以直接下单。在过去这一年中，挂载小程序商品和服务的文章量增长了506%，小程序在信息流中的分发量增长了250%。

作为中国最大的以信息与知识为核心的综合性内容和服务平台，百度App的日活用户数已经超过2.3亿，每天人均打开次数超过10次，信息流内容分发以数百倍的速度在增长，信息流产品总时长和用户互动率增长均超过50%。这意味着越来越多的用户成为百度信息流的忠诚用户，用户对百度App的黏性在不断提升。

小程序，大连接，高效分发

目前，入驻百度的智能小程序超过42万个，该生态的月度活跃用户数超过5亿，月活过百万的小程序已突破240个（见图5–4）。而对比App生态，中国移动互联网月度活跃用户数过百万的App只有1500个。这和百度的智能小程序生态的独特性是分不开的。

图5–4　2020年5月底，百度移动生态智能小程序数据

第一，业界唯一开源生态。开源意味着开发者只需要一次开发，就可以在众多场景下进行分发。开源的伙伴已经有45家，所以一次性开发的小程序不仅在百度App上，也可以在其他渠道进行分发，触达潜在用户，这个收益非常大，也是百度独家的特点。

第二，AI的能力。百度AI积累深厚，并一直把AI平台诸多技术接口、所有AI能力都释放给小程序开发者平台，开发者可以利用小程序的开发，用百度的AI技术做更多的创新、实现更加智能的交互体验和更好的服务。

第三，业界唯一“搜索+信息流”双引擎平台。搜索和信息流双引擎特点互补、相辅相成，信息流时效性非常强，并且可以及时、高效触达大量用户；而搜索是一个精准需求的满足，能够非常精准触达目标用户，并且长期稳定存在。所以无论是优秀的内容，还是服务，经过双引擎的加持，都可以形成更广泛、精准、持久的影响力，经过时间的沉淀最终成为经典。每一个开发者只需要聚焦做优质内容、优质服务，就可以获得被平等推荐的机会，这也是很多平台不具备的特点。开发者在这里不仅获得了流量、经营收益，更重要的是获得了基于流量所运营的用户。

第四，多平台之间彻底打通，跨场景账号体系打通。百度移动生态内多个平台之间进行彻底打通，如超过两亿 DAU 的百度 App，爱奇艺、好看视频，知道、百科、文库、贴吧。随着智能小程序跨场景账号体系打通、AI 能力的不断丰富、解决方案的持续提升，智能小程序构建的将不仅是一个小程序生态，也是一个真正开放的产业智能化生态圈。

那些契合用户需求场景、拥有特色内容资源、功能体验完备及开发者能够持续稳定经营的智能小程序将获得更大的发展空间。越来越多的企业、政务部门和第三方服务机构已经意识到百度智能小程序生态的价值。

此前，上海车展官方智能小程序上线，实现了从展前线上购票到展中线下导览的一站式服务，服务用户数超过 300 万，并取得了移动渠道售票量第一的成绩。百度与人民日报、光明网等依托百家号、智能小程序，在政务服务领域展开全方位合作。百度还联合有赞、中关村在线等重要合作伙伴，针对直营电商、科技产业等领域推出了更加成熟的解决方案。

总之，百度在移动生态方面，通过百家号、小程序和托管页三个支柱上的发力，我们的能力在逐步加强。我们通过百家号提供内容，通过小程序和托管页为大家提供所需要的服务能力。

百度内部常常强调，一个新的信息世界，不可能建立在利用算法找捷径、诱导用户沉迷于无价值甚至低俗信息的基础上。我们不能只想着怎样吸引用户的注意力，一味追求点击率和用户时长，而是要敬畏依托技术与用户建立的信任关系，坚守传播正能量，为用户提供价值，帮人学习，助人成长。

大底座：百度大脑 + 智能时代操作系统 + 智能云

从 2015 年“两会”提出建设“中国大脑”的建议并加大推动产业智能化的努力，到 2017 年国家出台《新一代人工智能发展规划》，到 2020 年新基建成为全民热议的话题，智能经济、智能社会呼之欲出。在这个过程中，百度与国家战略同频共振，也成为最重要的见证者、探索者与实践者。

“大脑风暴”，乱花渐欲迷人眼

近几年，关于“大脑”的提法实在令人眼花缭乱。按照刘锋博士的研究（2019），除了在人工智能领域与脑科学结合形成“类脑计算”，在产业领域，2012 年谷歌将自己的 AI 系统命名为“谷歌大脑”；2014 年，科大讯飞提出“讯飞超脑”；2015 年，百度提出“百度大脑”（2016 年正式发布）；2017 年，阿里巴巴提出“阿里 ET 大脑”；2018 年，滴滴提出“交通大脑”，浪潮提出“企业大脑”，360 提出 360“安全大脑”，腾讯提出“腾讯超级大脑”，华为提出“EI 智能体”。此外，包括城市大脑、城市云脑、工业大脑、农业大脑、航空大脑、社会大脑、城市超级大脑、城市超脑、城市神经网络等“泛城市大脑”概念也大量涌现。

百脑大战疑云重重，大有你方唱罢我登场之势，业内各怀心事，外部一头雾水、不明就里而又不明觉厉。

作为“大脑”，是真功夫还是花活，我们理解至少要由三个因素决定。一是底座思维。思维决定方向，决定架构，决定体系，决定投入，决定是否下苦功夫，决定是否开放，决定是单维线性发展，还是全栈能力齐臻，决定能不能真正发挥底座作用。二是底座能力。底座厚不厚，行业认知够不够，能力强不强，生态度高不高。判断依据之一是行业公认的其 AI 技术所处前沿水准如何；判断依据之二在于是说不清的黑箱还是开放开源生态，有没有可资模型训练、便捷易用的核心框架、算法平台，有没有数据价值挖掘能力，有没有智能化操作系统和垂直解决方案；判断依据之三是生态多样性如何，平台有多少物种协同创新，能在多大程度上融合为群体智能，能呈现多强的生态效应与协同效应。三是底座输出。中台能力强不强，有没有输出实践与场景检验，有没有可信赖的示范场景与示范样本，输出有没有价值，有多大价值，有没有公共外部性与溢出效应。

百度大脑于 2016 年发布，现在进化到 5.0——“软硬一体 AI 大生产平台”阶段，是百度人工智能多年技术积累和产业实践的集大成者，核心技术进入多模态深度语义理解阶段，自然语言处理、知识图谱、语音、视觉等 AI 技术国际领先。百度大脑是百度业务强有力的技术支撑，全面支持百度搜索、信息流、地图、爱奇艺、小度、Apollo 等产品和业务；同时，百度大脑对外全方位输出 260 多项 AI 能力，日调用量突破一万亿次，助力 190 万位合作伙伴和开发者，融合多元场景，助力各行各业智能化升级。

飞桨深度学习平台是百度大脑的核心基础，拥有开发便捷的深度学习框架、超大规模模型训练、高性能推理引擎、产业级开源模型库四大领先技术，是中国首个全面开源开放、功能完备的产业级深度学习平台，是中国自主研发的“智能时代的操作系统”。

百度智能云融合了云计算、大数据、百度大脑、深度学习平台等百度的核心技术，基础的云计算结合 AI 中台、知识中台、大数据等，使 AI 切实起到抓手的作用，通过百度智能云把人工智能输送到各行各业，更快、更好地发挥驱动力量，成为加速 AI 工业化大生产、加速产业智能化升级的关键力量（见图 5–5）。

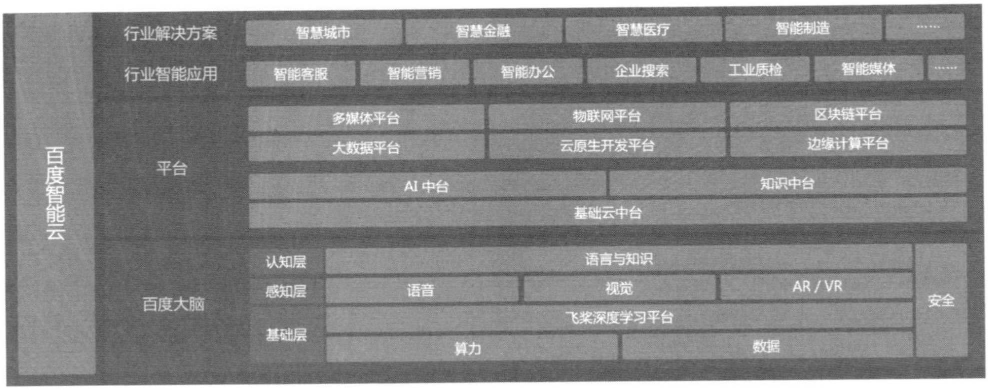

图 5–5　百度智能云架构

百度大脑 + 飞桨 + 智能云：成为经济、社会、行业发展的“大底座”

百度大脑、飞桨、智能云是百度为智能经济、智能社会、产业智能化打造的强大底座，代表了新基建的核心，是驱动产业智能化与基础设施智能化的引擎，三者互为依托、互相加持，共同塑造 AI 中台，共同构建生态，协同输出洞察、进步与价值。

就如新基建需要“软硬兼施”一样，没有智能化操作系统，再强的大脑也难以发挥效力。AI 服务于无论新基建，还是智能经济、智能交通、智慧城市、产业智能化，都需要强大的接口、转化、落地能力，智能化操作系统就承担了这个角色。百度大脑 + 智能化操作系统，像智能搜索 + 信息流，是独具百度特色的能力。

百度智能云已经远远超越一般意义上贡献带宽、空间的基础云计算，还包括了人工智能、大数据、区块链、物联网，构成了我们的业务基础。下一步，给云服务带来产业重构机会的一定是 AI。更进一步，“百度大脑 + 飞桨 + 智能云”是百度全栈能力的一种呈现，既体现了软硬一体化，还构建了AI大生产平台，又把强大的人工智能能力，对社会、产业、行业的洞察，对场景与个性化解决方案的理解，全部渗透，封装于内，又不断学习、迭代，使得行业、城市、供需间的生产效率、交互效率、服务效率、协同效率更高，并不断通过知识管理、知识封装、知识复用积累企业、社会的智力资本。

人工智能是第四次工业革命的核心驱动力，也是百度的优势所在。人工智能是百度服务客户的抓手，而有了基础和抓手之后，百度将聚焦社会价值和商业价值兼具的重要赛道，并且持续探索和拓展新的赛道。

十年一剑，基于"底座思维"，提升"底座能力"，强化"底座输出"

从互联网时代向人工智能时代转变，这是一个时代的变革，一定要有新思维、新战略。移动未来还会有增长，但人工智能会带来更多新的机会。

百度的文化是朴实的，坚持先做后说，多做少说。新一代人工智能成为一种核心驱动力，还有很艰苦的路要走。欲服务于国家的新基建，像百度这样的企业尤其需要先做好自己的新基建，扑下身子耕耘，敢闯无人区，精心打磨在大脑、操作系统、云上的综合而不是单维的技术与应用水平，与生态伙伴一道输出在场景化服务、产业智能化升级上的价值，而不是花很大力气鼓噪喧嚣。

回顾近十年，百度一直基于"底座思维"，强化自己的"底座能力"和"底座输出"。

（1）全面布局AI基础技术。2010年初，已经有了10年技术积累的百度，开始全面布局人工智能，陆续开始了自然语言处理、机器翻译、语音、图像、知识图谱、机器学习、数据挖掘、用户理解等技术的研发。

2012年1月，百度开始研发深度学习技术，并于当年上线语音识别和图像识别能力，大幅提升了识别效果。正是由于看到了深度学习在应用中的惊艳效果，百度在2013年初成立了世界上第一个深度学习研究院。

2013年下半年，百度在世界上首次将深度学习技术应用于大规模搜索排序系统。2015年，百度上线了世界上首个大规模神经网络机器翻译系统，比谷歌早了一年多时间。

（2）百度大脑诞生并持续进化，对外开放AI核心能力。百度一方面希望构建百度大脑这样一个相对基础的平台，把人工智能的基础设施、基础能力，如深度学习框架、常用的应用技术（如语音识别技术、图像识别技术、自然语言理解技术）做出来；另一方面就是开放，让大家自由地使用、调用。

百度大脑自2010年起开始积累、逐步完善基础能力。2016年，百度大脑1.0完成了部分基础能力和核心技术并对外开放；2017年，2.0版形成了较为完整的技术体系，开放60多项AI能力；2018年，3.0版在“多模态深度语义理解”上取得重大突破，同时开放110多项核心AI技术能力；2019年，百度大脑升级为5.0，核心技术再获重大突破，实现了AI算法、计算架构与应用场景的创新融合，成为软硬件一体的AI大生产平台。

（3）百度人工智能技术屡次刷新世界纪录（见图5–6）。近一年时间，百度在国际权威竞赛中就获得了28项冠军。看更长一点的时间，百度已经累积荣获100多个奖项，其中包括国家科技进步奖，也包括省部级科技进步奖等。百度在人工智能领域的专利数也位居中国第一，深度学习领域的专利数位居全球第二。

图5–6　百度靠AI技术深耕屡获殊荣

百度人脸检测深度学习算法PyramidBox，可充分利用人脸周围的纹理信息，更好地解决开放场景人脸检测的技术难题。百度是国内最早利用深度学习技术进行人脸技术研究的公司之一，早在2015年就已经取得当时业界最著名的两个公开数据集FDDB和LFW的双料世界第一。在世界最权威的人脸检测公开评测集WIDER FACE的“Easy”“Medium”“Hard”三项评测子集中均荣膺榜首，刷新业内最好成绩，超过了国内外众多科技公司和高校实验室。

在强化学习领域，百度在 2018 人工智能假肢挑战赛中，一举击败全球 400 多个参赛团队，以 9980 分的成绩夺得冠军，领先第二名 30 多分。

近日，百度在多模态语义理解领域取得突破，提出知识增强视觉 – 语言预训练模型 ERNIE-ViL，首次将场景图知识融入多模态预训练，在 5 项多模态任务上刷新世界最好效果，并在多模态领域权威榜单 VCR 上超越微软、谷歌、脸书等公司，登顶榜首。

未来，百度还会继续推进算法研发，并将人脸识别、强化学习等 AI 技术应用于更多产品和行业，让前沿的 AI 技术造福更广泛的人群，让生活更加简单便捷。

百度芯，智能魂

百度从 2010 年起开始大规模地对 AI 技术进行投入，算力需求不断提升，到 2017 年，市场上的现有解决方案、现有技术已不能满足百度对 AI 算力的要求。

2017 年以来，百度工程师和科学家自主研发了中国第一款全功能的云端 AI 芯片——“昆仑”；2019 年 7 月，百度发布了专为远场语音交互打造的百度“鸿鹄”芯片；2019 年 12 月，基于“昆仑”芯片的云服务器正式上线。对它们的详细介绍请参见第九章第一节。

中国改革开放 42 年，迎来了 IT 产业的爆发式增长，但是我们一直没有自己的高端芯片，高端芯片一直主要靠进口。某种意义上来讲，这是我们这一代从业者心中永远的痛。但是，当人类进入人工智能时代，情况会发生巨大的改变。百度大脑背后越来越多要靠自己研发的高端芯片满足全世界对于 AI 能力的需求，这些芯片和芯片之上的软件、开发框架、各种各样的应用一起，构成了一个庞大的平台和生态系统，一起支撑数百万开发者为社会造福，为世界做出应有的改变。

大生产：技术与场景双重驱动、端到端的解决方案

人工智能技术发展日趋成熟，呈现很强的通用性以及标准化、自动化和模块化的工业大生产特征，具备了深入赋能各行各业的能力。人工智能会像机械技术、电力技术、信息技术一样，持续渗透和变革人们生产、生活的方方面面，人工智能是新一轮科技革命和产业变革的核心驱动力量。

技术和产业价值并重，技术驱动与场景驱动齐臻

百度致力于引领并推动 AI 技术的发展及应用创新，基于多年在人工智能技术上的积累和实践，加速向产业界渗透，使 AI 与真实多元的应用场景广泛融合，同时构建 AI 生态，连接生态物种，实现“软硬一体 AI 大生产平台”加速产业智能化升级的价值（见图 5–7）。这究竟需要达成哪些条件与基础？具体参见以下对吴甜的专访。

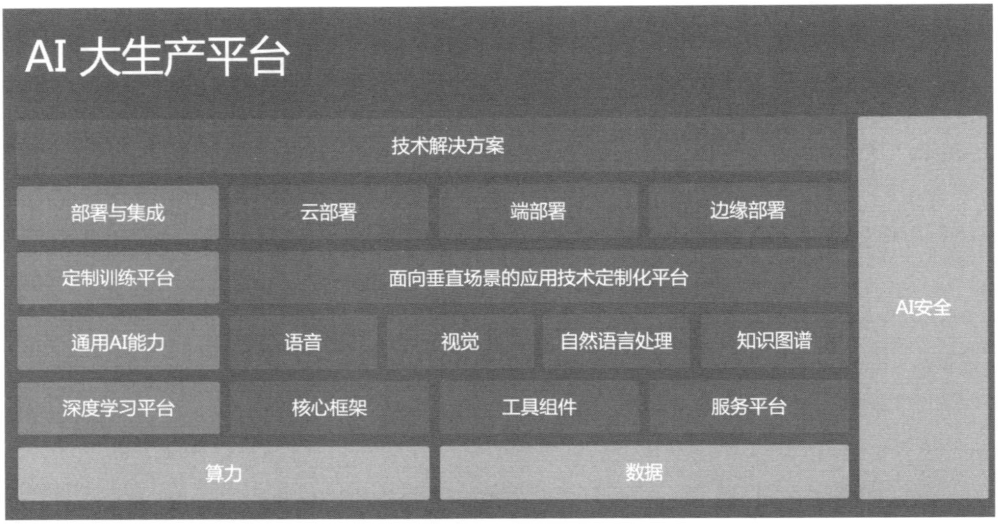

图 5–7　百度大脑 AI 大生产平台赋能行业应用场景全流程

吴甜　百度集团副总裁，深度学习技术及应用国家工程实验室副主任，整体负责百度 AI 技术平台和 AI 商业平台、飞桨深度学习平台等（访谈时间：2020 年 4 月 26 日）

张晓峰：我看到您给出的关于 AI 大生产平台的结构图，为什么百度大脑 5.0 会升级为“软硬一体 AI 大生产平台”，这里面有怎样的判断和努力？

吴　甜：之所以提出大生产平台，主要从两个角度考虑。

一是 AI 技术演进。深度学习技术的突破让 AI 技术能够实现标准化、模块化、组件化地在百度大脑场景中使用，这个特点和工业大生产的特点是类似的。

每一次工业革命都是由核心技术驱动带来了一系列变化，推进整个社会进入一个大生产的状态。深度学习也在推进人工智能技术进入工业化大生产阶段。

二是多年以来，百度持续在应用场景中做人工智能的实践。通过实践带来场景上的应用价值提升，逐渐积累沉淀形成基础平台，同时帮助人工智能的研发有更高的效率和更好的效果。

百度大脑的能力开放后，我们看到社会上有大量场景、许多行业需要人工智能技术。但是对于行业来说，实现人工智能应用并不容易，不是说拿一个通用接口就直接可以用了，需要一个类似于车间这样的平台支撑大家的生产。

百度大脑就一步一步往这个方向发展，技术的演进和实践的演进持续结合，于是2019年秋发布的百度大脑5.0升级为“软硬一体的大生产平台”。

张晓峰： 据我所知，这个AI大生产平台，百度是首屈一指的、唯一的。其他机构都没有提出这样的构建，或者没有把这样的综合能力向外部进行输出。是这样吗？

吴　甜： 对，在面向行业的AI开放平台以及相应的生产平台上，现在百度大脑在国内是影响力最大、能力最全面、核心技术最领先的。

张晓峰： 这个发展过程一定是充满波折、不断迭代的。最后为什么聚焦到这个方面，我们在研发中，在爬坡过程中，遇到了哪些困难或者迷茫，有没有更多的故事可以分享给读者朋友？

吴　甜： 前几年，当人工智能开始成为很多人关注的热点时，一度有很多人对人工智能寄予很高的期望，甚至有点科幻的想法，比如人工智能是不是可以成为女朋友等。那段时间，我们接触到一些希望通过人工智能解决的产品需求，但当时的技术突破尚不足以满足产品需求。虽然我们也知道技术还会发展，能发展到什么程度也有一个大致判断，知道很多设想还没到实现的时候，但在当时，还是有过迷茫，会想到出路在哪儿。我们这么多年、花这么高的投入来做人工智能技术，当然非常希望它能够早些发挥实际的应用价值，于是就有些着急。

尽管这样，但整个团队还是沉下心来，一直向前看，一直往前走。当技术演进到提出AI大生产平台思路的时候，大家觉得豁然开朗了，能够比较清楚地看到人工智能技术到底该为社会输出什么。大生产平台能更平实地把一些技术引入场景，让它扎根落地。整个产业还在持续发展，产业的成熟度也在不断提升。

2020年国家提出了新基建，把人工智能纳入新型基础设施。人工智能技术平台本身的定位、意义和价值越来越清晰和明朗了。

张晓峰：是的。我看您在演讲里也分析了AI和新基建的关系，AI和智能化基础设施的关系。从人工智能技术研发到赋能智能经济、智能社会，这个过程中，百度面临过一些迷茫、彷徨，甚至会犯一些错，付出一定的代价……这个对于走在前列的公司都是不可避免的，也是特别令人尊敬的。大生产平台一定会成为智能化基础设施的重要组成部分，百度对经济、社会、行业的影响会越来越大，对每个人的改变也可能越来越深刻。

飞桨：智能时代操作系统，助推AI走得更快更远

人工智能发展了这么多年，过去一直没有实际的应用，所以很多人慢慢把它淡忘了。百度却十年如一日，默默投入、从没放松过对AI的研究、探索和应用。

2015年，李彦宏提交了建立“中国大脑”的“两会”提案，希望以国家的力量建立一个全世界最大规模的深度学习计算平台。

2017年3月2日，深度学习技术及应用国家工程实验室揭牌，并由百度牵头。这是国家给予百度的鼓励、肯定，也成为百度人一个艰巨的任务。这个实验室代表了中国的人工智能和深度学习技术水平，是深度学习的国家队。百度要做像中国女排那样的国家队。

百度对于深度学习技术与应用研究非一日之功。2012年，首先把深度学习的技术应用到了百度搜索上，以图搜图，效果非常好。这是一个转机，随着计算能力的不断提升，数据的积累达到质变的爆发点。过去被认为不可能的事情，在2012年看到了未来都将变成可能。

2013年1月，百度正式成立深度学习研究院，渐渐会聚了一批非常优秀的学者和专家一起推动人工智能、深度学习技术的发展，以及在各个领域的应用。

“闻说双飞桨，翩然下广津。”朱熹是宋代著名的理学家、思想家、哲学家、教育家、诗人，儒学集大成者，被尊称为“朱子”。“飞桨”一词就取自朱熹的这句诗，意为“快船”，百度希望飞桨助推 AI 走得更快更远。

飞桨就是这样一个深度学习平台，是百度自主研发，国内首先开源开放、技术领先、功能完备的产业级深度学习平台。飞桨于 2016 年正式开源，具有开发便捷的核心框架、支持超大规模深度学习模型训练、多端多平台部署的高性能推理引擎和产业级开源模型库等领先技术。飞桨源于产业实践，并始终致力于与产业深入融合，提供完备的工具组件、开发套件和产业级服务平台，全功能全方位支持大规模产业应用。

百度 CTO（首席技术官）王海峰这样看深度学习框架的重要性：“在智能时代，深度学习框架起到了承上启下的作用，上承应用，下接芯片，是‘智能时代的操作系统’。”

在深度学习模型开发能力、训练能力、预测和部署能力等方面，飞桨已可比肩 TensorFlow、PyTorch 等深度学习框架，并在多项技术上有优于后者的表现，打破了国内 AI 开发者过度依赖国外开源深度学习框架的局限，有助于进一步培育自主可控的 AI 产业生态。

当下，各行各业正在应用 AI 进行产业智能化升级，开源开放的深度学习平台能够有效降低深度学习技术应用门槛，让开发者和企业避免重复“造轮子”，基于飞桨更快速、便捷地开发 AI 应用，推动产业智能化进程。现在，飞桨已经凝聚 194 万位开发者，服务 8.4 万家企业，创造了 23.3 万个模型，成为国内服务开发者规模最大、功能最完备的开源开放深度学习平台。

飞桨是百度“AI 大生产平台”的基础底座，它的每一次能力升级都在夯实百度大脑作为 AI 基础设施的能力。百度与深度学习技术及应用国家工程实验室联动，2020 年 5 月再次对飞桨进行了诸多重磅功能升级，并推出“飞桨企业版”和量子计算深度学习开发工具“量桨”等新产品，为百度“AI 大生产平台”注入了更强大的能力。

AI 大生产平台加速产业智能化

在人类经历的前三次工业革命中，驱动工业革命的核心技术都表现了很强的通用性，呈现标准化、自动化、模块化的工业大生产特征。当前，我们正身处以 AI 为核心驱动力的新一轮科技革命和产业革命浪潮，AI 正将人类社会带入智能时代。

百度是国内投入最早、技术最强、布局最完整的AI领军企业，拥有持续研发领先的AI核心技术，还积极建设人工智能开源开放平台，推动应用落地，促进产业智能化的发展。

在基础算力和数据的支撑下，百度大脑以飞桨深度学习平台为基础技术底座，2019年升级为“软硬一体AI大生产平台”，打通了人工智能产业化应用落地相关的全部流程，包括深度学习平台、通用AI能力、定制化训练平台、部署与集成，以及应用的技术解决方案，同时有完整的AI安全体系保障，实现了AI技术的标准化、自动化、模块化，助力开发者进行创新，助力行业完成智能化升级、提升效能、发现新价值。

在百度大脑上，全新的AI计算架构，通过芯片层、互联层、系统层以及调度层，进行协同设计和技术创新，最终可以提供百万TOPS（每秒万亿次计算）量级的强大的计算力。与此同时，芯片之间、系统之间，还有设备之间都能够互相连接，将不同场景中的计算连接在一起，从而产生一个综合的更强大的计算能力。

基于飞桨深度学习平台，百度大脑的AI核心技术持续取得创新突破，保持世界领先水平。

在语音技术领域，在语音识别方面，百度提出了流式多级截断注意力模型，并在大规模线上语音识别系统中应用。该技术应用于智能音箱和语音输入法等产品，实现高精准的中英文混合语音识别；在语音合成方面，风格迁移技术把声音中的音色、风格、情感等不同元素解耦分离，独立组合，灵活控制合成的声音，只需录制20句话，就可以制作一个人的专属声音。

在视觉技术方面，基于图像技术和视频分析技术，百度已经形成适用于不同应用场景的技术矩阵，如图像检测、细粒度图像识别、图像处理，以及文字识别、人脸识别、人体追踪、视频理解、图像生成等，在新零售、金融、医疗、教育、机械等领域得到广泛应用。

在认知技术方面，百度建立了完整的、包含知识图谱、语言理解、语言生成等在内的语言和知识技术布局，同时构建了世界上最大的多元异构知识图谱，在能够满足90%用户需求的实体图谱的基础上，针对不同的应用场景和知识形态建立关注点图谱、行业知识图谱、POI（信息点）图谱、事件图谱等多种知识图谱。

自然语言处理技术也在持续创新突破。结合知识和语义理解，百度发布了可持续学习的知识增强语义理解技术与平台——“文心”（ERNIE），通过建模海量数据中的实体概念等先验语义知识，学习真实世界的语义关系。这种融合知识的语义建模大幅增强了模型的语义表示能力，在共计16个中英文自然语言处理任务上超越了谷歌BERT和XLNet。诞生一年多来，文心已经完成三次重要迭代，并在多个公开权威语义评测中获得了近十项世界冠军。与此同时，为了让机器能够像人一样具有用自然语言沟通和交流的能力，百度构建了理解与交互技术，包括语义理解、阅读理解、对话管理等技术能力，并打造了智能对话系统定制平台UNIT。截至2019年9月，UNIT平台已积累6.8万个定制技能、570亿次累计交互，在智能客服、智能出行、智能办公、智能音箱等诸多场景中得到广泛应用。

此外，在机器翻译领域，百度综合联合词向量解码、语篇翻译模型等新技术，实现高准确、低时延的机器同传，并发布了语音到语音的机器同传系统DuTongChuan（度同传），同传效果可媲美人类译员。

王海峰　博士，百度首席技术官，人工智能体系负责人，百度研究院院长，国家新一代人工智能发展战略咨询委员会委员，自然语言处理领域世界上最具影响力国际学术组织ACL（Association for Computational Linguistics）50多年历史上首位华人主席，深度学习技术及应用国家工程实验室理事长兼主任（访谈时间：2020年4月28日）

张晓峰：即将推出的AI中台、知识中台，将使得百度全栈AI能力进一步延伸，连同生态系统一道，可以成为智能经济、智能社会的中台，变成行业的中台、城市的中台。请简单介绍一下这两个中台。

王海峰：我先谈一下为什么企业需要自己的AI中台。首先，产业正在进行智能化升级，企业需要AI实现智能化。其次，AI必须与企业的应用场景深度结合，才能更好地满足企业的需求。而现阶段，大多数企业都缺乏AI的基础能力和支撑AI开发及应用的平台。所以依托百度智能云，让每个企业都拥有自己的AI平台，能够可以按照自己的需求快捷、高效地实现AI解决方案。

百度AI中台的核心能力包括AI能力引擎和AI开发平台。有了AI能力引擎，企业可以从百度已有的260多项成熟的AI能力中直接选择，其中包括百度具有全球顶级优势的ERNIE算子以及百度优化后的主流算法。AI开发平台拥有全球前三、中国第一的深度学习开源框架飞桨，能帮助企业做到自主可控。管理平台包括权限管理、模型管理等公共控管模块。整体而言，百度的AI中台帮助企业建设AI开发和应用的自主能力，集约化管理企业AI能力和资源，统筹规划企业智能化升级版图。

再说一下知识中台。知识的沉淀和传承支撑着人类不断进步，AI同样是需要知识的。例如，大规模知识图谱的构建及应用、知识增强的自然语言处理、知识增强的跨模态语义理解等，都已经被广泛应用。因此我们说，知识是人工智能进步的阶梯。

在企业智能化升级的过程中，知识也是非常关键的核心基础。同时，每个企业都有自己特有的知识，需要结合企业自身的行业知识和业务逻辑，满足企业对知识的需求。不过，大多数企业都缺乏构建和运用知识的能力，尤其是缺乏从数据、信息到知识构建以及运用知识的工具和平台。

为了助力企业提升智能化水平，我们推出知识中台。它是基于百度多年积累的知识图谱、自然语言处理、多模态语义理解、智能搜索等AI核心技术而打造的全周期、智能化的企业知识赋能平台。在底层对接各种不同来源和形式的数据，上层支撑不同业务场景。知识中台的核心功能为企业提供了高效便捷的知识生产、组织和应用能力，满足业务场景智能化的需求。知识中台面向企业的智能应用包括智能知识库、行业知识图谱以及企业搜索、智能推荐、智能问答、知识推送等。

下一代交互：消弭“智能鸿沟”，连接无限可能

你想用自己的声音导航吗？

运用语音识别技术、语音合成技术，录入20句语音，就可以合成你的语音。这点也

许你难以想象，是不是有未来感、很科幻？其实这已经成为事实。

有一天，做主播的你，累了就可以用自己的语音“值班”和粉丝聊天了。

视频，换声音不在话下；换脸，也没问题。

2018年，小度在家增添“极客模式”，此后又推出了“全双工免唤醒”交互技能。它完全“理解”哪句话是对它说的，哪句话不是对它说的，它都能够辨别出来，用户中间不需要做任何切换。其实不仅仅是中文，小度也懂英文，当中英文混杂的时候它也能明白。

智能对话使自然人机交互成为现实

自20世纪50年代人工智能的概念被提出以来，如何实现人与计算机系统之间的有效交互一直是信息技术界的重点课题。60多年来，人机交互从人适应机器向机器不断适应人的方向发展，按照交互方式的不同，可以划分为以下几个发展阶段。

（1）计算机语言交互。最初的人机交互是手工作业模式，操作员将提前编写好的二进制代码在纸带上打孔，然后再将纸带插入计算机，需要等待很长时间才能得到计算机的反馈。20世纪60年代中期，出现了命令行界面，人机交互的方式变成了问答型，用户通过命令行界面输入指令，计算机收到指令后通过字符给出反馈。这一阶段，用户主要通过手和眼与计算机进行对话，通过敲击键盘进行输入，通过字符获取输出。

（2）图形用户界面交互。20世纪80年代，微软公司推出的Windows操作系统使计算机操作系统呈现通俗易懂的图形化界面，配合同时期苹果公司推出的流行于商业市场的鼠标，图形用户界面交互从此诞生。进入21世纪，以智能手机为代表的多点触屏产品风靡全球，人机交互的门槛进一步降低。在这一时期，用户仍然通过手和眼与机器进行对话，但用户的输入方式从敲击键盘变成操作键盘、鼠标、触摸屏等多种类型，计算机输出的内容也从单一的字符变成文本、图表、音视频等多种形式。

（3）自然人机交互。自然人机交互是人机交互的未来。在这一阶段，用户可以利用多种方式，包括手势、眼神、语音、触碰等，以最自然的方式对计算机进行多维、非精确信息的输入，计算机可以在接收多个维度的输入后对信息进行整合，并进行精确的理解，对用户输出立体化的反馈。得益于计算机视觉、语音识别、语义理解、深度学习等人工智能技术的发展，机器已经可以理解并执行人类语言指令。

从计算机语言到图形界面，再到自然交互，人机交互一直朝着简单、高效、丰富、自然的方向发展。而在自然交互的多种方式中，语音交互起步最早、发展最深、应用最广。因此，可以说智能对话的出现，使自然的人机交互第一次成为现实，并将在未来的万物互联时代，继续扮演人机之间沟通桥梁的重要角色[①]。

借助百度大脑智能对话定制与服务平台，触摸智能对话的未来

百度推出了百度大脑智能对话定制与服务平台 UNIT，开放业界领先的对话技术和对应资源、整合了语音和知识建设能力；同时，提供了配套的对话系统搭建和培训体系，大幅降低企业和开发者搭建对话系统的研发门槛。

与百度大脑致力于降低 AI 开发门槛，提供简单易用的技术能力，全面赋能各行各业的理念一脉相承，UNIT 还结合了真实业务场景应用中的技术沉淀，打造了多套面向智能客服、智能办公、智能家电、机器人、智能出行、智能穿戴等的对话场景方案，助力产业对话技术升级。

《百度大脑智能对话引擎白皮书》指出，未来随着标注数据依赖问题、信息流程冗长问题、知识难以有效利用问题的逐步突破，任务型、问答型和闲聊型等面向专业化场景的智能对话系统将会快速演进，达到更加完善的实用化水平。在生态方面，智能对话产业生态正处于由各自为政向各司其职过渡的阶段。平台型软件供应商将大幅整合市场资源，构建可以最大限度发挥价值的生态系统。同时，智能对话系统的感知能力、认知能力、决策能力和实施能力将全面提升，使系统向全面智能化发展，实现全场景连接、多模态交互、个性化体验，最终实现覆盖多种场景、多种用途的智能通用人机对话的终极目标。

过去七八年，百度每年把 15% 左右的收入投入 AI 技术研发，上万名工程师、近百万台服务器集群进行各种各样复杂的运算，有万亿级的数据来“喂养”百度大脑，同时有千亿级的参数和样本参与训练，才实现了这些比较自然的语言和语音的对话。

填平“智能鸿沟”，需要技术的普惠化

这么大的投入，不是每一家公司都有这个能力的。20 多年前，当互联网刚刚兴起的

① IDC，百度 AI 产业研究中心，《百度大脑智能对话引擎白皮书》，2019 年 5 月。

时候，有一个词叫作“数字鸿沟”，讲的是那些有条件上网接触互联网的人和那些没有条件上网接触互联网的人之间的差距会越来越大。百度成立20年来，一直致力于填平这个鸿沟，期望让人们最平等、便捷地获取信息。

时至今日，平等、便捷获取信息的理想已经基本实现，但是摆在AI面前的这道“智能鸿沟”也有可能越来越拉大人和人之间的差距。在AI时代，“智能鸿沟”该怎么解决，怎么将其填平呢？

AI时代主要是由数据、算法和算力不断推动的。百度的答案就是，要通过数据、算力和算法的不断迭代和不断开放填平这道鸿沟，让每一个开发者能够接触到全球最先进的AI技术，让每一家公司都能够很方便地使用这些最先进的AI能力。

自2017年以来，在百度的开放平台上，语音、视觉以及自然语言处理方面的调用量，都在很短的时间里呈指数级增长，有了爆发式的发展，每天活跃的开发者数量也出现了非常快的增长。

生态伙伴们开发出各种应用，可以把人从重复、低效和繁重的脑力判断工作中解放出来。

过去，中国向全球输出低价的商品。未来，中国会向全球输出AI技术。而且无论你在哪里，无论你从事什么行业，百度都希望你能够平等、便捷地获取AI能力，至少获取百度的AI能力。

下一代交互，开启无限可能

百度语音技术基于业界领先的声学模型和语音模型，可将声音与文字信息进行相互转换，可用于智能导航、语音输入、语音搜索、智能客服、文字有声阅读等场景，主要包括语音识别、语音合成、语音唤醒三大能力。

总的来看，随着深度学习技术的广泛使用，人机对话技术取得了长足进步。在中国，智能对话技术也已经为市场所接受，在企业产品服务、生产模式、运营模式以及决策模式的智能化方面发挥重要作用。智能对话的应用场景也集中在客服和销售相关的业务场景。根据《百度大脑智能对话引擎白皮书》的调研，智能对话排在前五位的应用场景分别是智能在线客服、辅助人工客服、语音搜索、智能呼叫中心以及企业行政助手。

很多人都体验过百度地图的智能导航，这是一个国民级应用。大家对智能客服的了解还相对少一些。为了满足客服领域的业务需求，百度针对智能客服场景提供了一套完整的解决方案，提供了完善高效的对话技能、对话流与知识建设能力。百度开放了面向呼叫中心的专属语音解决方案，支持自训练优化，更好地服务开发者。为了构建一个完整高效的集成方案，提供了完善标准化的呼叫平台对接协议支持，搭建了语音语义一体化框架，一次调用即可高效整合语音和对话能力，并针对打断、沉默等可能出现的各种情况给出了完善的系统对接异常处理组件。这些技术现在已被应用于多个领域。2019 年，浦发银行和百度一道打造出国内第一个金融“数字人”，智能客服系统也在该行多个客户服务渠道上线，引领了智能金融潮流，促进了浦发银行的智能化转型。

下一代交互不仅是 to B 的。人工智能发展到了一个新节点，下一代交互推动人们转换到语音对话交互方式。

2017 年 7 月 5 日，百度发布 DuerOS 开放平台；2017 年 11 月 16 日，百度宣布 DuerOS 2.0 正式对业界开放；到 2018 年底，短短一年多的时间，搭载 DuerOS 的智能设备激活数量就突破两亿台，DuerOS 也成为中国市场最繁荣的对话式人工智能生态。

过去，你说什么，计算机是听不懂的，所以计算机做不到按指令行事。今天，使用智能音箱的人都有体会，每过一两周，它都比以前更聪明一些。刚开始它可能听不懂的话，现在慢慢能听懂了。而人的语言交互，门槛是非常低的。靠 PC 成长起来的人，最初觉得键盘是最自然的人机交互方式。智能手机出来之后，人们觉得触摸屏太难用了，很不习惯。可是你看孩子，从三岁开始就学会了使用智能手机，用手指确实比用鼠标、键盘更自然、更方便。其实，语音交互即将改变这一切。

家 + 车：两大场景，一场革命

说起百度的人工智能，读者可能最关心的是两个问题，全球最大的自动驾驶开放平台如何赋能智能产业化？小度助手能否担纲无处不在的智能交互服务？

智能时代，在应用层面，一个是智能家庭，一个是智能交通，也包括无人驾驶，这两大场景将出现一场交互引发的革命。

智能家庭能带来未来生活方式的变革吗

未来家庭里面，人们跟各种各样的设备交互，应该是用自然语言交互，这是人工智能时代的一个特点。用语音、用自然语言，跟触摸屏相比，是更加自然的一种人机交互方式。因为三岁的孩子可以开始学习使用智能手机，但是一岁的孩子就会说话，所以语言的门槛更低，更加方便。

2014 年底，贝索斯为了对抗苹果推出的 Fire Phone，推出了一款名为“Echo”的扬声器。5 年后，智能音箱已经成为仅次于智能手机的第二大智能交互硬件品类。

2019 年的数据显示：智能音箱全球出货量 1.4 亿台，Echo 以 3700 万台位居榜首；小度智能音箱全年出货量 1900 万台，排名中国第一，全球第三。根据 Strategy Analytics 最新发布的数据报告，2020 年第一季度，小度出货量第五次蝉联国内季度出货量第一。

智能音箱之后，2018 年 3 月，百度与“小鱼在家”联合发布国内首款智能屏“小度在家”。在智能音箱市场，有屏音箱越来越受到用户青睐。国际调研机构 Canalys 发布的 2019 年第三季度全球智能音箱出货量报告显示，全球有屏智能音箱出货量达 630 万台，同比增长近 500%；小度有屏智能音箱出货量达 230 万台，蝉联全球第一。

小度有屏智能音箱系列不仅出货量稳居全球第一，各种 AI 黑科技的应用也大大提升了用户体验的满意度，且生态能力为外界所看好（见图 5–8）。在“语音 + 触控”的基础

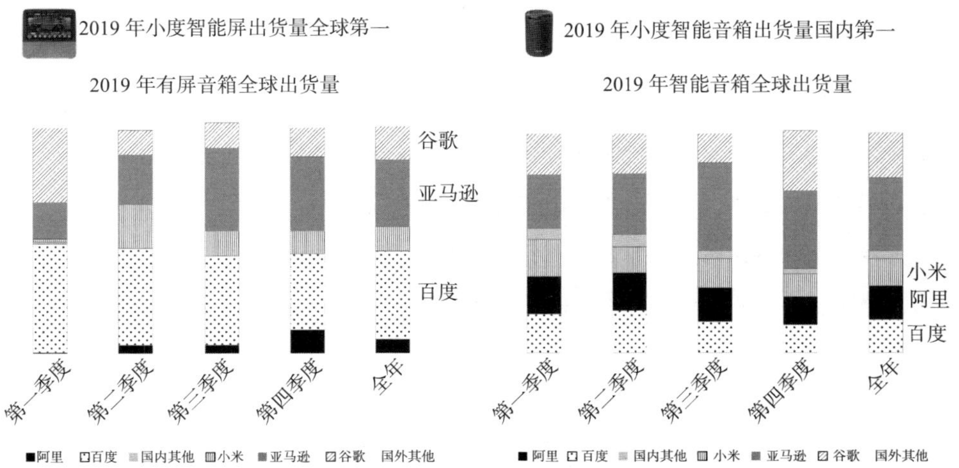

图 5–8　2019 年全球智能音箱、智能屏出货量一览

资料来源：Canalys

上，植入的全双工免唤醒能力，实现一次唤醒、多轮交互，用户能在与他人对话的同时互不干扰地实现人机交互；打造出最新的“语音 + 视频 + 手势”的多模态交互形式，让有屏智能音箱迸发新的活力。以最新发布的小度在家智能屏 X8 为例，除了远场语音交互之外，还能用手势控制、用眼神唤醒、靠人脸识别，操控起来更加方便、更为智能，引领人机交互走向新的阶段。

智能语音交互是智能音箱最突出的特征。根据中科院《智能音箱的智能技术解析及其成熟度测评》报告显示，在听懂、理解用户的指令方面，小度系列智能音箱是唯一听懂率超过 90% 的产品；在满足用户需求和体验方面，小度同样在评测中得分第一。

景鲲　百度集团副总裁、百度智能生活事业群组总经理（访谈时间：2020 年 4 月 24 日）

张晓峰：从 2017 年 7 月发布 DuerOS 开放平台并于当年 11 月正式对业界开放，仅一年就成为中国市场最繁荣的对话式人工智能生态，这反映了下一代交互的魅力。此后的一年多一点时间，就实现小度智能音箱出货量排名中国市场第一、全球前三，确实可喜可贺。在这个快速发展的过程中，您有哪些体会？

景　鲲：谢谢！在做小度产品的过程中，我们一直在不断深入了解用户使用产品的需求动力和产品所解决的痛点，比如很多老人在使用电子设备时会面临一些障碍，但以语音交互为主要模式的智能音箱就可以陪伴老人，让他们轻松享受数字服务；孩子也可以听音乐，听故事，看动画视频，或者在小度上学习。很多时候，小度对于使用者来说，更像是一个助手，提供内容服务和精神陪伴。

这些使用场景的背后，是一个巨大的市场需求：用户其实是需要一个陪伴、一个助手、一个拟人的服务。

也许大家觉得有手机、有 PC 这样的设备已经够用，那是因为用户没有发现和了解更多更好的选择。当把这些新的、更好的选择提供给用户后，我们会发现用户需求是很旺盛的，市场中的新机会也非常多。

如果我们回过头去看，很难想象今天的移动互联网和科技带来的便利性有这么强；我们也很难预料到五年之后我们的生活里会出现哪些我们目前还未曾谋面的科技应用。

比尔·盖茨说过一句话，人们有时会高估未来一两年的科技发展，但是往往会低估未来五到十年的科技发展。作为科技工作者要大胆想象、不断迭代，总会有量变到质变的一天。

Windows 的第一个核心应用场景就是办公室，PC 主要解决办公室的数字化场景问题。这是第一个被数字化的场景。

随着智能手机的普及开启了更多场景的数字化，比如人们在出行中的移动场景，这些应用场景还会一个一个继续扩展。

从百度看来，还有两个场景有很大的市场机会、有很强的数字需求，就是家和车。这里的用户使用习惯、对科技接受的习惯以及对内容服务的需求，与办公场景和移动场景又很不一样，这样的场景是值得我们探索的。

小度就是想让用户在生活场景中通过科技赋能解决更多实实在在的问题，让生活变得更加智能、更加美好。

张晓峰：百度能做什么和百度未来会成为什么，让大家充满想象力。在某种程度上，百度又是 AI 场景更广泛、更深度覆盖的引领者。软硬一体化的小度一定会承担更大的使命。普通人很难想象一个站在技术前沿的科学家的感受，您的快乐、您的成就感源于哪里？

景　鲲：我个人的内生驱动力跟百度自身的驱动力、跟公司想做的事情非常契合。像我们这种理工男，都是希望通过一行行代码、通过一个个技术改变这个世界。百度的使命和文化、我个人的内在驱动力都是这样，希望通过技术解决用户的问题，带给用户更多更好的体验。

回到做小度的经历。技术创新工作有两种形式。一是在一个比较成熟的平台上，做迭代式创新。我之前做搜索业务的时候就是这样，百度给你搭了很好的平台，有很大的用户基础，你通过自己的努力叠加上很多好的功能，让用户体验更好。另一种形式需要的时间会稍长一点。比如我们种一棵树，不能期待它明天就长大结果，但是我们知道假以时日，当它长大的那一天，一定会硕果累累。

随着对自己内生驱动力的理解，我觉得后面这种工作会让我更有成就感，同时也能够帮助公司取得更大的成就。把这样的事业做成了，也能解决更多人的需求和问题。不过这是从无到有的创新，一定会有很多的不确定性，会有很多挑战；要克服不确定性，同时带着团队一直往前走，就需要一个人内驱动力更强。我相信科技创新都是这样，大的科技创新都需要这种不害怕失败的心态；我们相信未来，我们要做的是找到从现在到未来的路径。

张晓峰：用户在小度上获得的体验总体非常好，这背后肯定要通过技术方法不断优化、迭代。对于用户体验的提升，您有怎样的方法论？或者说我们要秉持什么原则？

景　鲲：对于人工智能产品的用户体验，我觉得根本的方法论是一样的，甚至各行各业可能本质的方法都一样，万变不离其宗。第一个就是要看用户根本的痛点和需求是什么。或许用户不会准确描述，这就需要我们仔细观察，比如他是不是需要搜索更顺畅，是不是需要人跟信息之间的沟通更自然。

张晓峰：先对用户的需求做一个清晰的界定。

景　鲲：第二个就是看有什么样的技术和产品设计能够帮用户解决这些痛点和需求。这种方法可能有很多，究竟什么方法更合适？

再下一步，我们就要努力找出不一样的做法。从产品和技术相结合的角度，不断尝试、不断快速迭代。一开始的方案不会是最完美的。只有通过不断试错、探索，观察数据，观察用户反馈，最终才能够找到比较好的解决方案。

张晓峰：小度当时是怎么产生并走到软硬一体化方向的？这个创新的张力开始的那个点在什么地方，是怎么慢慢酝酿成一个大动作的？

景　鲲：我觉得我们还在路上，现在依然是一个持续探索的过程，每天依然处在创造性张力里面。

回顾过去的成长过程，我们可能一直都在一种不舒服的状态里创新，不断地发现问题、解决问题。但是回到原点，我们依然相信，人跟机器之间的交互方式是科技进步最底层的创新。无论是微软开启了 PC 时代，还是后来苹果和安卓开启了移动时代，最开始的出发点都是让人跟机器之间产生不一样的交互。

PC 时代，键盘和鼠标的发明让人与计算机开始有了交互。在此之前，都是专业人员通过写代码、编码和计算机交互，门槛真的很高。当有了键盘、输入法，有了鼠标之后，普通人也能够用计算机进行交流，这就开启了很大的市场。苹果最开始解决的也是让人怎么自然地用手指和计算机进行交互。乔布斯发现一旦改变这个最底层的交互方式，就会有更多的用户使用移动设备，创造更多的应用场景。

回到小度，如果我们沿着这个方向走，就是怎么样使人和计算机之间的交互变得更加简单。

简单的方式其实是自然的。键盘是人在学机器，最开始还需要花钱学输入法。屏幕触摸开始了机器适应人类，因为机器要适应手指，人机交互开始变得友好。再往下应该是机器学习人，机器应该学会人的表达。

人是怎样表达的呢？我们通过声像，通过语言、表情或者动作。当计算机变得越来越强大的时候，它将学会更像人的表达方式。

小度开始的原点，就是我们相信这个趋势是正确的，剩下的就是怎么做的问题。如果说表情、动作还属于更加超前的交互，那么语言就是最基本的交互。我们希望用户跟设备能够通过自然语言进行交互。

一开始，我们在百度搜索框旁边放了一个语音输入框，让用户通过语音跟计算机表达，后来发现不太合适；我们又试着在移动设备上通过语音搜索，发现手机这个场景也不是最合适的，只有输入不习惯或者输入有困难的人群才会用，场景比较窄。

我们再往前走，设想有没有一些场景，用户不能老用手机或者计算机，距离很远也能进行交互。这时自然而然想到在家的场景，小度就是让用户离得很远就可以跟它交互。

一步步探索，走到今天，我们找到的家庭场景，跟用户的需求正好能够契合，也有比较大的发展空间。

张晓峰：小度助手以及小度系列产品，底层技术的改变，也让用户真正有了一种新的方式认知自己和机器的关系，自己和外部的关系，也重新改变了我们对连接和交互的定义。这个定义归于简单，回归到最自然、最简单的方式，让用户能够拥抱这种简单，拥抱这种智能。我想再请教一下，我们对这一块的使命是怎样界定的，还有哪些独特的创新文化？

景　鲲：我们希望小度能做的就是从用户角度出发，让每个用户都有一个24小时陪伴他的助手。我们希望机器帮你节省时间，让每个人把时间花在更值得的地方，多陪陪家人，真正享受生活。

如果将来有一个场景，有一个24小时都陪伴你的助理，它可能在家里、在车上，可以随时在你旁边为你服务，帮你解决各种各样的需求，这可能是对生活更大的改变。这是我们对未来业务的预期，希望小度真正成为用户在整个智能生活里不可或缺的一部分。

小度车载OS：人车新交互，智能车生活

围绕百度语音技术和百度大脑语音引擎，百度发布了小度在家智能屏、小度智能音箱等多款智能产品。小度助手赋能多元场景、赋能软硬一体化，从智能音箱起步，但不会就此止步，并已逐步渗透到智能家居、智能穿戴、车载、智能客服、移动通信等领域。智能语音交互大有成为各种端最流行交互方式之势。

这里不得不提到另外一个端——车。汽车正在步入智能网联时代，会有人机交互方式的改变、基础设施的升级、新业态的诞生，并促进开放生态的繁荣。网联化、智能化升级对汽车产业带来深刻的变革。车辆的使用方式和拥有方式都将因为AI技术产生变革，汽车正在从一个一次性交付的硬件发展为可以无限迭代的智能硬件，从一个单纯的驾驶工具变成向用户提供无限服务的生活助手。

百度的Apollo开放平台已成为全球涵盖产业最全面、最强大、最具活力的自动驾驶生态。2018年7月，百度发布了面向量产的车联网系统解决方案——小度车载OS，最快只需30天就可以将传统汽车“一键升级”成智能汽车。搭载小度车载OS的车辆，用户可以通过眼神、手势、语音等多种方式唤醒它，从而获得导航、信息、车内控制等多种服务，有效提升驾驶的安全系数与用户体验。智能网联技术将把汽车打造为有感知、有判断、有温度、知用户懂用户的智能移动空间。

百度远场语音交互芯片——百度鸿鹄芯片的发布与量产更是让 DuerOS 如虎添翼。后续，百度鸿鹄芯片 +DuerOS，Apollo+DuerOS，将为车载语音交互、车载操作系统，以及智能家居等场景带来更大的想象力，也为未来车载操作系统与车载控制系统的融合奠定了基础。

在车上，主要有两个大问题，一是驾驶问题，二是车里的信息和娱乐问题。有人驾驶的车里就是一个双手被束缚的场景，语音基本上是唯一的沟通方式。小度车载 OS、小度车载后视镜能够把车里的信息和娱乐需求解决好。如果同时解决了自动驾驶问题和整个信息服务问题，车就可以形成一个更加完整的解决方案。

和手机、计算机的操作系统不同，车载操作系统本身也有层级。比如小度车载 OS，和安卓并不是同样的定位。作为车载智能语音交互系统，小度车载 OS 既要向下兼容不同的底层操作系统，也要向上连接丰富的应用生态。由此，可以构建完整的车载功能和服务生态。其中一部分是百度做得比较好的应用，如地图；还有更多的应用，将来可以留给生态里整车企业以及其他合作伙伴来做。

百度用语音“唤醒”AI 时代

AI 技术的进化和产业赋能正向循环，相互促进，AI 在应用场景中不断进化。百度的语音技术基于深度学习和产业应用加速突破，已应用到百度 App、百度地图、小度音箱、百度输入法等百度产品，更通过 AI 开放平台赋能众多产业伙伴。百度大脑语音能力每天的调用量已经超过 100 亿次，应用规模业界第一，为开发者提供了覆盖云、端、芯的全栈、全场景语音开放能力，推动智能语音技术在各行业落地应用。

2019 年 11 月，百度大脑语音引擎全新发布和升级了十四大产品内容，包括针对智能硬件设备，基于百度鸿鹄语音芯片的 4 款硬件模组、开发板及智能家居、智能车载、智能 IoT 设备三大端到端、软硬一体、远场语音交互场景解决方案，具备交互效果优异、软硬一体快速应用、广泛兼容、集成门槛低等优点。同时，升级了语音自训练平台、呼叫中心语音解决方案等。

百度大脑语音技术能力的全新升级，为开发者和企业提供了更加完善的全栈语音引擎能力，将帮助更多用户高效打造具备语音交互能力的特色应用与产品，加快语音技术在各行各业的应用落地进程，促进合作伙伴的智能化升级。如创维大屏 IoT 的行业痛点在于信息检索难和设备控制操作复杂，通过增加百度语音交互能力，即可重构整个AIoT设备生态的交互体验。百度与创维在电视方面的合作成果已落地在10个电视芯片型号、2500万台电视上，助力中端及高端产品线提升产品溢价能力。在下一代远场语音方案中，百度鸿鹄语音芯片为创维产品带来了高性价比硬件、整合优化的软件算法等价值，双方将基于百度鸿鹄芯片展开多项产品的合作。

DuerOS衍生多元生态，实现多维连接，引爆协同效应

语音“唤醒”AI时代，最令人期待的是由此衍生的多元生态，以及垂直场景和用户多维连接所形成的“连接、交互网格”，最重要的是为引爆协同效应提供了可能。

（1）DuerOS本身就是一个生态。DuerOS开放平台是为企业及开发者提供的一整套对话式人工智能解决方案的开放平台。开放平台集成了DuerOS的能力，是百度全球领先人工智能技术的重要应用之一。DuerOS开放平台包括智能家居开放平台和技能开放平台。智能家居开放平台提供了云对接、Wi-Fi直连、蓝牙mesh直连等多种对接方式，支持用户使用小度主控设备控制智能家电。技能开放平台提供了全套语音技能开发工具和方案，开发者利用可视化界面即可高效完成开发部署，将技能发布在搭载DuerOS的硬件中。

（2）DuerOS应用的每一个场景都自成子生态。DuerOS可以广泛支持手机、电视、音箱、汽车、机器人等多种硬件设备。通过与DuerOS结合，可以让机器听懂人们日常交流的口语化表达内容，使设备具备与人类沟通和提供服务的能力，助力产业升级。而多种场景的应用方向本身也可以形成子生态，如智能音箱、智能家居、车载OS、智能电视等，均可以连接大量的生态伙伴、服务及开发者、内容创作者。下面以智能音箱生态为例进行分析。

百度成为全球带屏智能音箱的“头号玩家”，小度在家抢占了用户对带屏智能音箱的认知，形成了良好的品牌效应。不仅是有屏智能音箱全球出货量的领军者，在赋能行业方面也引领着行业发展方向。小度在家智能屏X8重新定义了带屏音箱，通过AI智能交互、AI智能理解、内容服务新生态三大要素引领行业进入智能性新拐点。未来，带屏智能音箱连接的内容、服务、家庭和人将迅速增长，成为新的内容、服务分发平台，也是一个强大的共建共享共生的协同生态。

类似于带屏智能音箱这样的平台还将成就大连接、大交互、大协同。音箱搭载屏幕，

实现了更多符合家庭需要的交互可能，让AI在更多的生活场景得以应用。小度不断为行业提供升级范本的同时，也通过连接更多的IoT设备让更多用户触及智能生活。如小米生态链企业智米科技接入小度平台，用户只需唤醒小度就能语音控制风扇、加湿器等家电产品。目前，支持小度语音控制的智能家居品牌已超过400个，覆盖灯具、空调及电视等多个品类。

围绕DuerOS的架构与操作逻辑脉络会越来越清晰：以AI技术为核心的软硬一体化—多元场景兼收并蓄—全新体验锁定用户—庞大用户基数吸引优质内容和服务—在需求和交互数据中挖掘价值—反向推动和重组供给侧—多元生态日益繁荣、相互加持—生态效应凸现、协同效应不期而至—参与者各得其所。

景鲲　百度集团副总裁、百度智能生活事业群组总经理（访谈时间：2020年4月24日）

张晓峰：未来搜索的形态会发生很大变化。小度有可能成为一个无处不在、无所不能的智能化助手。这个智能助手会让越来越多的用户倾注他们的情感。它所承载的东西我相信未来会非常丰富，而且也会给它反向覆盖的场景带来很多影响。每天数十亿次的海量交互，会有非常多可分析、可抓取的东西。这些可以反向影响产业链条和服务形态，也会打通未来基于小度这个公共的、共享的平台对供给侧的影响，重新塑造产业链条，让供需之间变得更垂直，让链条变得更短。不知道这一块后续有哪些方面的思考和打算？

景　鲲：这是一个特别好的问题。我觉得小度的业务比一般的App相对复杂一点儿。它跟各产业形形色色的上下游接触得更加紧密，包括从供应链、生产制造、运输、销售再到软件服务商，整个产业链的各种合作方。若要对整个行业产生影响，还要看市场上有多少用户接受我们的产品、接受我们的服务。现在来讲，我觉得这个影响刚刚开始。

张晓峰：对。小荷才露尖尖角，我认为未来小度真的会渗透进非常多的产业、领域、场景。因为人在接触它以后，欣赏它，喜欢它，就会产生很多联想。

实际上，我认为它是一种现象级产品。我们的 DuerOS 也一定会是一个现象级的操作系统。它能够渗透的行业，想象空间是非常大的，可以有更好的可覆盖能力。所以希望它的技术路线有保障，商业路线有模式、规则，生态的构建有更好的张力。未来小度相关的可发展空间不可限量。

景　鲲：我们期待它能够早日走进千家万户，同时也会更加努力，早日实现我们的愿景。场景会逐渐延伸，2020 年还会发布新品。

智能驾驶：驶向无人区

建设交通强国是党的十九大做出的重大战略决策。2019 年 9 月，党中央、国务院印发《交通强国建设纲要》；2020 年 2 月，国家发改委等 11 部委制定、印发了《智能汽车创新发展战略》，以顺应新一轮科技革命和产业变革趋势，抓住产业智能化发展战略机遇，加快推进智能汽车创新发展。

2020 年 5 月，两条与百度智能驾驶相关的资讯先后传来。5 月 8 日，百度与广州开发区达成战略合作，两者将共同打造粤港澳智能网联先导区，落地 ACE 交通引擎，百度成为广州首批数字新基建重大项目建设参与者。5 月 26 日，百度宣布其位于北京亦庄经济开发区的 Apollo Park 建造完成。Apollo Park 集车辆及配件仓储、远程大数据云控、营运指挥、维修与标定、研发测试五大功能于一身。该基地的建成将加速推进 Apollo 自动驾驶、车路协同技术产品的成熟和应用。

此前的 4 月 9 日，百度 Apollo 正式对外同步发布“ACE 交通引擎”与《Apollo 智能交通白皮书》，首次披露 Apollo 智能交通解决方案，系统解读百度在人工智能、自动驾驶、车路协同方面的业务规划。在新基建、交通强国战略和智能汽车创新发展战略背景下，百度“ACE 交通引擎”的发布迅速引起城市管理者和交通部门的重视。目前，“ACE 交通引擎”已经在北京、长沙、沧州 10 余座城市落地。

依托百度多年在人工智能、自动驾驶、车路协同方面的深厚积累和领先实践，“ACE 交通引擎”集自动驾驶生态和百度 AI 能力全力赋能城市交通，推动人工智能与基础设施、运输装备、运输服务、行业治理的深度融合，不断提升城市治理体系和治理能力现代化水平，构建实时感知、瞬时响应、智能决策的现代化智能交通体系，助力城市抢先一步落实新基建，加速交通强国建设。

智能驾驶与智能交通：车、路、人共同推动的革命

智能驾驶是很多人的梦想，也是一个非常大的市场，有众多的参与者、创新者。智能驾驶与智能交通密不可分，是车、路、人共同推动的一场革命。

汽车产业有上百年的历史。这个有历史的产业又历史性地被新一轮技术革命、产业革命选为首屈一指的标志物。

本轮汽车产业变革的主要趋势是电动化、网联化、智能化和共享化，即所谓汽车“新四化”，这也正是互联网企业、人工智能平台型公司、新势力创新企业能够跨界进入汽车产业的原因。

在这场与汽车相关的革命中，百度需要思考汽车网联化能否与传统的互联网服务产生交融，从而碰撞出全新的产业生态模式；需要思考汽车智能化是否意味着汽车最终将成为可以移动的智能机器人，从而为人工智能技术找到全新的应用载体；需要思考汽车共享化究竟怎样才能实现更广泛的应用，从而为全新的出行服务商业模式创造可能。这些都将是百度的宝贵机遇。

对百度而言，挑战主要来自两方面。一是关键技术能力。汽车产品对安全有极高的要求，自动驾驶技术将在一定应用场景下取代人操控汽车，必须确保产品安全，这就为企业突破相关关键技术带来了更大的挑战。二是系统整合能力。汽车产品的创新从来不是单一技术作用的结果，自动驾驶技术同样需要感知、决策、执行等机构及系统的高效协同，为此企业还必须形成面向全产业链的系统整合能力。

应该说，百度在物联网、AI 等领域的领先位置和技术优势，对汽车产业来说将有力推动其实现更快更好的发展，尤其是在网联化和智能化等方面。例如，在汽车座舱内人机交互涉及的人工智能视觉、语音语义识别等技术，都是百度的优势领域。又如，自动驾驶技术所需要的大规模数据采集、感知分析、智能决策等技术，同样是百度擅长的领域。

当然，基于长久以来的积累，汽车企业在汽车硬件、开发流程、质量保证体系等方

面具有自身的优势，这些都是互联网企业不具备的能力。因此，当互联网企业跨界进入汽车产业时，一方面要充分发挥自身优势，如人工智能技术、互联网技术和应用服务能力等；另一方面，也要努力补齐自身短板，积极向传统整车和零部件企业学习，并与之合作。

百度在自动驾驶中的定位

百度在自动驾驶中的定位可以基于 Apollo 计划来界定。Apollo 计划共分四个层级：第一层是以底盘等硬件为代表的汽车执行机构；第二层是各种传感器以及计算单元；第三层是软件算法；第四层则是云端。百度的优势在于软件算法和云端能力，劣势主要在于汽车执行机构等硬件能力。

Apollo 计划向行业传达的思路很清晰，那就是大家一起努力，先把自动驾驶这块蛋糕做出来，再把蛋糕不断做大。在这个过程中，每家企业基于自身的核心竞争力，找准位置，分工协作。目前，作为开放平台，Apollo“开放能力、共享资源、加速创新、持续共赢”的理念正得到越来越多的企业的认可，包括国内外著名整车和关键零部件企业在内，已有近 200 家合作伙伴参与其中。

作为处于全球第一阵营的龙头企业，百度生态智能驾驶技术创新已进入“无人区”。

李震宇　百度集团副总裁，智能驾驶事业群组总经理（访谈时间：2020 年 4 月 18 日）

张晓峰：百度的自动驾驶是 2013 年诞生的，这个板块在外部有良好的口碑，你们在无人区里摸索，树立了很多里程碑。2017 年，“依托百度公司建设自动驾驶国家新一代人工智能开放创新平台”被列为首批国家新一代人工智能开放创新平台名单榜首；2020 年 3 月，全球知名调研机构 NR 将百度列入全球自动驾驶领域“领导者”评级。大致算一算，近八年磨一剑。

李震宇：我们做这件事情，首先是因为看好它。

您刚才有一个词用得很准确——无人区。确实，在国内我们没有可参考的对象。谷歌从2009年开始探索，但环境不同，它的经验难以直接复用。

在这样的环境里，我想更关键的是坚持。

2020年初李彦宏说："我们从2013年开始做无人车，现在赚钱了吗？还没有；那还做不做？还要坚持做下去。"

在公司发展的不同阶段，是否沿用既定战略可能存在争议。我觉得这就是一家公司信念的选择。有人选择做，有人选择不做。我们会坚定地做下去，因为我们相信未来无人驾驶对于汽车、对于交通，都会创造很大的价值。因为相信，所以坚持。我们的信心源于自上而下对AI这个大的产业方向的认可。

张晓峰：您在讲到信念和坚持时，那种发自内心的自豪特别有感染力。但我们在无人区、在黑暗里摸索、引领的过程一定充满困难。前方没有路线图，没有导航，没有红绿灯，也没有高速路，只有我们自己，在摸爬滚打，不断试错迭代。这期间最艰苦的是哪个阶段？当时有没有动摇过？

李震宇：您刚才说的场景特别有画面感。2016年下半年，这种迷茫的感觉比较强烈，会疑虑大环境是不是还允许我们走下去，百度是不是还会继续做这种当时看未来很不确定的业务。

李彦宏是领路人，他给了团队坚定的力量。很多事情看起来有点儿轻描淡写，但是我们能感觉到他内心的坚定。前两年他在一次内部高管会上说，这件事情做了六七年，还没有完全商业化，那我们就再做个六七年再说。这就是我们的信念、我们的坚持。

还有一股力量来自身边一直坚持的百度同学。过去三年，公司每年都会统计核心员工的离职率，我的团队离职率是比较低的。虽然有人离开，但更多优秀的同学留了下来。

除了坚持的劲头，这个行业还要耐得住寂寞。当公司需要品牌业务推广时，偶尔需要我们几个主管出来站台。但很多优秀的技术人才，在这个行业中所做的努力没有曝光，实际上是他们在背后解决一个个存在的问题或隐患的场景。比如，百度的技术委员会主席也在我们团队，你搜他的信息，看到的还是做PC搜索时他打磨产品的光荣事迹。这是一种技术人员的典型品格，他们的坚守，一直鼓励着我。

张晓峰：这种坚守、这种守得住是非常不易的，我们也终于有所斩获。

李震宇：是的，我们一起奋战多年，目前在国内，百度无人驾驶是产业最高水平的代表。尽管以最高水平的标准来看，还处于不及格的状态——如果及格了，马路上跑的肯定很多都是无人车了，但如果你在这个圈内，是可以感觉到每年的进步还是蛮大的。

在一个不成熟的产业，会面对很多质疑，认为我们对产品的设想与实现程度相去甚远。但我认为，现阶段给这个产品下定论还操之过急，更关键的是整合资源、积累经验，齐心协力把它做起来、做及格。

三大方向，出行为本；攀登珠峰，沿途下蛋

张晓峰：经过多年埋头苦干，现在这个板块逐渐丰满，已经分别形成自动驾驶、车路协同还有智能车联三大业务方向。您能否谈一下具体业务和发展过程？

李震宇：我现在负责的这个板块，从产业界来看是两部分，一是智能汽车，二是智能交通。

百度介入智能汽车有两个优势。一是人工智能。尤其是深度学习，2013年百度成立了深度学习研究院，为这方面资源的储备奠定了雄厚的基础。二是百度地图。在手机端、车载端，百度地图都积累了充足的经验。百度也在关注5G领域。

无人车脱胎于深度学习实验室的研究，车联网的智能娱乐系统是通过百度地图发展起来的。2017年，集团把自动驾驶和车联网两大方阵团队合并到了一起。

在后来的发展过程中，公司管理层意识到这个板块的终局是要解决交通出行的问题，形成了新的智能交通业务板块。现在的交通出行，人越来越规矩，车却越来越多，如何处理好两者的关系是一个亟待解决的问题。

无人驾驶技术在交通行业的应用，最终目标是要把车和路协同起来。目前车路协同已经能解决一些问题了，比如，我们在保定、长沙的工作。原本的设想只是让无人车跑得更好，实际上同时助力了城市交通优化，因为我们可以智

能监控交通热力，可以智能调控红绿灯，可以提高公交车的运行效率，这条路径是通的。

在智能网联新时代，聪明的车与智能的路相辅相成。智能网联的基础设施已经可以与车通信、与地图通信，并且车路协同已成为具有中国特色的自动驾驶技术发展路径。路侧感知像是给每辆车配备了一个开了“天眼”的交警，它将全方位地保障安全、疏导交通，高效分配道路资源，将更进一步促进智能网联汽车的发展。

百度与行业内的友商有类似之处，也有不同的地方。类似在于我们都想通过 AI 优化经济发展方式，更创新，更安全，更有效率。不同之处，首先在于很多同行走的是封闭路线，而我们走的是开放路线；其次在于在选择技术路径时，我们不仅做无人车，也做车路协同，我们相信这个认知在全球都是领先的。

我们相信，车路协同结合无人车，会让出行更智慧、更安全，成本也会更低。目前无人车的成本还比较高，随着实践的深入和进一步规模化，对安全有了更高的要求，单车成本还会增加；但如果能够落实车路协同，实时监控路况，指导行驶，在路侧提供额外的安全冗余，就能大大降低单车成本。

就商业路径而言，很多公司追求一步到位，直接做未来的无人出租车。我们选择“攀登珠峰，沿途下蛋”，一直坚持做无人出租车，而且在持续攀登的过程中，选择将合适的产品阶段性落地，将智能驾驶技术带来的价值不断释放。比如，我们在封闭园区这种低速场景试行阿波龙无人车，以每小时二三十公里的速度进行接驳服务，已在 30 多座城市场景落地运营。另外，还有最后一公里场景的自主泊车，用户到家、到了工作地或者商场之后，都可以实现一键泊车，非常自如，百度和威马合作的量产车型就搭载了这种功能。

百度是上市公司，价值变现不可回避，希望把我们技术的价值积累释放到市场中改变经济生活，现在正在局部释放，比如智能红绿灯的场景、路边停车的场景、封闭低速公园里无人驾驶的场景，还有最后一公里停车的场景。

总体来说，我们选择了开放，跟别人不一样；选择了车路协同，还跟别人不一样；我们选择了一步一步走向商业化的路径，也跟别人不一样。

张晓峰：您和团队用很低的成本试错，寻求有百度标签的方向和方法论。

这三个“不一样”总结得非常自信，也精确概括了这些年百度的积累和路径。

李震宇：我们当时讨论战略的时候，说的就是“攀登珠峰，沿途下蛋”。我们相信，无人驾驶最后一定会在开放道路上改变交通出行生活。也许是5年、10年，但一定不是50年。新能源汽车产业从0到1用了很多年。尽管我们这个产业链更复杂，但我们有信心，一步一步走向商业化，在过程中积累我们的能力。想要赢得未来的竞争，我们必须在产业理解和认知上先人一步。如今我们对汽车很了解，对交通、对行业越来越了解，也就越来越自信。

安全是“第一天条”

2020年两会期间，中国民法典第四编“人格权编”中一个有关个人隐私和个人数据保护的条款，引起关注。民法典加强人格权立法，使其独立成编，强化对人格的全面保护，让人民生活更有尊严。

路透社的报道称这将是中国首次确立个人隐私权和个人数据权，因为这个拥有14亿人口的国家有更多的人已经实现“数字化”，因此也更容易被泄露个人信息或遭到黑客攻击。路透社评论说，外界普遍认为中国加强数据隐私保护，一方面是为了保护中国快速增长的互联网行业，并使其符合法规，另一方面也是为了给重要的中国数据在海外的流动保驾护航。

新硅谷机器人创业公司AI首席执行官兼创始人盖瑞·马库斯写了一本书——《如何创造可信的AI》，对当前AI的场景应用和研究范式中的问题进行了分析，指出AI真正的问题在于信任，并提出构建可信的AI的建议。

百度看安全，会有几个不同的层面。第一个层面是技术安全，能不能做到自主可控，能不能支撑用户、场景智能化的自主可控。没有安全，就谈不上底座能力、中台价值。

第二个层面是平台、系统运营的安全，能不能杜绝内外风险，如应对网络攻击、自动驾驶的安全、数据中心的安全等。

第三个层面是用户、伙伴的数据安全以及隐私保护。互联网、物联网会产生大量数据，要杜绝数据被滥用、泄露、失窃等问题。

在百度，安全是“第一原则”。所谓第一原则，是不讨论的根本点，是一票否决不可僭越的红线。百度还建立了自己的安全实验室，并通过机制、文化、道德准则警戒“雷区”，防患于未然。

智能云助力各行各业实现产业智能化升级的过程中，安全是必不可少的重要一环，百度智能云打造了一体化的安全体系，全面覆盖从AI模型安全到行业生态安全的方方面面。在AI模型安全方面，模型鲁棒性检测和深度伪造的识别等领先技术向业界开源开放。同时，从整体架构、硬件安全、计算安全、存储安全等方面进行了安全设计，形成了原生的安全能力。在云安全服务方面，着力打造了覆盖端侧设备安全、边缘对抗和云端防御的三位一体的安全体系。在数据安全和隐私保护方面，包括联邦计算、差分隐私、通用安全计算、数据脱敏、隐私合规检测等方面，提供了全生命周期的数据安全及隐私保护解决方案。有了安全的保驾护航，智能云更加高效地贡献人工智能、大数据等技术优势，在关乎国计民生的领域践行使命和责任。

安全是自动驾驶技术开发的“第一天条”。在Apollo平台上，当一个个合作伙伴拿着Apollo的技术到实际场景中应用时，百度首先想到的是安全问题，绝不能容许任何小小的错误，使得整个中国自动驾驶技术创新的速度降下来。所以，百度在这方面一直做着大量严密的工作。Apollo平台不断进化，新增的代码中有50%以上都是跟安全有关的。所以说得再天花乱坠，如果安全这一条过不去，也无法进入使用状态。

人工智能企业原则：AI伦理及AI企业标准

AI时代，随着技术的快速进步、产品的落地，大家也越来越认识到对新的规则、新的价值观、新的伦理讨论的重要性。

技术的发展不可逾越规则的“红线”。人工智能领域的从业者，最怕失去敬畏心。加强人工智能伦理研究，正确处理好机器与人的关系十分必要。

人工智能伦理将是未来智能社会的发展基石，要抓住人工智能的战略发展机遇期，加快伦理研究和创新步伐，构筑我国人工智能发展的竞争优势，早日建成智能社会，用技术造福百姓。这需要由政府主管部门牵头，组织跨学科领域的行业专家、人工智能企业代表、行业用户和公众等相关方，开展人工智能伦理的研究和顶层设计，促进民生福祉改善，推进行业健康发展，掌握新一轮技术革命的主动权。

作为人工智能领军企业和平台型公司，百度也在自觉强化担当，做好引领示范，在产品设计和业务运营中贯彻人工智能伦理原则，让人工智能提供的信息和服务帮助人们成长，获得更多发展机会；实现人工智能技术和伦理的协同发展，更好地服务于社会。

2018 年 5 月，百度正式提出了 AI 伦理四原则：一是 AI 的最高原则是安全可控；二是 AI 的创新愿景是促进人类更平等地获取技术和能力；三是 AI 的存在价值是教人学习，让人成长，而非超越人、替代人；四是 AI 的终极理想是为人类带来更多的自由和可能。

互联网的马太效应和多中心化日益明显，平台型公司的立足点与角度很重要。内容平台和电商平台动不动就是“闭环”，造出的信息孤岛、内容孤岛、数据孤岛已司空见惯，这是一种自我中心的异化。没有人更多地考虑内容、服务供给者的意愿和苦衷，吃相不好看，把用户体验抛诸脑后，平台就成了痛点的制造者，背离了用户驱动的初衷。讲闭环，对非自己生态的内容、流量、链接会限制、限流，要么“二选一”，商家只会苦不堪言。形如直播平台与电商本来就是一体两面，对于中小商家应该是左右逢源，而不是左支右绌、左右为难。如果每一个平台做闭环，都要自建货架、电商，造成大量的资源浪费不说，且会给商家带来更高的维护成本。互联网的去中心化变成以平台为中心，中小商家没有话语权，这不叫生态，不叫协同。

可喜的是，2019 年 6 月 17 日，国家新一代人工智能治理专业委员会发布《新一代人工智能治理原则——发展负责任的人工智能》，提出了人工智能治理的框架和行动指南，强调了和谐友好、公平公正、包容共享、尊重隐私、安全可控、共担责任、开放协作、敏捷治理八条原则。日前，《中华人民共和国数据安全法（草案）》发布，以保障数据安全，促进数据开发利用，保护公民、组织合法权益，维护国家主权、安全和发展利益。

百度一直在不断复盘自己，一直在不断自我检视、自我纠偏，一直在持续改进的路上。我们抱持技术信仰，我们拥抱底座情怀，我们满怀敬畏之心，我们深怀对用户、对未来的虔诚。我们也期待用户来一起定义百度，大家都是百度自身智能化治理的分布式节点和永远的合作伙伴。

百度愿意和顶级人工智能公司一道守护人工智能的价值观。我们希望人工智能帮助人、服务人，而不是让人工智能替代人和伤害人，所以我们对 AI 的世界，对未来的世界是有信心的。

有可信的 AI 吗？ AI 会让世界变得更美好吗？ AI 的概念提出已有 60 多年的时间，每一个从业者，每一家 AI 技术开发的公司都会不断问自己这两个问题。

如果让百度来回答这两个问题，我们的答案是“有，且必定如此”。

06

大生态·大协同·大成长：开放开源，共生协同，各得其所

大家很快会看到，云计算、语音、图像、自然语言理解等一系列技术会成为我们引领产业的关键。在这些技术平台上，必将涌现更多对用户、对行业具有深远影响的产品。因为我们具备这样的技术实力，因为我们已经做好了所有的准备。相信技术的力量，相信创新的力量，相信百度的力量，未来在我们的手里。

——李彦宏在百度年会上的主题报告（2013 年 1 月 19 日）

生态系统的概念由英国生态学家阿瑟·乔治坦斯利在 1935 年提出，指在一定的空间和时间范围内，在各种生物之间以及生物群落与其无机环境之间，通过能量流动和物质循环而相互作用的一个统一整体。

随着对生态系统及社会组织结构认知的不断深入，人们发现，人类社会的组织、运转和生物学意义上的生态系统极为类似，并将“生态系统”这一概念大量引入社会科学领域。1993 年，美国的詹姆斯·F. 穆尔首次提出了“商业生态系统”的概念，并出版《竞

争的衰亡：商业生态系统时代的领导与战略》一书，北京出版社 1999 年发行了中译本。

穆尔认为，商业生态系统是由组织和个人这些商业世界的有机体所支持的经济共同体。商业生态系统具有自组织的特性，并不断进化。与传统企业不同，一个有机的共同体，人和组织在这个系统中可以不断地互动、相互依存，在不断交互中共同进化。

联想到百度，搜索引擎生而开放。从百度百科、贴吧，到知道、百度学术，一直具有生态的性质。之后的机器翻译、百度大脑、飞桨、Apollo、DuerOS 等都秉持了开放开源的态度，构建开放平台和各类中台。单就百度移动生态而言，如沈抖所说，“百度移动生态强调合作共赢、开放与融合，我们的创作者、开发者、商业机构以及所有用户都可以在百度生态中汲取营养，发展壮大，形成共生共存、繁荣共创的万象世界”。

外部的认知更重要。2019 年 12 月 15 日，波士顿咨询发布了《产业智能化：中国特色 AI 平台模式》报告。该报告以百度和谷歌为对比样本，分享了就“智能时代的产业创新和发展为什么需要 AI 平台模式，转型期的中国实体经济对 AI 平台有什么要求，中国特色的 AI 平台模式能否为中国实体经济的高质量发展注入新动能、助力产业智能化”三大关键问题产生的全新洞察。

次日，“BCG 波士顿咨询”微信公号继续发表上述报告同题文章，认为“在伙伴赋能方面，谷歌强调技术能力全面和广泛，关注 AI 技术开发的全流程支持。百度则强调技术易用和全面，提供商业化支持、人才培养等产业化赋能。两者体现了完全不同的思路”。上述报告和文章提出一个重要判断，“中国独特的市场环境使企业面临多方面挑战，需要技术和产业价值并重的中国特色 AI 平台”。

的确，商业生态系统本身具有大协同性质。不少企业家提出构建生态，甚至总结了很奇特的理论，有的最后禁不起检验沦为笑谈。起点错，步步错，其根本在于有没有生态思维、协同思维。“有机”的、可持续的生态系统一定是共建共享、共生共赢、无界协同和各得其所的。

人工智能是一种信仰，不是一种装潢

面对丛林法则，技术型公司往往采用相对封闭的方式对自己的技术与应用进行“保护”，构建所谓的“护城河”。这一点本无可厚非，也需要必要的谨慎。但条条大路通罗马。整体价值实现一定不是只有封闭、中心化、老死不相往来一条道路可走。

技术和人工智能是百度的信仰，我们相信技术的力量。与此同时，我们也相信生态的力量、协同的力量。因此，百度生而开放，面向未来百度会更加开放。

百度不会把人工智能当作一种装潢，也不会在移动生态上将打发时间当作追逐项，百度更希望助人成长。百度不希望全社会都重复投入去“造轮子”，更希望开放能力和生态，并依托全生态的人工智能、群体智能技术和能力，推动新基建，促进产业智能化，加速智能经济发展，助力智能社会的到来和以人为中心的可持续进步。

人工智能是算法算力大数据综合能力的融合，背后靠多技术、多学科的支撑。谭建荣院士认为人工智能有八大关键技术：深度学习算法、模式识别算法、数据搜索方法、自然语言处理、增强学习算法、机械视觉算法、知识工程方法和类脑交互决策。

《新一代人工智能发展规划》也列出了知识计算引擎与知识服务技术、自主无人系统的智能技术等 8 个方面的关键共性技术（见以下专栏）。

专栏　关键共性技术

1. 知识计算引擎与知识服务技术。研究知识计算和可视交互引擎，研究创新设计、数字创意和以可视媒体为核心的商业智能等知识服务技术，开展大规模生物数据的知识发现。

2. 跨媒体分析推理技术。研究跨媒体统一表征、关联理解与知识挖掘、知识图谱构建与学习、知识演化与推理、智能描述与生成等技术，开发跨媒体分析推理引擎与验证系统。

3. 群体智能关键技术。开展群体智能的主动感知与发现、知识获取与生成、协同与共享、评估与演化、人机整合与增强、自我维持与安全交互等关键技术研究，构建群智空间的服务体系结构，研究移动群体智能的协同决策与控制技术。

4. 混合增强智能新架构和新技术。研究混合增强智能核心技术、认知计算框架，新型混合计算架构，人机共驾、在线智能学习技术，平行管理与控制的混合增强智能框架。

5. 自主无人系统的智能技术。研究无人机自主控制和汽车、船舶、轨道交通自动驾驶等智能技术，服务机器人、空间机器人、海洋机器人、极地机器人技术，无人车间 / 智能工厂智能技术，高端智能控制技术和自主无人操作系统。研究复杂环境下基于计算机视觉的定位、导航、识别等机器人及机械手臂自主控制技术。

6. 虚拟现实智能建模技术。研究虚拟对象智能行为的数学表达与建模方法，虚拟对象与虚拟环境和用户之间进行自然、持续、深入交互等问题，智能对象建模的技术与方法体系。

7. 智能计算芯片与系统。研发神经网络处理器以及高能效、可重构类脑计算芯片等，新型感知芯片与系统、智能计算体系结构与系统、人工智能操作系统，研究适合人工智能的混合计算架构等。

8. 自然语言处理技术。研究短文本的计算与分析技术，跨语言文本挖掘技术和面向机器认知智能的语义理解技术，多媒体信息理解的人机对话系统。

上述任何一项关键共性技术都包括大量子系统、子技术、子能力。每一项科技进步都是一个系统工程，此时更需要生态协同、创新协同、产业协同。百度愿意身体力行。

过去的互联网公司基本上以软件为主，但是今天，软件、硬件、服务这三者要进行强有力的结合才能真正发挥效果。

单维的垂直能力固然可取，单维能力间也可以叠加。当有条件拥有某一领域的全栈能力时，任何一家有梦想的公司恐怕都不会放弃，但这往往并非易事。

仅有单维能力是不够的，单维的解决方案难以走得更远。如果再封闭，问题就会更大。此时，有两个选择，一是发展其他能力，二是选择可靠的平台与生态展开合作。后者又有两个选择，是自建生态，还是融入别人的生态。

当某一领域全栈能力强，或者集成、融合、生态能力强，就可以高维打低维、多维打单维。这就改写了商业生态和商业逻辑。被服务主体对服务方选择谁不选择谁，其实也不言自明。新基建如此，智慧城市、产业智能化也是这样。

所以，生态化是必然趋势，企业和个人都需要提高生态能力或者融入生态的能力。区域一体化也是一个生态，城市培植新空间、新动能也需要发力生态营造。也正因如此，国家的科技创新导向、新基建导向都在变化，新基建中就提出建设公共性、共享性、公益性的“创新基础设施”，这是很有智慧的安排。

“商业生态系统”也必须被改写，应该是包纳了创新生态、产业生态、商业生态、协同生态、成长生态的“价值生态系统”。这个系统可能形成超级系统，但也一定有更多的子系统。

百度20年，积累了很强的to C能力，也基于对商业伙伴的理解，积累了to B的能力。在信息整合传播与分发、舆情监控、智慧城市、政务服务、智能交通、新基建、应急服务上，百度 to G（对政府）的能力也已基本就绪。

基于技术、能力与生态，在推动产业智能化和新基建方面，百度拥有显而易见的优势：既可以对产业智能化赋能，还可以释放连接交互、服务分发、用户触达、实现变现的关键能力。如马化腾所言，开放不仅仅是开放平台本身，还有我们的用户群，它将成为产业互联网的一个源泉，能连接从用户到产业的服务。

百度一直对自己不断进行检视。2018 年百度上线了“公立医院品牌保护计划”，对公立医院、权威医疗研究机构进行首位展现官网保护，致力为网民提供优质、权威的医疗信息。截至 2019 年 5 月，百度已对超过 14.5 万个公立医院名称（含简称、别称、俗称）进行保护。当用户搜索这些受保护的公立医院名称时，将不会出现其他医院的商业推广。

在上网搜索医院的过程中，很多网民会使用自己习惯的“简称”或“俗称”作为关键词。比如“北京大学第三医院”通常被简称为“北医三院”，再如“滨海医院”在天津、烟台、盐城、台州等多个城市都有同名医院。一些医院的“别称”只有本地人才清楚，外地人很难搞清。此外，部分公立医院官方网站因时常更换或维护，也给搜索引擎的抓取和优先展示带来困难。为此，百度专门向网民发出了征集公立医院简称的倡议，用户积极互动，提供有效信息。 经过评估后，百度已经对网民提交的医院简称成功进行了保护。

除了医院官网，百度也利用 AI 技术对一些“变体词”进行了有效打击，如胃癌的变体词“胃 | 癌”“胃 cancer”等，白癜风的变体词“百癜风”“bai 癜风”等。百度 AI 审核拒绝医疗变体词推广量日均达 160 万个，2018 年上半年拒绝医疗变体词推广量超三亿个。

2019年9月，百度再次升级，宣布“公立机构官网保护计划”，进一步加强对公立机构官方网站百度搜索结果的保护。通过该计划，网民在百度搜索政府机关、事业单位等公立机构时，百度将优先展示经过认证的公立机构官网或相关信息，并对搜索结果标注官方认证标识。截至2019年9月，百度“公立机构官网保护计划”已引入超过10万家公立机构官网，涉及700万个搜索词，覆盖了政府机关、事业单位、医院、殡仪馆、学校、博物馆、景区等公立机构，未来覆盖范畴还将持续增加。

开源是一种态度，面向未来的态度

某种意义上，我们过去讲“用电量”是衡量一个经济是否繁荣、是否健康的指标，今后我们可以用“用脑量”（AI大脑）来衡量一个行业智能化的程度，当然这个用脑量也包括开放平台上开发者的使用量。开发者所属的行业其实已经遍及几乎所有我们能想到的行业：从文化娱乐到企业服务，从教育培训、生活服务到金融、交通物流、智能硬件等各个方面，都有我们的AI开放能力。也正是因为开源和开放，AI正在渗透进经济和社会的毛细血管。

百度的技术发展、场景服务伴随着生态打造和开放开源。百度在2013年建立深度学习研究院，2015年推出百度翻译开放平台，2016年9月开放百度大脑，至目前，形成了一个从移动生态、百度大脑、飞桨、智能云到Apollo、DuerOS，再到百度昆仑芯片、鸿鹄芯片的大生态、大协同的开源开放平台矩阵。

AI开放平台，百度大脑开源开放路线图

百度大脑自2010年起开始积累基础能力，后逐步完善。第四章第五节做了简单回顾，这里略做详细梳理。

- 2016年9月1日，百度世界大会上，百度大脑1.0完成了部分基础能力和核心技术对外开放。
- 2017年7月5日，百度AI开发者大会上，百度大脑2.0版发布，包含基础层、感知层、认知层和平台层在内的完整技术布局，并通过AI开放平台对

外开放包含语音、图像、视频、增强现实、自然语言处理等在内的 90 余项 AI 核心能力，积极与行业合作伙伴和广大开发者一起共建 AI 技术生态（见图 6–1）。

图 6–1　人工智能平台技术能力结构

2018 年 7 月 4 日，百度 AI 开发者大会上，百度大脑宣布升级至 3.0，开放 110 多项 AI 核心能力，核心技术突破是“多模态深度语义理解”，不仅让机器听清、看清，更可深入理解其背后的含义，从而更好地支撑各种应用。当时，百度大脑日调用次数已超过 4000 亿次。

2019 年 7 月 3 日，百度 AI 开发者大会上，百度大脑升级至 5.0，形成了包括基础层、感知层、认知层、平台层和 AI 安全五大部分的核心架构。百度大脑 5.0 成为软硬件一体的 AI 大生产平台，核心算法再获重大突破，首次公布端到端 AI 计算架构，并实现了 AI 计算、计算架构与应用场景的创新融合。而安全一直都贯穿 AI 技术研发的始终，已经融合进百度大脑的所有模块。

百度大脑 AI 开放平台持续升级，是目前最完整、最前沿、最开放、最具活力的 AI 技术平台。现阶段从深度学习框架、深度学习实训平台、场景化 AI 能力、定制化训练平台，到软硬一体模组和解决方案等实现全面开放，为各行各业赋能，加速创新 AI 产品落地，助力企业智能化转型，已覆盖金融、工业、农业、零售、医疗、互联网等行业。

飞桨、Apollo、DuerOS 三大平台开放路线图

（1）飞桨。再简要看一下飞桨的开放情况。2016 年 8 月 31 日，百度宣布自研的深度学习框架 PaddlePaddle 开源。2018 年，百度成立深度学习技术平台部，发布 PaddlePaddle 核心框架 1.0。2019 年 4 月 23 日，发布中文名“飞桨”，升级为功能完备的产业级开源开放平台。经过数次迭代，2020 年 2 月，升级到 Paddle v1.7。5 月 20 日，飞桨进行了产品架构的升级，推出了飞桨企业版，提供更加贴合企业应用需求的系列能力。

飞桨不但提供了使开发更为便捷的深度学习框架，也开放了大规模深度学习模型训练技术，支持万亿级规模参数的模型高效训练，支持多端多平台部署，还针对产业应用开源开放面向多领域的工业级模型库，更好地支撑产业落地。

便捷、易用性是飞桨的突出特征，既包含更全面和强大的功能，也包含更易用的可视化界面，预制更丰富的场景模型，提供更强化的安全权限管理，带来更多场景应用的可能。为了提升易用性，飞桨在深度学习的环境设置、代码开发、模型训练以及模型部署上都实施了关键优化。EasyDL 能够做到让使用者通过页面拖拽操作，支持从数据管理、模型训练到模型部署一站式 AI 服务。

飞桨显著降低了人工智能技术的开发门槛，业界关注度不断提升。今天飞桨已经支持了 194 万开发者，服务了 8.4 万家企业，产生了 23.3 万个模型，覆盖了通信、电力、城市管理、民生、工业、农业、林业、公益等多种行业和场景。

（2）百度 Apollo 的开放和迭代。2017 年 4 月 19 日，百度宣布对外开放自动驾驶，Apollo 平台诞生。2017 年 7 月 5 日，百度 Apollo 1.0 发布。此后，Apollo 1.5 发布于 2017 年 9 月，Apollo 2.0 发布于 2018 年 1 月，Apollo 2.5 发布于 2018 年 4 月，Apollo 3.0 发布于 2018 年 7 月。2019 年 7 月 3 日，百度发布 Apollo 5.0，包括 Apollo 开放平台以及 Apollo 企业版两大升级。其中 Apollo 5.0 可以使开发者通过云端 30 分钟完成一辆车的动力学标定，一周可完成百辆标定。Apollo 企业版则全新发布 Robotaxi 无人驾驶出租车、智能信控两大量产解决方案，重点升级无人驾驶小巴、自主泊车、小度车载 OS 三大能力。2019 年 12 月 18 日，百度举行第一届 Apollo 生态大会，发布 Apollo 5.5 自动驾驶平台，

推出自动驾驶云，核心亮点为开放“点到点城市自动驾驶”能力，这是全球范围内首次该能力的对外开放。同时还宣布开放车路协同、智能车联两大平台，至此百度 Apollo 形成三大开放平台生态布局（见图 6–2）。

2017 年 4 月	2017 年 7 月	2017 年 9 月	2018 年 1 月	2018 年 4 月	2018 年 7 月	2019 年 1 月	2019 年 7 月	2021 年
Hello Apollo 发布“Apollo”计划，宣布开放自动驾驶平台	Apollo 1.0 封闭场地循迹自动驾驶	Apollo 1.5 固定车道自动驾驶	Apollo 2.0 简单城市路况自动驾驶	Apollo 2.5 限定区域视觉高速自动驾驶	Apollo 3.0 量产园区自动驾驶	Apollo 3.5 城市道路自动驾驶	Apollo 5.0 量产限定区域自动驾驶	高速及城市道路的全自动驾驶

图 6–2　百度 Apollo 自动驾驶开放路线

Apollo 平台用开放的方式共享各种技术能力，汇集了国内外车企、汽车新势力、服务提供商等伙伴，构建了广泛的生态系统，并用理事会模式开展生态治理，助力生态伙伴快速获取重要能力，降低厂商研发、生产和销售门槛，减少重复投入，提高开发效能，有效缩短了产品落地时间。第一批量产计划也提前两年推出。

（3）DuerOS 开放平台。2011 年苹果推出 Siri 之后，谷歌 Now、微软 Cortana（小娜）、亚马逊 Alexa、百度 DuerOS 等陆续面世。2017 年 7 月，百度首次公开其 AI 发展战略和布局，同步推出对话式人工智能系统开放平台 DuerOS，运用了最先进的自然语言处理技术，赋予机器听清、听懂人类语言的能力，为用户提供最自然的人机交互体验。2017 年 11 月升级为 DuerOS 2.0，这次全面的升级，包括升级的小度智能设备开放平台和全新发布的小度技能开放平台。升级后的 DuerOS 2.0，将会给用户和行业带来更好的“听清、听懂和满足”体验。此后的软硬一体化与小度车载 OS 进展前文已有涉及，不再赘述。

DuerOS 作为对话式人工智能操作系统，建立在百度语音识别、图像识别、自然语言处理、用户画像等世界领先的技术能力之上，是百度技术的集大成者，也是百度全球领先人工智能技术的重要应用之一。DuerOS 整合了百度的信息与服务生态优势，拥有海量数据，精心打造了 10 大类目 250 多项能力，能通过自然语言完成对硬件的操作与对话交流，用户可在不同场景下实现指令控制、信息查询、知识应用、寻址导航、日常聊天、智能提醒和多种 O2O 生活服务；同时支持第三方开发者的能力接入，为用户提供完整的服务链条。作为一款开放式的操作系统，DuerOS 通过云端大脑时刻进行自动学习，让机器具备人类的语言能力。

随着 AI 技术的发展，DuerOS 语音对话式交互可以进一步降低用户获取信息的门槛，让更多人享受科技带来的红利。合作伙伴通过接入，将技术、场景和设备相结合；而搭载 DuerOS 系统能力的“智慧芯片”，具备低成本、低功耗、高度集成等特点，广泛适用于智能玩具、蓝牙音箱、智能小家电等多种设备，极大降低了合作伙伴使用人工智能对话系统的门槛，创造了更多可能。

百度作为最早布局人工智能的技术公司之一，会聚了全球顶尖的人工智能人才。在人工智能三大要素算法、算力、数据上，都有着长期深厚的积累。拥有建立在超大规模神经网络、万亿级参数、千亿级样本上的 AI 算法；依托数十万服务器和中国最大 GPU（图形处理器）集群的计算能力；作为全球最大的中文搜索引擎，积累了全网万亿网页、数十亿搜索、百亿级图像视频和定位数据。

600 多年前，永乐大帝派遣郑和七次下西洋，那时候中国的航海技术还是世界上最先进的。后面实行了海禁政策，之后的几百年中国闭关锁国。但是在万里之外，哥伦布发现了新大陆，麦哲伦实现了环球航行，英国、西班牙、荷兰都建立了庞大的舰队，直到 1840 年坚船利炮把中国的门户打开。以史为鉴可以知兴替。今天，当中国再次站在世界舞台显要的位置，当人工智能时代到来之际，当中国有很多优势可以开发最先进的 AI 技术时，我们认为开放一定可以跑赢封闭。这是我们的信仰，我们也正在一步步地实践这样的信仰。

没有多样性，就没有生态

一个生态，多主体、多物种、动态结构、有共识的游戏规则是基础。其中技术的多样性、物种的多样性、文化的多样性决定了生态的多样性，多元参与、多物种协同，生态效应才有可能凸显出来，也才有融合协同的更大空间。

在无人驾驶方面，百度采取了开源的方式，这跟绝大多数公司都不一样。很多公司包括 OEM（原始设备制造商）车厂、众多创业公司都在研发无人驾驶技术，因为大家都意识到拥有 100 余年历史的汽车工业将迎来一个大发展、大变革的时代。很多人也非常焦虑，但多数无人驾驶技术都在重新发明轮子。百度意识到这个问题，就把自己做的东西都拿出来开源开放，你随便用，随便改，如果愿意回来做些贡献那更欢迎。这个生态开放以来，在全球已经有近200家生态伙伴，3.6万余名开发者。这个生态可以说是全球自动驾驶最早的一个生态，现在也是最大的生态。大家能想到的跟车相关的公司，基本上都加入了Apollo平台。

国际数据公司（IDC）（2018年）认为，几乎所有的新兴技术市场都遵循同样的生态演化路线："从由创新型企业主导，市场高度集中，到新玩家不断加入，产业链高度细分，用户独立创新，再到细分产业逐渐整合，参与者各司其职。"上述报告将未来的人工智能产业链简单分为5层：底层硬件、开源框架和库、平台型技术供应商、基于平台开发应用的解决方案商和独立软件供应商，以及终端用户。另外，衔接底层硬件到终端用户的重要角色还有开发者和系统集成商（见图6–3）。

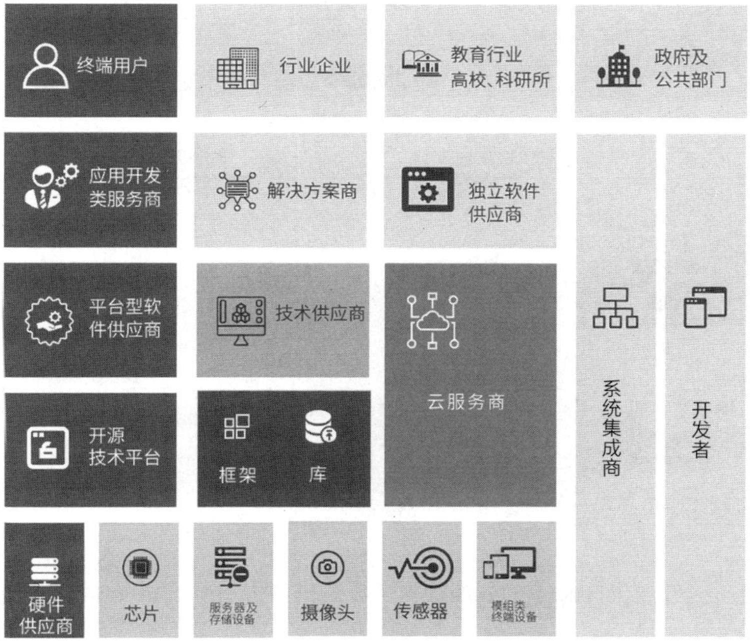

图6–3　分工明确的人工智能生态

资料来源：国际数据公司、百度AI产业研究中心，《百度大脑领导力白皮书》，2018年12月20日

当然，生态构建往往会出现以下三种情况。一是同一个物种栖息在不同的生态。这是很正常的，本身就是多样性的体现，所以平台不要强求一律，要求参与的主体只能在单一平台。二是不同的物种都希望主导生态或自建自己主导的生态。这种情况往往会导

致生态处于上述的各自为政阶段而难以跃迁。三是某一物种担心自己过度受制于某平台，所以在选择供应商、伙伴时会采购不同的“鸡蛋”。第三种情况在智能驾驶领域已比较常见，汽车厂商往往会选择多家平台或供应商的技术、服务。未来生态互信建立起来之后，将有助于化解不必要的担心和成本投入。

生态治理对开放平台与共生生态越来越关键。Apollo 开放平台会同伙伴探索出一套比较好的生态治理体系——Apollo 理事会。

百度明确了理事会的架构及其职责（见图 6–4）。理事会负责确定的 Apollo 计划相关的整体战略、商务开拓、推动立法或政策制定方面的政策和规则。秘书处则负责理事会和顾问委员会的日常行政事务，如协调和安排理事会会议，协调和安排顾问的选聘及参加理事会会议，编制理事费用分摊方案，理事会和顾问委员会的其他日常事务。

图 6–4　Apollo 理事会结构

在成员组成方面，目前 Apollo 的理事单位包括理事会成员和观察员。理事会的成员单位在理事会成立之日为 7 席，可逐渐增加至 14 席，其中百度为常任理事，其他理事为非常任理事。推荐单位成为理事会成员要基于理事会成员的情况，谨慎考虑申请单位的行业、业内影响力、对 Apollo 的贡献，以及加入意愿等因素。百度、博世、大陆、戴姆勒、福特、英伟达、奇瑞、宝马、大众是现有理事会成员。

对于观察员，约定理事会自第一次会议起设三席观察员，初始由百度提名。每个观察员有权自负费用参与理事会（或其相关委员会）的所有会议，但观察员对会议讨论事项无投票权。每一届观察员的任期为一年，现在的观察员为北汽、一汽、金龙、联通、移动。

Apollo 理事会还专门明确了工作机制。对工作重点进行界定——理事会工作重点指理事会成员共同关注的重点议题。议题经年度理事会表决，超半数赞成，则表决通过，可设定为理事会年度工作重点。而工作重点的推动落实机制为工作组，即工作重点交由相关工作组制定落实方案，并进行推动与实施。Apollo 开放平台架构，如图 6–5 所示。

图 6–5　Apollo 开放平台架构

百度大脑 AI 开放平台有完善的生态设施（见图 6–6），帮助伙伴快速成长。对加入百度大脑技术生态的主体，有三大合作计划：一是合作伙伴计划，为伙伴提供技术、客户、营销、企业运作等全方位支持，帮助伙伴成功，共享 AI 未来；二是行业合伙人，旨在面向 AI 技术应用落地重点行业，联合优质的行业合伙人企业，共同创造 AI 新价值；三是 AI 加速器，开放百度强大 AI 技术，精选顶级导师，对接产业资源和资本，让 AI 创业者赢在起跑线。

百度大脑创新性地推出了 AI 市场，为合作伙伴提供品牌营销、产品评测、产品推荐等全套服务，旨在为合作伙伴带来更多优质的订单。同时，百度大脑的行业创新合伙人计划在每个细分领域最多选择三家企业，与百度大脑联合设计、开发，共同打造行业解决方案，推动产品落地。

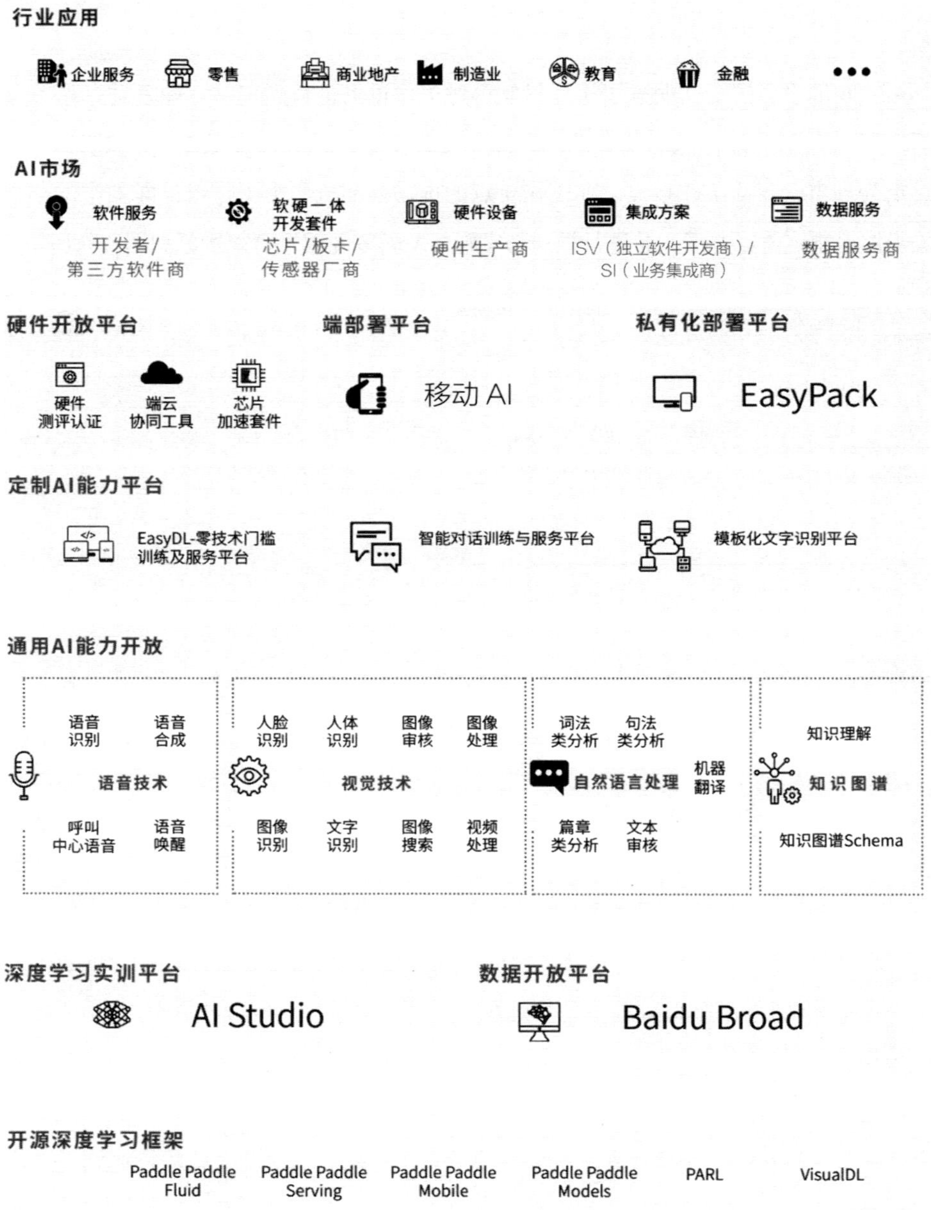

图 6–6　百度大脑开放平台架构

为了共生，只有共生

人类本是共生体。平台物种间、跨物种能够共生、彼此互利，才有了生态的多样性，生态具有共生性才是生态存在的意义。技术不能与场景共生，就会被束之高阁；互利共生、各得其所是新型生态系统的基本动力和根本法则。

我们可以看到诸多共生的例子。“小丑鱼”是一种颇受人们喜爱的热带咸水鱼，因为脸上有一条或两条白色条纹，好似京剧中的丑角而得名。带毒刺的海葵可以保护小丑鱼，海葵则吃小丑鱼消化后的残渣，两者形成一种互利共生的关系，因此小丑鱼又称海葵鱼①。

引申到商业生态，其实例子比比皆是。如滴滴平台上私家车主之间就是一种共生关系。滴滴上线时，App 只有 16 盏灯亮起来，也就是只有 16 台车（当时是出租车）在跑。假设一直只有很少的车提供服务，就不可能引来大量的需求订单。显而易见，滴滴平台和司机之间、司机与司机之间、司乘之间、平台与乘客之间都是互利共生关系。

回看乔布斯对苹果的设计绝不是产品，而是整个生态结构。美国微生物学家林恩·玛格丽丝深信共生是生物演化的机制，“大自然的本性就厌恶任何生物独占世界的现象，所以地球上绝对不会有单独存在的生物”。

感谢大自然的慷慨恩赐，它教会、启示了我们很多。为了共生，只有共生。这是百度哲学的思考，也是百度生态的行动。

在百度移动生态，这样的互利共生关系随处可见。百度百科开始只有很少的知识贡献者和编撰者。百度知道也不是一下子就成为全球最大的中文互动问答平台的。百家号、好看视频、爱奇艺的内容创作者之间、他们与平台之间、打通后各平台之间也会共生化、生态化。目前，百度移动生态是中国最大的以信息和知识为核心的移动生态：百家号创作者人数超过 300 万，好看视频拥有 80 万媒体机构以及 PUGC（专业用户生产内容）创作者，百度知识垂类拥有 2.2 亿内容创作者，其中包括 6 万家合作机构和 5 万名专家学者。

以好看视频为例，每天都会服务 1.1 亿用户，每天总时长达到 40 亿分钟，2019 年一共发布了 1.4 亿条视频。这一切离不开创作者对视频内容的完美创意。在好看视频，央

---

① 白海锋，李晓光，张霖，等，八种小丑鱼与五种海葵相容性的初步研究，《水产养殖》，2011 年 11 期。

视、新华社等主流媒体2019年全年播放量超过2000亿次，还与40家电视台合作推出了可以在线观看电视直播的电视台小程序。PUGC生态持续繁荣，原创作者规模一年增长286%，有200多位创作者成为粉丝数过百万的头部创作者。好看视频正在全面打通百度的超级流量矩阵：在百度App的搜索+信息流、小度音箱、爱奇艺、贴吧、知道、百科（见图6–7）等所有产品都进行分发。好看视频与爱奇艺在创作者和流量上全面打通，营造了一个更大更活跃的短视频生态。为激发和繁荣更加有用、有料、有深度、有生命力的内容，好看视频今年拿出1000亿的流量，以“未来计划”激励、扶持面向运动健康、兴趣学习、旅游、美食等八大垂类的优秀作者。

图6–7 百度百科2020年6月10日11：40截图，右侧是动态实时统计

百度这么多的开放平台和生态，内部是互利共生的，和其他平台、生态间也一直保持良好的信息、能量输出输入关系。百度大脑的AI开放平台与飞桨是基础，向Apollo、DuerOS等各类开放平台、各类中台源源不断输送技术、方法、应用、服务的价值，各平台、中台的数据、信息也会“反哺”百度大脑，促进飞桨的优化。同时，打通移动生态，让生态物种、各类服务、各种需求、各类知识信息触达每一个需求者、使用者。

百度还从另一个层面理解共生——提高百度平台、百度生态供其他物种依托以自由生长、成长的能力。保就业、保民生上百度也是可以有所作为的。百度的“共度计划”是面向中小企业的，帮助它们获得触达用户的机会。2020年5月，百度地图还推出针对中小商户支持的“繁星计划”：面向全国超一亿的个体工商户、公司、景区开放免费入驻渠道，商户无须提供复杂资质证明即可入驻百度地图，提升门店曝光率，拉近与消费者的距离。

这样的思路也延续到为湖北拼单的行动中。2020 年 5 月 27 日，百度 App“宝藏湖北”公益直播，联合湖北省市网信办共同打造了 12 小时不间断的慢直播，带领全国网友走进武汉、荆州、襄阳、潜江、随州、宜昌、洪湖、蕲春、大别山，了解当地风土人情、民俗民貌以及厚重的历史底蕴，通过营造知识和文化场景而进行直播带货。“宝藏湖北”是百度 App“宝藏中国”超级 IP 直播活动的第一站。接下来，还将先后走进四川、湖南、安徽、河北、江西等地，利用数字化手段打造全新城市名片，发掘当地魅力，为网友带来更多知识与实惠并存的直播盛宴。

这也反映了百度搭建直播带货平台不同于他人的选择——依托有价值的信息和知识、文化做导购。一般性直播带货的本质就是价格战，比拼的就是全网最低价。而百度是生态思维、共生思维，通过营造一种以知识和文化为底蕴的场景，进行带货，这与百度信息和知识的属性密不可分。

这里，有一个问题抛出来供大家思考：人和机器之间是不是一种互利共生关系呢？

远程、在线、知识管理，触手可及

对每个人来说，在线已经变成常态。企业的在线是一个渐进的过程，更大程度上是用户在线反向推动了企业在线、城市在线。

“如流”三流合一，构建 AI 时代办公流水线

企业服务在线化接受起来不难，而企业办公的在线化却往往动力不足。突发的疫情成为变革企业运营的强大驱动力，迅速激活了企业对智能办公的需求，甚至海外几家大型互联网公司和知名投行已宣布，即便疫情结束，员工也可以申请长期在家“云”办公。

百度在 2008 年 2 月就打造了百度 Hi，为满足企业智能办公的需要，2020 年 4 月 26 日，百度对百度 Hi 进行品牌升级，更名为“如流”并正式开放。

依托百度 AI 中台和知识中台，如流融合企业通信、协同办公和知识管理于一体，构建 AI 时代办公流水线，打造新一代智能办公平台，并包含智能会议管理、快速入会、智能搜索、智能推荐、智能降噪等特色功能，使公司内的信息、知识高效地流动起来，大

幅提升创新的效率。

如流的“通讯流”已支持520人同时参会，支持弱网环境，可随时随地实时通信；“工作流”支持会议、日程、项目等多种日常工作线条之间的相互协同，降低企业运营成本；“知识流”则可以支持企业内部的知识搜索、个性化推荐、企业论坛等知识管理能力，直接赋能企业的运营。以上核心能力为企业提供了灵活、方便、高效的办公模式，帮助企业数字化转型，提升核心竞争力。

有意思的一个小案例是，一对小夫妻在2020年5月20日借助如流举办云端婚礼，邀请520位亲人朋友在线见证。

知识赛道其乐无穷

搜索、知识垂类、长短视频、直播、智能办公、各类学院、知识中台、多元生态、内容创作者、开发者，检索一下，百度的上述知识矩阵、知识生态旗帜鲜明。百度投资的知乎也是业内知识与交互的有口皆碑平台。

知识、信息的结构化难度与重要性不亚于数据的结构化。知识挖掘的难度更是明显高于数据挖掘，特别是隐性知识如何显性化，技术诀窍如何函数化、资本化。此外，知识的呈现、内容的展示机制一直面临挑战（见图6–8），知识贡献者、内容创作者之间及其与受众、粉丝之间的交互也需要持续探索。一个显而易见的需求在于，企业需要全生命周期的知识管理解决方案，否则很难面对数字化、智能化的挑战。

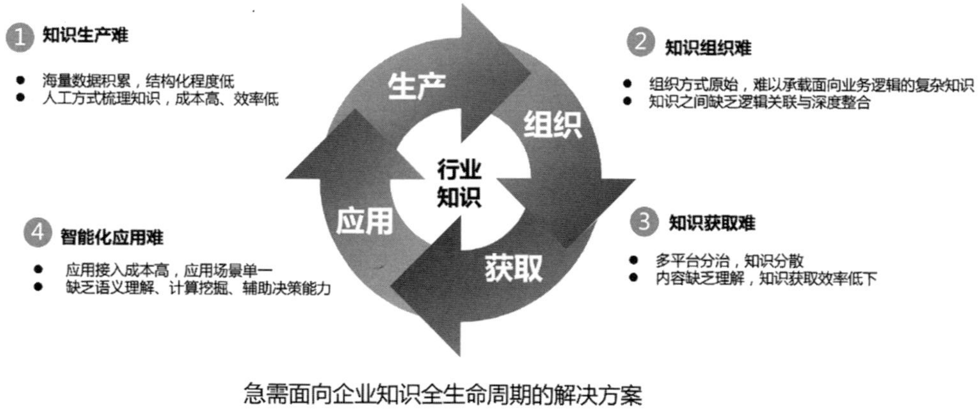

图6–8　高效利用知识是行业普遍面临的挑战

知识中台化，通过知识管理积累智力资本

知识图谱（KG）是应用最为广泛的知识表现形式之一，也是百度的拳头技术能力之一。知识图谱以图谱形式描述真实世界的实体及其内在关系，用模式定义可能的类和实体关系，允许任意实体彼此潜在相互关联，并涵盖各种主题领域。

2020 年 5 月 18 日，百度发布基于知识图谱、自然语言处理、多模态语义理解、智能搜索与推荐等 AI 核心技术的“知识中台”。提供面向企业知识应用全生命周期的一站式解决方案，助力企业全面提升运行效率和决策智能化水平。

知识中台在底层对接各种不同来源和形式的数据，核心功能层为企业提供知识生产、知识加工、知识应用能力，上层支持不同业务场景，包括智能知识库、行业知识图谱，以及企业搜索、智能推荐等。

百度知识中台其使用场景十分丰富（见图 6–9），包括以下几类。

- 企业搜索与知识库：接入各类业务系统，统一化管理企业内外部知识，满足企业员工业务检索、信息获取、专业咨询等场景的需求，如百度为中国工程院构建了工程科技领域的智能化知识搜索引擎。
- 金融行业智能风控：基于知识图谱构建能力与自研高性能图数据库，深度挖掘各类金融数据的潜在关联与风险模式，可以提升金融机构抵御风险的能力。
- 法律行业辅助审判：沉淀法律知识体系，提供高效信息获取，可解释推理的知识应用能力，大幅提升结案效率与审判质量，如百度为易判科技提供高相关度案件、适用法条推荐，以及基于核心案情要素的智能搜索。
- 电力行业数字化管理：构建电力知识体系，有序组织电力知识，提供专业知识搜索和决策调度能力，助力电力企业数字化、智能化转型。
- 医疗行业辅助诊断：构建医学知识体系，提供智能化可解释的临床决策支持能力，降低误诊率、漏诊率与不合理用药比例，提升病案质控效率。

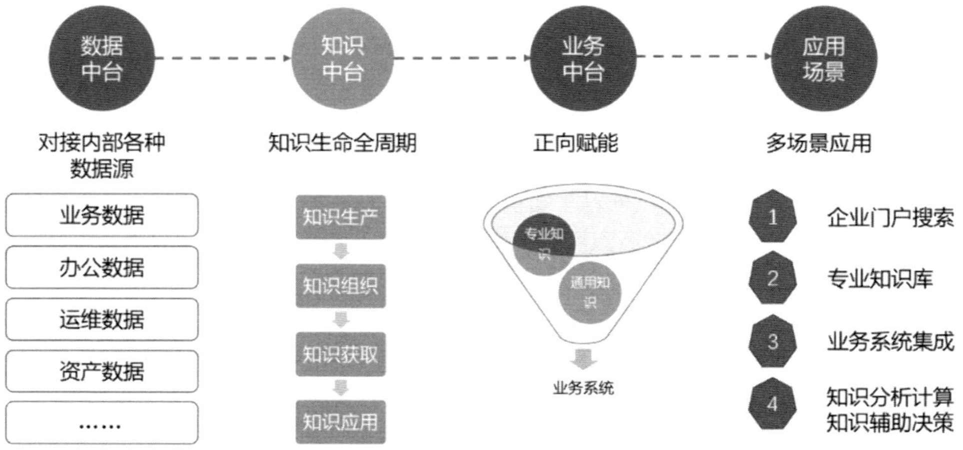

图 6–9　企业知识中台的应用场景

企业在智能化升级过程中，知识是非常关键的核心基础。企业有自己特有的知识，需要结合企业自身的行业知识和业务逻辑，满足企业对知识的需求。不过，大多数企业都缺乏构建和运用知识的能力，尤其是缺乏从数据、信息到知识构建以及运用知识的工具和平台。百度的知识中台让更多的企业在不需要构建人工智能能力的情况下同样可以在知识赛道获得价值，并沉淀属于企业的智力资本，面向企业内部的知识全生命周期的综合解决方案，如图 6–10 所示。

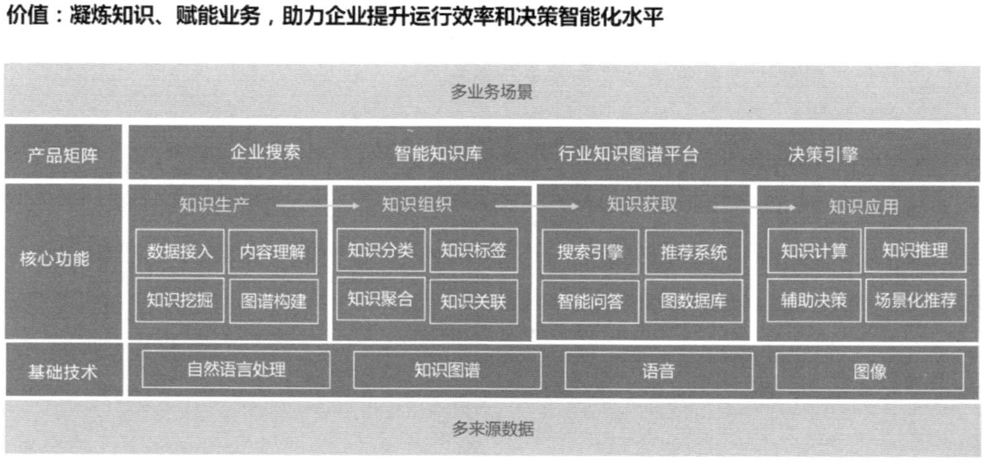

图 6–10　面向企业内部的知识全生命周期的综合解决方案

AI+IP：生态是开发者、创造者、服务者的生态

百度人每天都在快乐地创造，还戏称百度为“厂”，其实我们更希望是一所“学校”，百度真切希望成为更多年轻人成长的坚实支撑。同时，百度的生态，也有类似的期待，生态中有无数知识创造者、内容贡献者、开发者，这个生态是为了他们、属于他们的，是由他们定义的，因为未来是他们的，AI 是服务于未来的。人工智能平台型公司必须首先作为帮助更多人成长的平台。

AI+IP：打造人的成长的无限可能

每个人都是一个 IP，当然有的人是超级 IP。每个人成长的过程中除了自身努力之外，还需要借助外部的力量，而 AI+IP 一定有许许多多的可能性。

徐菁　现任百度品牌市场部、百度 AI 市场部总经理，百度大市场体系首席知识架构师，2005 年 3 月加入百度（访谈时间：2020 年 4 月 17 日）

张晓峰：您的一个职位是百度大市场体系首席知识架构师，这个职位大概有什么要求，涉及哪些工作？

徐　菁：知识架构师职位是百度市场部在十年前设置的，这个岗位需要从知识管理的角度向外看，进而反哺内部的工作。百度这样的科技企业，需要看很前沿的东西。很多工程师有特别领先的技术，在专利、学术研究领域都是领先的，我们也想知道这些技术在什么场景更被人们需要，也想看国外是怎么做的、在各个行业是怎么做的。所以当时设置了这个岗位，希望让它起到一定的前哨作用。

国外有很好的分析机构和智库机构，像我们合作的 Gartner，《财富》世界 500 强公司的很多高管都在里面，它拥有大量有价值的内容、文章。但是我们的工程师没有时间做检索分类，我们就会把市场动态不断定期向内部做知识输入，从市场角度去看一些技术应用的潜在方向。

张晓峰：这属于信息筛选，在信息庞杂和信息爆炸的状态下，个人选择的成本非常高。

开发者助推 Apollo 走向世界

张晓峰：您参与了众多百度品牌的策划、品牌传播和交互工作，拿奖拿到手软。飞桨、Apollo、百度大脑、开发者大会，您最想谈哪两个？

徐　菁：谈谈 Apollo 自主驾驶品牌建立和百度 AI 开发者大会吧。

百度 AI 领域的几个品牌，无论百度大脑，还是小度智能助手，都是百度技术积累沿袭而来。但是，自动驾驶乍一看跟百度搜索引擎业务关联度不高，百度是从互联网企业跨界到跟车企密切相关的行业的。车企业内人士认不认可，百度基因是否对做自动驾驶有帮助，那时有很多质疑的声音。

2017 年 4 月 19 日，临近上海车展开幕，百度决定发布自动驾驶品牌 Apollo。当时连车展会议室都租不到，车展内部都进不去，我们就在车展外找了一个小会议室进行品牌发布展示。有报道说百度在车展外的小会议室里面放了一颗自动驾驶方向的原子弹。

张晓峰：我很好奇，为什么会在这个节点突然做这样一个发布决定？

徐　菁：百度自动驾驶技术从 2013 年开始准备，2015 年就比较成形了，2017 年在战略上决定把自动驾驶技术开放开源。当时公司内经过多次讨论，类似安卓和 iOS，到底做封闭的生态，还是开放的生态会更好。开放生态的成长会很迅速，但是风险很大，很容易做着做着就把自己做没了。但后来，还是认为自动驾驶这样复杂的场景，会面临很多不确定因素，面临大量的决策问题，不是百度一家就能让它快速发展，需要更多的合作伙伴加入进来。

张晓峰：自动驾驶技术相对来说是更为系统、更为完整，是反映综合性 AI 水平的产物。

徐　菁：从现在看，自动驾驶也是整个 AI 的集大成者。它的决策能力、感知能力，包括机器识别、机器视觉等，需要很多 AI 顶尖能力才能把这件事做好。

张晓峰：Apollo 是怎么来的？

徐　菁：创立一个新品牌，名字很关键。当时大家讨论了很多次，也提了一些备选方案。

自动驾驶需要很多 AI 能力，需要软件和硬件之间有效配合，还会面临大量复杂场景，有很多问题需要解决。讨论过程中，大家觉得这跟当时的 Apollo 登月计划很像。有人说 Apollo 是人类伟大的工程，它需要不同方向的技术人员进行通力配合，甚至是不同国家的技术能力一起配合，最后才顺利完成。自动驾驶很类似，有一个特别高的制高点，是一个需要很多人共同努力的大工程。

自动驾驶会面临很多极端场景。在正常情况下，人们认为只要保持车在中间车道行驶，左右都碰不到东西，就非常好。但是有开发者需要做扫地车，它不走中间车道，要贴着马路牙子开，还要保证尽可能贴近马路牙子。再比如需要暴风雪天气的测试、极端环境下的测试，类似的问题非常多。

开源之后，有位俄罗斯开发者，用 Apollo 上的代码改了他的车。俄罗斯经常出现暴风雪天气，他就做了很多这种天气下的测试，不断上传代码、上传视频，让不同地方的开发者共享这个场景下的解决方案。如果全球开发者都来贡献，在各种场景里面的问题就会被更快地迭代解决，产品的可用性就会很快提升。

Apollo 平台上还有一些小物流机器人、出货机器人这类开发者，他们在实际运营中遇到很多问题，自己可以解决的，就把迭代代码传上来；自己解决不了的，百度工程师会帮他们迭代。有些创业公司的 CEO 会说，每天早晨起来第一件事就是上开放平台看一看更新的代码，说不定困扰自己很久的问题已被解决了。百度在开源平台上也会选择解决方案更好的代码，这其中一部分是开发者贡献的。

张晓峰：有时候角色定位很关键，站在不同的位置，台词就完全不一样。从用户参与的角度来看，今天合作伙伴、开发者在多大程度上参与定义了 Apollo 开放平台？

徐　菁：Apollo 整体定义就是一个开放平台。每个用户在他的垂直场景会参与产品的定义，在不同垂直场景会是不同的定义。比如专门做低速园区的合作伙伴，他需要的能力跟高速公路上的能力、城市环境的能力就不一样，我们就跟他一起定义适用低速园区的好产品是什么样的定位，应有什么特点。针对不同需求制定适合的方案，这正是 AI 的方向。这里的关键因素是，我们怎样真正进入一个行业、理解一个行业。做智能驾驶的量产车型，工程师团队和车企要紧密配合往前推进。不同行业的人的思维方式、做事方式都不一样，在推进过程中磨合，最后定义产品，不完全是一般的车企模式，也不完全是互联网科技公司的模式，最后还是市场化导向给它该有的定位。

开发者大会开启生态化新征程

张晓峰：百度开发者大会是怎么诞生的？

徐　菁：开发者大会源于百度大脑的发布。在百度 AI 开放平台推出的第二年，百度启动了第一届 AI 开发者大会。目的是希望有更多的开发者加入百度的 AI 生态，从百度愿景出发，希望让技术平等赋能开发者合作伙伴，李彦宏一直倡导要让真正好的 AI 技术变得更容易被获取，也希望和开发者共同推动技术更快地迭代。

张晓峰：这是对于技术的一种开放心态、普惠安排。

徐　菁：AI 是一个门槛很高的行业，很多行业非常需要，但人们很难从零开始组建好的 AI 技术团队，甚至大家觉得很有实力的金融行业，也很难做到，所以百度赋能的意愿和能力就显得更重要了。

张晓峰：公共的 AI 平台，即插即用，用完就走，是一种灵活动态的低成本方式。我记得有一届开发者大会上，发布了无人驾驶汽车上路的直播新闻，您可以谈一谈吗？

徐　菁：当时自动驾驶技术到了能够上路的阶段，正赶上 AI 开发者大会，我们就想借机向大家展示这个能力。

直播是最能让观众有真切感受的方式，但当时这个策划挑战和压力还是挺大的。那时还没有 5G 环境，开发者大会是 7000 人的会场，依靠 Wi-Fi 是不行的，保证直播顺畅是个关键。当时论证了很多方案，最终让大家看到了无人驾驶车从起步到上五环经历的这些路程，还是很震撼的，现场和之后社会舆论反响很强烈。就是希望展示百度不一样的技术，当很多人还在用 PPT 的时候，我们已经能够让你看到触手可及、能够实现的东西了。

各级、各类开发者是 AI 生态最重要的物种

张晓峰：AI 的生态建设中，人的因素、组织架构和知识架构怎样与 AI 的进步相辅相成？生态建立需要文化渗透，需要游戏规则慢慢成形，也需要对不同参与者的激励。百度开发者平台上主要有两种参与者，一是个体参与者，二是集成商，通过什么方式让他们有认同感、成就感，有更好的合作协同意识，持续为生态做贡献？

徐　菁：目前百度的开发者生态上有 190 万位开发者，一直处于持续增长的状态，大的开发者和小开发者都有。

我们用什么样的机制保证这个生态健康运转呢？就好像完整的教育体系，从小学到大学有不同层次、不同阶段。

一是针对高校，为高校输送 AI 能力的教材。因为行业太新了，有些高校还没有研究这个方向，它们很难输出这方面的教育。百度出了很多套教材，如自动驾驶、深度学习方向等，输入高校，提高其 AI 教学能力。百度还针对高校教师开办师资培训班，每年培养数千位老师，通过他们再去培养学生。

百度还有 AI Star 这种面向学生打造的程序之星大赛。过去几届大赛拿冠军的都是大学生，获奖者也是大学生的比例高。但是 2019 年的比赛，大学生被高中生屠榜。进入 AI 时代，连中学生都很厉害。

二是针对小开发者，主要是提供平台和工具，配套一系列公开课，让他们更容易入门。

三是针对中小企业，主要提供扶持基金。如果在 AI 方向有发展潜力，百度扶持基金可以帮它更好地起步。有些开发者就借助这种力量已经做到中型公司。现在国家有很多好政策鼓励创新型企业，所以在使用 AI 之后，这些企业的估值也在不断提升。

在每一届开发者大会上，都会汇总统计创业企业进入百度开放平台后的发展情况。长沙智能驾驶研究院有限公司在刚进入平台时估值两亿元，后面达 6

亿元，一方面估值不断提升，另一方面得到当地的重视。还有一家智能质检公司，AI 技术能力落地之后，在疫情期间被《新闻联播》报道了。这是中小企业进入百度生态之后得到的实质性帮助，平台也有孵化机制。

四是针对大型企业。百度针对进入开放平台的大型企业核心技术负责人推出了黄埔学院计划，迅速培养 AI 时代的首席技术官、架构师，帮他们完成 AI 转型。黄埔学院的学员们互相之间也能够实现资源的互通和生态共建。

百度开放平台上有一家芯片公司在使用百度 AI 技术后，成本明显降低，只有同行的 2/3 甚至近 1/2，它的行业竞争力很快展现出来了。

技术赋能、生态反哺，让组织和个人变得“更牛”

张晓峰：我还比较关心一个问题，就是可不可以用 AI 方法对个人和组织给出方向性的预判？其在某个领域的能力、发展可能性，与什么样的人或者业务形成合作最为有利？

徐　菁：AI 生态逐步成熟以后，未来会有 AI 指数之类的标准推出。看哪些企业应用 AI 的能力比较活跃、对它们的帮助比较大，根据每个企业的 AI 指数给出相应的排行榜。未来的 AI 指数就是根据 AI 能力调用量排列所有企业 AI 智能化程度。

现在百度所有开放 AI 能力每年调用量是上万亿次，这是一个非常大的数字。从这里能够看到一些趋势，把这样的趋势洞察用榜单的形式公布出来，可以给大家一个参考。

这些企业可能无法看到产业链上下游的关系，公布趋势能够帮助它们在智能化的路上走得更顺，找到更匹配的合作伙伴。未来基于整个大生态做出 AI 化分析之后，我们会根据紧密程度看哪些企业、哪些行业之间有可能合作。

张晓峰：开放平台上有这么巨大的数据量，锁定了这么大量的在这个领域里有兴趣、有能力的人，未来围绕自动驾驶、智能音箱、工业视觉等 AI 能力，用开放生态构建协同创新，在应用学习、调用交互过程中，会发现他们的特质和需求。

从社会效益角度来看，这存在巨大的潜力，能够帮助更多的行业和企业，也能够推动个体成长。百度这种帮助人发展与成长的理念非常有情怀，用智能化的能力给人带来知识帮助和赋能，科技的发展归根结底还是要尊重人、成就人，让人们生活得更好。

AI 对生活、工作的改变蕴含新机会

徐　菁：技术不断为人赋能之后，未来工作跟生活的方式都会改变。百度有一个合作伙伴是亚洲比较大的设计公司，原来，即使每天没有那么多设计需求，也要雇用大量全职设计师。现在用 AI 方式做设计，有客户需要设计一个公司商标，只要一个关键的标签，AI 能瞬间生成上千个商标，专业的设计师只需做甄选、鉴别，觉得哪几个比较好，挑选出来完善后再交给客户就可以了。整个工作方式、合作方式改变了，不用再大量雇用全职设计师。这家公司原本在全球有三四万位设计师，现在可能只需要少部分设计师，而且他们可以在海滩边玩边做设计，在街角的一个咖啡厅就能完成这些工作。

可能未来很多工作都不需要全职。现在很多 95 后年轻人想做主播，认为时间都是自己的，希望自由支配。智能化会加速工作、自由跟生活平衡的过程。

张晓峰：现在流行斜杠化，不同维度的能力、不同的兴趣专业或者知识服务能力，可以用在不同场景下，被不同的渠道调用、匹配，这肯定是 AI 可以施展的空间。

就像刚才提到的设计师朋友，我们也可以邀约全球数百万 AI 方面的人，他们不被百度雇用，但是可以被调用创造更多的价值，而且平台可以帮助他们成长，激发、生发，并产生协同。

徐　菁：连接、斜杠、协同，我觉得它们是特别好的概念。百度开放，就是一直在做这件事，在百度大技术底座上，看能够生长出来什么，看全球生态中能够有怎样的协同碰撞。现在无论 DuerOS 开放平台、Apollo 开放平台，还是百度大脑开放平台，不同国家开发者都可以在上面做贡献，比如 Apollo 上就有很多美国、俄罗斯、以色列等国家的开发者。

AI 只是工具，开发者、创造者、服务者才是改变世界的终极力量

回顾过去几百年的历史，人类社会的进步主要是由技术和创新推动的。自从电脑被发明出来，创新者、技术人员就有了另外一个称呼——“开发者”。开发者才是 AI 时代的核心生产力。AI 是工具，开发者才是改变世界的终极力量。

300 万百家号创作者，是原创的耕耘者，是匠人文化的守护人。诞生于 2005 年的百度知道，15 年来累计解决用户提问 5.5 亿次，参与答题的用户超过 1.8 亿人。他们是另一类重要的开发者和创新者。

2018 年，百度开创了自动驾驶产品化的元年，那只是自动驾驶汽车进化的起点。“阿波龙”从机械结构上看起来是减少了汽车零件数，还没有驾驶位和方向盘，但实际上背后是 Apollo 开放平台的快速发展，仅 Apollo 托管在 GitHub 上的开放代码数量，一年内就增长了 6 倍。自动驾驶从一到百的变化，离不开开发者的参与。Apollo 1.0 有 3.5 万行代码，到 Apollo 3.0 就已超过 22 万行。

无论在交通出行，还是在金融服务等庞大的产业链中，有各种各样的 AI 应用场景。今天 AI 应用一定要组合多种技术，形成综合的解决方案。对于很多开发者来说，无论他们在哪一方面比较擅长，都不容易把全链条的 AI 技术打通。也正因如此，百度大脑在过去很多年不断努力增加各种各样的能力。今天百度开放 260 多项 AI 核心能力给开发者使用，其中很多是开源的。这些能力跟开发者结合起来会产生魔幻般的力量。

开发者是一个非常特殊的群体。他们通常既懂 AI，又懂产业，产业有什么痛点他们知道，AI 有什么能力他们也知道。我们坚持科技为更好，坚信星火可以燎原，AI 一定会在各行各业逐步产生越来越大的价值。

生态是社会化的，有公共性、外部性

AI 服务于产业智能化是一个维度的职责与使命，而促进基础设施智能化，即服务于新基建是另外一个维度的使命；同时，新要素、新动能服务于智能经济和社会也是重要使命，而服务于人的成长是人工智能平台型公司的责任。这些都要求 AI 技术进步、应用拓展、生态建设要凸显其社会性、底座化、生态化的属性，否则，生态就不可能持续。

王海峰　博士，百度首席技术官，人工智能体系负责人，百度研究院院长（访谈时间：2020 年 4 月 28 日）

张晓峰： 您是老百度人了，现在担任 CTO，还要全面负责 AIG。请问您对 AIG 有怎样的期望？

王海峰： 我是 2010 年 1 月加入百度的，到现在 10 年多一点。

刚来百度时，当时虽然没有提 AI 的概念，但实际就是建设 AI 技术能力。自然语言处理、机器翻译、语音识别这些在我来的第一个季度就开展起来了。接下来的两年，百度陆续把机器学习、计算机视觉、推荐与个性化、大数据、知识图谱这些都建设起来了。这其实就是后来百度 AI 和百度大脑的技术基础。

当然建设这些技术能力只是任务的一部分，另一部分是把这些技术往产品上应用，真正支持百度业务的发展。那时百度核心产品就是搜索。几年内，百度完成了对搜索的全面改造。后来我负责搜索业务，在我看来，到 2015 年左右，搜索的智能化升级基本上比较成熟了，此后则是不断改进和发展。

2017 年，百度正式组建了 AIG，一个重要的思考是，我们沿着搜索这条路，包括后来做信息流、小度助手、小度机器人，当所有这些发展得比较成熟了，AI 还要干什么？AI 其实是不仅限于这些应用，不仅限于搜索，AI 应该有更广泛的应用。

AI 技术是第四次工业革命的核心驱动力。它的应用范围非常大，这时就需要一个完整的 AI 技术平台体系，所以 AIG 应运而生。它支撑的不只是搜索和百度的各种业务，也对外输出，包括对产业的输出和开源开放平台。所以 AIG 成立以后，我们就打造了业界最庞大的 AI 技术平台。

我一直跟团队说，这个平台虽然是百度的 AI 技术平台体系，是百度的 AIG，但同时也是全社会的 AIG。为什么这么说呢？我们这些平台、技术，通过开源开放，通过产业输出，也将支撑全社会的产业智能化升级。

张晓峰： 它具有很强的公共性、外部性。

打通前台、中台、后台，支撑产业智能化

王海峰：事实上我们也是这么做的。我们支撑着大量的外部用户。这是2017年的事情。

2018年，我们发现AIG其实本身不该只是AI技术。当时AIG里既有AI、大数据，同时跟底层的基础算力平台比如数据中心、基础架构、芯片等也相关。所以快到年底时，百度就把基础部分——系统部、基础架构部也整合进来，成为一个完整的技术中台。

为什么把它们加在一起才是完整的技术中台？比如数据中心不是为AI特有的，百度搜索或者任何一家大型互联网公司都需要它作为支撑。另外，AI时代这些基础设施也需要和AI一起升级。

完整的技术中台齐备之后，做产业智能化很重要的一个出口就是百度智能云。所以，2019年，百度就把智能云整合进来，这样相当于把前台和中台、后台打通。如果说技术中台是中台、后台，智能云就是面向产业输出的前台。打通整体形成了完整的支撑，不仅支撑百度，也是一个支撑整个社会产业智能化升级的重要基础设施。

这个基础设施有产业智能化和智能产业化两个方面。智能技术本身是可以输出、可以产业化的。比如百度AI技术输出本身是有商业价值的，很多客户愿意付费使用，希望获得更好的服务和保障，并希望有一个商业协议进行约束。

产业智能化有更大的空间。当然智能产业化和产业智能化两者往往密不可分。我们基本上坚持这样一个思路走了十年。十年一个核心主线，没离开“智能”这个词。

黑科技、区块链与生态

张晓峰：我知道百度在做量子计算，也在做区块链。您方便介绍一下区块链吗？

王海峰：区块链是我们做了多年的技术，也分技术和业务层面。技术上我们打造了一套区块链平台，也会涉及各种技术，例如架构技术等。其实现在已经有不少机构愿意用区块链建构自己的业务，我们已经在输出区块链能力。

张晓峰：AI和区块链之间会有怎样的关联？

王海峰：AI和区块链是不同维度的。AI首先是一套技术体系，在技术体系基础上发展生态。AI技术会渗透到各个方面，区块链也会涉及AI技术。区块链不纯粹是一个技术范畴，它需要构建一个网络，而且有很多角色加入进来。它其实很大程度上是生态整体，构建一个生态本身。

将开放进行到底

张晓峰：百度大脑已经形成具有百度特质的区隔，为AI能力、深度学习能力、开放平台能力输出奠定了基础。我认为另外一个具有百度特质的是我们的人工智能操作系统，特别是飞桨。单维的东西肯定有价值，但是对百度而言，是不是可以有另外一个选项，就是我们用“百度大脑＋人工智能操作系统＋智能云”这样一个整体性的解决方案去看待、去输出，建立外部认知的独特性？

王海峰：是这样的。我们也在持续不断朝着这个方向做。这是智能社会很重要的一个基础平台，做各种事情最后都会涉及这样一个技术平台提供的能力。

张晓峰：从2016年开始，陆续开放百度大脑、飞桨、阿波罗、小度助手，这对百度形象和百度价值都影响很大，值得大书特书，向外界传递。

王海峰：百度开放的历史还是比较悠久的。百度的阿拉丁在2009年就开放了。2011年至2012年陆续开放机器翻译、语音识别。金山从2011年、2012年就在用百度翻译开放的API开展业务，金山词典就使用百度翻译的API。语音识别开放得也很早。2016年，我们把这些AI能力统一称为“百度大脑”，大家记住了这个更完整的形象。

背后和您刚才说的基本理念是一致的。这套技术会帮助百度自己的产品与业务，同时也希望大家在这个生态里一起受益。因为AI推动整个社会的升级，在这个过程中一定不是百度一家，我们希望一起推动进步和变革。这是一个基本出发点。

另外，开放跟百度本身互联网公司的特性有关。百度做搜索引擎，互联网精神中开放是很重要的，如果没有开放，就没有20年前的百度搜索引擎，所以开放本身就是我们这种文化或者基因的一部分。

能力越大，责任越大

张晓峰：是的。但到了移动互联网这个阶段反倒形成了更多的数据烟囱和数据孤岛，导致百度在进行更好的信息与知识服务上受到一定的制约。

王海峰：对，发展到现在出现了一些新的变化，百度在适应、应对这些变化。毕竟还是有一些开放的生态，不是说技术生态，比如内容生态等；同时，也需要百度自己更多地参与建设。建设这个事情本身百度也不陌生，十几年前我们缺内容也会建设百科、知道、贴吧。

张晓峰：百度做了大量默默无闻的工作，而且是向用户完全免费的工作，有时候也可能会变成用户抱怨的“漏斗”。

王海峰：这个是有可能的，但是这个反过来说就是能力越大，责任越大。作为一个大平台，有些责任是需要承担的。

5G 与 AI，相互促进，相得益彰

张晓峰：您在这个领域拥有很高的声誉和很大的建树，如果跳出百度 CTO 这个角色，站在智能经济、智能社会乃至全球视角看，对于现在 AI 总体发展，您有何评价？另外 5G 会扮演什么角色？

王海峰：总体来看，应该说一片欣欣向荣。尤其在技术层面、应用层面，中国发展的势头非常好，很多在全球也有领先优势。但是 AI 基础研究方面，应该说历史积累下来，我们跟美国等还是有差距的，但是发展得很快。

中国有很多人——不管是产业界，还是学术界的科学家——在这个领域辛勤工作，努力突破。虽然基础研究相对落后，但往上走的势头很猛。

整个产业虽然是一片欣欣向荣，但我总说现在仅仅是智能时代的开端，还有非常多的事要干，而且远未到发展成熟的阶段。百度有很多做得好的地方，要持续努力做，还没到比赛要结束的时候。

5G 肯定十分重要。AI 会让 5G 更智能，5G 是一个基础设施，有了 AI 它才会有更多用武之地。反过来，有了 5G 的高速率、大带宽，也能更好地让 AI 无处不在，让 AI 有更多的应用场景。

生于协同，归于协同：以“生态效应”激活“协同效应”

回顾历史，有很多事情给我们启迪，比如轮子的发明过程。公元前4000年，生活在底格里斯河和幼发拉底河流域的人已经发明轮子。公元前3000年，在古印度、古墨西哥轮子又被发明了一遍。

给孩子讲故事，他们往往会问“那后来呢”。故事到此确实尚未结束，到公元前2000年，在古埃及、古代中国，轮子再次被发明。

大家可以看到，每隔1000年轮子就被重新发明一遍。当然在古代，人和人之间的沟通非常低效，相隔千里甚至相隔万里，没有办法把你的成果迅速传播到世界各地。但时至今日，情况应该完全不一样了，我们没有必要重新发明一遍“轮子”了。事实上，还有一些机构在发明“轮子”。

以“生态效应”激活“协同效应”

当AI大潮到来的时候，我们把我们积累的所有东西放到开放平台这个聚宝盆里，无论是自然语言理解能力、语音识别能力、用户画像能力，还是图像识别能力，都拿出来共享。一是避免继续演绎上面的故事，二是爱出者爱返，我为人人、人人为我，有越来越多的人愿意共享、共建，愿意参与、开始协同，每一个参与者获得的就一定会更多。协同是根本，需要借助生态效应激活协同效应。

大生态、大协同是有丰厚红利的：一是不用都做从0到1的事情，可以大大降低社会资源消耗；二是产生跨界融合，产生创新协同、产业协同、渠道关系协同；三是可以更专注地发挥各自的优势；四是可以放大生态的叠加、倍增效应。

飞桨深度学习框架相当于智能时代的智能操作系统，也可以成为社会治理的社会操作系统、产业智能化的操作系统等。一如飞桨名字的寓意，百度希望用生态的力量、协同的力量助推AI发展更快、助力生态物种走得更远。

按照张晓峰多年对大协同的研究，大协同是“在数字革命、智能革命、连接革命打破时空限制、改变组织边界、重塑多重关系之后，基于利他、集约、共享、共创、共生，依托平台、生态、接口人与大规模合伙制，形成全新的协作、融合与生态，以共同达成价值创造目标的商业模式、社会资源组织和匹配方式”。大协同是数字时代、智能时代的全新关系结构、合作方式和主流商业模式。

大协同自带流量、自带方法论、自带游戏规则。大协同的逻辑、模式与智能化操作系统相结合，将是产业、生态、社会治理“软硬兼施”的操作系统，真正互利共生，收获协同的红利。

每个人都能享受人工智能

百度非常愿意和年轻的开发者、全球所有有梦想的开发者一起，实现一个理想，那就是“每个人都能享受人工智能”。

AI 时代是属于开发者的时代，已经有无数开发者栖息在百度生态上。有太多的技术可以不断提升，而这些技术又可以在很多领域应用，无论是语音识别、图像识别，还是自然语言处理、用户画像等基础技术，把它用到任何一个领域都会打开无数的可能性。AI 时代让技术创新重新焕发生机，但是 PC 互联网时代那种个人英雄主义行不通了，因为今天有很多大平台、大生态已经出现了，所以需要协同共生。

一大批开发者借助生态 AI 能力，已在自己专注的方向上取得了不起的成就。有很多非常年轻的开发者在一起参与这个伟大的事业。像 95 后的黎英明，综合利用多种 AI 技术打造无人政务机，也完成了自己从实习生到产品总监的蜕变；中科院在读研究生任家强，利用百度的 AI 技术开发用于污染场地的风险管理模型；梁佳的盲人导航系统，王志勇和罗鹏的智能船舱温控系统，李连伟、赵岳、童谣的自动驾驶轮椅，都可圈可点。这样的例子不胜枚举。他们与生态共生长、与伙伴共成长，凭借自己的创新、智慧、责任和担当，依托大家的协同，让未来变得前途无量。

AI 时代不能做孤胆英雄。相信 AI，让我们一起——创造一个新世界。

07

未来，百度由用户定义

> 2013 年，我们将建立百度历史上第一个研究院，这个研究院初期将专注于深度学习，所以我们把这个研究院叫作 Institute of Deep Learning，简称 IDL。我们会吸引这个领域里全球最顶尖的高手陆续加盟，为我们新一年的产品和业务发展提供最坚实的基础。我希望百度 IDL 会成为像 AT&T 的贝尔实验室、施乐帕洛阿尔托研究中心这样顶尖的研究机构，为中国、为全世界的创新历史再添一笔浓墨重彩！
>
> **——李彦宏在百度年会上的主题报告（2013 年 1 月 19 日）**

我们一直在思考，未来，AI 走到哪里，百度成为什么，究竟由谁来定义人工智能，谁来定义百度，谁来定义智能经济和智能社会。我们思考的答案只有一个字——你！

下一秒，AI 还能为新基建、为产业、为社会治理做什么，这个问题正等待你来回答。

回归：AI 的本质是对人的理解

AI 的本质是对人的理解，否则智能何在？作为人工智能平台型公司首先要更好地理解人，否则百度为什么而存在？

百度从成立到现在所做的搜索，本质上就是机器在试图理解人想要什么。最初，百度就用各种各样的计算机方法试图理解人的意图。

仅有人工智能是不够的，混合智能正在崛起。

AI 的发展，根本上是发现、发掘、调动人的智能效用，推动人的成长和创造。归根结底，百度是基于人、理解人、连接人、服务人、成就人，期望让技术之光与人性的光辉交相辉映。

心存敬畏，行有所止

人工智能 60 年发展历史，前 50 年寂寂无闻，因为大家觉得它没用。现在它有用了，是因为市场环境变了，条件变了，原来认为不可能的事，现在变得可能了。随着互联网多年的发展，数据越来越多、越来越丰富，计算资源越来越便宜、越来越强大；归根结底是寻求、回归到了 AI 的本质——对人的理解。

百度越来越坚定地认为 AI 代表了未来，所以在理论、算法、芯片、结构、操作系统、生态上，都开始重新审视，进行前瞻布局与深耕。

AI 对经济、社会、生活、文化的影响是深远的。但这是一个门槛很高的行业，多数公司没有实力开发先进的 AI 技术，但它们需要智能化转型，这样才能在市场竞争中生存下去。这个矛盾怎么解决？百度不但希望将过去积累的技术、能力开源开放，而且要“降低用户门槛”，这个概念如今已深深植入百度人的心里。技术可以复杂，但门槛要降得足够低，让用户很容易就能用。这是对人的理解，也是对社会的贡献。

心存敬畏，行有所止。传统上讲，有所为，有所不为，其实，现实逻辑是有所不为，才能有所为。

百度放弃不少短周期机会，只因为它们与愿景相悖。这是克服诱惑的结果，是不惮于牺牲当前和短期利益的结果。百度的战略投资也秉持了这样的原则：围绕内容、服务、生态和未来等要素做战略投资，而不是财务投资。这也得益于智能搜索和 AI 能力，可以更好地洞察需求，洞悉未来。

技术投入是一个厚积薄发的过程，要守得住摊子，耐得住寂寞，经得住外部质疑。否则，不可能产生新思想、贡献新知识、带动新技术、开辟新市场、培育新动能。

员工成长：百度的人才观与实践

在公司持续高速发展的过程中，对于这样一个规模庞大、快速成长的年轻团队，员工发展是一个充满紧迫感的问题。

2011 年夏，百度颁出了成立以来的第一个“百度最高奖”。彰显小团队做出大事业的激情和成就，让优秀员工收获令其自豪与骄傲的回报与荣誉。

百度人才观包括四个方面：第一，招最优秀的人；第二，给最自由的空间；第三，看最后的结果；第四，让优秀的人脱颖而出。在百度，伯乐是什么？伯乐就是培养和选拔人才的机制，因为只有一个好的机制，才能保证优秀的、符合百度文化和价值观的人才源源不断地涌现。

多年来，百度不断探索怎么能够更好地帮助员工成长，让最优秀的人才脱颖而出。无论是最高奖，还是人才培养序列、五级领导力、潜力股，都是要在机制上保证让优秀的人获得应有的认可。

百度最高奖有三个条件：一是项目足够重要，意义要足够重大，不管是用户层面、客户层面，还是社会层面；二是结果要远超预期；三是小团队干大事业，团队不能多于十个人，而且不能有总监级的人。这三个条件最能体现百度对技术、人才和创新的重视。

有人会怀疑，百万美元的股票，互联网公司最大的奖项，给一个不到十人的小团队，他们真的能有那么大的贡献吗？当初百度创业时，五个工程师就做出了当时世界上最大的中文搜索引擎，所以小团队是可以干大事情的。百度现在每天都有很多小团队在执行创造性任务。百度最高奖曾一次颁给 6 个团队。

百度不仅有最高奖，还设计了很多机制，让优秀的人能够脱颖而出。比如 Hackathon（编程马拉松），如果小伙伴突然有了创意，花一个周末把它做出来了，就有很多机会展示出来；又如潜力股项目，年轻人会获得上司、上司的上司的关注。如果他付出了常人所不及的努力，并且有很好的结果，他在 30 岁之前就可能成为百度 VP（副总裁）；如覆盖面越来越广、机制越来越灵活的高潜质人才培养和激励计划，就是要让真正的人才在这样一种鼓励成长、关注成长的氛围中健康茁壮地成长。

员工才是最宝贵的财富，是改变世界的力量。百度坚持成长驱动，管理层要做的，就是把百度变成员工和生态伙伴实现梦想最好的舞台，让他们离自己的梦想近一些、再近一些。

教育扶贫，网络扶智

百度自创立以来，就坚持履行社会责任，借助人工智能等创新科技的力量，为用户提供价值、帮人学习、让人成长。在教育扶贫方面，百度特别推出了“网络扶智计划”，与安徽省、江西省、黔东南地区、云南省等多地开展合作，为贫困地区的师生送去知识、图书、教师、教研和先进科技，探索科技与教育扶贫深度融合的新路径，用知识帮助他们走出贫困。活动受到了社会各界的广泛关注，中组部、教育部、全国工商联、宋庆龄基金会等政府机构和社会组织纷纷与百度开展合作，共同推进活动实施。

百度教育扶贫涵盖教师培训、智慧课堂建设、AI 教室建设和课程设计、数字博物馆等六大类项目，围绕“送 AI”“送阅读”“送教研”“送视野”四大路径不断深入探索，取得了良好效果。以云南省为例，2018 年 8 月 2 日，云南省百度人工智能教育扶贫基地正式落地，覆盖云贵川等多个地区，超过 30 所学校，预计到 2020 年将覆盖 100 所学校，覆盖万名学生。

百度依托技术优势，将人工智能技术与教育学习场景深度融合，探索以学生为中心的个性化教学之路，这也是百度参与教育扶贫的重要优势。百度的教育扶贫行动有效增加了优质教育资源供给，大大减轻了教师的备课负担，提高了学生的学习效率。在教育扶贫基础上，百度还依托百度地图、百度搜索等产品能力和强大的 AI 技术能力，从信息、产业等不同维度精准赋能贫困地区，弥补贫困造成的资源劣势，进一步激发“扶智”力量。

百度希望通过扶智项目，提供更多的互联网学习资源，激发贫困地区学生对科学、文化知识的兴趣，点燃他们努力学习、不断开阔视野的热情，点亮和助力孩子的梦想，帮助他们不断提升各方面的能力。在项目推进过程中，百度还发挥互联网、搜索引擎的优势，打造“网络扶贫”品牌，让百度平台上数以亿计的网友了解、参与、传播教育扶贫、网络扶贫的活动与品牌，创新“互联网 + 扶贫”路径，发挥互联网快速裂变式传播与聚合用户力量的中坚作用，倡导全社会形成关注贫困地区知识教育与可持续发展的氛围。百度将扶贫与扶智融为一体，突破地域鸿沟、充实公共文化内容、促进教育资源的触达和共享带来新的机遇，让项目不仅是一次性的扶助，更能为被帮扶地区的持续进步贡献有生命力的能量，帮助贫困地区的人们走出贫困，获得更多、更好的发展机会。

AI 人才培训，让中国拥有未来

百度在 AI 人才培养方面已经形成囊括师资培训、学生赛事、课程共建以及教材出版等多个维度产学融合生态。通过全国高校深度学习师资培训班、飞桨博士会、AI 快车道、黄埔学院、在线深度学习集训、云智学院等项目，百度培养了 1000 多名专业教师，助力 200 多所高校开设深度学习课程，为 5000 多家企业提供技术和应用培训。在硬件方面，百度上线 AI Studio 教育版，这背后是价值超过千万元人民币的上千张 GPU 卡，作为师资培训配套“教具”，免费提供给高校使用。

对于人工智能的生力军——学生，百度“以赛代练”，全年举办多场大型国内外顶级人工智能相关赛事。如已持续 15 年为中国工程师队伍输送人才的百度之星大赛、百度 & 西安交大大数据竞赛暨 IKCEST“一带一路”国际大数据竞赛、中国高校计算机大赛 – 人工智能创意赛等，培养挖掘人工智能人才、大数据人才，三大赛事覆盖学子上百万，近万支高校队伍组织参赛，选手来自数十个国家，覆盖五大洲。

从实效来看，百度已经在校企协同、共建 AI 教育体系领先了一步。长远来看，这对于整个中国 AI 人才的梯队建设，也大有助益。

百度认知体系与百度价值清单

百度 20 年，是不断发展、持续迭代的 20 年，也是不断自我革命、“科技为更好”的 20 年。百度是全球最大的中文搜索引擎，是中国最大的以信息和知识为核心的互联网综合服务公司，更是全球领先的人工智能平台型公司。

站在新的历史节点，百度的内外认知体系有必要重新定义，其实百度的品牌内涵正在被用户和生态伙伴镌刻。智能经济背景下如何重新解构、呈现百度？

还记得在第二章我们为智能经济、智能社会“画像”的 11 个本质属性吗？回顾一下，它们是大周期、大底座、大中台、大连接、大交互、大生态、大生产、大接口、大分发、大协同、大成长。

梳理百度基因、百度思维、百度哲学、百度技术、百度方法论、百度价值主张、百度生态，不难发现，百度的基因和上述 11 个本质属性是高度契合的（见图 7–1）。由此，百度品牌内涵、百度认知体系、百度价值清单都有必要重新定义。

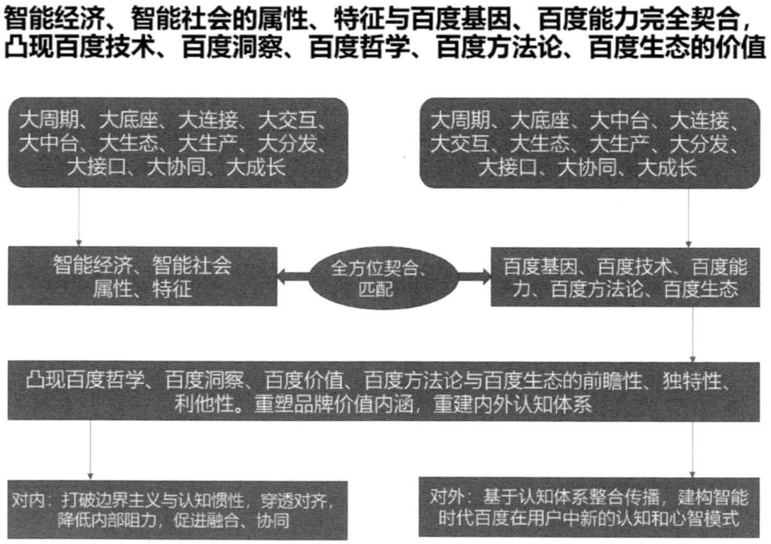

图 7–1　百度基因与智能经济、智能社会的本质属性高度契合

11 个本质属性勾勒出智能经济、智能社会的蓝图。我们用这 11 个标签和百度做对照研究。

大周期：百度站在以 AI 为核心的“第四次工业革命”的前沿，作为“头雁”起到跨入智能经济长周期的引领作用

百度面向智能革命的选择、布局义无反顾，百度人工智能的投入、坚持、深耕、积淀在中国无出其右，百度立足移动生态，同时迈向基于人工智能发展的“第二曲线”，成为技术和产业、生态的“头雁”。头雁效应正在激活乘数效应，引领、帮助更多产业、伙伴实施数字化、智能化转型，并为中国站在新一轮技术革命、产业革命的制高点起到有力的助推、护航作用。

大底座：百度深耕新一代人工智能技术及其应用，已社会基础设施化，成为智能经济、智能社会特别是新基建、产业智能化大底座的重要组成部分

百度从创立到成为全球最大的中文搜索引擎，本身就是社会基础设施的一部分。此

后的百度坚持底座思维，无论算力、算法、大数据，还是深度学习、语音技术等，均具有很强的基础设施属性，在智能时代更具底座属性。

百度已成为智能经济、智能社会大底座的一部分，更是新基建、产业智能化大底座不可或缺的重要组成部分。百度将服务于新基建，服务于基础设施智能化与智能化基础设施，服务于智能产业化与产业智能化，通过新一代人工智能激活新业态，成为经济发展的新动能、新引擎。

百度具有底座性质的部分，核心是百度大脑 + 飞桨深度学习平台 + 智能云。覆盖百度各个领域、各种门类的 AI 为核心的基础研究、技术集群、应用集群、AI 全栈能力、数据中心、AI 芯片等。各类实验室、研究院协同，数据、算法和算力有机融合，基于百度大脑推进基础设施智能化，依托百度智能云赋能各行各业智能化升级。

大中台：百度社会中台化，减少社会重复投入，帮助各行各业搭上智能化转型“顺风车”，通过赋能提升和改变效率

中台指的是系统中被共用的中间件的集合。百度社会中台化表现在百度站在产业智能化前沿，将自身的技术、能力、应用工具化、共享化、便捷化、易用化。

百度共享了 AI 中台、知识中台，智能驾驶、语音交互等垂类操作系统，以及智能搜索 + 信息流双引擎，智能地图与远程办公。

百度基于底座思维，坚持持续开放，成为智能社会的大中台，成为新基建的创新基础设施，蜕变为产业智能化、智慧城市、社会治理输出综合与垂直解决方案的平台型公司（见图 7–2）。

大连接：从人到物，从智能搜索到万物互联，从自然语言到语音，从内容、知识贡献者到受众，从长短视频到直播，从智能信控到车路协同，百度重构智联网络和连接方式

连接改变关系，关系决定模式。百度基于底座能力、中台输出、生态构建，成为智能互联、泛在感知、泛在连接的中枢。

百度改变的连接包括新基建各层次、各板块之间以及与上层建筑间的连接，知识、信息、服务与人的连接，云、端、边的连接，人与人、人与服务、人与物、物与物的连

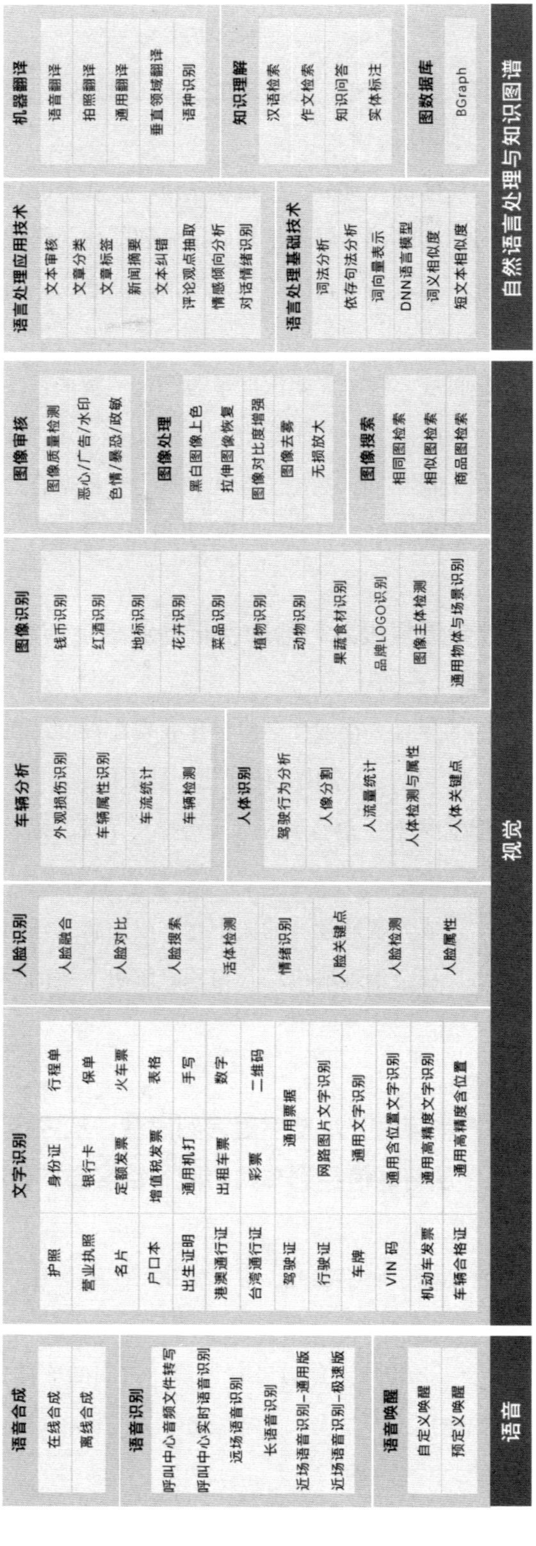

图 7–2　百度大脑开放能力不断丰富

接，CCPSS（智能云－虚拟空间－物理系统－社会的综合系统），知识创造 IP 与受众的连接，物种与物种、物种与生态、生态与生态的连接，万物互联，聪明的车与智能的路，城市与乡村（城乡融合、乡村振兴、新型城镇化）、城市与人（智慧城市与社会治理）、城市区域协同的连接，等等。

大交互：泛在感知、泛在连接驱动泛在交互，提高信息沟通效能，沉淀有效需求与有价值数据，积聚智能经济的燃料

百度在以下方面拥有明显的优势能力：搜索为核心的信息交互，语音识别、图像识别与交互，自然语言处理，远场语音交互芯片——百度鸿鹄，全双工免唤醒技术，多模态的交互，视频交互；万物互联，车路协同，智能信控，人机交互；知识交互，技术交互，兴趣交互，用户交互，软硬一体智能化交互平台。

大生态：各类各层次开放开源、共建共享、互利共生、融合协同、各得其所的平台使得百度整体生态化，成为新基建和智能社会具有公共属性的创新基础设施的一部分

百度生态化已经开花结果，并将硕果累累。越来越多的生态物种栖息在百度生态，生态治理更加强调利他为先、各得其所，生态形态越来越多元，生态能力越来越强大，生态价值越来越凸显。已出现多个生态：政产学研商协同创新生态，AI 开放平台，Apollo 开放平台，DuerOS 开放平台；移动生态与三大支柱，信息、知识、内容、音视频生态；开发者生态，知识服务与成长生态，垂类服务生态；区域协同发展生态，社区与联盟；孵化与投资、赋能等。

大生产：百度大脑面向社会打造中国唯一的软硬一体的 AI 大生产平台，与大底座、大中台、大生态一道强化新要素，提高生产力，改变生产关系

这里的大生产不是工业意义上的大生产，有不同的分发，按不同层次、内容，包括以下三类。

其一，to G：产业（产业空间、主导产业）、行业；园区、企业；创新、创业；动能发现与动能转换；新服务、新治理、新公益。

其二，to B：驱动第四次工业革命，产业智能化，智能产业化，重塑产业链、价值网，智能制造，智能物流，智能金融，智能教育，智能医疗，远程办公，新一代人工智能地图等。

其三，to C：信息、知识、内容，视频、直播，UGC+PGC，服务与 LBS（基于位置的服务），地图，人文关怀，终身学习，全生命周期成长与大健康等。

大分发：搜索 + 信息流双引擎驱动，从权威信息、知识到优质服务的分发，供需、合作的分发，分发效能定义价值

百度作为全球最大的中文搜索引擎，中国最大的以信息和知识为核心的互联网综合服务公司，持续 20 年索引全网信息和知识，索引 1000 亿级中文网页信息；中国最大的知识内容体系；百家号 + 智能小程序 + 托管页的移动生态；信息 + 知识 + 内容 + 服务的分发能力首屈一指。

百度作为全球领先的人工智能平台型公司，其创新与项目分发、能力分发、生态分发也领先一步。

大接口：百度是有能力实现精准连接与精准匹配的超级接口，将提高社会整体配置效率和运行效能

随着技术的进化，百度的接口属性与接口能力都进一步彰显。接口与效能、价值直接相关，接口能力与技术实力、所处节点、角色定位有直接关系。接口不是中介，而是精准连接与精准匹配。智能时代超级接口具有更强的可塑性、更高的控制力和影响力。

百度的接口属性表现在：基础设施的智能化接口，智慧城市接口；信息入口，服务接口；内容接口，协作接口；品牌形象传播、产品服务分享、基于知识带货接口；知识社交，技术社交；供给侧需求侧接口，人岗（人与人、人与组织、人与平台）匹配的接口，IP 与受众接口等。

大协同：百度运用大中台、大连接、大交互、大生态、大生产的综合优势，将激发多维融合协同，给社会、产业、个人、生态、区域创造丰厚的协同红利

建立在人工智能与人的智能融汇基础之上，百度价值主张中很重要的一部分就是挖掘大协同的红利，促进大协同红利的产生、放大，充分释放要素的价值创造潜力，培育企业和社会智力资本，例如，创新协同、生态协同、产业协同（工业互联、产业互联、智能互联）、发展协同（区域间、产业间、城市内、社会性）、成长协同等。

大成长：这是百度最推崇、最重要的以人为中心的价值维度和品牌属性。促进、激发人类的创造力和终身成长能力，助力创作者、开发者与各类伙伴、广大用户的成长

前面十个“大”都是为人的成长服务的。助人成长是百度的愿景，是百度上下的最高目标。百度运用知识图谱、知识管理、深度学习等综合技术能力，运用人格化平台优势，通过 AI+ 人、AI+IP、AI+ 生态、AI+ 教育培训等多种形式，助力人的全生命周期成长、发展。在某种程度上，百度是个人 IP 的运营商、企业 IP 的运营商，更是一个人力资本银行。

从个体成长维度来看，百度致力于高效能的终身学习，就业促进，以生态为平台的成长促进，通过大接口进行的精准匹配，开发者的成长，知识与内容贡献者等 IP 的成长，普通人的成长，特殊群体的成长。

从合作伙伴成长维度来看，百度致力于产业企业成长，区域成长，社会组织的成长，社会进步与经济增长。

总之，11 个“大”是在智能经济背景下，新结构化看待百度，寻求百度与智能经济、智能社会最大公约数；既是内外部认知系统的新“基准”，也是用户定义百度的基础，还是百度的整体价值清单，更是面向政府、产业的语言体系。

Do better，为了一个更美好的 AI 时代

2016 年 6 月，百度发布的品牌片《Do better 为更好》收到了很多好评。“科技为更好”不是一个简单好记的宣传口号，而是百度许下的承诺：不论我们是谁，属于什么社会阶层，有着什么样的梦想，都能享受百度最简单可依赖的服务（见图 7–3）。

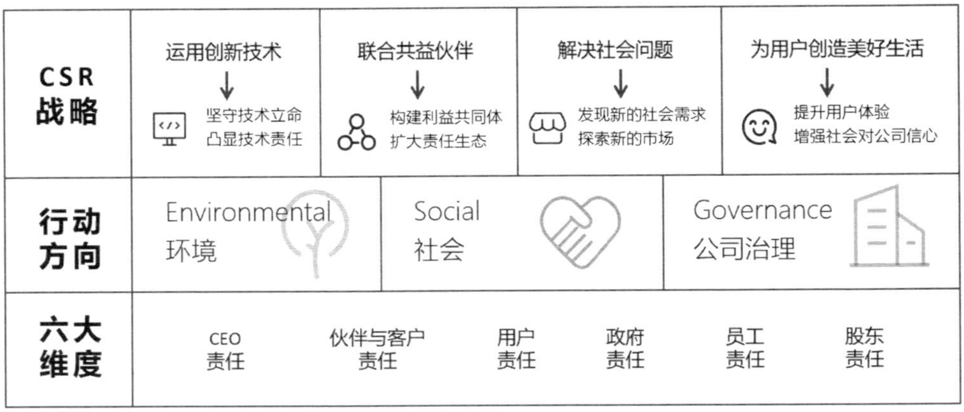

图 7–3　百度秉持“科技为更好”的社会责任理念

袁佛玉　百度集团副总裁，全面负责集团公关与市场工作（访谈时间：2020年5月17日）

张晓峰：科技的发展向来是一把双刃剑，既能造福社会，也存在负面的力量。像谷歌提出“不作恶”，腾讯提出“科技向善”。百度“Do better”，请您解读一下它的含义和初衷。

袁佛玉：百度是一家以技术立身的公司，我们一直在思考的就是如何善用科技的力量，帮助普通人、帮助社会解决问题，给人们带来实实在在的帮助。因此，我们提出了 Do better，就是“科技为更好”。这一理念的精神内核和百度的愿景是一致的，即帮助人们成长，推动社会进步。

百度已经成立 20 年，我们在技术上的投入是长期的、持续的，这使得我们在 AI 领域占据了世界领先的位置。这些领先的技术，在智能经济、智能社会中将发挥更大的作用，并将惠及我们每一个人。

张晓峰：最近我与多位百度高管对话，这个过程在很大程度上改变了我对百度的原有认知。这种社会形象与真实百度的偏差，形成的根源是什么？

袁佛玉：整体而言，百度跟公众的沟通是非常不够的。沟通不充分，沟通不到位，就会产生认知偏差。背后有深层的原因，也有浅层的原因。

深层原因，从企业基因来讲，百度是一个崇尚技术和工程师文化的企业，我们更希望通过产品、通过技术解决问题来让别人了解我们。但是，当一个技术型企业体量非常大，需要面对公众的时候，仅仅让技术说话，就不是一个足够有效的沟通方式。

浅层原因，就是我们对“我是谁，我从哪里来，要到哪里去”这些基本问题，沟通和公开表达都不够。我们要成为一家什么样的企业，我们为什么选择投入一些方向，不投入另一些方向，不主动沟通到位，就会出现很多的猜想或者偏离。

对企业来说，每一个项目都涉及战略资源投入，所以都有很清晰的思考，并设定战略目标。这个思考和目标需要系统地表达、阐释，并提出自己的价值主张。在公司内部，与自己的员工充分沟通，可以明确目标、凝聚力量，便于协同共进；对社会发声，有利于建设生态，协调志同道合的合作伙伴，并获得公众认可和舆论支持。

公众对一家大企业是有要求的，他们希望了解百度想干什么，想成为什么，路径是什么，接下来一年的目标，三五年的目标。这不仅仅是百度自己知道想做成什么就可以，我们需要理解这些要求，非常开放地聆听和接受这些要求，及时回应大家的期待。

近三年来，百度实施战略升级和企业文化升级，发布了新的战略目标、企业愿景和企业使命，对与社会和公众沟通这件事有了一个更完整的顶层设计。

星辰计划：AI+ 新公益

张晓峰：百度 AI 技术会渗透到整个经济、社会、生活不同的节点，更会诞生丰富的场景。百度有没有探讨怎样运用科技的力量，激发人性的光辉，比如就像百度已经有许多产品、生态在帮助人的成长，后续是否会有类似这样的系统思考和安排？

袁佛玉：这样的思考和实践确实有很多例子。例如，为了让更多孩子平等地享受获取知识的便利，我们发布了百度听障儿童无障碍阅读计划，推出了全球首款听障儿童 AI 手语翻译小程序，能将绘本文字翻译为手语，帮助听障儿童实现无障碍阅读。

我们不仅帮助孩子成长，也帮妈妈带孩子。通过百度地图，用户可以查找周边甚至从起点到目的地全程的母婴室，并直接导航前往。这是全国首个与政府机构合作、覆盖多个城市的母婴室位置的信息查询产品。

我们还将 AI 应用在了台风路径查询、濒危土家语保护、AI 改造盲人按摩院等方面。

2020 年 5 月 13 日，百度正式发布了重点公益项目“星辰计划”。星辰计划是个公益平台，提供技术、流量、生态和资金等支持。首先是技术方面，推动 AI 等重要技术在社会责任领域的利用和落地。其次，对于公益项目提供流量资源，使其被更多人看见。

在共享生态能力和资源方面，百度拥有超过 200 万开发者、300 万内容创作者以及非常多的合作伙伴，我们会通过定期的创新活动，通过专题公开课等有效机制，激励生态伙伴更好地在公益项目中使用创新科技。

此外，我们会提供资金支持，为项目提供切实的落地保障。我们希望科技能更好地服务于公益和社会责任，解决更多的难题。

值得强调的是，星辰计划会连接更多企业和个人一起加入公益事业，推动公益事业的发展，促进公益精神的传承。

百度的使命是“用科技让复杂的世界更简单”。在公益上，我们也希望达成这个使命。通过搭建百度星辰计划，让创作者、开发者，让企业、非政府组织都可以参与进来。

科技战疫：高效部署，快速落地

张晓峰：抗击新冠疫情期间，百度全方位地充分展示了自己的整体形象，我观察到，也体会到，百度的大数据和 AI 技术发挥了巨大作用。

袁佛玉：面对疫情我们每个人都在行动，也联合合作伙伴们一起打造了系列的 AI 抗疫产品，快速地落地、部署和应用，助力抗疫防控和复工复产。

疫情问答机器人仅用 14 天就完成了服务上线并且开放，在中国疾控中心的小程序当中使用，回答用户关于疫情和复工复产的一系列问题。

基于百度提供的OCR（光学字符识别）技术，仅用6天时间，山东中拓就推出了社区疫情防控系统，部署于当地疾控中心。通过这套系统，可以对居民逐个排查，快速摸清健康状况和流动情况。

疫情期间，对于人流量密集的公共场合需要进行更加有效的筛查和监控，百度飞桨开源了业界首个人脸口罩识别和监测模型，在佩戴口罩的情况下进行人脸检测，实现身份验证。北京地铁仅三天就实现了实时视频流监控是否佩戴口罩、佩戴是否规范。这个模型很快在众多企业、公共交通场所落地应用，对全社会的顺利复工复产提供了安全保障。

基于飞桨的肺炎筛查与疾病预估系统，研发工期压缩了30%。智能语音护理数据采集系统10天便上线了第一个版本模型，经过临床反馈、迭代、优化，大大减轻了一线医护人员的工作量。百度翻译用7天搭建了高效易用的基础版定制化翻译工具，帮助人们在疫情期间进行跨语言的信息交流。

在疫情突然暴发的特殊阶段，AI技术给社会带来的帮助和价值、呈现出的反应速度和使用效果，是实实在在的。

外界专业调研公司曾专门与百度疫情项目联合做了全国用户调研。在整个疫情期间，用户认为表现最好的几家公司依次是阿里、百度、腾讯、华为。这个排名也能说明对于像百度App、百度地图、小度等大体量产品，创新的AI技术和解决方案等，为抗击疫情提供的服务，用户都是有感知的。

AI“指导”垃圾分类

张晓峰：在承担社会责任、服务民众方面，百度还有哪些应用和实践？

袁佛玉：我们推出的百度AI寻人、小橘灯知识计划等项目，都是百度和广大开发者、内容创作者、非政府组织等多方力量合作、运用AI解决问题、让身边的世界变得更好的真实案例。

2017年，百度提出智能革命，2019年提出智能经济，而今天，人工智能在社会经济、社会治理中的落地应用已是常态。在百度飞桨等开源深度学习平台的带动下，AI正成为一种通用技术，即便是一些不精通算法的开发者，也可以根据开源的模型打造项目。

科技只有作用于人、服务于社会，产生更多的正向价值和贡献，才真正有意义。我们也一直在努力。

垃圾分类是非常重要的社会议题，百度App全面上线了“百度AI垃圾分类”的智能小程序，基于百度AI视觉和语音能力，通过语音搜索或识图搜索，就可以帮助用户方便快捷地对垃圾进行分类。

最近百度刚刚和国际爱护动物基金会合作，推出了全球第一个利用AI技术打击野生动物制品非法贸易的平台。这些技术通过百度飞桨开源开放，希望联合更多的公益组织一起打击野生动物非法交易，更大程度地发挥技术在保护野生动物方面的作用。

我们也一直在研究和推动建立激发机制、开放技术平台，将“科技为更好”这一愿景贯穿到每一位百度人做事的理念，并通过各种渠道让社会及公众感受和理解。

2019年，公关部用百度的语音对话能力做了一个AI助盲项目。语音对话是一个天然对盲人群体非常友好的交互方式，盲人以前要用手读盲文，效率肯定非常低，现在用语音对小度说，就可以听新闻、听书、打电话或视频电话让对方看到自己。

2019年，百度地图上线了一个急救车让行的播报项目。有统计数据显示，很多生命没有得到及时抢救就是因为堵车，有的司机没有给急救车让行的习惯，还有的司机是因为没看到后面的急救车。百度跟疾控中心打通数据，只要急救车在附近一定距离，百度地图就会自动提醒：“您后方有急救车，请赶紧让路。”

这些都是因为有了强大的AI平台，更因为百度伙伴有心向善，所以能帮助很多人，我们的产品也实现了更大的价值。

品牌梳理，明晰价值主张

张晓峰： 这些真实的、非常人性化的做法，是企业承担社会责任的体现，也是整体品牌形象的一部分。那么在品牌价值主张方面，怎么让我们的产品更加深入人心，提高用户对产品的认知，对企业文化理念的认同呢？

袁佛玉：2019 年我们系统地做了一次百度品牌的梳理，在整个集团层面，确定了产业智能化、智能经济的提法，以及智能经济与各个事业群的关系。

百度大脑作为整个百度技术品牌的承载，在业界的影响力还是非常大的。百度的技术积累，尤其是在 AI 领域的技术积累本来就十分强大，未来会持续进行大众的、突破技术圈层的传播，让社会真正了解百度大脑的竞争力。

百度飞桨是在 2019 年由深度学习框架独立推出的品牌，是一个开源的、更具公益属性的品牌，我们也希望它能在 AI 竞争中发挥更多的作用。百度飞桨成就了很多“科技为更好”的优质项目，持续鼓励开发者做能解决社会问题的应用。

张晓峰：AI 实际上在改变很多关系和关系结构。等到它更多地渗透到我们的生活、工作和其他场景时，这种改变会被越来越多的人感知和依赖。

袁佛玉：那时，就是我们预判中的智能社会到来的时候。百度会一直坚持在人工智能领域的深耕与推广，让越来越多的人受益于我们的产品和服务，也为下一个十年中国在世界范围内经济地位的提升做出自己的贡献。“科技为更好”，中国人的生活也会更好，更多人的成长与发展也会更好。

百度 EasyDL 助力“精准扶贫”

陕西汉中地区在稳步推进扶贫“摘帽”的同时，基于工作中的实际需求，利用百度深度学习技术，自主开发了“互联网 + 精准扶贫”信息系统，快速且准确地在帮扶干部每天上传的数以万计的照片中，帮助工作人员处理大量且重复的信息，从而快速从 20 万贫困家庭中准确识别出最急需帮助的 2000 个家庭，辅助扶贫工作得以有效推进。

该系统由汉中扶贫办工作人员基于飞桨企业版 EasyDL 零门槛 AI 开发平台自主开发，经不到一周的训练与调试，两个多月的上线运行，目前对于扶贫相关图片识别准确率已达 90%。现在，AI 已经融入脱贫攻坚的全过程，从贫困户识别、监测预警、脱贫退出到督导考核，均使用 AI 提高工作效率。

EasyDL 是结合业界先进的工程服务技术打造，面向中小企业，提供零门槛、预置丰富网络和模型、便捷高效的开发平台。目前，已经有超过 3 万个企业开发者在 EasyDL 中创建超过 7 万个模型任务，覆盖工业、农业、零售、安防、教育、医疗等领域的场景。

AI 博物馆计划

2018 年 5 月 18 日，国家文物局与百度公司共同启动“用科技传承文明：AI 博物馆计划”，旨在通过百度的 AI 技术以及产品矩阵，与国家文物局一起构建中华五千年文明智慧网络传播矩阵，推动“互联网 + 中华文明”建设。

截至目前，百度百科博物馆已成为互联网上最大的博物馆平台，并已经和全球 300 多家重点博物馆达成权威合作，累计用户访问量超过 7800 万。

在此基础上，最新启动的“AI 博物馆计划”融合了更多百度产品和技术，包含智能搜索、智慧地图、图像识别、语音交互导览、机器翻译、AI 教育等功能模块，将通过百度搜索、熊掌 ID、百度地图、百度百科等多个产品实现落地。

目前，“AI 博物馆计划”已经实现数字文博地图一期的上线，该项目共包含 2894 家博物馆精确地理位置及相关信息，让用户可通过百度地图更精准地搜索并导航至博物馆。

此外，“AI 博物馆计划”将很快在秦始皇帝陵博物院、苏州博物馆及上海市历史博物馆等知名博物馆实现 AI 博物馆解决方案的落地与对接。借助智慧搜索功能，用户在游览这些博物馆时可通过百度搜索和百度 App 的拍照识别功能，随时观看了解更详细、更生动的展品信息。

在文博行业解决方案上，百度还利用 AR 等技术帮助博物馆实现已经破损或者消失文物的复原与再现。通过百度的创新技术与国家文物局之间的合作，“AI 博物馆计划”正在不断丰富逛博物馆的体验，使其发挥更大的社会价值。未来，百度还将继续与国家文物局一起深入合作，加快文物数字化建设，创新“让文物活起来”的多样模式。

“主编访谈”

崔珊珊：在技术无人区镌刻中国工程师文化

崔珊珊　百度集团资深副总裁、百度文化委员会秘书长

访谈时间：2020 年 4 月 24 日

张晓峰：百度七剑客闻名遐迩，作为一个创业元老陪着它一路走过来，心路历程和别人应该有很多不同。那个创业时代，大家在尽心竭力贡献自己的智慧，团结起来共同面向一个还不太可知的未来。百度以工程师文化著称，您能不能回顾一下它的形成过程？

工程习惯·工程能力·工程师文化

崔珊珊：创业初期的一群人都有共同的完美主义倾向。很多好的工程习惯都是在那个时期打下基础的。比如代码评审，代码写完了以后大家要一起评审，以集体的智慧保证每一个人写出的代码都是精准、高质量的。

一个团队的工程组织能力非常重要，有了它，100 个人、1000 个人才能变成一支很好的工程师团队，而不是乌合之众。百度早期就开始的这种严格工程训练，是任何一所大学都没有教过的，在当时企业里也很罕见，其形成有一定的偶然性，与百度创业团队的高素质和完美主义倾向有关。后来，它变成百度的传统，对每一位新人言传身教，严格进行工程方面的要求和训练。

百度会给新员工指定导师，让导师传授规范，让他在入职三个月之内接手一个项目，重写某一部分的代码或者实现升级。一名新员工能最终留下来要过两关：一是重写的代码要经过小组代码评审；二是进行一次某一领域的技术串讲。两者都通过了才能成为百度的正式一员。

当时招人并不容易，但我们仍然严格把关。优秀的人才是企业长远发展的基础，招人的标准必须坚持。后来，我们总结了自己的人才观，“招最好的人，给最大的空间，看最后的结果，让优秀人才脱颖而出。”

张晓峰：您讲的工程组织能力特别有意思。后来百度有没有形成一些类似于百度工程方法论的东西？

崔珊珊：有这种总结，比如“工程师的六大意识”（工程师的时间、质量、沟通、团队、进取、求实意识）。

当时，百度开发的是一个在中国前所未有的庞大系统，一个很大的数据库，索引互联网。没有任何一家公司的数据库能完成这么大的工程，百度得自己写，从底层开始，每行代码都要自己写。这么高性能、大数据、高并发的系统，超出我们所有人受过的专业训练，超过当时国内所有互联网开发的工程难度。这样的工程标准，没有现成经验可以参考，只能由百度自己定义。

张晓峰：从无到有的一步步积累、一点点传承，无论是技术，还是文化，通过人际传承，通过知识图谱的结构化，都越来越厚重、越来越成熟。

崔珊珊：最后沉淀成比较有名的百度工程师文化。首先是技术驱动。“科学技术是第一生产力”，在一家致力于创新的高科技公司，这句话得以充分体现。其次是实事求是。在技术工程中来不得半点弄虚作假。前期，我们也忽略过一些当时以为是很小的错误，但是后来却酿成很大的事故。这给了我们经验教训，让我们养成对于任何细小差错都不放过的谨慎态度。正因如此，百度培养、训练了一批技术过硬、作风过硬的工程师团队。

张晓峰：企业的发展史实际上就是一部文化的变革史。百度文化应该是慢慢沉淀、逐步迭代的，就像我们的产品一样。

崔珊珊：跟工程师文化相辅相成的，是人与人之间平等、坦诚沟通的文化。要通过讨论解决问题，就必须摈弃层级概念。一开始见李彦宏，他就让我们叫他名字。在

20 年前的中国，一个尚在实习的研究生，对老板直呼其名，刚开始还是有些心理障碍，不大习惯。

但没有层级观念，就能够畅所欲言，既平等又充分地讨论问题；就能充分对齐，知道问题在哪儿，要往哪儿使劲，目标一致就能加快项目推进。这种文化一直持续到现在。

张晓峰： 我看到百度原来有过总结，叫百度的“23 条军规”。后来出了一本书叫《一百度》，好像 23 条又变成 29 条了。我最近翻《百度论语》，那里面也有比较好的提炼。

崔珊珊： 这些是以前总结的，最近的还有 2019 年总结的《百度文化金句》。百度文化在 20 年中经历了演化和发展，企业文化也是集体智慧的结晶。我们的核心价值观“简单可依赖”这五个字是早期一次头脑风暴中总结出来的，它从来没有改变。它非常契合百度人的简单、纯粹，符合追求科技创新造福人类、理想主义的百度气质，也很能体现工程师文化的特点。

OKR：穿透对齐，提高组织链接度

崔珊珊： 2019 年，百度实施 OKR，也是为了清晰充分地定义问题，知道要解决的问题是什么。初创时期几十个人充分沟通讨论很容易做到；几万人的时候，我们就通过 OKR，从上到下充分对齐。让大家不仅看到 CEO 的 OKR，还能看到自己所属的大部门、事业群或者小部门领导的 OKR。

我们也把层级做了压缩，层级少、对齐充分，让每个人清晰了解怎么从螺丝装配成航母。企业需要好的组织链接度，就是每个人都知道自己是什么，为什么要做现在这个工作，为什么自己的上级要有那个目标。每个人对上级既是承载，又是扩大，形成稳定的宝塔模式。

我们推行 OKR 就是为了保障组织链接度，保障战略的穿透对齐。举个例子，原来一个员工的目标是“我一天走几百公里”，OKR 就是告诉员工要去北京，要去西安，或者要去哈尔滨，先把方向明确，再说每天走多远。

张晓峰： OKR 是您一直在努力推动的，肯定会面临很多难点与阻力。前后做一下对比，您可以得出哪些基本判断？

崔珊珊：我们推行 OKR 有几个目的，有的达成得好，有的不那么理想。达成得好一是在对齐方面，达成度较高。还有一个比较好的，是推动这些领军人物，要跟他们的下属可视化地描述好他们要去哪儿。以前的目标设定不是可感知的，往往直接量化成数字。这个要求一方面用可视化描述，另一方面从外部视角描述。

就好像有人在跑步比赛中只是看秒表说话，不看跑道。看跑道会说我们现在是第三，要争取跑到第二，这样团队就懂了；如果说我们现在是 51 秒 6，要争取跑到 50 秒之内，大家就不能清晰理解目标。团队理解和不理解，做事会有很大不同。

中层的 OKR 特别关键，承上启下。管理层的目标比较容易对齐，中间这一层就容易挂羊头卖狗肉。

迭代了几个季度，我们就开始推行循环嵌套的方法论，到这一次才感觉比较对了。我的每件事，我的每个下属都充分理解了；他们每个人要做什么事，他们互相之间也理解了。

张晓峰：对。这个变化的过程可能是潜移默化的。如果从协同度上去判断，对推进 OKR 前后做一个比较，您会如何评价？

崔珊珊：OKR 的实施在三个方面带来了提升。一是对齐，系统内相互间的信息沟通流畅了；二是协同，知道组织的大目标和伙伴的进展，才有可能准确配合；三是聚焦，OKR 本身就是目标明确，只能有三个 O。

对齐方面，有了一个数量级的提升。协同方面，大家能慢慢理解周围人在做什么，也有了一个比较大的提升，但到不了数量级。现在大家刚刚能理解部门内部别人在做什么。以前有一个问题是伞形结构，十个下属只对我说，互相不对话，所以效率很低，因为互相不协同。当你知道旁边人要做什么，才知道怎么协同。

张晓峰：OKR 推行的过程实际上也是一个文化渲染过程，也是使命、价值观和愿景渗透的过程。

向远方，才能成为未来的公司

张晓峰：今年，百度 20 岁了，这中间其实有很多诱惑。关于做什么和不做什么，百度一定做了很多独立分析判断和选择。据说服务提供商、网游等，曾经被李彦宏拒绝过。做这种决策内部有怎样的一个决策体系？

崔珊珊： 百度的创新是基于核心能力的，专注于做跟核心能力更接近的事情，以创新推动核心能力的发展。很多可能很赚钱但不相干的热点就没有想过去追。

移动生态这个方向的战略我们一直是坚持的，一直在不断地寻找创新点。在互联网行业，不进则退，进攻才是最好的防守。而搜索和 AI 就好像是一条藤上的两个果子，搜索很自然地就会导向 AI。

AI 有四个基石。一是自然语言；二是计算机的语音识别、视觉的图像识别；三是深度学习；四是算力。深度学习又对算力有着很高的要求。百度自诞生起，就十分靠近这四个基石。

首先，搜索是对自然语言的理解，这方面百度起步非常早；其次，百度很早就建立了深度学习实验室；百度的算力也是天然就有的，因为搜索本身就是一个大数据量、高并发、高性能的计算体系。深度学习几十年前就有了，一直没能取得突破，是因为当时可供训练的数据非常少，后来随着数据量增多，就发展起来了。

百度搜索引擎，天然就拥有海量数据，很自然就走到 AI 这条线上来。2019 年，王海峰任百度 CTO。他是 AI 方面的高阶技术人才，也是百度当时四个最高阶技术人员之一，另外三个都是我们自己培养出来的。

李彦宏相信技术能够改变世界，技术能带来颠覆性的创新。像自动驾驶和智慧交通，这是广为人知的很典型的 AI 应用场景，而更多的应用场景其实是在移动生态及很多行业的应用上。

百度的高管都比较理想主义，很有情怀，就想技术报国，埋头做事，且做得多、说得少。像李彦宏、王海峰、沈抖，都有非常严谨的理工男气质，真正想做事情的人往往没有时间和精力多说，不太会造势。

人才在手，才可以随时出发

崔珊珊： 现在我们有越来越多自己培养的高管，前一阶段提拔了一批内部成长起来的副总裁和总监。内部培养需要周期，需要耐心，我们很注重内部成长。但有时公司成长的速度大于内部人才成长的速度，这时就必须从外部引进人才。以后，高管的空降率会降下来。我们最近提拔的副总裁 100% 是 80 后，都有很强的主人翁精神和忠诚。而主人翁精神和忠诚这些东西在面试中是体现不出来的，工作起来才会有感觉。我认为忠诚就是为了公司的长远发展，不是为了追求短期利益，这是最大的忠诚。

张晓峰：我看外部的评价，您是出了名的“我就是为了百度好”。这个标签应该没错。

崔珊珊：不光我，百度自己培养的有了深层链接的员工，肯定都是这么想的。空降高管的这种链接有可能还来不及建立，有可能安全感不够，这也是很正常的，需要时间建立深层链接。不论内外，真正的栋梁骨干还是得靠跟公司有了长远链接、深层链接，才能一起往远方看。铸梁更多要靠自己。

我们和谷歌正面交锋过。2005 年谷歌进入中国，给应届生的年薪是我们的两倍。人家财大气粗、会集全世界的人才。但是我们没有气馁，跟它死磕，在技术和产品上咬住不放，谷歌那几年市场份额每个季度都掉一个百分点。百度走到今天，靠的是各类人才的不懈努力，靠大家的精诚团结。

张晓峰：在路上，永远再出发，行囊随时不离手。成立 20 年再回头看，您觉得百度最值得珍视的东西是什么？

崔珊珊：最值得珍视的还是人，不管位置高低，各级骨干，各个百度人都很重要。大家有共同的理想情怀，又能共同走过沟沟坎坎，骨子里真正认同百度文化、理念和使命。心心相印的百度人和百度团队最值得珍视，这毫无疑问。

面对起起伏伏、艰难险阻，只要人在、人才在、团队在，就能挺过去。当遇到艰难险阻时，有些人一定坚持不住。就像当年红军长征，一些人对革命失去信心，半途而废，能真正走完长征的人特别宝贵。

百度永远自加压力，有时是和自己死磕。我把百度目前所处的阶段比作一次新长征，很多无人区的艰辛只有技术型公司才能领略，步步艰难的局面还会持续很长一段时间，爬坡阶段更应抓紧解决现存的问题。艰难困苦，玉汝于成。不管面临的坎是深还是浅，能一起走过来，团队就会得到历练和升华，会变成更优秀的团队。我们不怕时间和挫折的打磨，也不会坐享其成。再给我们两年时间，团队一定更牛，公司也是如此。在这个过程中，公司会收获成长起来的人、成长起来的团队、成长起来的业务，这是最宝贵的资产。

张晓峰：听创业元老分享，我很感动。我们看到了百度的发展历程，看到了文化的演进，看到了技术发展，也看到了我们在整个坐标的位移，越来越逼近智能经济撬动者、智能社会建构者。

第三篇

智能产业化支撑产业智能化：“头雁效应”激活“乘数效应”的中国实验

08

大脑 + 操作系统 + 开放生态 + 场景化：中国人工智能崛起路线图

加快人工智能关键技术转化应用，促进技术集成与商业模式创新，推动重点领域智能产品创新，积极培育人工智能新兴业态，布局产业链高端，打造具有国际竞争力的人工智能产业集群。

——国务院《新一代人工智能发展规划》（2017年7月）

一个新的全球竞争的主战场从外界看似若隐若现，其实背后的角力早已开始。在攸关未来影响力、话语权的关键决断、关键节点上，全球主要经济体没有任何迟疑与反复。

技术突破—创新热潮—产业应用—生产力与生产关系深刻变革，历史上每一次科技革命、产业革命几乎都遵循这样的路线。

新一代人工智能发展已经成为中国国家战略，中国人工智能崛起是个大概率事件，中国向智能经济、智能社会的进程一定会加速。现在，有必要对崛起的路线图进行清晰梳理、准确把握并动态调适。

全球技术创新进入“中国时间”，中国正在改变世界科技走向

实事求是地讲，中国确实在整体科技引领上还力有不逮，基础研究相对薄弱，缺项、弱项还比较多，特别是卡脖子的关键技术还很多，自主可控还有差距。而当我们处在新一代人工智能语境下，既不能盲目自大，过分乐观错失良机，也不能妄自菲薄，一听是国内技术就一脸鄙夷。

中美两强，各有千秋

在全球人工智能技术创新方面，中美两国各有千秋，美国的整体实力确实更强，但中国的势头更强劲，说进入“中国时间”、中国正在改变世界人工智能科技的走向并无不妥。跟随战略、后发优势说起来都站得住脚，但在智能时代的适用性存疑。

业界普遍认为，整体来看，中美已成为全球人工智能发展的两强。美国在人工智能研究方面占据领先位置，而中国在人工智能应用方面的成就有目共睹。业内专家认为，未来很长一段时间内两国在这一领域可以优势互补。

正如科技部副部长李萌在2017年的评价，经过多年的积累，中国人工智能研发取得了重大进展，在专利和论文上已经居于国际前列，在语音识别、机器视觉、机器翻译领域全球领先，相关创新创业活动非常活跃。与此同时，中国人工智能还存在不少短板，例如，基础理论、核心算法、关键设备、高端芯片等方面原始创新成果还比较少，人才储备远远满足不了经济社会发展对于人工智能快速发展的需求，科研机构和企业还没有形成具有国际影响力的生态圈与产业链。

2019年5月24日，科技部新一代人工智能发展研究中心等机构发布《中国新一代人工智能发展报告 · 2019》,《报告》显示，2013—2018年，全球人工智能领域的论文文献产出共30.5万篇，其中我国发表论文7.4万篇；在全球居前1%的人工智能高被引论文中，我国居全球第二；在全球高被引前100篇论文中，我国有16篇入选。截至2018年底，全球共成立人工智能企业15916家，我国人工智能企业数量为3341家，也位居世界第二位。

技术改变中国，中国也在改变技术

中国改革开放42年，人民生活发生了很大的变化，尤其是过去20年，中国被电脑、

互联网、智能手机不断改变。但是，当今天我们回望过去发展路程的时候，我们也看到中国在某种程度上正改变世界科技的走向。

中国的专利申请量现在已经连续 5 年全球排名第一；人工智能的论文数量现在占到了全球 25%，排名第一；人工智能的融资在全球的占比也超过一半。

我们也看到中国近几年涌现了很多新的 AI 创业型公司，很多融资量都非常大，它们在很多不同垂直领域里都逐步展现了竞争力。

今天的中国，在科技上无论是投入，还是逐步展现出来的潜力，都令人振奋。2019 年，全社会研发投入 2.17 万亿元，占 GDP 比重为 2.19%；科技进步贡献率为 59.5%，世界知识产权组织的评估显示，我国创新指数位居世界第 14 位。

过去，我们都觉得美国的今天就是我们的明天；在美国已经发生了的事情，在中国也会发生。其实，今天的中国已经出现很多独特的应用。

中国的移动支付、O2O 渗透率、电子商务已经是全球第一。人们出门不带钱包，外卖、网购非常普及，物流配送十分发达。这些都改写了我们的生活方式。

中国在部分新一代人工智能技术发展上已经领先

正是中国在很多地方因为有其独特之处，所以可以做出不一样的技术。比如自动驾驶技术，百度从 2013 年开始研发自动驾驶。在美国这项技术开展得更早。但是 2017 年百度做了一个举动，宣布百度自动驾驶技术对外开放。我们不仅开放，而且开源，就是连源代码也全部公开。不仅对中国开放，而且对全世界开放。这是中国对世界自动驾驶技术的一个贡献。在这之前，每家公司都各做各的，你有了，我也要有，所以我就从头再做一份。开放开源的结果是，我们的技术快速发展，拥有了更多的合作伙伴和开发者，生态快速繁荣。

当然，自动驾驶在中国其实也有不同于美国的特点。我们意识到汽车产业不是一个孤立的产业，它更是交通问题的一部分。而街上跑的这些车不可能一夜之间全部变成无人驾驶汽车，这就需要我们做车路协同；甚至完全没有自动驾驶车，我们也要想办法提升出行效率。

与此同时，我们觉得在完全自动驾驶全面实现之前，在部分场景可以先实现自动驾驶。比如地库停车，停车位可能非常狭小，车主技术不熟练就停不进去。但是让 AI 做这件事情就相对比较容易了，因为这是一个低速环境。同样，在部分封闭的园区，已经实现完全无人驾驶。

所以在很多场景，我们都可以通过技术提升效率，给人们带来更好的体验。所以，Apollo 不仅仅是一个面向全球开放的自动驾驶平台，也逐步体现了中国特色。中国在很多场景中是其他国家很难复制的，我们利用好这些独特的场景优势，就可以把技术推向更前沿的位置。

再看智能家庭，现在也是非常火的一个赛道。其实美国也有非常多的家庭购买了智能音箱，那么中国有什么不一样呢？2017 年 1 月，在美国拉斯维加斯国际消费类电子产品展览会上，百度首发了带屏的智能音箱，这比美国要早半年左右。现在小度在家带屏智能音箱的销量已经超过无屏，并做到了全球第一。这是一个非常有意义的事情，带屏和无屏感受是非常不一样的。虽然带屏的要贵好几倍，但是它能做的事情也多了很多，它离对话式智能助理更近了一步。中国信息流发达，通过算法向用户个性化地推荐各种各样的信息，目前这个服务主要是在手机上。今天我们完全可以把它放到带屏的智能音箱上。

还有一项技术应用是持续对话。最初大多数智能音箱或者对话助理基本上是一问一答，但是真正的对话式人工智能应该是多轮的，除了它回答你的问题之外，它也可以问你问题，也可以再向你推荐其他相关话题。这样的一问一答可以进行很多轮，可以持续很长时间。这个技术是非常难的，但是百度逐步实现了，并最先将其应用到小度智能硬件上。再后来，我们又应用了全双工免唤醒技术，进一步将这种便捷的交互方式在智能音箱产品中放大。

在面向企业的服务上也有相当大的创新空间。中国是制造业大国，今天经济增长面临的最大的压力就是实体经济怎么转型升级，怎么创新驱动，怎么智能 +。这里面，AI 能起的作用是非常明显的。

恩格斯说："社会一旦有技术上的需要，这种需要就会比十所大学更能把科学推向前进。"① 如果我们用智能的方式提升中国制造业的效率，空间会非常大，需求也会非常旺盛。

不仅制造业，所有的企业都面临转型升级、创新驱动、效率提升的压力。利用新技

① 《马克思恩格斯选集》中文第 2 版第 4 卷第 731~734 页。

术提升效率的空间非常大，一个方向就是客户关系管理（CRM）。传统软件领域CRM很成熟，企业只需独自购买一套软件。但还有另外一种做法，可以做一个社会化的客户关系管理，前台对客户、对媒体投放可以统一起来，在后台供应链也可以共享，所以多方的协同、开放、共享会是将来中国CRM发展的一个重要方向。

中国新一代人工智能技术发展有可资依托的优势

大家看到很多东西在中国不一样，原因是因为中国有规模。当我们有足够多的场景、足够多的数据、足够多的人才、足够发达的基础设施时，很多创新就会首先在中国出现。

所以我国可以充分地利用第一章分析的数据的优势、场景的优势、人才的优势、资金的优势和基础设施的优势，把创新再往前推进一步。而这些创新不仅仅可以让中国用，也可以让世界用。通过大底座、大规模、大数据创造大机会，让中国给世界贡献属于全世界的技术。

普华永道发布的报告显示，到2030年，人工智能将给全球国内生产总值带来14%的增长，相当于15.7万亿美元[①]。

埃森哲于2017年6月发布的《人工智能：助力中国经济增长》报告显示，制造业、农林渔业、批发和零售业将成为从AI应用中获益最多的三大行业。到2035年，AI将推动这三大行业的年增长率分别提升2%、1.8%和1.7%。

历史不会停滞、不会重复，创新、技术滚滚向前，中国正在改变世界科技走向。

在不久的未来，智能流就会像今天的电流一样平静地环绕、支持着我们，在一切环节提供养料，彻底改变人类经济、政治、社会、生活的形态。

作为新型基础设施的营造者、新协同生态的引领者、新生活主义的布道者，百度不会就此止步。

扛把子还是卡脖子，是一个必答题，但不是选择题

单打独斗打不了江山，各自为政无法赢得新的全球竞争主战场的胜利，单兵突击也

① 葛晨，林小春，等，特稿：迎接“新智能时代”——2018人工智能大发展，新华社北京2018年12月17日电。

不代表可以制胜全局。既要国家意志、国家行动，也要协同创新、协同行动。全球合作当然是极好的，但现实条件下实现起来困难重重。说起硬科技和研发貌似只是一个技术活儿，其实它是一项“软硬兼施”的系统工程。

生态为基，协同为本

“大协同的红利”是需要大协同去发现挖掘的。这句话是不是同义反复？其实不是。没有大协同何来大协同的红利呢？过去的“协作”“分工合作”“代理”等都将面临解体或被重新定义。怎样协同？电影《流浪地球》给我们提供了一个形象的样本——既展开了丰富的想象，又暗合了不少大协同的精髓。

（1）协同变轨。“流浪地球”计划即倾全球之力在地球表面建造上万座行星发动机和转向发动机，推动地球离开太阳系，用2500年的时间奔往另外一个栖息之地。行星发动机分两类：推进发动机和转向发动机，前者负责为地球提供前进的动力，后者负责控制地球前进的方向。

（2）联合政府。国家和国家之间有一道墙，是难以逾越的。在灭顶之灾面前，协同是唯一的选择。

（3）《流浪地球法》。这是地球人共同遵守的最高行动纲领。

（4）“饱和式救援”。饱和式救援是独树一帜的模式，是为了达成目标而不惜代价，一项救援任务可能下达多个救援小组，以最高效地实现目标。王磊的CN171-11救援小分队没有完成杭州行星发动机的救援，费尽周折到达苏拉威西时，另外的小分队刚刚完成救援任务。

（5）木星“十三”响。如何突破行星发动机喷射半径所限，达到木星氢气的燃爆点？刘培强和伙伴们给出的答案是“行星发动机喷射+空间站自爆”。

百度是国内最早布局人工智能的公司，基于百度摸索的方法论，我们认为中国人工智能崛起路线图可以兼顾以下议题。

总体关键路径

（1）从新基建到“新上层建筑”、新生态再到新生产关系。

（2）“大脑+操作系统+开放生态+场景化”是一个可选项。这里的“大脑”可能涉及中国大脑、行业大脑、城市大脑等。

（3）从消费互联到工业互联、产业互联到产业智联、万物智联。宜将产业智联网早日纳入统筹安排，以产业智联带动消费智联。

（4）从泛在感知、泛在连接到泛在交互、泛在协同。匹配、协同是根本。

（5）新一代人工智能技术与 5G/6G、IPv6（互联网协议第 6 版）/IPv6+ 为代表的新一代信息技术双驱动，数字经济和智能经济不要打内战。

（6）智能经济与智能社会兼顾，社会发展与人的成长兼善。

方法论：五“点”六“定”

中国正在步入一个关键战略节点，这一点大家都没有异议。从消费互联到产业互联、产业智联的跃迁，值此关键“节点”，需要选准“切入点”，需要持续加温达到“燃点”，需要叠加、融合，临近“引爆点”，需要统筹“控制点”。这是五“点”。控制点怎么理解？要自主创新、自主可控。高楼不能建在沙滩上，吃过亏就要长记性。从新基建到产业智联网，底座、中枢不可失控。其他不一一解释了。

六“定”，即定方向目标、定方法论、定路线图、定赛道、定协同机制、定游戏规则，缺一不可。定了算，说了干，其实很简单。对于规划不合理的也可以动态调适。

六大抓手

先看第一个抓手。前十年中国互联网技术及其应用迅猛发展，渗透进更广的领域、产生更深刻的改变，一个最直接的结果是，大量的数据被显现出来，这是中国发展新一代人工智能、实施智能决策的关键抓手和重要战略资源。

第二个抓手是中国的应用场景。产业门类齐全、场景丰富多元、创业动能十足，规模、深度、广度都是中国独具的优势。

第三个抓手是中国的新基建。这个不言自明。整体架构要有设计，不要散乱打点再瞄靶心，不能高成本、重复盲目试错，开头宁愿慢一点、稳一点，至少要预留可升级的接口与空间。

第四个抓手是转型升级的内驱力。各级政府在新旧动能转换、创新驱动的高质量发展上有内驱力和总体安排；产业数字化、智能化转型箭在弦上，即便企业有一定内驱力，也不免惶恐。AI 生态要扑下身子帮助实体产业在各自的赛道上成长。此外，发展阶段、发展水平有差异，必要的“补课”不可少，不能一刀切。

第五个抓手是大协同。在中国，实现大协同有先天优势与体制优势。

第六个抓手是区块链。人工智能 + 大数据 + 区块链 + 生态，将改写产业生态、创业生态。

六大赛道

根据发展规划，新一代人工智能将在制造、农业、物流、金融、商务、家居 6 个重点行业进行融合创新。笔者在这里针对 6 条赛道提出几条建议。

一是以智能驾驶技术、5G 技术为核心，集自动驾驶、智能车联、智能信控、车路协同、智能交通、智能城市为整体。

二是以语音交互和视觉技术、软硬一体化为核心，覆盖智能音箱、智能家居、智能助手、智能汽车、智能客服、智能金融等场景。

三是云全面向智能云发展。智能云是大脑支撑的云，是基础云 +AI。

四是新基建。新基建作为赛道看似牵强，其实别有洞天。与产业智能化、智慧城市、智能经济、智能社会都有充分衔接和依托。

五是以智能制造为核心的产业智能化。人工智能技术正在高速发展，走进各行各业，改变着现有生产方式，提升企业生产效率。AI 正推动我们进入标准化、自动化、模块化的 AI 工业大生产阶段。这将对经济社会发展持续产生巨大的影响，也将重塑众多行业的竞争格局。

六是生态、教育、大健康。生态、教育、大健康具有普惠性质，和每一个人的成长、生活相关，也可以充分施展协同的魅力。

总之，智能时代的中国，自主创新、自主可控不是痴人说梦。中国新一代人工智能技术应该是扛把子，而不是处处时时被卡脖子。

我们希望通过协同努力，找到中国智能经济的腾飞点、引爆点，实现战略意图。希望在世界 AI 商业化如火如荼的时刻，中国这边风景独好，中国星光灿烂。如果 20 年前百度的梦想是人能平等便捷地获取信息，今天我们就希望通过自主探索广泛开放的方式让 AI 的技术创新普惠中国、造福世界。

垂直场景分析之一：全栈能力服务出行革命

人工智能是交通发展的新引擎，智能交通将会站上工业革命的浪潮之巅，成为国家在这一轮新基建洪流中创新科技落地的排头兵和基础产业。基于人工智能和 5G 的交通数字化转型和智能化变革，将会让传统交通加速向数字化、网联化、自动化的新交通转变。

ACE 交通引擎、Robotaxi 自动驾驶出租车联袂出击

2020 年 4 月，百度之于中国交通，有两大值得记载的里程碑事件。其一，4 月 9 日，百度发布“ACE 交通引擎”，它是智能交通的百度方案，是系统性综合解决方案。其二，4 月 19 日，百度宣布全面开放 Apollo Robotaxi 自动驾驶出租车服务，长沙用户通过百度地图、百度 App 即可一键呼叫，免费试乘。由此，Apollo Robotaxi 成为国内首个通过 App 向公众开放的 Robotaxi 服务。

百度是国内唯一具备车路行全栈自主可控技术的高科技企业，利用人工智能、大数据、自动驾驶、车路协同、高精地图等新一代技术，打造车路行交通引擎，推动基础设施智能化、交通运输装备智慧化和出行服务便捷化，致力于 G 端行业治理痛点解决、B 端产业生态建立以及 C 端多样化精准服务满足，推动未来交通真正迈入智能化、一体化新阶段。

车路智行采用先进的自动驾驶、车路协同、无线通信和新一代互联网等技术，实现人、车、路、云、图等交通要素的交互融合，由车辆智能化、道路智能化、运输智能化三个维度组成，遵循数字化、网联化、自动化三个阶段的发展路线，是可持续的交通承载形态。

自动驾驶技术继续领跑，车路行闭环全球唯一

作为唯一承担自动驾驶国家人工智能开放创新平台的企业，截至 2019 年底，百度自动驾驶全球专利申请超过 1800 余项，位列中国第一。在 2019 年美国加州机动车辆管理局自动驾驶路测报告中，百度的 MPI① 排名全球第一（见表 8–1）。在中国获得了唯一的最高级 T4 牌照，及 120 张载人测试牌照，测试里程超过 600 万公里；在北京的路测在测

① PMI 指自动驾驶汽车因技术故障或安全运行需要脱开自动驾驶模式，转而由人工介入，被称为“脱离”。“脱离”数据报告在某种程度上被用作衡量自动驾驶技术的成熟度。美国加州是全球自动驾驶汽车测试的热门之地，从 2015 年起加州机动车辆管理局就要求在该地展开自动驾驶测试的企业上交一份上一年的自动驾驶“脱离”数据报告。

试道路、区域范围、服务规模、测试牌照及测试里程均居全国首位。

表 8–1　2019 年美国加州机动车辆管理局自动驾驶路测报告（部分）（单位：英里）

企业	国别	2019 年		2018 年	
		脱离率	总里程数	脱离率	总里程数
百度	中国	0.055	108300	4.86	18093
Waymo	美国	0.076	1454137	0.09	1271587
通用 Cruise	美国	0.082	831040	0.19	447621
Autox	中国	0.094	32052	5.24	22710
小马智行	中国	0.154	174845	0.98	16356
Nuro	美国	0.494	68762	0.97	24680
Zoox	美国	0.627	67015	0.50	30764
滴滴	中国	0.682	11730	–	–
PlusAI	美国	1.064	1880	18.40	–

资料来源：汽车之家行业组根据 2019 年美国加州机动车管理局自动驾驶路测报告整理并制表

前文提到，2018 年 7 月百度和厦门金龙合作量产了全球首款 L4 级别的自动驾驶小巴车“阿波龙”，搭载了 Apollo L4 级别自动驾驶解决方案系统，已在北京、雄安、福建平潭、广州、深圳等地开展商业化运营。

在自动驾驶、智能交通领域，百度是全球唯一具备车路智行技术闭环的企业。在自动驾驶方面，Apollo 攻克了操作系统、计算平台、感知控制等十大核心技术，实现了复杂城市道路和高速公路的自动驾驶。在车路协同方面，可支持 L0~L5 级自动驾驶车辆的广域视角、冗余感知和超视距感知需求。在智能车联方面，小度车载 OS 已具备量产前装车机、CarLife 手机投屏、准前装车机以及智能后视镜四种产品形态；在终端统一了地图、语音、视觉、数据、生态、账号、支付等功能。

智能网联汽车的三境界

汽车工业是一个很大的产业，今天又面临一个百年未有的变局，就是它的智能化、网联化，最终走向无人驾驶。

百度智能车联已和 60 多个整车企业、400 多款车型进行深度合作，服务数千万的车辆用户，构筑起“人—车—家—生产—生活”的有机生态，为城市发展和人民生活提供了强大的动力。

智能网联会是一个比较长期的过程，它应该有以下三个境界。

第一，基础设施的智能网联化。今天在街上跑的汽车绝大多数是没有联网的汽车，也没有任何自动驾驶功能，但是依然可以用 AI 方式改变和提升交通效率。当车还没有跟上时代步伐的时候，基础设施可以先行一步，在路侧可以安装各种各样的传感器、摄像头。最简单的是交叉路口的信号灯，今天的信号灯是给人看、非智能的，很快可以让这些信号灯变得智能。AI 已经可以实时、全量地处理交通信息。把全程的信号灯联合、协同地调整红绿灯时间，可以把每个红绿灯的等待时间减少 30%~40%。这个解决方案不依赖车的任何智能，就可以大幅提升城市的交通效率和通行效率。

第二，自动泊车。严格意义上讲，它不叫自动泊车，是最后一公里的无人驾驶，这是“最后一公里的自由”。为什么它会比完全无人驾驶时代更早到来？因为泊车处在一个低速环境。这对那些不具有最后一公里自动驾驶能力的车，会产生一个挤压效应。现在百度的自主泊车已陆续接到来自企业的订单。

第三，真正的共享汽车的时代、无人驾驶的时代。这个时代迟早会到来。无人驾驶的技术的科技进步、技术进步非常快速。在相对封闭的场景里，已经完全实现无人驾驶。

李震宇　百度集团副总裁，智能驾驶事业群组总经理（访谈时间：2020 年 4 月 18 日）

张晓峰：特斯拉曾经出过安全事故，黑客甚至可以劫持、控制车辆启动、停止或者加速。读者可能会有疑问，开源会不会导致更不安全？

李震宇：像特斯拉、优步的事故是很有杀伤力的，很多事情，在变好之前可能会变得更坏，我们希望尽力把变坏的代价降到最低。

刚进入行业时大家认为不开放的方式是很安全的，但进入这个领域后，我们小试牛刀，发现市面上大部分的车都可以轻松被黑。坦率说，没有太高的技术含量，汽车貌似封闭，但它要比手机、PC 容易破解得多。过去车辆难破解是因为不联网，但车联网之后，车辆反而变得不安全了。因此，封闭不一定安全。

开源平台像一个透明厨房，大家都在用，谁发现不安全都会叫出来——这里有一只虫子，这里有一只苍蝇……问题更容易暴露出来，从趋势上看一定是越来越安全的。在不开源的情况下，代码工程师把家门一关，内饰如何没人看到，只要把门刷漂亮就行了，现在大家要把家底亮出来。

开源前还需要花半年的时间做两件重要的事情，一是安全化，二是 IP 化。需要做大量代码扫描，代码中如果使用了其他 IP，要去解耦。大家使用了开源代码，在产品化和商业化的过程中，还会再加一道门。这又提高了安全性，并且是基于内核的安全。

理念上，安全是第一要义。安全是我们工作的重中之重。我们的代码逻辑包括，如果做不到变道安全，宁可让体验变差，也要选择不变道，这是我们有责任传递给用户的理念。如果不是这么深耕安全，而是单纯秀肌肉，凭我们的能力，无人车可能早就开出去了。但要做到真正万无一失，比人开车更安全，还有大量的工作要做。

政府高度包容，凸显开放的力量

张晓峰：现在百度拿到了 100 多个无人驾驶测试的牌照。与国外相比，是不是可以判断我国政府在这一块的开放包容度更高，对新的技术、新业态更愿意主动拥抱，并给予其更大的试错空间？

李震宇：是的。进入这个行业之初，我们觉得无人驾驶会有三座大山，第一是技术，第二是成本，第三是政策。现在认知里还是这三座大山，技术的大山还是最高的，后面两个，尤其是政策，这几年比想象中要乐观很多。

预想中，我们做到了而政府不让跑、不让用的情况，实际没有发生。政府允许先行先试，甚至在没有达到理想化的状态下，也敢于让企业先试，政策后补。

政府对创新的包容和渴望出乎我们的意料。它只有一个前提，即安全。北京市的领导经常对我说："震宇，你可以尝试，但你要知道这是首都，要保证安全。"

这也是我们的责任，首都这样的地方敢让我们跑，我们就更要做好。北京、长沙、沧州、重庆，基本都是主动拥抱我们的，它们学习、认知的速度也超出了我们的想象。

近期我们发布了智能交通白皮书，也在复盘20多个城市的反馈。大家都认可我们的理念，主动希望进行下一步。在不断实践的过程中，形成了自动驾驶中国特色的落地方式：政府、科技公司和车厂三位一体，密切配合。比如在长沙落地，就是长沙市政府、百度和一汽联合。

一汽把底盘、电子架构做好，百度把智能做好，政府给予政策支持、基础设施的改造以及统筹，三位一体的合作就形成了。这就是开放的力量、生态的力量。从单一企业的实力来看，美国企业要比中国企业强大很多。谷歌、亚马逊、微软等巨头在某些领域具有绝对优势。但是中国有自己的优势，我们的大企业可以互补合作，我们的政府可以给予强有力的支持。

智能驾驶、车路协同改变车、路、人的关系

张晓峰：用生态的方法，覆盖后续的全产业链、全场景、全时空，目的是让用户以及生态合作伙伴获得独特、丰富的价值。智能驾驶一定会在很多方面改变我们，人车关系、车路协同是一个方面，而人机关系的改变，您认为主要会发生在哪些方面？

李震宇：一直以来，交互方式的改变都是计算机行业革命性的创新。车联网板块是智能汽车工作的重要组成部分。过去大部分车载系统比手机系统落后很多，车内人机交互方式迫切需要改变。语音交互、解放手指的方式在驾驶场景更能体现价值，消除安全隐患。通过语音交互便捷地链接内容与服务，还可以人脸打开车门、人脸支付等。

过去几年，人机交互发生最大改变就是智能手机的出现，下一步可能就是智能车机形态。中国科技进步的速度太快了。移动互联网全球最领先的就是中国，现在全球车企也感受到了压力。一个车型有两三年的周期，车企上新车型

后感觉到交互方式落后，就询问百度能不能6至8个月把交互加进去。这在以前是不可能实现的，现在完全可以做到。对车企来说，随着类似特斯拉大屏的诞生，这种竞争压力也被放大了。

上面提到的还只是有人驾驶，无人驾驶领域存在更广阔的想象空间。车可以是一个移动办公空间和移动休息空间。我们设想到一些无人驾驶可能带来的新场景，但还只是冰山一角，它必将大大改变人车关系，改变出行，进而为城市生活赋予新的含义。正是对未来的设想，支撑着我们克服困难，我们期待着交互方式革命性改变的那一天，它更安全，也更高效。

心存敬畏，方得信任

张晓峰：从您的谈话里可以看出很清晰的路线图，这里面既有to B的，也有to G的，也有to C的成分。要充分考虑各方体验和价值诉求，非常不易。就产业布局而言，您肯定也构建了商业蓝图。

李震宇：对，我们大体的路线图，如果从to B、to G、to C这些角度来看，首先是to B，车载车联是to B；之后是to G，这部分与车联网相关，我们称之为基础设施网联化；下一步还是to B，这时高级别的自动驾驶开始装到车上；最后走到to C。在这个过程中，百度基因最擅长的事情是to C，但to C的路径是最长的。

在实现商业化、产业化的过程中，我们需要学习很多。比如怎么跟车厂打交道，车厂的语言体系跟互联网不一样，按照它们的产业规律，一个车型就是两三年，而互联网公司做App，能够快速试错，推几个星期，不行就下架。以前我们无知无畏，做一个产品只想赶快上线。现在我们清楚，进入一个行业，就要心存敬畏。对车厂来说，安全、车规、文档化这些事情都要做。汽车行业的历史比互联网行业长多了，我们需要脚踏实地学习、了解，才能把事情做好。

一开始，车厂只是认可我们的技术，对于产业落地是将信将疑的。现在不会了，它们关心的是我们能不能做得更好一点。它们会担心过两年我们不做了怎么办，我的回复是我们不仅做车载，还做无人驾驶，路还很长。我们尊重、敬畏这个行业，这是与厂商建立信任的基础。

2019年下半年，我开始努力学习to G的语言。政府的诉求和车厂又不一样了，to G的客户管理是一种阶梯式的客户管理，不同层面的诉求完全不同。比如市长关心创新引领，副市长关心产业，再下面的干部关心红绿灯能否协调好，公交车能否智能化。各级诉求都不一样，关键就是怎样满足客户方面的整体诉求。

我们在快速学习，首先是放空心态。这两年最大的体会，就是如果我们想把智能化做进一个行业，必须深入研究、吃透行业规则，对还没弄清楚的东西别省劲儿。哪怕进入行业以后，发现有一部分不适合我们做，再从中退出，也不要浅尝辄止，只做我们擅长的事情，汽车行业我们就是这样做进去的。合作伙伴又会问："不该你们做的，你们怎么也做？"我则表示："你们做，我们就退；但是你们不做，我们就得顶上。"比如，我们不是特别擅长做汽车相关的硬件，但也做了不少硬件的事情，有些硬件生产没有规模化，买不到，只能自己研发；与一些服务器的合作伙伴合作时，我们也要做车载计算单元。风冷、水冷我们也不擅长，但是不做，就形不成闭环、形不成场景，所以我们就要做。一步步推动，有一天实现产业化，我们也知道未来的合作伙伴做什么。

要真正深入一个行业，就要俯下身去。虽然在这个过程中，的确有时要做我们不擅长的事情，但总得有人去做，不然互联网化、智能化都是空谈。

如今我们对汽车行业比较了解了，发现里面有太多可以智能化的地方，比如IT系统可以智能化或数字化，机会越来越多，如果没有深入行业，不可能看到这些机会。

敢揽瓷器活的先头部队

张晓峰：我们非常有力的一个武器，是外部的口碑效应，无人驾驶是我们整个AI体系皇冠上的明珠。我们拥有金刚钻，以此切入行业，会给整个市场的接纳度带来显著影响。

自动驾驶从产业层面整体渗透，可以带动智能车联、车路协同；智能车联可以带动我们的DuerOS，可以连接应用和服务，车路协同可以带动智能交通、智慧城市，牵出我们积累的优秀能力和服务，还可以把未来的产业智能化带进去，包括IT系统和AI系统。这个锐利的武器、这个切入点，真的太重要了，有可能成为百度的一支先头部队。

李震宇：确实像您总结的那样，无人车是把锐利的武器。我们最初做车联网时，起步是不算早的，但当我们面向车企，比如和福特谈合作时，因为有自动驾驶这个具有良好口碑的优势，大家很愿意和我们对话，了解之后就会乐意看看我们车联网的产品，进而发现我们车联网的易用性。

车路协同同样是我们的撒手锏。比如我们跟长沙市合作，打造无人驾驶之城、智能网联之城。车路协同不仅可以支持自动驾驶，还可以支持很多应用场景，为普通车辆、网联车辆提供服务，合作场景其实还可以进一步展开。这就是高维打低维，是破局的关键。

我们相信，做智能汽车积累的经验一定能够反馈到无人驾驶领域。早期，我们对底盘、刹车都不清楚；现在，我们已经与汽车产业合作多年，了解了产线，真正进入行业了。

形成一个智能体：生态是协同化的，服务是差异化的

张晓峰：我也关注到我们与不同的厂商、生态伙伴合作的模式可能有比较大的差异。我们能给它们带来哪些方面的变化和提升？

李震宇：基本上所有车企都认为智能化是未来的大趋势，智能化就要求对整车进行改变。比如一汽红旗跟百度合作Robotaxi后，相信对自动驾驶汽车底盘和电子架构的理解一定是国内的佼佼者。只有深入合作，才能理解，道听途说不行，怎么布线，怎么设计，是一个适配过程。对一汽而言，底层搭起来，未来它的上层算法系统、娱乐系统可以接百度，也可以接别的公司。

在合作中，我们学习到油门、刹车、方向盘的能力，它们学习到算法云端的能力，但这并不会马上形成核心竞争力。每家企业不一样，我们很难说能够把刹车调节做得比别人好得多，它们也很难一下子把自动驾驶算法做到头部。在合作过程中，重要的是学习了自己不擅长的部分，对整个系统有了全局了解。

为了完成一个测试，几百辆车在外面跑，还有500倍、1000倍的仿真系统在模拟，成千上万台服务器在运行。这是百度擅长的方面，与从事互联网业务

能力强相关，是做搜索引擎的必备。以前验证车辆安全性，只在车厂做碰撞实验；现在不一样了，需要离线做大量的虚拟仿真。因为要做的不仅是车，也在模拟人，做司机系统。

张晓峰：对这种合作生态我联想到三个词，各安其事，各展其能，各得其所。

我和一家企业有过交流，它会把某些行业通用性的东西做集成。把知识封装进工业软件、工业应用，促进产业链协同，形成衔接、联动和精准匹配，变成了一个众多科研、服务、生产和使用者聚集的平台。我们未来构建的生态一定还有更长远的考虑吧？

李震宇：关于生态的构建，现在我们只有一个想法，不断开放。从我们的角度看，可能是垂直地把产品做成，把自有能力分层化，也鼓励合作伙伴分层化。

在交通行业，我们想做成 PaaS（平台即服务）开放平台，参与者都能够基于平台贡献应用场景。某一家想做 SaaS（软件即服务），从仓库里找一些组件就能形成一个产品，这是形成智能体的过程。我们还可以把供应链能力、需求能力释放出来，通过 ERP（企业资源计划）方式，跟物流系统整体打通，这会是非常好的整体状态。

目前我们的工作重点是前者，形成一个智能体，把组件能力开放出来。比如，可以把传感器在做好的第一天就开放出来，IaaS（基础设施即服务）开放，放在平台上，大家都可以形成需求，进行使用并不断迭代。

未来，我们会致力于将智能体进化成企业级、产业级的综合组织方案。比如把制造公司的订单系统和物流公司的物流系统，甚至 ERP 供销存系统打通，这对产业效率是非常大的提升——减少中间环节，按需生产。

我们现在的规划分为三个阶段。第一，各个环节中的各个节点，要数字化，能够连接起来，能够进行描述。第二，网联化，互联互通。第三，通过自动化、智能化手段，把全链路串起来。这样社会效率会有大幅提升的空间。

张晓峰：百度推进车联网的力度已经很大了，通过智能云进行分类、运营，还能带来很大的空间。百度一直倡导产业智能化，通过开放平台、我们的能力输出、生态的构建、与外部的连接、后续的协同、服务和技术的匹配、按需生产，这样一系列变化会与整个经济社形成很好的联动，大大提高效能。车联网还有哪些后续的着力点？

李震宇：从政府角度来看，车智能化之后就会有存储和计算的需求。从汽车行业发展的角度来看，现在比较明显的诉求就是数字营销，厂商会关注如何把车卖好。百度在数字营销这个领域的优势比较明显，这是百度目前的主营业务，搜索可以做到精准推荐。如果车厂能够把它们的数据脱敏贡献出来，与百度大数据和用户画像能力结合起来，就会更容易将营销信息与购车人群匹配。

产品化、量产化和解决方案化

张晓峰：您曾经提过“三化”，包括产品化、量产化和解决方案化，我们还在坚持这个基本方向吗？进展如何？

李震宇：几个应用板块的进展不太一样，现在车联网的量产化已经做得很好了，以 DuerOS Inside 的模式销售，订单份额在国内科技公司中处于领先地位。DuerOS 是我们的核心竞争力，不仅车用，音箱也有很大的出货量。除此之外，手机地图，百度 App 也在用。当年做这套产品花了很多精力，但是价值释放的时机很好。

张晓峰：高精地图是基于原来的百度地图去做的开发和升级？

李震宇：技术有相通之处，也有不同的地方。高精地图比普通地图的要求高很多，我们的高精地图也有三个不同的层级，其一是基于现有地图，稍微高级一点，车机可以用；其二是 L2/L3 级别用的，主要是给辅助驾驶使用；其三就是 L4 无人车用的。这些地图精度等级很不一样，L2/L3 地图，要支持车道线、曲率等。L4 地图对精度和静态物体标识的要求更高。

百度的高精地图是全球领先的。高精地图主要是为自动驾驶服务的，而自动驾驶车还没有排产，客户需要我们告知高精地图是什么、怎么用。而百度几百辆的自动驾驶车队在跑，回答客户的底气就足了些。

刚才说车联网，DuerOS 已经商业化了，车载地图也量产了，正在推进的就是高精地图量产。目前已经上市的量不是特别大，主要集中在跑在前面的创新车企，但是增速非常快。

另外就是通过提供解决方案，落地交通各个板块。红绿灯调配，还有在园区里跑的阿波龙，已经落地了。我们正在打磨的是交通行业的整体解决方案。从城市维度来看，单一产品是不够的，很多链条需要联动起来。同时解决红绿灯、停车、划线、自动化等，这是一揽子的解决方案。还有高级的自主泊车：停在家门口，车自动驶入地库，2020 年也会基本完成。尚需时日的就是出租车，现在我们做了一款前装的一汽红旗，还属于示范产品，长沙的老百姓可以率先感受到。

Apollo 6.0，即将面世的无人化

张晓峰：智能驾驶之于中国的智能经济、智能社会、智能生活，都是举足轻重的。最后一个问题，Apollo 现在已经开放到了 5.5，后续会怎么样？在哪些方面会有突破性进展？

李震宇：Apollo 是 2017 年 4 月 19 日宣布的，我们已经三岁了。2020 年 9 月会发布 6.0，关键词就是无人化。

现在常说自动驾驶，很少提无人驾驶。因为虽然说的是 L4 的功能，但是车里面还是有人。这次疫情给我的启发是：无人化、智能化是人类应对大规模突发事件的最优解，无人驾驶一定要实现。疫情期间，武汉的路上没什么人，如果无人驾驶能实现就好了。但是，哪怕有一个安全员在车内，车辆就不好部署，因为这辆车是潜在传染源。无人驾驶就会不一样，我们坚信智能化、无人化一定会实现。但现在的情况是我们没有大量的实践，怕给社会添乱。其实我们也能支持，但如果支持得不好，出现事故，就得不偿失了，说起来还是有点遗憾的。

6.0 就是无人化，会涉及运人送货等场景。2020 年疫情期间已经有 100 多辆车在试行无人化了，车里没有驾驶位，跑在运餐、运物资、消毒等场景，运人的场景希望 2020 年下半年有所突破。我们不仅要具备能力，还要把能力开放，大家合作把它落地。这是我们最大的期望。

垂直场景分析之二：家有小度初长成——软硬一体化、服务生态化

小度助手凭借强大的技术能力，拥有灵活分层的解决方案，广泛适用多种场景，并具有丰富完善的内容生态、服务生态，也极大地降低了企业的生产、开发门槛。

新屏、新端、新交互、新物种、新服务

小度革命性的智能屏，强劲的市场表现，背后是百度不断提升各种各样的 AI 技术与能力，尤其是理解人的能力。打开极客模式，它就可以跟你进行无障碍、聪明的对话了。多模交互使得智能屏越来越懂你，它的助手化、人格化的特点越来越明显。越贴近，越信任，小度了解用户生活需求，熟悉用户生活习惯，成为智能生活管家和控制中心、服务中心，人的智能家居生活触手可及。而技术越进步，它就会越来越能够听得懂、理解你、满足你。它不是越来越像人或者模仿人，而是越来越能够服务好人，让人更便捷地享受智能生活带来的幸福感。

这个新物种，跳出软硬一体化产品本身，其实代表着一个新的方向。人工智能技术的发展日新月异，交互方式的变化往往带来更大范围的革命。小度助手对多场景和音箱、电视、冰箱、手机、机器人、车载、手表等多硬件设备的支持，将开启新屏、新端、新交互界面、新交互模式下的新服务，为不同场景内容连接、服务升级与智能营销带来更多的创新空间和想象空间。

小度在智能屏方面的能力在不断进步，但这绝对不是 AI 发挥价值的唯一行业，真正的 AI 在各行各业都在不停地改变着人们的生活。不管是医疗健康、金融服务，还是交通出行，我们在各个行业都看到，AI 只要改变其中一个小小的关键环节，就能够给人们的体验带来巨大的提升。

如何基于小度开启家庭场景智能营销？百度营销中心将小度主要营销环节提炼为 TALK 智能营销方法论，使触达认知、互动好感、关系加深、持续转化都有了新的想象与可操作空间（见图 8–1 和图 8–2）。

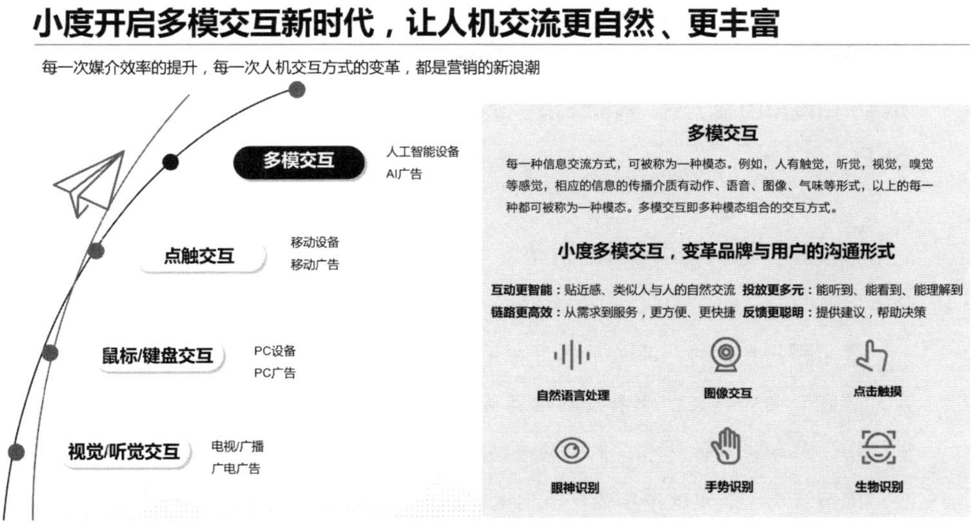

图 8–1 小度多模交互

资料来源：百度营销中心，小度媒体价值研究，2020 年 5 月

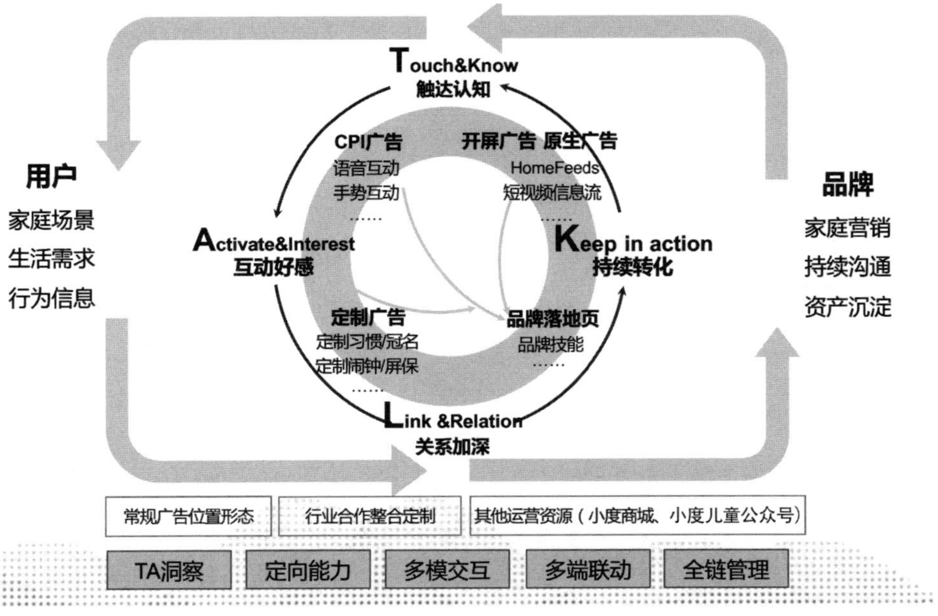

图 8–2 TALK 智能营销方法论

资料来源：百度营销中心，小度媒体价值研究，2020 年 5 月

景鲲　百度集团副总裁、智能生活事业群组总经理（访谈时间：2020 年 4 月 24 日）

张晓峰：您和团队构建、打磨、不断迭代产品，一定有比较值得回顾的故事。

景　鲲：我们的产品被用户用在了很多超出我们预期的场景，并且给社会带来非常正向的意义。原来技术对弱势群体的关注相对较少，他们的诉求其实很迫切，但却经常被忽略，他们的一些需求往往没有得到很好的解决。

比如盲人、弱视这个群体，他们也有很强的信息获取需求，各种各样生活上的问题需要解决。我们的工程师带着小度改造了一个盲人按摩院，说句话就可以直接打开空调，再也不用找空调遥控器了。一句话也可以控制电风扇、开灯关灯（很多盲人患者是弱视，有光感）。帮他们解决的是实实在在的刚需。他们要听歌、听相声的时候，一句话就能够直接获得内容，这是对他们生活巨大的改变。

留守儿童如何获取信息和服务？家长怎么跟他们建立联系？很多家长也会给家里的小朋友买一个小度。这种设备有个“回家看看”功能，能让我们一秒钟看到家里发生了什么。这样就能够快速建立外出务工父母跟孩子之间的联系。这样的例子确实很多，对我们有很大的触动。

张晓峰：所以这也是促成我们在整体产品定价策略上，把它更偏向于大众化的一个考虑点吗？

景　鲲：我们其实也在思考，究竟应该怎么做。最近看到亚马逊 CEO 杰夫·贝索斯说的一句话跟我们想的出奇一致。他大概的意思是，做硬件，我们希望将来赚钱的方式是由于用户使用它而赚钱，而不是因为用户买了它而赚钱，应该是让用户因为更喜欢产品而为它付钱。我们也希望把它的门槛降下来，能够在一个真正普惠的、用户能接受的价格范围，这样能够让更多用户有机会尝试这个全新的体验。

DuerOS 生态

张晓峰：相信未来小度吸纳、锁定的各类的应用与服务会越来越多、更加多样化，DuerOS 借助软硬一体化产品所覆盖的场景除了家、车，还会越来越多，开放平台生态已可以满足几十个场景。在生态构建、游戏规则设计上，对它注入了什么样的价值观？未来还有哪些可想象的空间？

景　鲲：我们其实从最开始就希望它是一个开放生态。因为整个行业发展到今天，都是协同发展的状态。没有一家公司有足够的资源把所有东西都做出来；即使你有资源，是一家巨无霸公司，所有东西都能做，也不一定每一个方面都做得很好、很深。

为什么说 DuerOS 是一个开放的第三代操作系统？因为就操作系统本身来讲，有很多底层的东西要解决。同时，操作系统真正的进化来自越来越多的第三方能力，才能让操作系统变得越来越强。

原来 Windows 爆发，也是因为上面有很多工具类的软件，如 Photoshop、办公软件，还有游戏。安卓和 iOS 的开发也是，有更多开发者在上面开发自己的应用，整个操作系统才会变得越来越强大。

我们希望跟大家协同发展。当用户有一个视频指令之后，具体的需求满足要靠爱奇艺满足；用户有一个音频需求，也是喜马拉雅来解决。

我们解决的是不同应用之间如何协作、账号如何打通。从根本上来讲，怎么让用户在使用时觉得每个应用之间是平滑的，不是割裂的。从设计思路来讲，确实希望是一种开放的繁荣共生，这样大家会互相促进，让市场越来越大。

最近，百度会跟合作伙伴上线视频问诊功能——“家庭医生”。这对很多家庭的老人来讲是一个很重要的服务。尤其在疫情期间，大家有一些小问题也不想去医院。这时对家庭医生、家庭医疗就是一个巨大的刚需。也希望它能够打开用户的想象力空间，去发现，去解锁，进而提出希望小度做什么。

张晓峰：小度的用户在隐私保护、安全等方面，可能会有自己的一些顾虑或者担心。您希望通过什么方式打消他们的疑虑？

景　鲲：其实从做小度的第一天起，我们就觉得隐私、安全是一条红线。因为不管做得多大，如果跨过这条红线，第二天你的资产就清零了，因为用户对你信任感消失了。

从第一天开始，我们就以很开放的方式做这个设备的系统，邀请了很多合作伙伴，也第一个开放了整个行业的白皮书。在阳光下让更多用户、更多的合作伙伴和更多的监管机构能够参与设备标准的制定工作。

人工智能正在渗透更丰富的应用场景

越来越多的场景在等待人工智能解锁。新基建就是一个最大的应用场景，而新基建还将推动 AI 渗透更多场景，产生更深融合。

智能网联不仅讲的是汽车工业，它应该覆盖人、社会、经济、产业、生活的方方面面，它代表一个全社会的大趋势，所以智能网联在很多领域都有非常大的发展潜力。

过去 20 年，中国人对手机的依赖程度不断提升，很多人会认为手机就像自己身体的一部分。未来 20 年人们对手机的依赖程度会逐步下降，因为人工智能时代即将到来。这会使得我们周边的环境逐步布满各种各样的传感器，它们能够更方便地感知、响应人的需求。手机是触摸为先，用手触摸跟机器进行交互。未来，人机交互方式会非常多样，用语音和机器进行交流会成为常态。机器通过学习变得越来越聪明，会越来越懂人的需求，越来越好地满足人的需求。

除了刚才讲的车、家庭，我们接触到的每一个行业在智能化这条路上都有非常大的潜力。无论是智能医疗——今天机器读片子，很多时候已经比人更精准了，还是智能教育——古人讲的因材施教，以后计算机、电脑可以比任何一个老师更了解学生。

未来任何一个学生的任何一个问题，智能学习助手都可以个性化回答，并且有针对性地解决存在的学习问题。医疗领域也一样，有一个助手可以随时提醒这位医生，不要出现医疗事故，不要把两个相互有冲突的药开给同一个患者。

AI 不仅限于 to C 的领域，在 to B 的领域也有很多应用。AI 技术会大幅度改变 B 端，如制造端、供应端。现在钢板轧出之后，还要人去检验有没有气泡，其实 AI 可以轻松解决这个问题。百度和钢厂的合作表明，用模式识别、计算机视觉能力，完全可以高效地识别哪些钢材存在质量问题。生产端遍布各式各样的传感器，它们可以搜集很多数据，但我们对这些数据的使用还非常不够。

百度正在利用领先的 AI 技术，帮助中国制造企业提升竞争力。2020 年 7 月 3 日，百度智能云将工业视觉 PaaS 产品工业质检云平台全面升级为百度工业视觉智能平台，在原有智能工业质检解决方案的基础上，新增智能工业巡检解决方案、AR 远程协助及培训解决方案。三大方案使得百度工业视觉智能平台的功能更丰富，操作门槛更低。

再看看 AI 如何改变供应端。百度和某海外大型连锁超市合作，用 AI 技术提升超市里生鲜货品的效率，比如进多少、什么时候摆出来、什么时候撤掉等，做智能预测。该合作使 10 家超市的利润率提升了 20%，报损率降低了 30% 以上。

从科研来看，AI 正在众多领域“开疆拓土”，医疗健康领域最为活跃。过去一年，从确定药物分子结构到提高药物开发效率，从早期癌症诊断到预测肿瘤发展，都可以看到 AI 在发挥作用。比如，美国加州大学洛杉矶分校的一项 AI 成果，能比医生诊断提前 6 年预测阿尔茨海默病；美国斯坦福大学的物理学家开发了一种 AI 程序，只用几个小时就“重新发现”了元素周期表；科学家已经开始利用 AI 研究地震、海啸的预防[①]。

AI 不再讲究酷炫，而是讲究如何扎扎实实地推进和落地。过去我们可能会感兴趣一些长得像人的机器人可以上楼梯了，它跌倒了可以自己爬起来，甚至机器人的皮肤也可以像人的皮肤一样有弹性；今天我们更关注机器作为一个助理，能够给人带来多少价值。

过去我们津津乐道中国的人工智能的论文发表数量、专利申请数量全球第一，今天我们更多的是要看在 AI 开发框架上我们有多少话语权。

如果我们再往长远去想，AI 可以让人获得永生。这是什么意思？其实今天已经可以把人的各种各样的数据，包括你的行为、你的照片、你的讲话的录音数字化，一旦把这些东西存起来，计算机就可以学习你的思维方式。所以有一天，当蒂姆·库克想要决定苹果要不要开发智能汽车时，他可以问一问乔布斯怎么想这件事儿，因为计算机已经可以学习乔布斯的思维逻辑了。

当每个人的思维逻辑都可以被学习时，当我们把他生前所有这些资料都数字化时，这个人是不是在某种意义上讲已获得永生了呢？所以 AI 存在的目的不是威胁人、控制人，而是帮助人、服务人。让我们一起期待一个美好的智能经济时代的到来。

---

① 葛晨，林小春，等，特稿：迎接“新智能时代”——2018 人工智能大发展，新华社北京 2018 年 12 月 17 日电。

09

智能产业化呼啸而至

> 要加强新型载运工具研发，加强智能网联汽车（智能汽车、自动驾驶、车路协同）研发，形成自主可控完整的产业链。大力发展智慧交通，推动大数据、互联网、人工智能、区块链、超级计算等新技术与交通行业深度融合；推进数据资源赋能交通发展，加速交通基础设施网、运输服务网、能源网与信息网络融合发展，构建泛在先进的交通信息基础设施。
>
> **——中共中央、国务院《交通强国建设纲要》（2019年9月）**

国务院于2017年颁发的《新一代人工智能发展规划》虽然没有直接提“智能产业化”，但分“大力发展人工智能新兴产业”“大力发展智能企业”两部分进行了表述。

其中，“大力发展人工智能新兴产业”提出，“打造具有国际竞争力的人工智能产业集群”，重点提到智能软硬件、智能机器人、智能运载工具、虚拟现实与增强现实、智能终端、物联网基础器件六大产业。

“大力发展智能企业”提出，“加快培育人工智能产业领军企业”，在无人机、语音识别、图像识别等优势领域加快打造人工智能全球领军企业和品牌，在智能机器人、智能汽车、可穿戴设备、虚拟现实等新兴领域加快培育一批龙头企业。

规划中提出“组建中国人工智能产业技术创新联盟”。该联盟于 2017 年 7 月 23 日成立，不过名称改成了“新一代人工智能产业技术创新战略联盟”（原名称被当年 6 月成立的某联盟占用）。潘云鹤院士任联盟名誉理事长和专家委员会主任，高文院士任联盟理事长。联盟发起成员单位包括百度、阿里巴巴、腾讯、华为等知名企业，北京大学、清华大学、浙江大学等著名高校科研院所。

2019 年 11 月，国家发改委发布《产业结构调整指导目录（2019 年本）》，与上一版相比，“鼓励类”新增“人工智能”“人力资源与人力资本服务业”等 4 个行业。新版目录自 2020 年 1 月 1 日起施行。其中，人工智能共涉及人工智能芯片、智能化基础设施、智慧城市等 15 个产业（类），如表 9–1 所示。

表 9–1 《产业结构调整指导目录（2019 年本）》“鼓励类”所涉及的人工智能产业目录

序号	鼓励发展的人工智能产业	序号	鼓励发展的人工智能产业
1	人工智能芯片	9	可穿戴设备、智能机器人、智能家居
2	工业互联网、公共系统、数字化软件、智能装备系统集成化技术及应用	10	智能医疗，医疗影像辅助诊断系统
3	网络基础设施、大数据基础设施、高效能计算基础设施等智能化基础设施	11	智能安防，视频图像身份识别系统
4	虚拟现实、增强现实、语音语义图像识别、多传感器信息融合等技术的研发与应用	12	智能交通，智能运载工具
5	无人自主系统等典型行业应用系统	13	智能教育
6	人工智能标准测试及知识产权服务平台	14	智慧城市
7	智能制造关键技术装备，智能制造工厂、园区改造	15	智能农业
8	智能人机交互系统		

需要说明的是，发改委上述分类中，将大数据、云计算、区块链信息服务等放到了“信息产业”类。

因篇幅所限，本章不能全面、系统铺陈，将撷取智能产业化的几朵浪花，试图呈现其前景、问题与机会，难免挂一漏万。

人工智能芯片：走向自主可控，虽曲折，但无回头路

2019 年 8 月，清华天机 AI 芯片登上《自然》封面，这也是中国芯片和人工智能领域第一次登上《自然》杂志。作为全球首款异构融合类脑芯片，它让自行车实现“无人驾驶”。据报道，天机芯片采用多核架构，有多个高度可重构的功能性核，可同时支持机器学习算法和类脑电路。

2020 年 6 月 2 日，上海证券交易所公告传来好消息，人工智能芯片公司寒武纪通过科创板上市委员会审议。

作为人工智能发展的基础产品，人工智能芯片是算力、算法的支撑，是各类场景应用落地的保障，往往也是驱动智能硬件的中枢。在芯片上，我们对外依存度高，有被“卡脖子”的教训。

算法的实现需要强大的计算能力支撑，深度学习算法对算力提出了更高的要求。伴随人工智能的发展，计算硬件也经历了从 CPU、GPU、FPGA 等通用芯片到专用芯片的演进过程。

清华大学微电子所所长魏少军曾用“无产业不 AI，无应用不 AI，无芯片不 AI”来描述芯片和 AI 的关系。2019 年赛迪《中国人工智能芯片产业发展白皮书》显示，2018 年中国 AI 芯片市场规模 80.8 亿元，同比增长 50.2%。

AI 芯片技术主流路径有 GPU、FPGA、ASIC 等，其中 GPU、FPGA（现场可编辑逻辑门阵列）是较为成熟的芯片架构，ASIC（特殊应用集成电器）是针对特定应用场景的专用芯片。GPU 架构的芯片能满足深度学习大量计算需求，释放人工智能的潜能，但缺点在于功耗较高；FPGA 架构的芯片具有足够的计算能力、较低试错成本和足够的灵活性，缺点在于价格较高、编程复杂；ASIC 架构的芯片能够在特定功能上进行强化，具有更快的处理速度和更低能耗，但缺点是成本高[①]。

总体上，AI 芯片还为英特尔、英伟达、AMD 三大巨头所把持，IBM、微软在能效、算力上也有不错的进展。目前我国的人工智能芯片行业发展尚处于起步阶段。但海量数据涌现、5G 低延时、AI 多场景落地都迫切需要芯片快速发展的匹配。

---

① 高少华，人工智能芯片发展需找准突破点，经济参考报，2019 年 9 月 3 日。

人工智能芯片与其他芯片之间其实关联密切。值得一提的是：华为的昇腾系列芯片、麒麟芯片与800G模块（欧洲厂商现在只能提供400G模块）采用的华为自主研发的oDSP（光数字信号处理技术）芯片（光芯片）；全部采用安全可靠CPU的“神威·太湖之光”超级计算机多次位列全球超算500强首位；杭州中天微电子嵌入式CPU累计出货量大增；国内形成了比较完整的北斗导航芯片技术体系；毫米波芯片是高容量5G移动通信的核心，2020年6月15日，南京网络通信与安全紫金山实验室已研制出CMOS（互补金属氧化物半导体）毫米波全集成4通道相控阵芯片并完成封装和测试，每通道成本将由1000元降至20元。需要了解的背景是，我国5G建设主要采用的是厘米波技术，而美国坚持用毫米波技术来发展5G，不成熟且成本高，所以进展缓慢。

从2011年起，为了深度学习运算的需要，百度开始基于FPGA研发AI加速器，并同期开始使用GPU。在过去几年中，百度对FPGA和GPU都进行了大规模部署。然而，AI应用的爆发，对运算能力提出越来越高的要求，基于传统芯片的AI运算加速，已经不能满足需求。

2018年7月4日，百度正式发布自研的中国第一款云端全功能AI芯片“昆仑”，其中包含训练芯片昆仑818-300、推理芯片昆仑818-100，昆仑是迄今为止业内设计算力最高的AI芯片。

“昆仑”是中国在大规模AI运算实践中催生的芯片，它基于XPU架构，采用14纳米三星工艺，在150瓦功耗限制下，运算性能高达260Tops，能解决数据中心对芯片的高性能、低成本、高灵活性三大诉求。百度昆仑芯片具备完整的工具链，并开放给开发者，与飞桨实现了深度结合，打造全栈国产技术生态。功能上同时支持视觉、语音、自然语言处理、推荐、无人车等场景，在众多业界深度学习模型上均拥有很好的性能和效率表现。

远场语音交互芯片“百度鸿鹄”变革了传统芯片设计方法，体现了软件定义芯片的全新设计思路。百度鸿鹄拥有契合AI算法需求的核内内存结构设计、分级的内存加载策略、依据AI算法调教的高速缓冲存储器设计和灵活的双核通信机制，最终实现了深度学习计算过程和数据加载的高度并行，一颗芯片即可同时满足远场阵列信号实时处理和超低误报高精度唤醒实时监听的需求。

2019年12月，基于昆仑的百度昆仑云服务器正式上线，为企业和开发者们提供超强的AI推理和训练性能，加速AI技术与各行各业深度融合的步伐。百度昆仑云服务器在150瓦功耗下能带来260万亿次定数的AI运算，提供512GB/s的内存带宽；提供完整的开发工具链，支持用户使用C/C++开发算子，具有很好的可编程性；提供一套图编译框架XTCL，能够原生支持百度飞桨等主流深度学习框架；支持语音、图像NLP等不同的算法模型，其中文心模型的性能是T4 GPU的三倍以上。

总体上，AI芯片化、硬件化、平台化趋势更加明显；而端边云一体、算法软件硬件一体是AI及其芯片发展的方向之一。2020年5月，百度飞桨旗下高性能的轻量化推理引擎Paddle Lite，与寒武纪旗下云端人工智能处理器芯片思元270正式完成兼容性适配，而思元220边缘端芯片也预计在近期完成适配工作。这也标志着以百度飞桨代表的深度学习框架生态与寒武纪端云一体的人工智能芯片生态成功融合。

百度研究院（2019年）有一个重要结论与展望：AI算法、算力技术持续突破，让机器初步拥有理解世界的能力，计算发生在设备（Device）、边缘（Edge）和云（Cloud）中，D-E-C场景将会是关注重点①。表现在以下三个方面。

（1）大规模符号神经网络将使机器具有一定的深度理解和推理能力。构建大规模图神经网络，结合符号系统和深度网络的优势，使得神经网络能结构化表示知识、具备理解和初步推理的能力，向通用人工智能（AGI）迈出重要一步。

（2）软件定义的芯片将逐步超越通用及半通用芯片，成为AI计算的重要力量。未来的芯片架构和产品定义，将和AI应用、算法和计算框架紧密结合，形成“算法—软件—硬件”三位一体协同设计的新型芯片。AI芯片将进一步提高AI算法的性能和速度，让机器可以更准确、快速地认识和理解世界。

（3）边缘计算正在向边缘AI模式转变，边缘计算解决方案将更加强调智能化。边缘计算被视为实现物理计算、智慧城市、普适计算和物联网的重要因素。AI在边缘计算方面将会跟物联网融合，在公有云中运行的大多数模型将部署在边缘计算层面。

百度的AI芯片战略是整体AI战略的重要组成部分，打造AI时代的中国“芯”力量是百度及其生态的使命。

高端芯片是我国的短板。“智能计算芯片与系统”是《新一代人工智能发展规划》提

① 百度研究院，百度大脑AI技术成果白皮书2018—2019，2019年10月。

出的八大"关键共性技术体系"之一。规划要求：重点突破高能效、可重构类脑计算芯片和具有计算成像功能的类脑视觉传感器技术，研发具有自主学习能力的高效能类脑神经网络架构和硬件系统，实现具有多媒体感知信息理解和智能增长、常识推理能力的类脑智能系统。

要实现这一目标，未来中国人工智能芯片的研究、设计、发展有赖于更多创新的协同。

智能云：从带宽空间到智能服务、运营增值，从通用到垂直

在云计算领域，中国是后来者。时至今日，越来越多的分析认为2020年将是云的拐点之年。

拐点意味着四个方面：一是市场洗牌，部分实力不济的云服务商将被市场"出清"；二是中国与海外云服务商巨头之间的博弈会发生微妙的变化；三是云本身启动赛道转换，特别是具备"全栈 AI+ 云"综合能力成为备选基本项；四是新基建、"上云用数赋智"行动、新冠疫情三因子施加联合影响。

三因子中，新基建对智能化基础设施的高调安排将改变基本盘，是最大变量和最大影响因子；"上云用数赋智"行动是外部推动力；而新冠疫情已激发企业上云、用云的内驱力。

IDC《中国公有云服务市场（2019下半年）跟踪》报告显示，2019下半年中国公有云服务整体市场规模达到69.6亿美元。其中 IaaS 市场同比增长60.9%，PaaS 市场同比增长76.3%。而根据国务院发展研究中心的报告，2019年我国云计算市场规模已达1290.7亿元，同比增长34.1%，过去四年复合增长率为35.11%。美国咨询机构 Frost & Sullivan 数据显示，云服务在中国 IT 总支出中所占比例，已从2015年的2%增加到2019年的6%，预计2024年达到15.8%。Gartner 预测2020年全球公共云服务市场将增长17%，达到2280亿美元。中国信通院2019年发布的《云计算发展白皮书》预测，2020—2022年全球云计算市场将保持16%以上的增速，全球云计算市场规模总体呈稳定增长态势，预计到2022年市场规模将超过2700亿美元。而对2020年中国云服务市场尚未见到很严谨、系统的分析。

之前的云服务更多是算力、计算能力的云化，现在应该是综合 AI 能力、业务能力、

各个应用能力的云化。

云，不是线上线下的腾挪，而应该是安全、可靠、高效、增值能力的代名词。实现上述目标，需要“(混合)云+(综合)AI”。加快赋能产业智能化升级，才能真正为智能经济发展注入新动力。

李国杰院士认为，当摩尔定律临近极限之际，大数据和AI计算却出现了指数级增长，计算机系统结构将成为关键的推动因素。然而，目前只有不足1%的云服务器为AI加速服务，要让AI变得无处不在，吞吐量需要提高100倍以上①。

整体AI能力、云的智能化、对产业的理解与洞察、场景服务经验与生产力促进可示范性、成规模且结构合理的开发者生态、产业级深度学习框架与协作工具，预计上述几个因素将成为改写云服务市场的关键因素。

百度智能云目前已远远超越基础云计算，包括人工智能、大数据、区块链、物联网，构成了百度智能云的业务基础，而云计算仍然是其中最重要的核心基础。

2020年，百度智能云公开了“以云计算为基础，以人工智能为抓手，聚焦重要赛道”的全新战略，同时推出了AI中台、知识中台两大创新平台，云计算中心在加速落地，聚焦社会价值和商业价值兼具的重要赛道，把AI输送到千行万业，促进各行各业的智能化升级，成为加速AI工业化大生产的关键力量。

2020年5月，在明确了战略的基础上，百度更新了智能云的业务架构，以更好地支撑战略的实现。智能云的新架构分为三层。

最底层是百度大脑，包括基础层、感知层、认知层和安全，这些也是百度的核心技术引擎。比如在基础层是支撑人工智能发展的算法、算力和数据；在感知层包括语音、计算机视觉、增强现实、虚拟现实等；在认知层，则是与人的认知相关的自然语言处理和知识图谱等构成的语言和知识技术。

再往上一层是平台，包括通用的基础云平台、AI中台、知识中台以及针对场景的平台和其他关键组件，比如多媒体平台、云原生开发平台、物联网、区块链等。

这些基础和实际应用结合起来，就构成了上面可以为各行各业提供赋能的智能应用和解决方案。在这样一个新的架构下，云业务已远不限于云计算的范畴，基础的云计算

① 李国杰院士：发展数字经济不能头重脚轻，参见 https://www.sohu.com/a/272289634_680938。

结合 AI 中台、知识中台、大数据等，使 AI 起到抓手的作用，更快、更好地发挥驱动力量，加速产业智能化升级

基础云平台是百度智能云的基座，支撑整个上层的应用，通过云计算、AI、安全等中后台与前台纵向打通，基础云平台充分发挥技术积累和优势，形成完备的产品和服务体系。

首先是具备高度弹性的基础设施，包括大规模的数据中心、高性能计算与存储服务器、自研芯片与高性能网络。

在此之上，百度智能云形成了全系列产品，包括云主机、云存储、云安全等，为客户提供全场景、覆盖高性价比、易运维、安全合规、高弹性的解决方案和服务。

2020 年 6 月 19 日，百度宣布未来十年将继续加大在人工智能、芯片、云计算、数据中心等新基建领域的投入。预计到 2030 年，百度智能云服务器台数将超过 500 万，是当今全球可统计的前 500 台超级计算机算力总和的 7 倍。

新基建将成为中国未来几十年经济发展的新动能，以人工智能、云计算、5G、物联网和区块链等为代表的新兴技术是其关键技术支撑。产业智能化浪潮已经席卷全球。

经过产业智能化的不辍深耕，百度已经摸准产业智能化升级的脉络，智能云将是百度全方位产业智能化服务的最好界面。

智能通信：5G+AI，扼住关键节点，强化控制力

2019 年 6 月，工信部正式发放 5G 商用牌照，标志我国进入 5G 时代。

坊间一个通俗的说法是，4G 改变生活，5G 改变社会。

5G 与物联网、数据中心、人工智能和工业互联网等融合构成了新一代基础设施，成为新基建的重要组成部分。正如东南大学张川教授评价，5G 是历史上第一次不只为了连接人而设计的网络，万物互联只是网络转型的起点。大力推进新基建建设，实际上是为未来的产业发展做技术铺垫[①]。

5G、AI 相得益彰，逐渐呈现双核双驱动的态势。5G 网络与 AI 技术结合，将为各行

① 张晔，5G，这块新基建的“压舱石”怎么建，科技日报，2020 年 5 月 26 日。

各业带来新的互联互通机遇。AI 赋能 5G，使 5G 更加智能；5G 赋能 AI，让 AI 无处不在。所以谈 AI，5G、6G、IPv6 一定不能缺席。邬贺铨院士也强调，5G 不是单纯的一个技术，而是会同人工智能、工业互联网等产生联动。事实上，这也是华为面临外部打压的根本原因。

2017 年，由高通委托、IHS Markit 研究发布的《5G 经济》独立报告曾预测，到 2035 年 5G 创造的经济产出价值为 12.3 万亿美元，全球 5G 价值链将创造 2230 万个工作岗位。而根据邬贺铨院士的估算，5G、人工智能、工业互联网分别带来的全球经济增长，到 2035 年这三者将共同支撑全球经济增长 40 万亿美元[①]。

国际电信联盟（ITU）认为，5G 主要有三大应用场景，从表 9–2 中，我们不难读出 5G 和 AI 间的密切关联。

表 9–2　5G 三大主要应用场景（国际电信联盟 ITU-RWP5D 第 22 次会议确定）

应用场景	涉及主要领域、方向
增强型移动宽带（eMBB）	主要面向虚拟现实 / 增强现实、在线 4K 视频等高带宽需求业务
超可靠低时延通信（uRLLC）	主要面向车联网、无人驾驶、无人机等时延敏感的业务
海量大规模连接物联网（mMTC）	主要面向智慧城市、智能交通等高连接密度需求的业务

华为在 5G 知识产权与 5G 网络解决方案上有强大的技术控制力与话语权，而且对 5G 标准有显而易见的主导权。德国一家专利数据公司 IPlytics 指出，迄今为止，华为公司已派出 3000 多名技术人员参加 5G 规格制定会议。在决定 5G 相关标准的全球通信行业标准化权威组织 3GPP 中，由华为公司提议、作为标准规格一部分的“技术贡献”，有 5855 件得到批准。相比而言，美国企业中，半导体巨头高通公司仅有 1994 件、英特尔公司仅有 962 件“技术贡献”获批[②]。

一直以来，中国的 5G 技术和建设进度都走在世界前列。德国专利数据公司 IPlytics 于 2020 年 6 月 2 日更新的数据显示，包含华为、中兴等在内的中国企业，在 5G 标准必要专利的申请量方面超过全球的 34%，位居全球第一。到目前为止，华为在全球范围内拥有 8.5 万件有效专利，其发明专利占 90%。

① 何畅，邬贺铨院士：疫情加快 5G 产品成熟 5G 用户年底或达 2 亿 |5G 大家谈，新浪科技，2020 年 5 月 17 日。
② 日本《产经新闻》，日媒：5G 技术标准成中美博弈新战线 中国抢占先机，参考消息网 2020 年 6 月 16 日。

在5G方面，华为还有业界唯一超宽带解决方案，2020年2月20日发布、配套超宽带解决方案800G模块的光芯片，更是一骑绝尘，这将帮助运营商从容应对未来5G网络的带宽挑战。据权威分析机构Omdia预测，到2023年，全球网络流量将达到4300000 PB，是2019年的近三倍。为适应此变化，目前全球光网络的传输速率正在从100G向200G/400G快速迁移。而其他5G供应商目前仅能提供400G模组。此外，GSA报告显示，截至2019年底，全球已有34个国家的62个运营商正式宣布5G商用，华为支持其中41家，占比2/3①。

谈到智能通信，不能不提北斗系统。笔者写到这一章时，正值我国北斗三号全球卫星导航系统最后一颗也就是第55颗组网卫星发射成功，我国自己的全球卫星导航系统圆满建成。作为中国自主建设运行的全球卫星导航系统，和为全球用户提供全天候、全天时、高精度的定位、导航和授时服务的国家重要时空基础设施，北斗卫星导航系统承载多维重大使命。也将为卫星互联网的部署留出想象空间。天地一体化信息网络是“科技创新2030—重大项目”中首个启动的重大工程项目，曾被列入国家“十三五”规划纲要以及《“十三五”国家科技创新规划》。目标是“全球覆盖、随遇接入、按需服务、安全可信”。建成后，将使中国具备全球时空连续通信、高可靠安全通信、区域大容量通信、高机动全程信息传输等能力。

百度一方面在基础设施和基础技术层面发力，比如针对延时，通过不同的通信技术，如MEC计算节点、Wi-Fi节点等，实现更好的通信；另一方面也在联合运营商、硬件厂商、产业界，合力推动AI+5G在自动驾驶、物联网、在线翻译、搜索、地图和8K互联网视频直播等方面的应用。

这里分享百度研究院的一个洞察：5G会在许多垂直领域显著提升AI服务的能力，5G网络商用将会加速AI技术落地各垂直行业；5G网络与AI技术双驱动，将为各行各业带来新的互联互通机遇，助推科技发展到万物互联的新阶段②。

边缘计算是5G核心技术之一，是算力协同的具体表现。要在5G通信网络边缘部署小规模或者便携式数据中心，进行终端请求的本地化处理，以满足uRLLC和mMTC的超低延时需求。

---

① EETimes China，华为发布800G光芯片，任正非：美国还差得远，电子工程专辑，2020年2月27日。

② 百度研究院，百度大脑AI技术成果白皮书2018—2019，2019年10月。

近年来，百度一直积极布局边缘计算和5G领域。2018年，百度成功打造出面向互联网的边缘计算统一平台Over The Edge（OTE），并先后与联通、英特尔等知名企业合作加速5G建设。OTE平台将百度AI与5G基础设施连接起来，可以使百度AI融入万物互联的世界，接近用户，服务用户，成为一个新的生态系统。OTE平台的架构包括资源层的管理，IaaS资源的虚拟化，实现边缘服务管理的PaaS，以及基于IaaS和PaaS的各种边缘解决方案，可以在边缘提供全面的计算加速支持。

2019年，百度开源边缘计算框架BAETYL捐赠给Linux基金会旗下社区，这是中国首个开源的边缘计算框架，也是国内首个加入该子基金会的边缘计算项目。BAETYL和百度智能边缘BIE云端管理套件配合使用可以达到云端配置、边缘运行的效果，满足各种边缘计算场景的需求。

智能汽车：从单车智能到车路协同

工信部、发改委《扩大和升级信息消费三年行动计划（2018—2020年）》特别提出，在智能网联汽车方面，推进车载智能芯片、自动驾驶操作系统、车辆智能算法等关键技术产品研发，到2020年建立可靠、安全、实时性强的智能网联汽车计算平台。

2018年4月，交通运输部和工信部、公安部联合出台了智能网联车道路测试管理规定的试行办法，第一次从国家层面就规范自动驾驶道路测试做出规定。2018年7月，交通运输部出台了自动驾驶封闭测试场地建设技术指南暂行办法，指导各地对封闭场地测试的建设进行指导。

2019年2月28日，交通运输部部长李小鹏在国新办深化改革推动交通运输高质量发展发布会上指出，自动驾驶是交通运输领域的一项前沿技术，对于保证安全、提高效率、改善服务、发展产业都有重要意义。交通运输部对自动驾驶技术的研发、应用高度重视，原则是鼓励探索、包容失败、确保安全、反对垄断。他表示在国家层面将出台自动驾驶发展的指导意见，要加强自动驾驶与车路协同关键技术装备研发和测试验证。

继2017年科技部确定依托百度公司建设“自动驾驶国家新一代人工智能开放创新平台”之后，国家两大重大战略安排相继出台，先是2019年9月，党中央、国务院印发

《交通强国建设纲要》；2020 年 2 月，国家发改委等 11 部委制定、印发了《智能汽车创新发展战略》。由此，我国从智能汽车创新到车路协同、智能交通再到交通强国的整体架构逐步清晰。

自动驾驶与车路协同双轮驱动、融合发展，会大大加速智能交通落地，车和路将更加智能。而智能交通加速在园区、城市、高速等多样化场景中落地，将有效提升通行效率，保障出行安全。现在各地政府的包容力越来越强，许多地方敢于先行先试，这给智能汽车的发展带来了充裕的创新空间。

总体来看，汽车行业电动化、智能化、网联化、共享化的“新四化”变革加速推进，自动驾驶成为产业竞争的焦点。Gartner 和中国信通院联合编制的《2018 世界人工智能产业发展蓝皮书》显示，2017 年中国自动驾驶市场规模已经达到 681 亿元，预计 2018 年将达到 893 亿元。麦肯锡全球研究院预测，到 2020 年，实施智慧交通可以降低恶性交通事故 30%、降低温室气体排放 15%，节约平均通勤时间 15%~20%，会取得极大的社会效益。

智能网联应用赋予汽车更多样化的消费体验。应对产业发展的新趋势，传统车企纷纷发力，与技术平台合作，借助增强现实技术、互联网汽车系统、无线智能给电系统，推出新一代产品。对传统车企，智能网联渐成主打牌。例如，广汽新能源与腾讯合作，让车主可以体验车辆自带音乐软件、社交出行、一键找充电桩等服务。沃尔沃与阿里巴巴合作，实现车辆和智能音箱的对接，让车主足不出户即可语音查询车辆状态。东风日产打造了具有自主知识产权的智能车联系统，可以让车主追踪被盗车辆、获取车辆保养提醒等。

2019 年 8 月 31 日，地平线推出我国首款车规级人工智能芯片——征程二代。激光雷达、摄像头、毫米波雷达等传感器产业的集成度提升，也推动了自动驾驶技术的升级。小马智行的新一代自动驾驶软硬件集成式系统，能够让车辆根据不同的路况和驾驶场景智能地得到精准的感知数据。研发自动驾驶货运卡车技术的图森未来，已经可以随时监测 500 米范围内的路况[①]。

2020 年 5 月 26 日，在北京市政府的大力支持下，百度位于北京亦庄经济开发区

① 王辰阳，自动驾驶会“七十二变”车路协同赋能智慧城市，新华社上海 2018 年 9 月 26 日电。

的 Apollo Park 建造完成。集车辆及配件仓储、远程大数据云控、营运指挥、维修与标定、研发测试五大功能于一身，Apollo Park 成为目前全球最大的自动驾驶和车路协同应用测试基地。该基地的建成将加速推进 Apollo 自动驾驶、车路协同技术产品的成熟和应用。

Apollo Park 自 2018 年底开始筹备，占地面积 13500 平方米，使用面积 11000 平方米，已经配置自动驾驶测试车辆 200 多台。基地内设有自动驾驶和车路协同研发中心、车辆标定中心、维修检测中心、远程大数据云控中心、国内安全指挥中心、资产仓储中心、测试安全学院培训教室等配套功能，且室外设独立测试闭环道路，涵盖自动驾驶车辆从研发到测试的全流程。

北京市于 2019 年 12 月发布《自动驾驶车辆道路测试管理实施细则（试行）》，首次允许自动驾驶车辆进行载人和载物测试。当月，百度 Apollo 拿下了 40 张自动驾驶载人测试牌照，成为国内首家获准在北京市展开自动驾驶载人测试的企业。2020 年 4 月 19 日，百度 Apollo Robotaxi 全面上线百度地图及百度 App，成为中国首个通过国民应用全面开放的 Robotaxi 自动驾驶试乘服务。而百度 Apollo 旗下的无人驾驶快递送货车、自动驾驶巴士等于 2018 年已在雄安市民服务中心园区展开真实道路试运营[①]。

百度对自动驾驶关键技术的研发可以追溯到 2013 年。7 年来，百度 Apollo 已经成为全球最大的自动驾驶开放平台。百度 Apollo 在 2018 年、2019 年连续两年成为在京投入自动驾驶测试车辆最多、测试里程最长的企业。

自动驾驶系统对安全性有着严苛的要求，相比于花费几年甚至更长时间让自动驾驶车辆接受足够的道路测试，通过仿真系统测试来评估、提高其安全性极具可操作性和现实意义。2018 年以来，百度在增强现实和虚拟现实方面取得了许多重要进展。百度还开发了一种增强现实的自动驾驶仿真系统，通过模拟交通流来增强现实世界图像，进而创建逼真的、媲美现实世界渲染的仿真场景，为自动驾驶车辆提供更为可靠且廉价的仿真模拟方法，可大规模用于训练和测试评估自动驾驶系统的感知、决策和路径规划算法。该系统相较于现有仿真系统，在真实感、扩展性等方面都实现了突破性的技术进展。该

① 王子霖，百度建成全球最大自动驾驶测试基地，上海证券报，2020 年 5 月 27 日。

项研究成果发表于《科学》杂志《机器人学》子刊①。

2018年11月1日，百度与一汽红旗联合推出中国首款L4级自动驾驶前装量产乘用车，并于2019年小批量下线示范运行，2020年开始大批量投放更多城市运营。

感知系统作为自动驾驶最为关键的环节，其技术发展的程度直接关系到自动驾驶的有无以及后续发展。2019年，百度Apollo公开了国内唯一的纯视觉L4级自动驾驶解决方案——百度Apollo Lite，能够支持对10路摄像头、200帧/秒数据量的并行处理，单视觉链路最高丢帧率能够控制在5‰以下，实现全方位360°实时环境感知，前向障碍物的稳定检测视距达到240米。

Apollo Lite已经在北京稻香湖等多地多路段落地测试。同时，百度Apollo将始终坚持多传感器融合的技术路线。在激光雷达和摄像头的共同作用下，更智能的自动驾驶技术会加速到来。

2020年5月20日，百度Apollo为伊敏露天矿改造的矿用卡车无人驾驶项目通过5G进行了直播，这是国内首次实现172吨级矿用卡车线控化改造，用时仅30天。百度和华能伊敏煤电有限公司还将在电气化、自动驾驶、智能调度、感知定位、高精度地图、智能矿山领域进行合作，提供全面、系统、可靠的解决方案。

此次对伊敏露天矿矿用卡车进行无人化升级改造，再次拓宽了Apollo的应用场景。此前，Apollo与众多开发者在无人零售车、景区智能漫步车、智能清扫车、无人挖掘车等9大场景实现了落地；2020年在抗疫中，Apollo的应用范围进一步拓宽至环境消杀、物资发放。

除自动驾驶能力不断提升外，经过7年的深耕，Apollo已经形成自动驾驶、车路协同、智能车联三大支柱。车路协同可以让城市交通更“智能”，赋能城市交通。

截至2019年末，百度Apollo智能车联平台拥有生态合作伙伴60余个，合作车型400余种，已经为超过1000万车主提供出行服务，2019年车辆累计行驶里程达到10亿公里。

新基建为Apollo“ACE交通引擎”送来了发展的政策红利。2020年5月初，百度

① Wei Li, Chengwei Pan, Rong Zhang, Jiaping Ren, Yuexin Ma, Jin Fang, Feilong Yan, Qichuan Geng, Xinyu Huang, Huajun Gong, Weiwei Xu, Guoping Wang, Dinesh Manocha, Ruigang Yang, “AADS: Augmented autonomous driving simulation using data-driven algorithms”, Science Robotics, 2019, Vol. 4.

Apollo 与广州开发区签订战略合作协议，共同打造粤港澳智能网联先导区。此前，百度已先后拿下重庆、阳泉、合肥三座城市的车路协同新基建项目。与此同时，百度 Apollo 生态圈也进一步扩容，仅 5 月，就有海梁科技、天迈科技、银江股份、大唐高鸿、海信网络科技、智优沃科技等公司先后与 Apollo 达成合作协议。

增强现实 / 虚拟现实：虚实融合，创所未见

VR 技术是 20 世纪发展起来的一项全新实用技术。VR 技术囊括计算机、电子信息、仿真技术于一体，其基本实现方式是计算机模拟虚拟环境从而给人以环境沉浸感。随着社会生产力和科学技术的不断发展，各行各业对 VR 技术的需求日益旺盛。VR 技术也取得了巨大的进步，并逐步成为一个新的科学技术领域[①]。

AR 技术是一种将虚拟信息与真实世界巧妙融合的技术，广泛运用了多媒体、三维建模、实时跟踪及注册、智能交互、传感等多种技术手段，将计算机生成的文字、图像、三维模型、音乐、视频等虚拟信息模拟仿真后，应用到真实世界中，两种信息互为补充，从而实现对真实世界的“增强”[②]。AR 可以构建虚实互联的基础设施，变革人机交互的创新体验。

还有一种技术叫混合现实（MR），它是 VR 技术的进一步发展，该技术通过在现实场景呈现虚拟场景信息，在现实世界、虚拟世界和用户之间搭起一个交互反馈的信息回路，以增强用户体验的真实感。MR 是一组技术组合，不仅提供新的观看方法，还提供新的输入方法，而且所有方法相互结合，从而推动创新。

关于 VR 和 AR 技术，谷歌 VR/AR 负责人克雷·贝沃的一句描述很精彩：“VR 可以把你带到任何地方，AR 可以给你带来任何东西。”

VR 和 AR 离不开底层技术的发展与支持。2018 年以来，百度在 VR 和 AR 方面取得了诸多重要进展。百度构建了生态开放平台 DuMix AR，开放多种 AR 核心能力和 AR 引擎，为开发者及合作伙伴提供优质的一站式解决方案。百度 VR 已在全景、3D 图像内容的采集、处理、传输、展示及交互技术形成了深厚积累。如前文所述，百度还开发了 AR

---

① 李良志，虚拟现实技术及其应用探究，中国科技纵横，2019（3）：30-31。
② 胡天宇等，增强现实技术综述，电脑知识与技术，2017 年第 34 期。

的自动驾驶仿真系统。

百度大脑 DuMix AR 平台是百度大脑的重要组成部分，目前已成为国内最具影响力的 AR 技术开放平台之一，累计开放技术能力超过 40 项。2019 年发布的 DuMix AR 5.0，带来人机交互和大场景物理世界交互两个方向的重大升级。

在人机交互方面，百度构建了人脸人体手势环境一体化交互系统，以领先的精细美化能力和丰富的特效内容服务，为视频、直播等全场景提供一站式 AR 娱乐互动解决方案；基于高精度人脸关键点检测与三维人脸重建算法，实现人脸表情实时捕捉和互动；依托百度大脑在语音、人脸等技术领域的深厚积累及“飞桨”深度学习平台，结合自主研发的人物表情智能生成和云端渲染技术，推出虚拟人物视频智能制作的完整解决方案，只需输入文字或语音，就可以高效、大批量生成表情生动、动作姿态丰富的虚拟角色播报视频。

在感知跟踪方面，百度自主研发视觉定位与增强服务 VPAS，通过离线高精地图构建、在线定位、融合跟踪三大关键模块，构建了国内首个达到商用落地标准的大场景物理世界交互系统。

DuMix AR 平台联合 40 多个生态合作伙伴在品牌营销、视频娱乐、景区、教育和汽车等多个垂直行业开展创新探索。继 AR 太极大屏落地全球首个 AI 公园——海淀公园后，2019 年，AR 太极大屏迅速推广至全国多个城市，丰富线下互动体验、引发全民健身热潮（见图 9–1）。2019 年，春晚抢红包、虚拟主播“小灵”先后登陆央视。“听障儿童无

图 9–1　AR 太极大屏助力全民健身，虚实融合，创所未见

障碍阅读计划”携手百度公益、壹基金、58同城，以AR技术变革传统出版物，关爱弱势群体，创造了良好的社会效益。2020年，百度AR携手百度好看视频和中国天气，以岳云鹏形象为蓝本共同打造了国内首个明星IP虚拟主播“小岳岳”。截至目前，DuMix AR平台承载的累计互动量超过19亿，深入六大行业发布解决方案，显著推动了AR技术与应用的发展。

DuMix AR与百度地图场景化能力结合，率先实现大场景实景AR互动，以VPAS创造性地实现了AR景区智慧导览，并先后落地圆明园与泰山，并再现圆明园大水法的辉煌盛景。近期，再度携手百度地图，将AR步行导航功能搬进了北京华润五彩城，实现精准定位导航，打造了国内首个将视觉定位服务与复杂的室内商超环境相结合的场景应用。VPAS室内定位能力的升级，标志着DuMix AR对真实空间环境的理解能力从户外大空间拓展至室内数万平方米级的复杂空间，与物理世界的连接更紧密了。

随着5G时代的到来，VPAS室内定位技术还可应用在更多场景。

在公共空间场景，结合地图路径规划能力与AR增强互动内容，轻松实现面向商超空间、交通枢纽、景区展会的导航/导购/导览等功能，提升用户对于空间环境的感知效能，找店找车更轻松，购物决策更理性，浏览体验更沉浸。

在工业空间场景，结合工厂环境数据与辅助信息，将大大拓展工业解决方案，提供设备巡检、资产追踪、仓储物流、员工培训等服务，降低人力成本，提升工作效率。

再看开视界、创未来的虚拟现实VR。百度在深耕VR核心技术和行业落地解决方案，提供基于VR技术的教育、营销等解决方案，助力产业数字化升级。

百度在全景、3D图像内容的采集、处理、传输、展示及交互技术方面持续积累，已支持K12、高校培训、营销等业务场景的落地。在内容生产方面，通过高精度拍摄、智能拼接、基于深度学习的图像精准分割技术，构建了软硬一体化的3D图像采集方案；在内容展示方面，基于自研WebVR渲染引擎、自研高性能全景和3D图片视频播放引擎以及长期积累的VR头显硬件适配能力，推出了可覆盖Unity、Web平台的全格式内容展示VR Suite SDK，为合作伙伴提供基础的VR内容播放技术支持。

目前，教育方向产品“百度VR教室”已在全国20多个省市地区成熟应用并实现常态化教学；“VR新商科实验室”也正在山大、矿大、华北水利大学等多所高校落地。百度还积极推动VR技术在5G+教育场景有效落地，上海市愚一小学已成为上海市首家应用 5G Cloud VR 的教学点。

营销方向深度结合产业上下游，提供一站式的 3D 图片采集软硬件产品，降低 VR 内容制作门槛；联合百度体系产品矩阵，推出 VR 广告、VR 建站、VR 汽车等增值服务；同时结合行业垂类场景与 VR 技术，提供并落地多个整体行业解决方案，如 VR 云展会、VR 看车等。

“主编访谈”

沈抖：共享移动生态价值，让每一个 IP 发光

沈抖　博士，百度集团执行副总裁，负责移动生态事业群

访谈时间：2020 年 4 月 26 日

张晓峰：移动生态是百度的现金牛业务，从大搜索到移动生态，从搜索到“搜索 + 信息流”双引擎，从内容分发到服务分发，不断演进。您能不能先就移动生态做个简要介绍？

移动生态的 2+2+1

沈　抖：好。移动生态名字起得比较大。我先说一下整个业务的框架，然后再说说这背后的业务逻辑。

我之前给移动生态业务一个简称叫 2+2+1，就是两种平台，两种垂类，一套变现。

两种平台，一种是信息分发平台。信息分发是百度最擅长的，百度最初有搜索，后来做信息流。例如搜索，用户带着需求来，是非常理性的头脑消费，目的是节省时间、增长知识。

另一种叫互动文娱平台。例如，贴吧、好看视频、游戏、小说、直播，是以休闲娱乐为主。

这两种平台，一个是信息分发节约时间，一个是文娱互动打发时间，都是内容分发的逻辑。内容有的是网上已经有的，有的是百度自己建设的。要想有足够多的内容可以供应分发，我们就要生产和制造这些内容。

两种垂类，一种就是像百科、知道、文库这种知识垂类，是以为用户提供知识为主的垂类，我们从头组织用户生产机制。

另外一种垂类是行业垂类，其搜索覆盖面特别宽、涉及不同行业。百度和淘宝类比就可以看出差异。百度覆盖的行业多，无法每一个行业都深耕；淘宝本身就专注于电商一个行业。淘宝的优势是单一电商垂类，用户来淘宝是搜商品，搜完商品背后的整个链条都是淘宝组织的。从提供商铺到支付，再到物流，整个端到端彻底打通了。

但百度有太多垂类，所以没有一个标准化体系能够端到端彻底打通。为什么历史上百度没有深耕的垂类（例外的是爱奇艺，我们深耕了长视频，也成功了）？ PC 时代，百度不做这些问题也不大，基于互联网、基于 HTML（超文本标记语言）浏览器的网站，天然是打通的。

用户来百度搜索，除了获得知识信息，还要有足够好的服务供给。到了移动时代，垂类的应用都比较垂直、封闭了。百度自己不做就很难完成内容和服务的供给。所以现在有医疗、医美、汽车、B2B 等一系列行业的垂类。在这些重点垂类，百度不只是信息分发的逻辑，而是得从头到尾建设它，把它端到端建设起来。

两种垂类没有严格区分，但是知识垂类更多是内容供给，行业垂类是服务供给，更多是端到端的行业闭环建设。

最后这个“1”是统一变现，广告是百度主要的变现方式。平台和垂类多，但变现是用一套广告。对广告主来讲，归根结底就是要做高投放产出比。

移动生态整体就是两种平台、两种垂类和统一变现，就是这个 2+2+1 结构。

坚持简单哲学，重构可闭环的生态关系

张晓峰：这个结构听起来非常清晰，可以让读者对百度的移动生态整体有比较清晰的判断和把握。

在用户体验上，在产品的逻辑和产品精神上，我们提供的信息越精准，用户停留的时间越短。我们希望通过 AI 技术让用户变得更简单，也可能会反向导致他们每一次在百度上即搜即走。

是不是可以这么认为，在这种产品逻辑的设计上有我们自己独到的一种原则，坚持这种简单？

沈　抖：我来讲一下这个逻辑、思维上的变化。这是因为整个中国互联网生态演变带来的产品体验上的升级。

搜索作为一种产品形态，有其自身商业逻辑。搜索本身是一个基础应用性产品，不需要所谓的生态。起初用户使用搜索的入口在浏览器上，浏览器是行业标准产品，是完全开放的，用户可以平等访问。另外一端有足够多的内容和服务，以网站的形式存在，可以通过浏览器访问。所以过去从入口到内容供给和服务供给都是开放的。

百度只要用技术把用户的需求和服务之间连接起来就可以了，这种情况下百度不太有生态建设的必要性，也不需要自己深耕垂类，注重连接即可。但对百度而言，在整个业务模式中，其实跟网站、站长之间天然是一种零和博弈。比如一个用户搜索火车票，我把他带到携程，可能用户下次直接会去携程，不用百度了。既然携程想要让用户去自己那里，百度就可以为前者打广告，以此赢利。

这种商业模式下无论是对用户还是对商家，百度这个时候是没有朋友的，就是一个零和博弈。网站固然感谢百度，没有百度消费者就发现不了它们，但它们真正目的是通过百度把用户都引到自己的网站。它们一方面依靠百度，一方面也对百度很不满意。

对用户来讲，根本目的是获取信息和服务，并不想看广告。但广告主的目的就是花钱把流量买走，它的内容就会做得更激进，百度在一定程度上也不得不允许它们这样做，于是用户端也产生了矛盾。

在 PC 时代，这些矛盾冲突其实是比较明显的，假以时日认知就会变得越来越糟糕。从这个角度来讲，百度在用户的口碑一度有问题跟这个有很大关系。它是一个极简单的商业逻辑，但是变现过程跟用户的需求是有冲突的。

移动时代该问题变得越发严峻。很多内容和服务被包在一个个 App 里，已经不是一个开放的内容生态了。原来百度需要两个要素，一是入口，二是内容和供给，这时都出现了大问题。

尤其在中国，移动时代不是 PC 时代、Windows 时代开放的概念了。内容已经进入端里，搜索引擎要想存在，就必须解决这两个问题。百度必须建立自己的 App。

百度 App 要增加入口的控制力，还要解决内容的供给问题，于是百度开始做百家号和小程序。百家号用来解决内容的供给问题，小程序解决服务供给等问题。原来的站长和内容服务者在百度 App 开发百家号、小程序。这是在百度生态上，让内容的获取方式，以及让百度与站长之间、百度与用户之间的关系变得更和谐的方式。

拿当当来讲，当当以前肯定希望把用户带到当当网上买东西，离开百度。但现在当当更愿意在百度做一个小程序，用户在百度内访问搜索，直接在百度 App 里打开当当智能小程序，就地转化购买。用户并没有离开百度 App，减少了繁杂的跳转，而且账号打通，支付方式、用户信息打通。当当智能小程序的转化效率更高，用户体验也更好。在这个前提下，当当和百度的关系更和谐了。

百度移动时代无论是客观上被动地因入口问题、内容服务供给问题，需要做端和小程序，还是主动营造一个闭环体验，都是主动应变的过程。就像淘宝解决它的电商闭环问题一样，百度通过小程序 + 端的方式解决这个闭环体验。

总之，在移动时代有了一个更好的机制、模式，使得我们能够把原来那种用户和百度之间、站长和百度之间的矛盾化解，大家变成利益共同体，这是一个非常大的变化。

用户需求驱动，用户全周期体验至上

张晓峰：这个背景讲得非常清晰。我们改变逻辑，等于是用生态的方式构建了一种平台和商家、行业之间的共生关系，同时又让用户体验变得更好，对于用户全周期的从搜索及搜索后行为也可以进行更好的评估分析，反向也会给我们搜索的首条满足率及内容、服务呈现带来影响，一个个更好的小闭环，组合成一个大闭环。

沈　抖：逻辑上是这样的。搜索就是一个答疑解惑、完成任务的过程，百度希望帮助用户快速解决问题。有了刚才这套逻辑以后，我们能够更好地帮助用户达成这个任务。

就找到信息这个角度来讲，假如想找一篇知乎文章，用户要么调取知乎的 App 才能看，要么就到知乎的 H5 上，上面都是密密麻麻的广告，总之用户体验都不好。百度跟知乎商议："别这么折腾了，就弄一个小程序，用户进入小程序相当于进了你的 App。你有了更多的用户信息，用户的体验也变好了。"通过端和小程序的解决方案不是非要把用户完成任务的周期变长，让它变得更困难，而是让整个完成任务的端到端的链条形成一个闭环，节省用户在中间来回跳转的时间，同时给用户提供更好的服务体验。这是从信息类的满足上希望进一步帮助用户提高获取信息的效率。

另外从服务角度来讲，原来用户搜索完以后就流失了，百度也不管了，用户已经到了别的地方，好坏都不知道了。现在通过小程序这种方式，其实我们给用户提供了在端内完成服务的途径。我们这时对这项服务就有了更强的把握。比如携程，用户来百度，没有离开百度，就地完成转化。一方面携程应该对用户的服务负责；同时用户也可以对百度说："我是通过百度渠道过来的，百度应该给我提供保障。"但凡小程序，百度有更强的能力保护这些用户。原来用户搜索完就走了，现在在百度 App 内有全程的监控或者服务，百度应该为用户负责。

虽然用户停留时长是很多平台考量的指标，但对搜索来讲本质是为了满足用户答疑解惑的需求，所以我们通过这个方式进一步提高效率，毕竟用户的需求是有关联性的。

举例来说，有的用户人在北京，搜桂林天气，这个搜索的背后有什么意图？一个可能就是想到桂林旅游或者了解一下桂林的情况。这种情境下搜索不代表用户的全部需求。用户的需求可能是链状或者网状的，一次搜索的表达其实代表了整个需求链条上的某一个环节。如果百度有能力通过这个环节上某个点判断用户的需求链条是什么，去链条下游等着用户，进一步给用户提供信息和服务，这就是百度更智能的表现。比如百度最好把桂林最好玩的 10 个地方告诉用户，把桂林最便宜的机票告诉用户，这时候用户不但不会觉得百度在打扰，反而觉得百度很智能。

这样，我们就可以把用户的需求从一个点扩展到一条线再扩展到一个面，对用户的未来需求进行探索。尽管可能延长了用户的搜索时长，但在效率提升的前提下进一步满足用户整个链条上的需求，这是搜索往下一步延展的目的和方向。

社会公众平台，不应该停留于底线思维

张晓峰：托管页是基于怎样的背景出现的，也是为了向用户提供更可信、更可靠的内容吧？

沈　抖：用户来百度搜索就是为了获得信息，但商家、广告主有一个动力，即希望用户能看到其信息并到它们那儿购买相关产品或服务。个别不良广告主就有夸大宣传、过度包装甚至欺骗的动机。

百度作为搜索引擎必须解决这个问题。让商家用托管页以后，类似于区块链机制，商家不能作弊了，我们对用户更加负责，过去广告主用自己的页面很随意，那时虽然我们有很强的审核，但是会出现躲猫猫，审核之后广告主悄悄改了，我们无法避免，这就有可能让用户吃亏上当，导致用户的不满。

在这种背景下，为保护用户利益，我们要求所有的东西都要由百度托管。这对用户来讲更可控，如果因此上当受骗，百度能更好地负责任；对广告客户来讲，百度可以给予更好的其他能力的支持，比如让它们更好地使用聊天组件，可以给它们提供更好的视频播放体验，百度以其他技术手段进一步帮助它们提升转化率。

张晓峰：百度搜索引擎给用户提供的往往更像公共服务，是一种无差别的、普惠式的公共服务。这种服务对搜索用户是完全免费的，但在当时的状态下，反而可能招致很多议论、抱怨、发泄，一个搜索平台变成了各种负面情绪的大漏斗。

不断优化，提高用户首条满足率，实行托管页机制，相信以上新模式是百度主动求变的结果。当外部有大量质疑的声音时，我们的转变过程会不会很痛苦，

难度大不大，获得了哪些新认知？

沈　抖：当时的商业模式，本质上是我们在商业安全、商业风控管理出了问题。网民对百度提出了高于资质要求的更高标准。百度是一家有操守的公司，团队更进一步思考了背后的原因和逻辑。这个事件让我们反思，当百度成为一个社会公众平台的时候，不应该是一种底线思维，而应该是一种高标准思维。

遇到这些问题，从团队和组织的角度来讲，是很不乐意看到的，但是必须重视用户的呼声与期待，同时我们得想好我们的解决方案。这时候整个团队就应该往前看得更远，不能只是看过去、看现在，我们更应该看未来。

我们的首条满足率就是为了寻找最好的答案。包括我们最近在做“百度健康医典”，请了院士、专家、主任医师，让他们就某一种疾病从权威的角度去讲。比如“甲状腺结节”这个词条打开以后就是讲甲状腺病症的起因等一系列权威的知识信息，这种覆盖在大幅提升。

这种工作百度做了很多，后面也没有大规模宣传。百度平台是用户问询健康医疗的最重要阵地，所以我们必须把它做到最好。

2019 年，我们开始重建百度健康品牌。疫情期间，为百姓提供免费在线问诊、在线购药服务。现在每天都有几十万人次的问诊量，用户可以通过百度直接找到医生咨询。有了这些扎实的努力和符合用户需要的产品、服务，2020 年第一季度百度整个医疗的口碑明显好转。

张晓峰：百度的技术信仰、百度的价值观的确需要和用户不断交互。相信广大用户都会看到并认可百度的努力，商家也会接受在一个更透明的商业生态里合理地拓展自己的能力。

搜索，还会出现下一个百度吗

张晓峰：“搜索 + 信息流”给百度带来了什么？咱们正好也聊一聊竞品公司，现在涉足搜索的公司开始多了起来。

沈　抖：第一，“搜索 + 信息流”这样一个双引擎是百度最先尝试并跑通的。信息流的成长速度非常快，百度是目前世界上最大的双引擎平台，搜索和信息流同样成功的一个平台。用户搜索是主动表达，我们理解用户需求之后，下次自然而然就可以根据兴趣推荐，有事搜一搜，没事看一看。百度做信息流，规模很快超过竞品公司，它们也感受到了威胁。反过来，它们想做搜索也是很自然的，因为它们看到这个商业模式是成功的，产品组合是合理的，肯定会去做。

第二，友商做搜索对百度来讲是一个很好的驱动力。百度长时间内占据搜索行业的领先地位，也需要新的视角和思路。所以有新的竞争对手进入这个行业，对百度也是很好的鞭策，前进会更有动力。

第三，搜索行业处于移动时代，对生态本身有更强的要求。它不再是 PC 时代只要有一套算法就可以了，很多内容是要供给的。竞品公司可能都有各自的内容优势，但这些内容还不足以覆盖用户搜索的全部，因为它还不足以解决通用搜索的问题，通用搜索需要满足用户方方面面的需求。

正是因为百度的搜索体量大，更多的创作者和站长来百度做小程序，我们要向小程序演进。这时候友商就应声而起开始做小程序。当其流量没有达到这么大规模时，开发者的成本也很高，未必都有开发的意愿。实际上，整个搜索生态的头部效应还是比较明显的。头部效应更能够带动生态的发展，但不利于小搜索引擎的成长。

对百度来讲有压力，这个压力之下提高了我们的投入度；同时在移动生态的发展方向上，百度做这么长时间的搜索，感觉是更好的，理论上来讲更有可能判断好生态的方向，解决好生态问题。对友商来讲，它们在这个问题解决上面临的挑战肯定比百度大。

智能搜索没有走到穷途末路，而是别有洞天

张晓峰：这可能会让我们产生一种联想，大搜索和移动生态背后都有 AI。这在很大程度上会改变商业的逻辑结构，比如反向会对相关产业的商业模式和经营形态带来影响。

沈　抖：对。刚才讲的搜索已经实现连接上的升级，不再是一个信息或者流量的简单分发，而是在搜索场景下形成闭环，让用户从信息的发现、从需求的表达到信息的获取，再到服务的完成。搜索本身就是一个连接 360 行的入口和场景。使得原来的很多经济行为可以在这个连接升级的过程中，效率更高，闭环更好，体

验更好，这肯定会带来闭环的效率提升。

张晓峰：对，因为无论是垂直，还是供需匹配，其实都是连接的方式变了，交互的方式变了。由路径长变成路径短，信息不对称变得相对对称，有更多的方法可以将用户维护得更好。后续智能搜索的威力在整个智能经济、智能社会中还是非常中坚化、非常具有基础设施性质，而且无处不在，无时无刻不在。

沈　抖：我也这么认为。

第四篇

当传统行业遇到人工智能：AI to B 的产业智能化之路

10

产业智能化的平台、生态与方法论

> 打造工业互联网平台，拓展“智能+”，为制造业转型升级赋能。
>
> ——**李克强在第十三届全国人民代表大会第二次会议做的政府工作报告**
>
> **（2019年3月5日）**

新一代网络信息技术和新一代人工智能技术正在重构这个世界，它们日益成为新基建、新经济、新治理、新生活的新要素、新动能、新基础设施。

智能产业化固然是一个重要方面，新一代人工智能更重要的应用场景是推动实体经济各行各业的智能化。在智能经济的新趋势下，在新基建的强力加持下，产业智能化成为最重要的新潮流。

人工智能正在加速“拥抱”实体经济

在AI基础技术全面升级之后，落地应用成为大家最关心的问题。技术如何才能与实际应用相结合？IDC追踪了近70个应用场景后发现，随着市场上开放的技术能力越来越丰富，应用场景趋向广泛化，而要将人工智能技术落地企业并发挥效能，需要着力三点：一是易上手、操作简单的技术堆栈，二是基于垂深场景对模型调优，三是从数据中心到端侧的软硬件适配[①]。

这句话讲得好啰唆，其实三个条件归结为一句话就是用科技让复杂的世界更简单，换句话说就是可靠、易用、匹配。要实现产业智能化转型，AI 能力和开发工具需要满足效率、易用性、性价比和实现效果等硬性指标。

人工智能和实体经济正在加速“拥抱”与融合

潘云鹤院士认为，人工智能 2.0 和工业经济深度融合之后产生的变化今后 15 年会在全世界出现。中国的工业智能化发展将在 5 个层次上展开：生产过程的智能化、企业经营的智能化、产品创新的智能化、供应链链接智能化、经济调节的智能化[②]。

根据 IDC（2018 年）的研究，AI 给企业整体效能带来的变化表现在生产模式智能化、决策模式智能化、运营模式智能化和产品服务智能化四个主要方面（见图 10–1）。虽然应用场景各异，但企业对 AI 系统的投资成本，基本都能在正式上线后 6~24 个月内收回并获得投资回报。

传统产业领域的智能化，已经取得很好的进展，给整体效能带来了显而易见的变化。AI 对解决传统行业复杂系统、多约束条件下的生产问题展现了明显的优势。飞机制造行业被称为“工业皇冠”：8 大主要系统，28 个关键协调界面，33 种关键功能，450 万个零件……海量的数据，频繁的人机交互，高度复杂的算法软件系统。上海飞机制造有限公司使用自动喷涂机器人、柔性轨制机器人、自动钻铆机器人、激光扫描机器人等先进智能装备，解放了工人的双手，利用机器视觉、图像识别、语音交互、大数据分析等技术，实现智慧感知、智慧排产、智慧检测、智慧决策。快速可靠的飞机复合材料结构检测是世界性难题，AI 的出现，让事情出现转机。上海飞机制造有限公司针对典型缺陷的样本进行海量数据采集，提取关键信息后建立数据库，并运用 5G 技术存储在云平台上，连接评价系统。它建立的深度学习模型可以对缺陷进行检测，并且不断迭代。目前评判时间

① 国际数据公司（IDC），百度 AI 产业研究中心（BACC），《百度大脑领导力白皮书》2018 年 12 月 20 日。
② 潘云鹤在 2019 年中国（杭州）工业互联网大会上发表的《AI 2.0 和工业经济发展智能化》的主题演讲。

由 4 小时缩短为几分钟，专业人员成本降低 95%[①]。

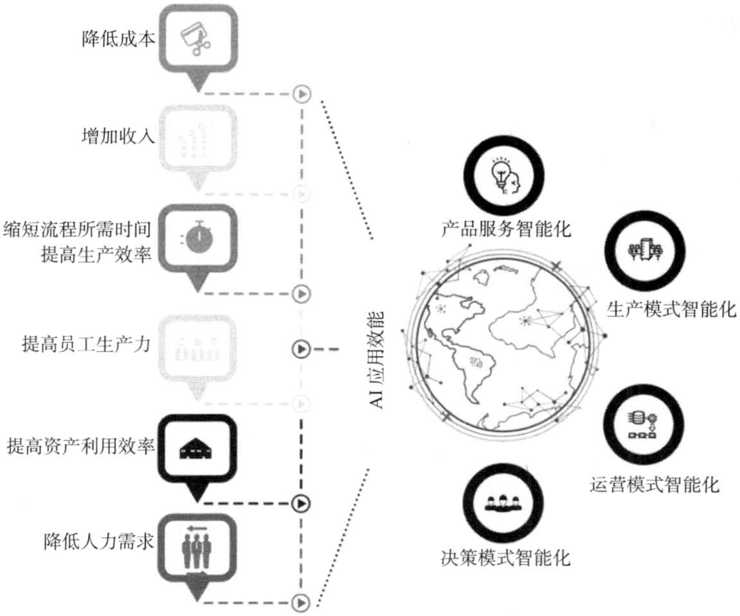

图 10–1　AI 为企业带来的整体效能评估

资料来源：国际数据公司（IDC）、百度 AI 产业研究中心（BACC），《百度大脑领导力白皮书》，2018 年 12 月 20 日

虽然实体经济与 AI 的融合已经有了初步成果，但仍有大量问题需要探索。大量的数据、丰富的应用场景、足够的算力、活跃的用户，这些对于 AI 的使用至关重要，但这些条件对于不少企业来说还有较大差距。

跨界融合发展成为新风向标

为顺应技术革命、产业变革、消费升级的趋势，自 2019 年以来，中央深改委通过了两个事关实体经济发展的重要文件（见表 10–1），两个文件的共同特点是“融合”。这两份文件值得结合起来读，它们给出了两点重要启示：一是从过去的“两化融合”到现在的“两业融合”是一个鲜明的方向，如果数字化、智能化是促进内部协同为主、看的是

① 杜康，人工智能正在加速“拥抱”实体经济，新华社上海 2018 年 9 月 19 日电。

价值链、注重供给侧，“两业融合”则更加面向外部协同、看的是价值网、注重的是供给侧与需求侧的联动；二是，人工智能与实体经济的融合，如果人工智能平台型公司能够兼顾“两业融合”、促进 C2M（用户直连制造）会更受欢迎。

表 10–1　中央深改委关于实体经济融合发展的重要文件

文件名称	通过时间	会议	主要要求
《关于促进人工智能和实体经济深度融合的指导意见》	2019 年 3 月 19 日	中央全面深化改革委员会第七次会议	促进人工智能和实体经济深度融合，要把握新一代人工智能发展的特点，坚持以市场需求为导向，以产业应用为目标，深化改革创新，优化制度环境，激发企业创新活力和内生动力，结合不同行业、不同区域特点，探索创新成果应用转化的路径和方法，构建数据驱动、人机协同、跨界融合、共创分享的智能经济形态
《关于推动先进制造业和现代服务业深度融合发展的实施意见》	2019 年 9 月 9 日	中央全面深化改革委员会第十次会议	推动先进制造业和现代服务业深度融合是增强制造业核心竞争力、培育现代产业体系、实现高质量发展的重要途径。要顺应技术革命、产业变革、消费升级的趋势，深化业务关联、链条延伸、技术渗透，探索新业态、新模式、新路径，推动先进制造业和现代服务业相融相长、耦合共生

百度 AI 的产业智能化基于百度大脑 AI 大生产平台，通过百度 AI to B 承载着百度智能云的“云 +AI”能力、Apollo 等各大生态能力、知识中台等各类中台能力，向各行各业大规模输送百度的 AI 技术成果与平台能力。同时，百度移动生态的智能搜索、信息流、智能小程序、智能营销、服务分发能力将大大促进产业与服务业、用户之间的交互与融合。

产业智能化的平台：从工业到产业，从互联到智联

人工智能成为新基建的重要组成部分，为工业互联网的推进加了一把火。建设和发展工业互联网，推动互联网、大数据、人工智能、区块链和实体经济深度融合，发展先进制造业，支持传统产业优化升级，具有重要意义。而从工业互联网到其他产业互联网、从互联到智联，将为智能经济发展拓展更大的空间，积累更强大的新动能。

工业互联网：让链条、要素充分衔接，让软件与 AI 重新定义机器

追溯到 2017 年 11 月 27 日，《国务院关于深化“互联网 + 先进制造业”发展工业互联网的指导意见》正式发布，这是国家第一个强调工业互联网发展的重头文件。该文件要求在国家制造强国建设领导小组（2015 年 6 月成立，马凯副总理牵头）下设立工业互联网专项工作组，促进工业互联网与“中国制造 2025”协同推进。2018 年 2 月，一个跨部委的部级工作组——工业互联网专项工作组成立，苗圩部长任组长，当年 5 月 21 日召开了第一次专项工作组会议，成立工业互联网战略咨询专家委员会，审议并于 5 月底印发了《工业互联网发展行动计划（2018—2020 年）》和《工业互联网专项工作组 2018 年工作计划》。

对工业互联网是什么，读者朋友可能会有疑问。简而言之，工业互联网是工业领域的网络化、数字化，通过信息通信技术把产业链条、生产要素连接起来，以达到提质增效、全链条协同的目的。工业 App 和工业互联网平台为表现形式。

中国工业互联网研究院对工业互联网的定义是，“工业互联网是新一代网络信息技术与制造业深度融合的产物，是实现产业数字化、网络化、智能化发展的重要基础设施，通过人、机、物的全面互联，全要素、全产业链、全价值链的全面连接，推动形成全新的生产制造和服务体系，是经济转型升级的关键依托、重要途径、全新生态”①。

2012 年，通用电气提出工业互联网的概念，非常吸睛。它本意希望自己推出的 Predix 成为工业互联网的标准，成为各个合作伙伴都愿意参与的生态系统。可惜 Predix 一直不温不火，通用电气自身的转型也面临诸多问题。按照国务院的判断，“全球工业互联网正处在产业格局未定的关键期和规模化扩张的窗口期”。工业互联网在中国起初也经历了内热外冷和外热内冷的交替，海尔、索为等先头部队做了大量工作，但市场主体起初的反响并不积极。同时面临工业互联网平台前期投入大短期见效慢、中小企业上云上平台的认识不够与动力不足等难题。

现在，以下三大前景将改观工业互联网的整体进程，发育海量工业 App，构建工业互联网应用创新生态圈：一是新基建的强大号召力；二是 AI 发展到了一个重要节点，在网络化、数字化的基础上，可以和智能化更好地结合；三是转型升级的压力推动、主要

① 中国工业互联网研究院官网，https://www.china-aii.com/index.php?m=content&c=index&a=lists&catid=7。

工业互联网平台的示范效应开始形成双重合力作用。

所以，工业互联网是以数字化、网络化、智能化为主要特征的新工业革命的关键基础设施，各地方政府的认识深度和重视程度和三年前已不可同日而语。单从北京看，目前北京工业互联网企业库在库企业有360家，年收入5000万元以上的企业有214家；规模以上工业企业上云上平台率为40.5%，中小企业上云上平台用户数超过20万个。工业互联网标识解析国家顶级节点（北京）已上线运行，截至2020年3月底，接入14个行业二级节点，标识注册量达18.29亿个；北京已建成全国指挥运营中心，实现对5个国家顶级节点的监控和管理。在推动落地国家级工业互联网安全监测与态势感知平台方面，北京已完成基本功能建设并与21个省级平台完成对接。而根据《北京市加快新型基础设施建设行动方案（2020—2022年）》，北京将加快工业互联网标识解析国家顶级节点（北京）建设，累计建设20个以上标识解析二级节点，培育20个以上具有全国影响力的系统解决方案提供商，打造20家左右的智能制造标杆工厂①。

工业（互联网）App：模块化知识的“封装”、迭代与复用

工信部于2018年4月印发了《工业互联网App培育工程实施方案（2018—2020年）》，并对工业互联网App给出了定义：基于工业互联网，承载工业知识和经验，满足特定需求的工业应用软件，是工业技术软件化的重要成果。

人类的隐性知识无处不在，过去用结绳、岩画、甲骨文记载或者人际传授，但缺乏利用技术因素将这些智力资本“封装”并不断迭代、因场景而复用。技术化与信息化的融合催生了垂直的工业类软件，而制造业的数字化、智能化、协同化需要产业互联网、工业App与混合智能的协同行动。

波音最新型飞机在研制过程中使用了超过8000款工业软件。在这些工业软件中，只有1000多款商业软件，另有7000多款为波音自主研发、非商业化的工业App。波音几十年积累下来的飞机设计、优化以及工艺的工业技术和工程经验都浓缩在这7000多款工业App中，形成了波音的核心竞争力。

索为系统公司董事长李义章在他的《工业App：开启数字工业时代》一书中，形象

① 阳娜，北京工业互联网企业库在库企业达360家，新华社北京2020年6月11日电。

地将工业 App 比喻为一个个“知识机器人”，过去 IT 与工业从业者之间有一条鸿沟，致力于“工业安卓”的索为就是要通过工业软件化、知识自动化，让制造领域的基础共性、行业通用及企业特有的工业技术、知识、经验，封装成易操作、易推广的一个个工业互联网 App。

这件事和混合智能有什么关系呢？其实讲智能制造，讲人工智能服务于制造业，人工智能与 IT、制造者之间的鸿沟不亚于过去 IT 和工业从业者之间的鸿沟；而工业 App 利用技术因素显化、集成了隐性知识、人的智能，并参数化、函数化、模块化，使其可调用、可复用，AI 所需的数学基础迎刃而解，数字设计、数字交付、数字制造有了坚实基础。所以，混合智能可以在智能制造上大显身手。

通过以上分析不难看出，工业互联网具有较强的渗透性，是产业智能化升级的基础设施。它有利于打破“信息孤岛”，促进集成共享和高端供需链体系重构，促进高端制造业与现代服务业的融合，而工业技术软件化、工业 App 化是工业互联网的基础。

从工业互联网到产业互联网

2018 年 10 月 23 日，马化腾在知乎上提出了两个问题：“未来十年，哪些基础科学突破会影响互联网科技产业？产业互联网和消费互联网融合创新，会带来哪些改变？”这吸引了众多人回答，到现在共有 3319 个答案。

马化腾在自己的提问下没有自问自答，他的答案在此之前的 2018 年 9 月 30 日提前正式给出了。是日，腾讯做了第二次战略升级，这是时隔 6 年之后，腾讯启动的又一次自我革命。腾讯拥抱产业互联网，重新定义自己的角色，并新建了一个事业群——“云与智慧产业事业群”，将其作为腾讯 to B 的重心。

中国的发展的确需要享受过互联网红利的互联网公司站出来，为产业智能化提供业已积累的基础服务能力。

按照马化腾的建议，产业互联网是以企业为主要用户、以生产经营活动为关键内容、以提升效率和优化配置为核心主题的互联网应用和创新，是互联网深化发展的高级阶段，也是传统产业转型升级的必然要求。产业互联网和消费互联网相辅相成，互为条件和支撑，是一体之两翼、驱动之双轮。

腾讯希望“成为各行各业的数字化助手，助力数字中国建设”，并与合作伙伴共建

“数字生态共同体”。由“赋能”下沉到做各行各业最贴身的“数字化助手”，这秉持了腾讯“一切以用户价值为依归”的调性。腾讯云也以发起人身份加入 LoRa 联盟，推动万物互联到万物智联。

2017 年 12 月 7 日，张勇发出内部信，宣布组织结构全面升级，建设整合阿里产品技术和数据能力的强大中台，进而形成“大中台，小前台”的组织和业务体制，使前线业务更加灵动、敏捷，以顺应未来新商业环境的要求。

“工业互联网”与“产业互联网”的英文是一样的，产业互联网的外延更大，也可以承接消费互联网的延伸，而不是完全割裂地去看待。产业互联网的发展具有普惠性质，不是服务于少数企业，而是为产业链、价值网上的企业无差别、个性化服务，特别是让众多中小企业不需要都做门类齐全、从 0 到 1 的事情，切实体现和挖掘生态、协同的价值。

挑战就来自探索未知之美。生态、云与产业互联网都具有共享经济的特征，并可以形成新的社会资源组织与匹配，解决需求侧和供给侧的动态平衡、有效均衡问题，促进协同合作，增加有效供给。

从互联到智联，从孤岛到生态，正在发生的未来

不可否认，众多生态、开放平台都是首先由大型互联网公司发起的，平台型公司及其生态均具有共享经济和大协同的双重属性。产业互联网更应该如此。工业互联网、产业互联网不能再沿袭移动互联网的烟囱化发展模式，而应该形成更好的连接、融合与协同，自说自话不可能给产业带来可持续的价值。

“中国制造”要想变得有竞争力，要想真正转型升级，最需要依靠的是 AI 技术，而不是倒过来，单维强调大数据、云计算、物联网。

历史的长河不停流淌，技术发展日新月异，但归根结底技术是基于人、服务于人，以人为核心不会变。我们不能只解决网络化、数字化的诉求，而应该站在智能化维度倒推网络化、数字化怎么做。

未来是智慧设备主动服务于人的时代，从互联到智联是不可逆转的，工业互联网、产业互联网、消费互联网都会发展为智联网，是“5G+ 互联网 + 大数据 + 人工智能 + 物联网 + 区块链”所形成的智联网。新一代人工智能驱动的智能互联互通，既是下一代互

联网的最大特征，也是第四次工业革命的最大特征。

假以时日，智联网将对社会生态重构、新旧动能转换、互联网深度服务产业变革、智能社会治理、整体协同的红利释放等产生深远影响。

在这种情况下，平台型公司可以穿新鞋走老路，但更好的方向是提高自身的生态性、协同性，推动社会协同。

正在加快的AI产业化进程，为百度、华为的5G+AI合作提供了广阔的空间。2017年底，双方就达成全面战略合作，开启在互联网服务和内容生态、AI平台和技术等方面的全方位深入合作，共同构建多赢的移动和AI生态，推动AI应用和全场景终端产业迅速升级，为消费者带来AI时代"更懂你、人性化"的智慧生活体验。

百度和华为走到一起应该不令人意外，因为两家公司有很多相似之处。两者都具有非常强的技术基因，都依靠自我研发的核心技术发展壮大。现在，互联网时代正在步入人工智能时代，百度在AI领域耕耘的时间比较长，华为拥有巨大的用户群体，百度和华为走到一起能做到很多过去做不到的事。百度+华为可以说是"百花齐放"。

在AI平台和技术合作方面，双方将基于华为HiAI平台和百度飞桨深度学习框架，发挥华为NPU（嵌入式神经网络处理器）的优势，共建以华为AI开放平台和百度大脑为中心的开放生态，服务广大AI开发者，为广大消费者带来更丰富的AI应用和智慧服务体验。同时，双方将在各类智慧终端开展深度语音和图像合作，促进人机沟通更加便捷，实现"唤醒万物，自如交流"。针对AR场景化创新，双方将以"技术革新+硬件落地"的"软硬结合"形式共同打造行业领先的AR生态，为广大用户打通虚拟与现实之间的界限。在互联网服务和内容生态合作方面，双方将加强在搜索和信息流等领域的合作，共同为消费者带来更丰富优质的内容与智能便捷的服务体验。

事实上，历经十年的高速发展，手机行业进入大变革临界点，下一代具有跨时代意义的智慧手机将诞生。而驱动手机产业升级的则是语音、机器视觉、VR/AR等更自然的交互方式和人工智能，手机也将从被动的个人工具变成人类的分身，成为可以主动为消费者服务的日常AI助理。

正是基于这一产业变革点，华为与百度秉持以消费者为中心、为产业劳动者服务的理念，依托双方优势，立足多赢开放的深度战略合作结成联盟，共同建立良好且可持续的移动和AI生态，将移动互联网推入智慧互联网时代。让科技更懂用户，更好地服务于人，引领世界范围内产业、经济、社会发展模式的革新与飞跃。

数字孪生体：全息、实时、动态

数字孪生体是充分利用物理模型、传感器更新、运行历史等数据，集成多学科、多物理量、多尺度、多概率的仿真过程，在虚拟空间中完成映射，从而反映相对应的实体装备的全生命周期过程[①]。胡权牵头的工业 4.0 研究院项目组（2018 年）认为，2011 年 3 月美国空军研究实验室负责人的一次演讲，明确提到数字孪生体，是这一概念的最早提出者[②]。

它是一种超越现实的概念，可以被视为一个或多个重要的、彼此依赖的装备系统的数字映射系统。胡权认为，简单把数字孪生体理解为建模、仿真甚至 CAD（计算机辅助设计）等，过于简单地理解数字孪生体的含义，对于中国制造业转型升级、利用数字孪生体来实现工业互联网是不利的。

数字孪生体是智能制造系统的基础，可以真正在全生命周期范围内保证数字与物理世界的协调一致。基于数字化模型进行的各类仿真、分析、数据积累、挖掘，甚至 AI 应用，都能确保它与现实物理系统的适用性、一致性。

通用电气将数字孪生体作为工业互联网的一个重要概念，力图通过大数据分析，完整地透视物理世界机器实际运行的情况。数字孪生体突然赋予了设计师以全新的梦想。它正在引导人们穿越虚实界墙，在物理与数字模型之间自由交互与行走[③]。

从数字化、工业技术软件化到工业 App 化，数字孪生体与智能化结合，机器变成与虚拟空间全息的、动态的数字态，智能体实时映射。可以想见，未来的智能硬件、智能车间、智能工厂、智能场馆、智能助手都可以数字孪生化，人也可以有一个或多个数字孪生体，这会给工业革命、服务变革、健康管理、智能汽车、智能家居等带来显著影响。

通用电气的 Predix 自称是唯一针对数字孪生体进行优化的平台和学习系统。通用电气在其官网展示了 Predix 的 4 个特点[④]：

---

① 陶飞、张萌等，数字孪生车间——一种未来车间运行新模式，《计算机集成制造系统》，2017 年第 1 期。

② 胡权，工业 4.0 研究院项目组，数字孪生体（Digital Twin）是谁提出的？工业 4.0 研究院官网，2018 年 6 月 29 日，http://www.innobase.cn/?p=1658。

③ 陶飞、张萌等，数字孪生车间——一种未来车间运行新模式，《计算机集成制造系统》，2017 年第 1 期。

④ 参见通用电气官网。

- 掌握工业资产和系统情报的全新基本方法。
- 可用于各种复杂情况：从火花塞到发动机，再到发电机组，甚至整个电厂。
- 零件、资产和系统整个生命周期内的多级数据和信息：设计、构建、运行、操作和服务。
- 资产和系统知识、早期警告、预测、学习和优化。

产业智能化的生态：没有生态就没有下一个十年

我们一直在讨论 to B、to G、to C，也许下一步，每个人、每个组织还有一项重要的能力与方法是 to E(Ecology，生态)。在生态上，物种是多元的，可能兼有众多斜杠身份，而且这样的 to E 能力自带护城河。

苹果生态 12 年：App Store 成为名副其实会下“金蛋”的聚宝盆

苹果于 2008 年推出 App Store，看似轻描淡写，其实是神来之笔。一个静悄悄、最初并不受人关注的动作，拉开了科技公司构建生态的序幕。

故事并没有结束。苹果公司于 2020 年 6 月 16 日宣布，一份由 Analysis Group 的独立经济学家进行的研究显示，App Store 生态系统 2019 年在全球范围内创下了 5190 亿美元的款项和销售额。其中，中国贡献了 2460 亿美元，占总额的 47%，远高于美国、欧洲、日本。截至目前，App Store 提供约 200 万款 App，每周的访问量超过 5 亿用户，访客遍及 175 个国家和地区。推出 10 年后，App Store 成为苹果“会下蛋的金母鸡”。

一直以来，iPhone 手机是聚光灯下的焦点，也是各类排行的风向标。然而，随着应用市场的用户越来越多，以及 iPhone 手机与其他硬件销售增速的下滑，苹果开始发力通过生态系统赚钱，即软件、服务、数据以及大量合作伙伴的集合体[①]。

一方面，如苹果所称，在App Store上，创新者和梦想家可以将自己的想法化为现实，用户则可以找到安全、可信的工具；为创业、健康与健身、教育和创造就业岗位提供了

① 赵莹莹，5190 亿美元！ App Store 成苹果“金母鸡”，北京日报客户端，2020 年 6 月 16 日。

持续不断的机会，帮助人们快速适应不断变化的世界，苹果在鼓励更多的开发者加入这个生态系统；另一方面，苹果从与数字化商品和服务相关的款项中收取佣金，有的比例达到 15%~30%，这被戏称为“苹果税”，现在正在接受欧盟的调查。

华为生态：构建万物互联的智能世界

2018 年 12 月 31 日，任正非将公司愿景从“共建美好的全联接世界”改为“把数字世界带入每个人、每个家庭、每个组织，构建万物互联的智能世界”。华为将这个世界定义为一个全连接的时代，即从人的连接，到物的连接，再到信息的连接。面临外部打压与掣肘，任正非承认过去在移动生态上发力不够。但华为在全产业闭环的 5G 业务生态、华为云生态上其实可圈可点（见图 10–2）。

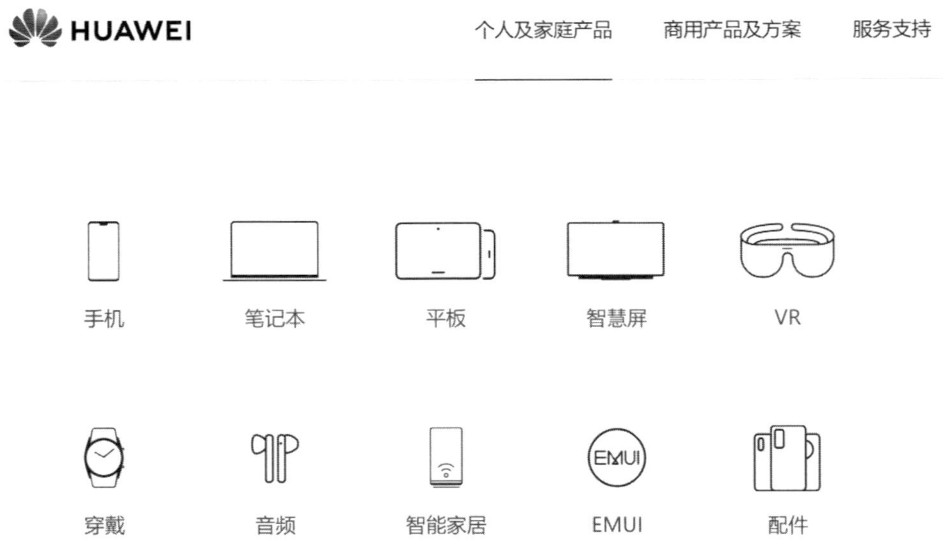

图 10–2　华为个人及家庭产品矩阵

在移动生态上，虽然 2020 年第一季度华为的出货量全球第一，但面对巨大的不确定性，华为生态逻辑没有掉以轻心，投入越来越大。经过一年多的努力，HMS（华为移动服务）与鸿蒙生态开发者已超过 140 万人。

在 5G 业务生态上，作为 5G 的领导者，华为率先推出了业界标杆 5G 多模芯片解决方案巴龙5000，是全球首家提供端到端产品和解决方案的公司。当前，千行百业正在拥抱5G，华为模块化、全系列产品解决方案，为运营商构建了绿色、融合、极简的5G商用网络，使能新增长。

2019年8月，华为推出AI处理器昇腾910及全场景AI计算框架MindSpore；科技部宣布，华为担纲建设基础软硬件国家AI开放创新平台。

华为云有稳健的合作伙伴体系。华为视自身为“智能世界”的黑土地，帮助合作伙伴快速融入当地生态。华为云恪守业务边界，尊重数据主权，不用客户数据做商业变现，携手合作伙伴联合创新，持续为客户和伙伴创造价值（见图10–3）。

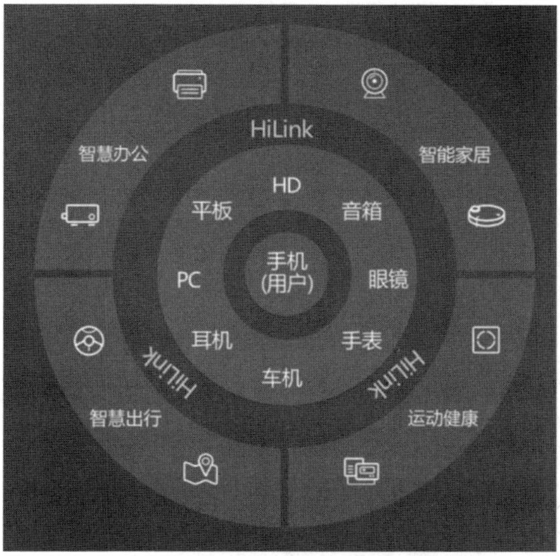

图10–3　华为的全场景IoT战略

华为作为全球最大的专利持有企业之一（截至2019年底，全球共持有有效授权专利85000多件，90%以上专利为发明专利），坚持打开边界，与世界握手，与合作伙伴一起建立“互生、共生、再生”的产业环境和共赢繁荣的商业生态体系，实现社会价值与商业价值共赢。

海尔生态：物联网生态品牌

2019年12月26日，海尔集团董事局主席、首席执行官张瑞敏在海尔集团创业35周年纪念日现场发布了海尔集团第六个战略阶段——“生态品牌战略”，向着物联网生态的方向全面迈进。

张瑞敏有一个经典认知，“产品会被场景替代，行业会被生态覆盖”。2019 年 6 月，海尔成为 BrandZ 历史上第一个也是唯一进入百强的物联网生态品牌。许多人还没搞懂人单合一模式是什么，海尔创业生态上已出现大量的小微创客，海尔已完成从白色家电制造商向创客孵化平台的转型。

在人单合一模式中，“人”指员工，“单”指用户价值，“合一”指员工直接面对用户，创造并分享价值，实现员工价值与所创造的用户价值合一。“人单合一”的核心就是追求人的价值的最大化。2016 年，张瑞敏就把海尔定位为一个生态圈，海尔生态圈的目标是为用户创造价值。

海尔打造的 COSMOPlat（卡奥斯）是具有中国自主知识产权、全球首家引入用户全流程参与体验的工业互联网平台（见图 10–4）。卡奥斯平台已经形成强大的生态引力，聚集了全球 390 多万家一流资源，服务了约 4.3 万家企业和 3.3 亿个用户，构建了生生不息的生态系统，已成为全球最大的大规模定制解决方案平台。海尔集团依托卡奥斯平台打造了 15 家互联工厂，形成以用户需求驱动的即需即供、弹性部署、横向扩展的柔性生产能力。以胶州互联工厂为例，接入此平台后，生产效率提升 60%，开发周期缩短 50% 以上，交货周期缩短 50% 以上，运营成本下降 20%。

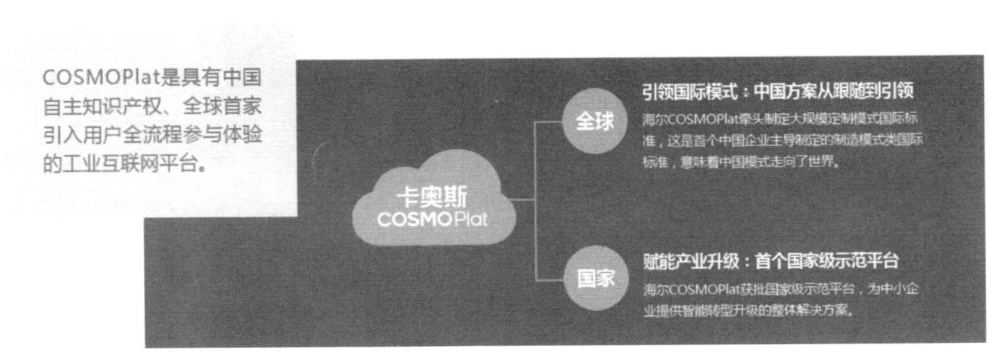

图 10–4　海尔 COSMOPlat（卡奥斯）工业互联网平台

百度生态：中国服务规模最大的 AI 开放生态

百度坚定地认为以 AI 技术为核心的“第四次工业革命”需要全产业的参与，从布局 AI 开始，百度就一直坚持开放的战略。

百度作为人工智能平台型公司，在研发全球领先的 AI 技术的同时，通过百度大脑 AI 开放平台、飞桨产业级深度学习开源开放平台、Apollo 自动驾驶开放平台、DuerOS 开放平台以及各类开源框架和数据集等，向广大开发者和企业用户开放 AI 能力，提供技术和解决方案，赋能各行各业转型升级。

（1）百度大脑是中国业内最全面、最领先、服务规模最大的 AI 开放平台。具备深度学习框架、场景化 AI 能力、定制化训练平台到软硬一体模组和解决方案等，可以为不同 AI 技术积累和场景需求的开发者提供助力，解决实际问题。日均调用量突破一万亿次，语音、人脸、NLP、OCR 调用量中国第一。百度智能云则凭借 AI 能力引擎和 AI 开发平台这两大核心优势，成为产业智能化的主要推动者之一。

（2）飞桨产业级深度学习开源开放平台打造智能时代的操作系统。飞桨上的开发者数量已经达到 194 万位，服务的企业达到了 8.4 万家，基于飞桨产生了 23.3 万个模型，覆盖各行各业。IDC 的报告显示，百度飞桨与谷歌、脸书名列前三，领衔中国深度学习平台市场，也是市场份额前五中唯一的国货。

（3）Apollo 是全球最强大、最开放、最活跃的自动驾驶开放平台。百度 ACE 智能交通引擎作为垂直平台，成为交通领域人工智能化的先行者。全球 97 个国家和地区的超过 3.6 万名开发者在使用 Apollo 开源代码，开源代码数量超过 56 万行。

（4）DuerOS 技能开放平台，智能助手赋能软硬一体化。平台上的技能开发者数量已经超过 3.8 万人，可提供包括游戏、效率工具、网络电台、直播、儿童教育、智能家居等 4000 多种技能支持。品牌合作生态上，小度助手的合作伙伴数量已达数百家，与华为、OPPO、vivo、创维、TCL、索尼、小天才等多领域头部品牌建立了多个层级的合作。小度助手可以控制的 IoT 智能家居设备已经过亿台。

（5）BAETYL 系中国首个开源的边缘计算框架。它和百度智能边缘 BIE 云端管理套件配合使用可以达到云端配置、边缘运行的效果，满足各种边缘计算场景需求。

（6）百度还将自研底层区块链技术开源，告别“拿来主义”。中国已明确要将区块链作为核心技术自主创新的重要突破口。目前，中国自主技术平台不多，超过 80% 的区块链技术平台使用国外开源技术（如 Fabric、以太坊）的产品或者衍生产品。2019 年 5 月，百度首次对外发布区块链品牌——Xuper，并宣布这项国人自研的底层区块链技术 XuperChain 正式开源，与开发者共享科技创新成果，告别技术上的“拿来主义”和核心技术依赖别国带来的风险。

（7）百度 BROAD 工业级开放数据集，促进算法研究。大规模领域数据集是机器学习研究和应用的基础。百度 BROAD（Baidu Research Open-Access Dataset）项目发布了多个工业级的领域数据集，如大规模自动驾驶数据集、街景图像数据和文字场景数据集、视频精彩片段、场景解析、机器阅读理解、中文句子及相应的开放域信息提取事实数据集、中文信息抽取数据集、中文短文本实体标注数据集、中英同传数据集、青光眼图像数据集、年龄相关性黄斑变性图像数据集、病理性近视等，促进算法研究，推动 AI 发展。其中，大规模自动驾驶数据集 ApolloScape 是首个来自大型自动驾驶公司的大规模开放数据集，是行业内环境最复杂、标注最精准的三维自动驾驶公开数据集之一。自 2018 年 3 月发布以来，其已在全球被下载上万次。

AI 化公司“三维一体”

未来任何一家企业都与 AI 有关，但有能力做 AI 技术研发、AI 平台和生态的企业，毕竟是少数。对于绝大部分企业来说，至关重要的还是如何在现在这个时代趋势之下，率先拥抱 AI，做一个成功的 AI 技术应用者，尽快使自身 AI 化，赢在起跑线上，为未来提供发展动力。

一家真正的“AI 化公司”是“三维一体”的：一要具备 AI 思维，意味着必须基于万物互联、重新思考公司的战略；二要拥有 AI 能力，指的是企业利用 AI 技术的能力，不是发明 AI 技术；三要遵循 AI 方面的伦理，一家真正的“AI 化公司”，不仅思考方式、技术层面是与 AI 紧密结合的，其文化也必须是“AI 化”的。本书第一章第五节重点讲了 AI 思维，第五章最后一节讲到 AI 伦理，全书几乎都在讲 AI 能力及其场景应用。请大家回顾这些“三维”内容，建立对 AI 化公司的整体认知。

（1）AI 思维。今天的企业要在一个遍布传感器的社会找准自己的定位。互联网提升了人与人的沟通效率，AI 则会解决人与万物交流的问题。过去，企业主要的关注点还是在软件层面。在AI时代，企业必须更多地关注软件和硬件的结合，从中寻找新的创新机会。

（2）AI能力。今天AI领域存在大量开源和开放的平台，世界领先的科技公司在这方面的投入都是长期的、巨大的，所以最好打消重新发明一遍轮子的冲动。企业应寻求和鉴别公开的、成熟的第三方的基础AI能力，在自己的场景、结合自身行业特点和环境，强化自身所擅长的业务，从中发展独特的AI应用能力和优势。企业需要充分了解AI能做什么，不能做什么；自己有什么资源，有什么数据；以及自己能够获得什么资源，获得什么数据。把精力更多地放在自己的优势上，取得相关的数据，获得相关的算法，将这些能力作为基础建立起来，形成区隔于同行的长期优势。因此，立志于AI化的公司一方面要有能力持续、高效地积累大量、优质、独特的数据，使得这些数据成为AI应用创新的燃料；另一方面也要具备连接AI技术、AI平台的能力，以开放、协同的方式借助AI从数据中挖出“金矿”。

（3）AI伦理。公司的发展必须有意识地遵循AI伦理的四个原则，这里不再重复；同时，培育有自身特征的文化、机制、规则，如生态文化、助人成长机制、协同文化与规则、社会关怀与责任等，并将它们融入公司血液。

产业智能化修炼的三重境界

产业智能化升级有利于发现、挖掘、放大智能经济的红利。沿袭过去的思维、既往的方法、惯性的模式，无法打赢未来之战。

如果企业仅仅将AI看作移动互联网的一次改良式创新，那么就无法清零自己；不能在这一机会的颠覆性上有一个全面的认知，也就无法针对新的应用场景和技术可能，构建全新的商业模式。这样一来，过去将成为阻拦你通往更广阔未来的瓶颈。

产业智能化的深度推进是一个渐进的过程，如果套用一句禅语来讲，就是所谓的修炼三重境界：从“看山是山，看水是水”，到“看山不是山，看水不是水”，最后再到“看山还是山，看水还是水”。

看山是山，看水是水：机器代替人，技术与产业两层皮

第一重境界“看山是山，看水是水”。几年前，人们就看到火锅店用上了机器人，有

的拉面馆用机器来做刀削面，其实这跟AI没有关系。最近两年也有银行引入了人形的机器人当“大堂经理”。这种认为“人工智能应该长得像人”，其实不是真正的AI新业态，而是“山是山，水是水”，技术是技术，产业是产业，没有真正融合。

看山不是山，看水不是水：技术深入业务逻辑本身

第二重境界，AI进入一些行业，进入“看山不是山，看水不是水”的状态。真正由AI技术驱动的产业智能化，会深入业务逻辑本身。2019年，百度和浦发银行联合推出了金融领域首个“数字人”员工，可以借助自然语言理解、知识图谱、深度学习等技术，自我更新金融知识，深刻理解客户需求，对普通用户做VIP（贵宾）式一对一服务。这个技术和能力百度已开放出来，任何行业、任何企业都可以通过“数字人平台”定制自己的数字人。类似案例第十二章第六节会做详细介绍。

以往的无人车基本上都是拿现成的车辆改装的，不可能大规模进入市场。百度的Robotaxi是和一汽红旗合作、正式量产下线的。也就是说，所有的自动驾驶技术模块是提前设计、有机整合到新车辆上的，这不仅让车更安全，信号干扰、故障也会更少，所以才能够量产，才能让老百姓安心乘坐。

看山还是山，看水还是水：技术化有形为无形，回归到产业的本质，水乳交融

更高一层的境界百度和伙伴们还在努力当中，就是所谓的“看山还是山，看水还是水”。未来10年，AI会渗透进越来越多的产业，打通越来越多的行业，AI技术就会化有形为无形，回归到产业的本质。智能交通本质还是交通，AI教育本质还是教育。程序员可以写出最高效的算法，但是可能永远无法理解茅台酒的发酵过程；可以设计出最好的算法模型，但是不懂得汽车的工业设计。产业智能化的生命力，源于和实体经济的深度融合，让技术提升品质之心，让人工智能复活工匠之魂，做出更好的产品，提供更佳的服务，创造更大的价值。

AI技术可以改变中国经济的未来，可以改变人类生活的未来。现在，百度人深深感受到技术可以报国，国内丰富的应用场景大大加速了技术的迭代和创新，我们不仅要做技术改变的亲历者，更要做新经济的建设者。AI的发展是一个属于全体行业耕耘者的机会、属于全人类的机会，将让产业越来越智能，人类的生活会越来越美好。

产业智能化方法论

产业智能化方法论根据面向的对象可能有显著差异。不同行业有不同的产业智能化的原则、逻辑与智能化路线图。对平台型企业、对政府、对转型企业、对生态物种，肯定不能一概而论。即便是同一行业的不同企业、不同场景，其实现路径也可能差别甚大。

面向政府的方法论，我们在第八章第二节六大关键路径、五“点”六“定”、六大抓手、六大赛道中已有所涉及，此处不再赘述。这里主要涉及产业、行业、企业，需要补充说明的是，一定要因地因时制宜。

华为、赛迪眼中的产业数字化转型方法

华为、赛迪等公司相继提出行业数字化转型的方法论。赛迪从价值视角、技术视角和业务视角三个视角九个维度进行了描述（见图 10–5）。华为则基于大量案例，从转型战略、保障条件、核心原则、关键行动四个方面十个角度描述了行业数字化转型的方法（见图 10–6）。

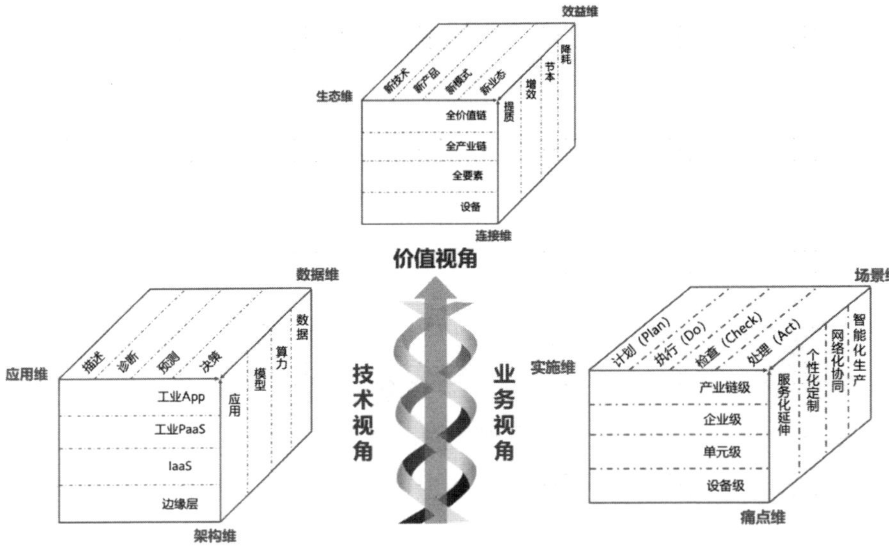

图 10–5　赛迪的制造业数字化转型方法论参考架构

资料来源：赛迪，《工业互联网平台赋能重点行业数字化转型方法论白皮书》，2020 年 4 月 20 日

- 坚持 1 个企业级转型战略：把数字化转型定位为企业级战略，全局谋划。
- 创造 2 个保障条件：通过组织转型激发组织活力，通过文化转型创造转型氛围。
- 贯彻 3 个核心原则：将核心原则贯穿转型全过程，保证转型始终在正确的轨道上。
- 推进 4 个关键行动：通过 4 个关键行动控制转型关键过程。

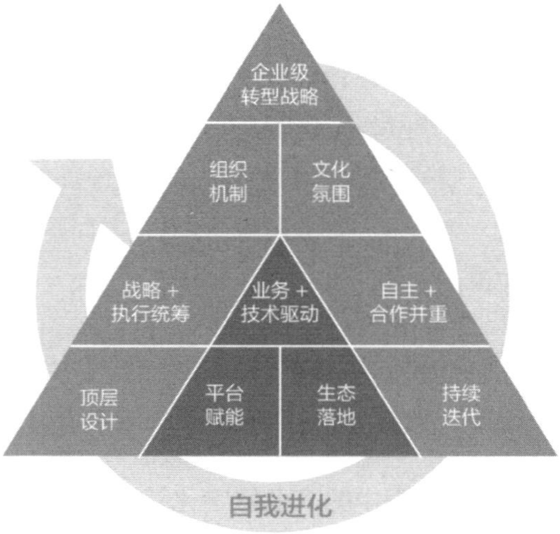

图 10–6　华为的行业数字化转型方法

资料来源：华为，《行业数字化转型方法论白皮书（2019 年）》

百度关于产业智能化的价值主张

百度是中国唯一在智能交互、智能基础设施和产业智能化领域都形成独特优势的人工智能平台型公司，开放开源是百度坚持的基本原则，与生态伙伴不是零和竞争关系，而是协同共生关系，从而百度将始终专心致志扮演好 AI 助手的角色。每一家企业不论行业、不论大小，都可以像用水和电一样使用百度平台的能力和服务，快速而平稳地实现 AI 化转型，最终让每一个普通消费者受益。

产业的智能化转型不会一蹴而就，也不可能搞大规模试错。作为一家拥有丰富 AI 生态的人工智能平台型公司，百度提出的产业智能化的价值主张就是描述我们面对产业智能化的起心动念、角色认知、行业洞察、用户理解和秉持的价值观。

面向智能经济、智能社会，面向产业智能化，百度的价值主张有以下几个。

（1）坚持底座思维，提升底座能力，放大底座输出。我们在第五章第五节有阐述。百度不造噱头，不练花拳绣腿。底座思维是系统思维，是全栈发展思维，是生态开放思维，是以用户为本思维。底座能力有四个判断依据：底座厚不厚，行业认知够不够，能力强不强，生态度高不高。底座输出就看技术前沿度够不够，中台能力强不强，解决方案靠不靠谱，有没有过输出实践与场景检验，有没有可信赖的示范场景与示范样本，输出有没有价值，有多大价值，能不能打通融合场景、要素、产业、供需，有没有公共外部性与溢出效应，会不会产生协同。

（2）始于信任，忠于价值，坚持四个“可信”。四个可信是可信的 AI、可信的生态、可信的解决方案、可信的服务保障。可信的 AI 技术是根本、是前提，只有成熟、可信赖，才能不辜负托付，我们才能面向产业，才能建立和生态、用户的信任关系。

（3）保持敬畏，行有所止。始终保持对技术未知的敬畏、对产业劳动者的敬畏、对产业知识的敬畏、对行业逻辑的敬畏、对用户的敬畏、对生态规则的敬畏、对安全伦理隐私的敬畏、对信任的敬畏、对促进成长的敬畏。尤其是敬畏依托技术与用户建立的信任关系，坚守为用户提供价值、助人成长。技术的发展不可逾越规则的“红线”，人工智能领域的从业者要深怀对用户、对未来的虔诚。

（4）行胜于言，少说多做。坚持工程师文化，坚持质朴风格，坚持知行合一，扎扎实实做研发，兢兢业业做服务，提高我们的底座能力。“君子耻其言而过其行。”[①] 就像闻一多先生所说所做，“人家是说了再做，我是做了再说”，“人家说了也不一定做，我是做了也不一定说”。

（5）场景驱动，用户为宗。产业智能化不是一次商业交易，不是一成不变方案的兜售，而是场景提质增效、用户有回报、企业可持续的实现过程。真正由 AI 技术驱动的产业智能化，会深入场景业务逻辑本身。我们不能无知者无畏，需要向行业、产业、产业劳动者、服务商、生态开发者学习。要转换语言体系，了解产业规律，与生态、与用户共同形成洞察，共同梳理路线图，共同打磨个性化解决方案。创造价值的重要内容之一就是帮助产业内人的成长。

（6）基于共享共建，坚持开放开源。百度率先开放 AI 技术和能力，开放度与生态度都是受到广泛认可的。这首先来自百度的内驱力，来自百度对技术的信仰，来自我们助人成长的愿景。其次，开放生态本身就是一个社会协同实验室、一个公共技术与产业服务平台。另外，国家依托百度建立创新平台、国家工程实验室，寄予重托，未来任何行业、任何企业都可以借助它进行定制。

① 此句出自《论语·宪问》，“而”一用“之”。

（7）产业智联，推动融合。前文分析，产业智联是“5G+AI+ 云 + 产业（工业）互联网 +IoT+ 区块链”。百度推动的产业智联在汽车、家居领域已有探索性但令人振奋的呈现。与产业、企业的合作不仅要展现“互联网速度”，更要不断加大“人工智能深度”，要做深度推动。还要做融合推动，从人工智能与实体经济的融合，到推动产业和产业链、产业生态的融合，推动高端制造业与现代服务业的融合，推动供给侧与需求侧的高效连接、精准匹配。这方面百度有独特的优势，可以利用百度智能搜索 + 信息流 + 智能小程序 + 服务分发 + 百度直播 + 智能营销 +VR、AR，让开发者、知识创造者、用户联动，使得供需连接更垂直，传播更立体，匹配更精准，信任更强大，进而关系资本化。

（8）挖掘协同红利，沉淀智力资本。产业智能化将大大促进内部协同，促进和产业链、价值网的协同，而生态、融合、跨界、联动将有力促进社会协同。百度利用知识图谱能力、深度学习能力、AI 中台与知识中台，将大大提升企业、产业、生态乃至社会的知识管理、智力资本管理能力，重新发现人力资本的价值，促进基于信任的用户关系、客户关系、员工关系、产业关系、合作关系、生态关系、社会关系的资本化。百度的各类学习平台的开放也正在助力人的成长。

百度的八大价值主张，如图 10–7 所示。

图 10–7　百度的八大价值主张

给广大准备踏入产业智能化洪流的企业家的16个忠告

总体来讲，加快赋能产业智能化升级，才能真正为智能经济发展注入新动力。经过多年的深入探索和实践，百度大脑AI技术已经通过智能云、通过生态对外赋能，在多行业成功落地，推动智能化变革。

不可否认，产业智能化服务都是个性化的，为避免包治百病的药方嫌疑，我们在这里给即将拥抱人工智能、寻求智能化发展“引爆点”的企业家贡献16个可资参考的忠告。

（1）无企业不AI。这是一股洪流，即将裹挟世界，每一个行业、每一个场景、每一个人都会被卷进这股洪流。

（2）学会AI思维，而不是工业思维，也不能被互联网思维钳制。在泛在感知、泛在连接、泛在共享、泛在协同的世界找到自己的节点、自己的角色、自己的一席之地，并不断强化节点流量、节点价值和影响力、控制力。

（3）先练内功，先自我革命，内部生态化才能外部协同化。在内部，先提高内部协同性和生态属性；在外部，不论大小，有能力就构建、主导一个生态，能力不足就寻求、融入一到几个靠谱的（各得其所）生态。选对生态，融入生态，然后遨游。

（4）产业智能化不能线性思维、单点思维，不能操之过急，不要锚定你发现的单个问题，只强调单维能力，只讨论局部行动，应服务、服从于战略，宜站在未来看当下如何做，宜以终为始，宜大处着眼、小处入手。

（5）选择方法论——底座能力，产业洞察，开放意识，协同精神，易用可信。宜寻求有全栈能力、有深度行业洞察、有易用操作系统、有融合优势、有持续可迭代服务力的平台或生态合作，如可信的AI、可信的云、可信的服务、可信的交付、可信的协作、可信的生态。

（6）考虑切入点，要兼顾技术演进、行业趋势，兼顾企业战略与对手分析；要兼顾资源、要素、能力与关系，兼顾行业痛点与用户痛点。

（7）你不会一蹴而就，你的竞争对手也不会。谁也不能解决永久的问题。引爆点一直都在，不当努力也许会和它若即若离，甚至渐行渐远，要动态调适，要伙伴化、生态化。

（8）赛道不变，跑的方法可以变。颠覆无处不在，高效才可以高端。

（9）该补课补课，该选课选课，该逃课逃课。先学基础课，不要跳课。从传统模式到网络化、数字化、智能化，补课不会让你回补跳空的缺口。

（10）协同共生，而非讳莫如深。互利的中国、共生的中国，应该是每一个人都期待的。再好的技术，如区块链的约束，也不会比内心的向往与持续的行动更有力量。激发人性的光辉，才有创新精神的迸发。放大、满足人性之恶，你的团队会越来越烂，会有挤出效应。

（11）云，不是线上线下的腾挪，而应该是安全、可靠、高效、增值能力的代名词。实现上述目标，需要“（混合）云+（综合）AI”，尽量灵活、弹性部署。回顾一下将改写云服务市场的关键因素：整体AI能力，云的智能化，对产业的理解与洞察，场景服务经验与生产力促进可示范性，成规模且结构合理的开发者生态，产业级深度学习框架与协作工具。

（12）有机会追求大规模定制就不耽于规模效应的陷阱，有机会开放开源、放水养鱼，就不要画地为牢、自说自话，就不要构筑数据的篱笆、内容的孤岛。

（13）信任不可试错，智力资本不可偏废。再好的技术也解决不了对用户的蔑视、对规则的僭越、对各得其所缺乏敬畏所带来的问题。智力资本包括人力资本、结构资本、关系资本，要早了解、早沉淀、早放大。善待“后浪”才能勇立“前浪”。试试联合人才培养、发育人力资本、共享智力资本带来的好处。

（14）因地、因时、因阶段、因场景、因用户制宜。比如，要不要直播？没有最终答案，要问为什么直播、什么平台适合，卖产品，还是传播品牌。又比如，智能小程序，可以有大作为。再比如，希望大连接，大交互要有，更要考虑小交互，要千人千面，让他们认为每个人都是不可替代的。这就是所谓的智能时代、智能营销。

（15）共同定义、协同治理。让用户参与定义你是谁，你将走向哪里。

（16）若还有疑问，就去回顾第三章第五节智能经济、智能社会的11个本质属性。

11

产业智能化及其转型：与 AI 共同进化

> 人工智能从大家津津乐道的那些酷炫的效果变成了一个社会的共识，变成了一个国家战略。我们要做的就是扎实地推进人工智能在各个产业领域的渗透，帮助各个领域、各个行业提升效率，提升人们的感受。

——李彦宏在重庆智博会上的演讲（2019 年 8 月 26 日）

爱伊莎·卡纳和帕拉格·卡纳夫妇曾被《时尚先生》杂志评为“21 世纪最具影响力的 75 人”之一。他们在合著的《混合现实》一书中指出，我们正从一个与技术“共存”的阶段迈进一个与技术“共同进化”的时代。

新一代人工智能的本质特征是具备学习能力，具备生成知识和更好地运用知识的能力，这是质的飞跃。各行业各领域有大量的知识需要显性化、结构化、图谱化、函数化、复用化，与数据、连接以及其他要素相结合，这为 AI 的发展提供了养料，反过来行业在技术的加持下，智能化水平将大大提升。

互联网公司率先加速 AI 化

AI 是必由之路，开放让所有人都收获更多。例如，全球各软硬件公司都纷纷在 AI 领域积极布局，并投入大量的资金和人力；原来看似不搭界的公司、开发者、生态、平台之间正形成有创造张力的联动。

互联网公司是最早的觉醒者，无论从内部与投资者压力，还是满足用户期望与长远发展需要上，都有必要加速智能化进程。

互联网的人口红利式微，在网时间不可能无限增长，导致获客成本高企，流量的质量也不易匹配，原来自认的护城河可能正在瓦解，或者成为堰塞湖，这些因素都倒逼互联网公司要转换模式或者更换赛道。即便发展最好的主流电商公司，也遇到了瓶颈。

伴随移动互联网的十年发展，很多互联网公司积累了海量用户数据，但也有部分互联网公司靠着金山却不知挖掘。过去，百度希望利用这些数据帮助互联网公司提升客户转化率，也训练机器学习，但是客户往往不太情愿把自己的数据开放出来，所以单向的数据所起的作用就十分有限。

一把好牌如何打好？大数据、AI 技术的应用方面将给互联网公司带来新空间。因为流量确实紧张，上网人口数量不增长，上网时间就那么多，所以后来很多公司在强大的增长压力下不得不开放部分数据。开放的数据和百度的数据打通导致转化效率大幅提升，这就是数据打通之后 AI 技术可能带来的一个方面的影响。2017 年双 11，电商公司在百度的投放实现了 120% 的增长。之所以大家愿意在百度投入，是因为他们认可百度带来的流量转化效率。

从国家层面来看也是如此，中国数字经济排名全球第二，未来互联网人口的增速放缓，原有的技术和应用创新面临阈值，再依靠互联网发展中国经济，需要有新的发展动力，而这个动力主要是新技术，特别是人工智能技术。

AI 技术和传统互联网技术的大不同之处，就是过去 20 年中国互联网发展主要还是靠影响消费、to C；AI 技术会 to B 再 to C，影响供给端，或者让 C 驱动 B。我们一直强调供给侧结构性改革，现在 AI 技术确确实实可以在生产、制造等领域产生明显影响。

2018 年 11 月，乌镇，马化腾在世界互联网大会上说：“助力各行各业先实现数字化，下一步在数字化过程当中，看看哪些环节可以拥抱，比如商业模式会不会变，可能制造业要转成服务行业，造出来的产品可能不是直接给消费者，是自己来运营，直接提供服务给消费者，这是行业模式的转变。再下面，大量数据用人工智能接管，甚至是代理其中的很多流程，我判断是这样一个方式。对于腾讯，我们其实也是寻找这样的定位；我和李彦宏也希望在基础的技术研发方面有储备、有投入，只有这样，才能说我们有能力跟产业界合作。”

打铁先要自身硬，的确，互联网公司要在下一个十年还是经济的发动机，就需要革自己的命，不断提高自己输出价值的能力。

智能制造：“中国制造”升级为“中国智造”

前文我们分析了人工智能正在加速与实体经济深度融合。门类齐全、场景丰富的制造业一马当先，需要率先寻求将“中国制造”升级为“中国智造”的路径、方法，改变我们先进制造能力不强、高端制造发育不够的痼疾。国家也部署了智能制造等国家战略和国家重点研发计划重点专项。本节是全章的重点，也是产业智能化最重要的场景，所以我们的着墨更多一些。

破题智能制造，借助 AI 向新一代制造演进

德国“工业 4.0”和美国工业互联网较早并较完整地阐述了工业数字化网络化范式及其技术路线。限于当时新一代人工智能尚未实现突破，因此“工业 4.0”还不是真正意义上的第四次工业革命。

什么是智能制造？“智能机器 + 先进分析工具 + 人机交互，就是智能制造。”中国工程院院士邬贺铨介绍，“人工智能与云计算、大数据、5G 技术一起，成为支撑智能制造的信息技术。”①

① 杜康，人工智能正在加速“拥抱”实体经济，新华社上海 2018 年 9 月 19 日电。

专栏 “中国制造 2025”到 2020 年的战略目标

基本实现工业化，制造业大国地位进一步巩固，制造业信息化水平大幅提升。掌握一批重点领域关键核心技术，优势领域竞争力进一步增强，产品质量有较大提高。制造业数字化、网络化、智能化取得明显进展。重点行业单位工业增加值能耗、物耗及污染物排放明显下降。

海尔的智能制造被列为“灯塔工厂”。而位于德国安贝格的西门子是欧洲最先进的数字化工厂，生产设备和计算机可以自主处理 75% 的流程工作，生产设备依据商品附带信息，自主决策生产流程，各部件有自己的“名称”和“地址”，具备各自的身份信息，通过相互识别可以确定各自在数字化工厂中的运行路径，组成一个分布式、高效和灵活的系统。

浪潮智能工厂，整个生产制造过程弹性、透明、可追溯，智能技术贯穿生产制造的全周期；实现同样产能，用工数量下降 50%，生产效率提高三倍，订单交付周期从 18 天缩短到 5~7 天。

中联重科每 10 分钟产出一节塔机标准节，每 90 分钟产出一条起重臂，每 110 分钟下线一台塔机，这是中联重科打造的全球最大塔机智能工厂的生产效率。支撑起其高效、高质的“秘密”在于 12 条智能化生产线、100 多台机器人、一万多个传感器为这座工厂装上了“聪明”的大脑、“灵活”的手臂①。

专栏 《新一代人工智能发展规划》对智能制造的要求

围绕制造强国重大需求，推进智能制造关键技术装备、核心支撑软件、工

① 王延斌，俞慧友，郝晓明，让“智能 +”深度融入经济主战场，科技日报，2020 年 5 月 27 日。

业互联网等系统集成应用，研发智能产品及智能互联产品、智能制造使能工具与系统、智能制造云服务平台，推广流程智能制造、离散智能制造、网络化协同制造、远程诊断与运维服务等新型制造模式，建立智能制造标准体系，推进制造全生命周期活动智能化。

根据周济院士牵头的“新一代人工智能引领下的智能制造研究”课题组的研究，智能制造在其演进发展中可以总结、归纳和提升智能制造的三种基本范式，即数字化制造（第一代智能制造，数字化网络化制造）、“互联网 + 制造”或第二代智能制造（数字化网络化智能化制造）和新一代智能制造。后者是新一代人工智能技术与先进制造技术深度融合的结果，给制造业的设计、制造、服务等环节及其集成带来革命性变化，这将成为制造业未来发展的核心驱动力（见图 11–1）①。

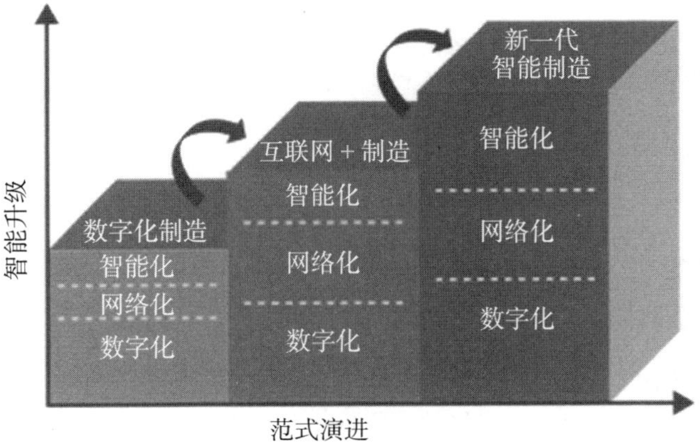

图 11–1　智能制造基本范式的演进

资料来源：“新一代人工智能引领下的智能制造研究”课题组，中国智能制造发展战略研究，中国工程科学，2018 年第 20 卷，第 4 期

上述课题组认为，新一代智能制造系统（见图 11–2）是主要由智能产品、智能生产及智能服务三大功能系统以及工业智联网和智能制造云两大支撑系统集成的大系统。

① “新一代人工智能引领下的智能制造研究”课题组，中国智能制造发展战略研究，中国工程科学，2018 年第 20 卷，第 4 期。

我国宜因企制宜，采取三个基本范式“并行推进、融合发展”的技术路线，“以高打低”——采取先进的技术解决传统制造难以解决的问题，扎扎实实地完成数字化“补课”，同时，向更高的智能制造水平迈进。

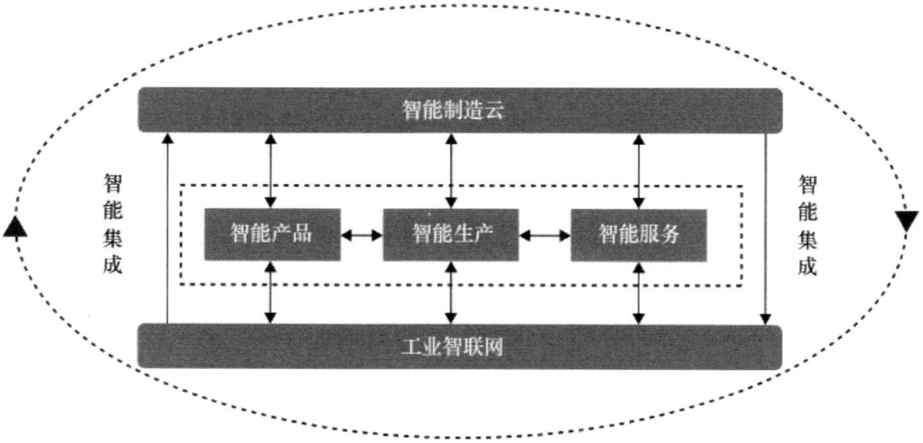

图 11-2 新一代智能制造系统

资料来源：“新一代人工智能引领下的智能制造研究”课题组，中国智能制造发展战略研究，中国工程科学，2018 年第 20 卷，第 4 期

美国的瓦科拉夫·斯米尔曾在《美国制造：国家繁荣为什么离不开制造业》一书中写道：“如果没有一个强大而且极具创新性的制造业体系，以及它所创造的就业机会，那么任何一个先进的经济体都不可能繁荣发展。”

数据是智能制造起飞所需的关键燃料。可以依托国家工业互联网大数据中心引导更多制造企业拿出这些高质量、标注好的大数据，在保障数据安全的基础上，跟科技公司一起共享和创新，从而大幅提升制造业的智能化水平。

2017 年，世界经济论坛意识到先进制造技术的无穷潜力，论坛预测到 2025 年，第四次工业革命将创造高达 3.7 万亿美元的价值。世界经济论坛最初筛选出 40 项先进制造用例。2018 年，世界经济论坛对 1000 多家工厂进行了全面筛选，有 16 家工厂在运营和业绩上实现了质的双飞跃，被视为先进制造领域的领跑者，并被命名为先进制造领域的“灯塔工厂”。2019 年，全球“灯塔工厂”网络新添 28 名成员。其中 14 家被视为打通端到端价值链的“灯塔工厂”，它们实现了从供应商到客户的全流程创新，所获价值远超实体工厂范畴。麦肯锡对上述灯塔工厂的关键绩效指标改进从生产效率、可持续性、敏捷性、上市速度、定制化 5 个维度进行评估（见图 11–3）。

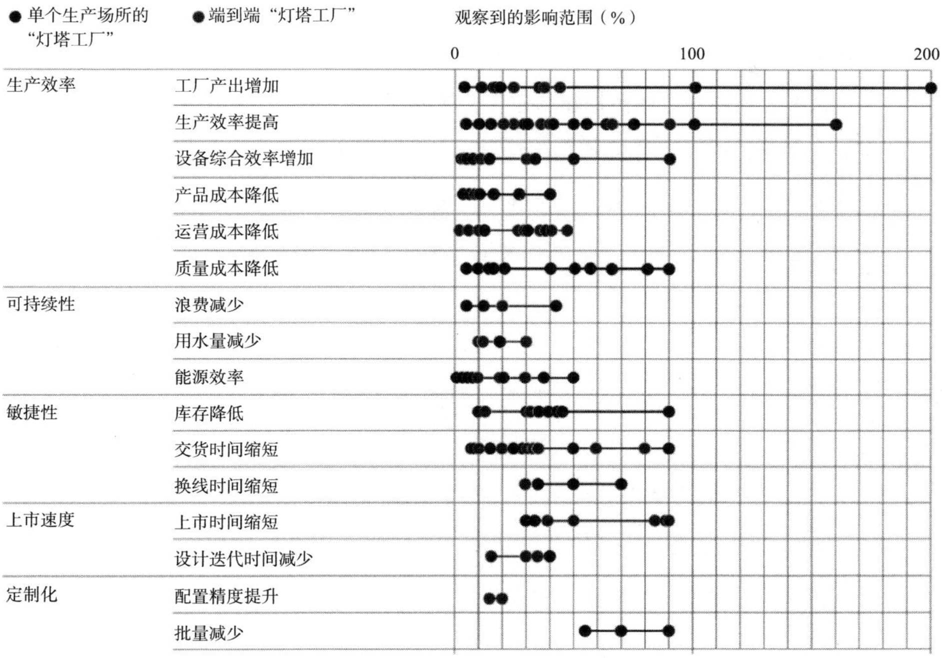

图 11–3 “灯塔工厂”关键绩效指标改进效果——全球灯塔工厂网络

资料来源：世界经济论坛，麦肯锡，全球灯塔工厂网络：来自第四次工业革命前沿的洞见，2019 年 12 月

推进工业互联网建设的一个很重要的内容，就是实现制造业的智能化。这次新冠疫情倒逼制造业智能化转型是一个契机，以开源深度学习平台等为抓手加快打造智能制造新基建，为制造企业智能化转型提供基础技术支撑。同时，也有必要由有关部门牵头，联合地方政府和大型工业企业，建立行业大数据库。

发现工业智能，实现自主可控

未来，智能装备、智能生产线、智能车间、智能工厂将制造大量的智能产品，引致产业模式、协作模式、运营模式的重大变革。与智能制造相关的人工智能技术包括视觉、语音、知识图谱、大数据等多类分支，与制造业融合的本质是提质增效、降低成本，还可以引导技术创新，推动企业管理方式的变革，形成商业模式创新。智能工厂将涉及生产线重构与动态智能调度、生产装备智能物联与云化数据采集、多维人机物协同与互操作等技术。

在技术的驱动下，智能制造将呈现网络化协同、个性化定制、服务化延伸、智能化的共同特点[①]。工业制造领域如何构建高效工业智联、智造应用，即5G、AI和智能云平台作为工业智能化基础设施，构建设备互联互通和分布式智能为核心的未来工厂智造系统呢?

百度大脑厚积薄发，面向制造行业对AI技术的需求，正逐一推出对应解决方案。目前，百度智能云智能制造解决方案已经覆盖十四大行业，触达32类垂直场景，在各类智能化产品设计，汽车零部件、3C电子产品、消费品质检，充电桩、风力发电机等工业装备的故障诊断与预测性维护，生产流程、物流运输优化，工业生产环境安全监控等领域，落地众多商业化合作项目，正在为行业客户和社会创造重要价值[②]。

工业互联网是新的技术与工业系统相连接、融合的结果，通过IoT、边缘计算等技术将物理世界的设备的运行状态、环境的数据等等感知、采集出来，通过传输、存储、集成、清洗，对数据的智能分析产生智能化的创新应用，在企业的研发、生产、供应、销售、服务等方面产生降本、增效、创新的结果。

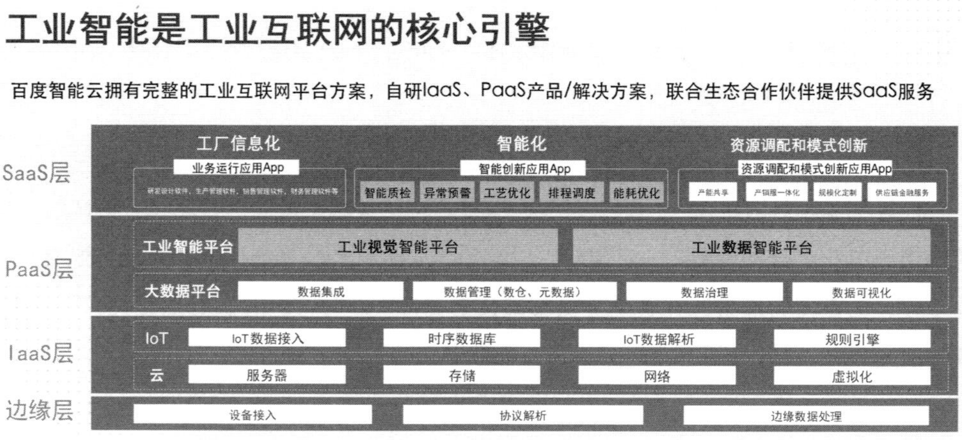

图11–4　百度基于工业智能的工业互联网平台

---

① 赵昌文，认识和把握新一轮信息革命浪潮，人民日报，2019年6月14日。

② 百度AI产业研究中心，百度AI加速器，AI技术产业化 蓬勃发展正当时——百度生态伙伴AI应用案例集，2019年8月。

整个工业互联网的几层结构中，工业智能平台其实是中间的核心引擎，它负责将前面收集到的数据加工变成真正的知识，而知识最终会产生价值（见图 11–5）。

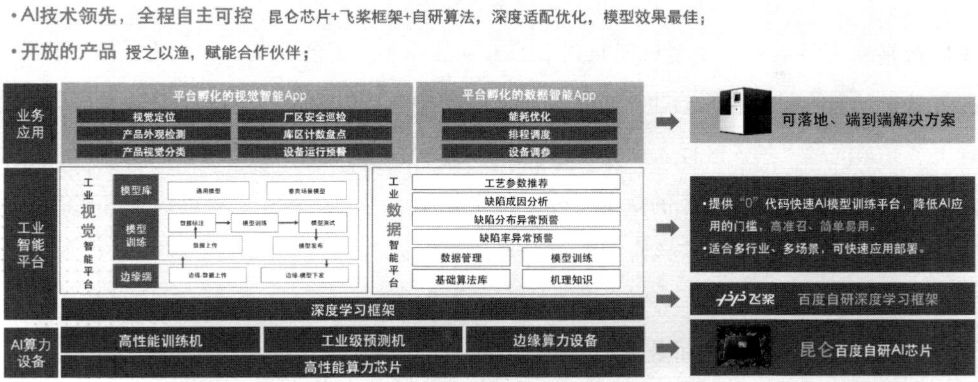

图 11–5 百度工业智能平台的架构

百度的工业智能平台底层是基于百度自研的昆仑芯片的 AI 算力设备，中间层是基于飞桨的视觉智能平台和数据智能平台。最上层是通过合作生态一起打造的端到端的解决方案。

大国需要重器，大国智造需要自主可控的智能化基础设施。从 AI 技术角度来看，上述架构从芯片到框架到研发全部是百度自研、自主可控的，并且这几个技术间深度优化的效果最佳，工业视觉智能平台和工业数据智能平台都是开放的产品，能够赋予客户伙伴自己训练和迭代 AI 模型的能力，也就是授之以渔。

工业因视觉、听觉而智能

百度工业视觉智能平台提供的是针对图像、视频等这些多媒体数据的上传、标注、训练、测试的功能，并且可以将云端训练好的模型通过网络下发到工厂、工控机等各种算力设备上。当然，这个云端既可以是公有云，也可以是工业企业的私有云。随着 5G 的应用，算力设备的部署更加灵活、更具弹性。在传统情况下，可能一台设备要配一套工控机，配一套算力设备；有了 5G，针对图像视频这种多媒体大数据，可以有更稳定、更大带宽、更低时延的传输，使得算力设备的部署变得更加灵活，可以集中部署一套算力集群，为多条产线甚至为整个工厂共享算力。在这个方向，百度和华为的 5G X Labs 实验室做了很多应用的探索和落地。那么工业视觉平台可以产生什么样的模型和应用呢？

首先是产品的外观质量检测。本节随后有“智能质检车间”的案例。另一个视觉智能的场景是安全巡检。现在很多工厂安装了大量的摄像头来监控工厂的安全隐患，摄像头后台是靠人眼来看，顶多只能起到事后追溯的作用，无法在第一时间发现安全问题。百度基于工业视觉智能平台生产的“安全巡检模型”可以对视频内容进行识别，及时发现工装穿戴问题，禁入区侵入预警，违规动作行为监控、设备运行状态监控等情况。

不仅是视觉，人工智能的技术演进正在催生 AI 新物种，未来的智能设备进化的一个重要方向就是任何设备都应该有一个能听懂人话的接口。

工业数据智能平台，让新要素创造新价值

工业视觉智能平台处理的是图像、视频等非结构化数据，工业还有大量的结构化数据。比如设备上运行的数据，可以通过传感器采集；工业质检得到了产品质量的数据，MES（制造执行系统）等信息化系统有各种结构化数据。工业数据智能平台正是利用这些结构化的数据将强化学习、深度学习等 AI 基础算法和工业机理知识相融合，生产出多种模型。

这些模型，如状态监控等描述类模型，解决的是物理世界发生了什么、是什么的问题。如缺陷成因分析等诊断类模型，是来解决为什么会发生的模型。如异常预警、销量预测等预测类模型，解决的是未来还会发生什么的问题。如参数推荐、调度优化等决策类模型，基于对未来的预测，决策现在应该做什么。而模型的输出结果反向作用于百度控制系统，通过控制系统对设备、对生产计划产生反向作用，最终创造价值（见图 11–6）。

图 11–6　工业智能平台解决企业降本增效难题

近年来，百度和合作伙伴给服务过的很多工业企业带来了技术红利。越是业内领先的企业，越能够认识新技术包括数据对业务的价值。越早用到 AI 技术会越早受益，有条件再加大技术投入，形成正向循环。

工业制造业场景多，智能制造的机会也多。百度希望发挥自己的优势，做好底层基础设施，输出好用、易用、通用的 AI 平台技术。上层的应用场景交给更熟悉业务的合作伙伴，大家一起为客户服务，一起为客户创造价值。

百度·中国宝武钢铁：打造“AI+ 钢铁”示范样本

2018 年 10 月 26 日，百度与中国宝武钢铁集团有限公司达成战略合作，双方融合百度在 ABC（人工智能、大数据、云）+IoT 技术、社会化平台运营等方面能力，以及中国宝武在钢铁领域的专业技术、大规模场景与产业链整合能力，围绕钢铁制造与工业服务、供应链与生态圈、城市服务与创新创业等开展技术创新、模式创新。

双方聚焦大数据平台建设以及机器视觉在产品质检、安全生产等领域的应用，推进机器学习在工艺过程优化、生产排程领域的应用与实践。还开展基于 AI 技术的设备智能远程维修试点，依托工业数据与应用场景探索智能算法、视觉识别、深度学习等 AI 技术应用，形成系列设备智能远程运维解决方案，并开始跨行业应用推广。

2017 年，百度智能云就与隶属于中国宝武的宝钢技术打造了智能钢包管理系统，平均降低出钢温度 10℃，节约能源成本 70 亿元；钢包烘烤能耗下降 50%，可节约 150 亿元。

百度智能云与伙伴共同打造“智能质检车间”

外观检验一直是中国制造业乃至全球制造业的痛点，实现大规模生产，精准检测是绕不过去的坎。传统的人工检测操作在中国保守估计每年需要约 200 万以上的质检工人，年投入上千亿元。

人工检测其实就是采用肉眼＋放大镜的方式进行产品检测，判断产品零件的质量。特别是很多 3C 产品的零件非常小，不仅工作强度大，效率也很难适应日益增长的高要求。而且年轻人都不愿意做这样枯燥的工作，质检员招工难、成本高、不稳定、留人难的问题困扰了很多制造业企业。

2017 年，百度智能云就发布了用计算机视觉技术制作的质检软硬一体机，赋能智能质检。2019 年，百度智能云质检云平台规模化落地制造业，并升级为 2.0 版本。新版质检云平台进一步降低了使用门槛，更加灵活并适应生产环境。用户可以零代码进行模型训练，并支持端云一体模式。模型上到产线后，企业还可以根据产线原材料、工艺变化，自行对模型进行优化迭代，模型更新时间从一天缩短到一分钟。百度智能云还和伙伴合作设计了“外观缺陷视觉检测设备”，应用于智能质检车间。它是一条自动化检测的生产线，高速照相机会拍下传送带上的零部件，交由机器识别产品上有无缺陷、有什么类型的缺陷，并把这些信息告诉机械手臂，机械手臂就会将有缺陷的零件从中剔除。

目前，百度质检云产品成为工业视觉智能平台的一部分，在多个场景落地，覆盖了 3C、汽车、钢铁、能源、橡胶、纺织等 10 余个行业、几十个场景。一方面，百度质检云帮助成千上万的一线质检工人，大大减轻高重复性、高频次的工作，解放劳动力；二是具有更强的稳定性，大大提升检测效率，一台设备的效能相当于十个熟练的工人，并且精确度更高，漏检率降低，良品率提升，如助力首钢自动化信息对钢板缺陷分类的准确率达到 99.98%；三是企业降本增效显著，质检人工成本节省 80% 以上，占地面积减少 80%，AI 质检的投资回报率是传统机型的 6.5 倍；四是产品质量数字化，基于质检云设备，可以全量实时获取每个产品的外观检测质量数据，对产品进行及时的质量分析，针对良率异常、缺陷分布异常、缺陷位置异常等在第一时间提供预警信息，产线可以最快调整生产过程，降低产品损失，同时企业也可以根据缺陷成因分析、工艺参数优化能力改善工艺，提高良品率。

矩视智能帮助汽车行业提高包装效率

飞桨的图像检测和分割模型，已部署落地在京东方、夏普、LG、华星光电等电子制造企业，对工业零件的缺陷进行检测，在检查精度、速度上都有了明显提升。较之前的方案，缺陷零件过检测率、漏检测率降低 30% 以上，解决了人工检查的效率低、精度差、不稳定、成本高等问题。

在轮毂生产行业，企业需要根据不同客户的定制需求生产各种型号的轮毂，为轮毂型号分类是包装环节的重要组成部分。天津立中车轮有限公司是宝马、现代、马自达等公司的供应商，年产能达 1500 万只，生产上百种轮毂产品。在人工检测分类方法中，近 30 名工人轮值人工检测，存在速度慢、成本高、准确率低等问题。

为解决上述问题，北京矩视智能科技基于百度飞桨实现 AI 视觉检测技术，识别精度高达 99%，识别时间小于 0.5 秒，并可适用于多种不同尺寸、图案的轮毂，这大大降低了生产成本并保证了检测质量的稳定性。

智慧金融：Fintech+AI 引领的未来

金融行业是科技和数字化转型的先行者之一，先进技术落地能够带来巨大的商业价值和社会价值。未来，“Fintech+AI”将成为改写金融业发展走向的重要元素。

以前大家关心银行给自己的信用卡额度，而今天，用户在线上的搜索行为体现出来的是更加关心消费信贷产品给个人带来的便利。线上种草，线下消费，线下体验，线上下单，已经成为今天很多年轻人的消费习惯。消费和服务场景充分融合，成为当前用户消费的大趋势。

专栏 《新一代人工智能发展规划》对智能金融的要求

建立金融大数据系统，提升金融多媒体数据处理与理解能力。创新智能金融产品和服务，发展金融新业态。鼓励金融行业应用智能客服、智能监控等技术和装备。建立金融风险智能预警与防控系统。

百度智慧金融为金融机构提供获客、风控到运营的端到端智能化解决方案，助力客户提升服务与经营能力（见图 11–7）。基础平台以自主可控的软硬件为底座，其中图数据库是新一代支撑知识图谱应用的关键产品。在 AI 和知识中台的支撑下，银行、保险等大量产品实现了数字化营销，百度智能金融的智能营销与客服、数字员工等，能帮助金融机构以统一的服务标准、个性化的服务体验触达用户，实现增强普惠金融服务。

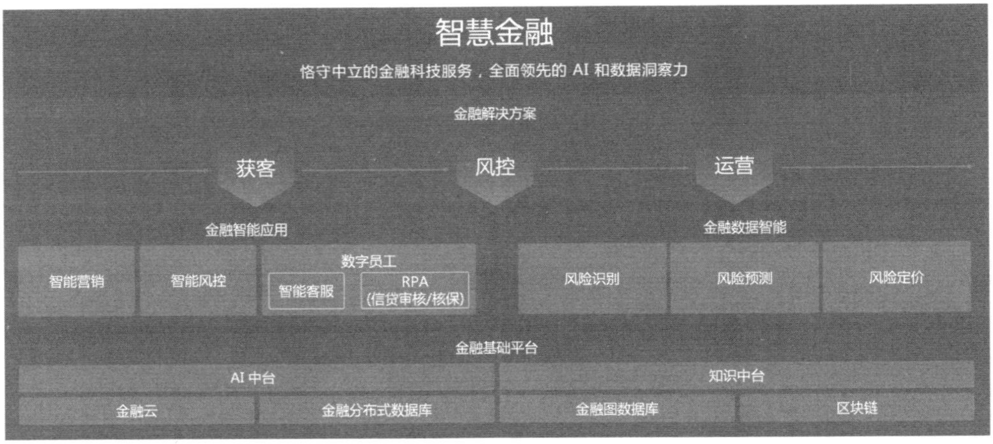

图 11–7　百度智慧金融

百度智慧金融已服务近 200 家金融客户，包括国有六大银行、九大股份制银行、21 家保险机构，涉及营销、风控等 10 余个金融场景，已构建超过 30 家的合作伙伴生态，并跻身中国金融云解决方案领域第一阵营。

智慧金融可以不断为客户创造业务价值。数字员工已在 75 家客户落地，助力客户运营效率提升 50% 以上。零售金融科技产品覆盖信用卡营销、信贷风控、保险反欺诈等核心场景，其中贷款不良率低于行业均值 10%。

百度智能云依托知识中台，可以帮助金融机构将门类繁多的零售金融产品构建一套完整的知识体系。百度的智能流程机器人、策略审核机器人，能够让金融机构后台实现业务秒批，让用户体验到无障碍服务。

案例 1：百度智能云联手银联商务，助力 800 万商户智能转型

百度智能云与银联商务于 2017 年 9 月就共建 ABC 智能金融云达成战略合作，以 IaaS 层云平台为基础，以海量数据整合为枢纽，致力于共同打造面向商户及金融合作机构的金融级云服务体系。

银联商务是中国银联的子公司，作为中国支付领域最早一员、国内领先的综合支付和信息服务提供商，经过十多年的发展，已有 800 万家商户和近千万台终端，每年处理支付交易数超过 85 亿笔。业务范围的不断拓展和客户体量的持续增加，让

银联商务的 IT 建设压力日益凸显。

百度智能云为银联商务输出了完全基于分布式架构、软硬一体化的私有云系统，充分发挥百度金融私有云在功能兼容高、稳定性强、架构复用、部署快捷等方面的优势特点，助力银联商务向国际一流的综合支付、信息数据和金融服务提供商发展。

双方还于 2018 年 4 月联合打造了面向各类商业体系的银商百度金融级公有云服务解决方案，为广大商户提供 IaaS、PaaS、SaaS 全方位的云服务，以金融级服务的安全标准及 AI 技术能力全面满足广大商户智能化转型的需要。该方案结合百度在人脸识别、机器学习等细分领域的技术优势，使以往的交易支付逐渐走向场景支付，推进零售、物流等行业走向智能化。

未来，双方还将成立联合数据实验室，共同打造包含精准营销、信用评估、客商开店、地理位置核验、风险评估等在内的大数据服务体系和风险防控体系。

案例 2：浦发银行坚实的智能化转型①

浦发银行是百度的老朋友，百度与浦发银行近年来的合作持续深入，双方在技术创新方面做了很多实践，成果丰硕。2019 年，与百度合作的国内第一个金融“数字人”在我行落地，智能客服系统也在我行多个客户服务渠道上线。这都引领了智能金融潮流，浦发银行也持续实现着智能化转型。

即将到来的 5G 和智能经济时代，信息数据将再次大爆发。人类的大脑有着惊人的近千亿个神经元，但信息数据的增长速度已远远超过人类理解和分析的速度。因此，只有“数”和“智”的高效融合，才能转化为体系化的知识大厦甚至智慧，为我们所用。

浦发银行在开放银行推进中，AI、大数据等关键技术栈变得更加重要，2019 年我们合作的“数字人”、智能客服等都取得了非常好的效果，也在业界取得了巨大反响，这些都是数据 + 智能的化学反应。我们要继续领跑，就需要从感知型企业向认知型企业深度转型，知识的抽象和沉淀是非常关键的环节。百度知识中台的发布，

① 潘卫东（浦发银行行长、副董事长）在 2020 ABC SUMMIT · 夏季峰会的演讲，2020 年 5 月 18 日。

是百度在人工智能领域的又一次创举，是应对技术变革的前瞻之举。

百度的知识中台的能力非常强大，与未来浦发银行在向C端、B端、G端提供数字化智慧金融服务的方向不谋而合。该中台提供从知识生产到知识应用的闭环，具备了知识全生命周期赋能的能力，这是业内极有价值的创新，也是金融行业智能化需求的方向。

金融行业一直是个数据量极为丰富的行业。据统计，国内大型商业银行和保险公司的数据量早已达到100TB以上，其中超过80%都是非结构化数据。这个知识中台包括企业搜索、智能知识库、知识图谱平台和决策引擎，可以将原本分治分散、缺乏理解挖掘、难以复用沉淀的数据平台化构建，转化为信息、知识、智慧，实现业务智慧的回流沉淀，从而支持金融行业丰富的业务场景。比如在企业内部运营中，通过对多源、多模态数据的知识构建，实现企业“内搜”与专业“垂搜”，有效地进行知识协同，提高整体工作效率；在风险管理领域，通过知识中台对主体多维关联链条的挖掘，预测有潜在风险的关联企业、识别欺诈交易；在监管审计方向，通过解析审计报告、财报公告、政策通告、新闻舆情等金融行业数据，为企业在监管审计方向辅助决策，降本增效；在精准营销领域，可以基于知识链接，发现具有共同爱好的组织，从而有针对性地制定营销策略，提升营销的精准性和有效性。浦发银行提出了“建设具有国际竞争力的一流股份制商业银行，推动全行成为新时代金融业高质量发展的排头兵和先行者”的战略目标，并致力于打造全栈数字化能力，这对知识管理和数字化智能办公提出了新要求，百度知识中台的四大能力无疑会是我们重点考虑的方向。

一直以来，金融行业凭借海量数据和多元应用场景给人工智能的发展应用提供了优良土壤。一直走在人工智能创新应用前沿的浦发银行，在新基建快速铺开的今天，也将会抓住技术变革的机会，引领金融智能化变革。

案例3：百信银行——AI+DT驱动①

百信银行是第一家基于百度智能云分布式架构的数字银行。运营两年，已成为

① 李如东（百信银行行长）在2020 ABC SUMMIT · 夏季峰会的演讲，2020年5月18日。

国内数字银行新标杆，获得了监管机构的认可和肯定。与百度智能云全面开展了AI、大数据等领域合作，共建了“零度实验室”，开展联合建模，全面提升大数据风控能力，为普通百姓和小微企业主提供了更加敏捷、高效的普惠金融服务。正是基于百度云 +AI 的能力，百信银行在金融科技领域收获颇丰。2019 年，我们成功入选央行首批金融科技创新沙箱监管试点，在业界引起较大反响。同时，我们基于百度智能云，打造了“AI+DT 智能聚变引擎”，成功入选“2019 年十大首都金融创新激励项目”。

百信银行成立之初就心怀梦想，希望金融服务无处不在。现在，这个梦想正在逐步变成现实。截至 2019 年底，百信银行累积为超过 3200 万用户提供了普惠信贷、智能财富、创新支付等线上金融服务。

智慧医疗：数据驱动的智慧化、线上线下一体化

中国医疗健康行业的核心痛点在于供需之间不匹配的矛盾。人口老龄化背景下，医疗需求持续攀升、医保支付压力增大、医疗资源不均衡问题越发突出。当前，随着 AI 等新技术手段的融入，为医疗体系的改革以及健康发展注入了新活力，呈现向智慧化、线上化、数据驱动演进的新特征。

医疗是服务能力的集合体，AI 可以大有作为

在中国，医疗资源结构性失衡是现阶段医疗体系一个核心问题。《“健康中国 2030”规划纲要》中提出，要全面建成体系完整、分工明确、功能互补、密切协作、运行高效的整合型医疗卫生服务体系，基本实现优质医疗卫生资源配置均衡化，基层普遍具备居民健康守门人的能力。

医疗联合体建设，是构建分级诊疗制度的重要抓手。为加快推进城市医疗集团、县域医疗共同体、专科联盟和远程医疗协作网为主的医联体建设，逐步实现医联体网格化布局管理，国家卫生健康委、国家中医药管理局近日出台《医疗联合体管理办法（试行）》，于 2020 年 8 月 1 日起施行。

未来，医疗体系的参与方将作为一个整体，为患者提供整合式服务，各方跨领域合

作，优化医疗价值，形成一致的利益诉求。围绕医联体及核心医疗生态体系，AI 将发挥重要作用，通过提质增效、降本增益、模式创新，推动医疗体系各方的变革和提升，为患者提供全场景主动式健康管理。此外，AI 和数据将重新定义医疗生态，重塑各类关系与行业变革方向。

AI 与医疗的结合在各个环节可以产生丰富的应用场景（见图 11–8）。未来，医疗机构的服务边界将由当前的线下拓展到线上线下一体化，医疗服务将由当前的重视治疗拓展到未来的主动式健康管理，提供一致性、精准、体验良好的健康服务，真正实现无处不在、全生命周期医疗[①]。

百度 AI 技术赋能智慧医疗，让优质医疗资源更加公平可及

百度智能云智慧医疗部门成立于 2018 年，2019 年品牌升级为“灵医智惠”，通过将 AI 技术与医疗行业紧密结合，围绕筛查、诊疗、管理三个主要医疗环节与场景，推出一体化智慧医疗解决方案，帮助缓解我国医疗资源供给不足和分布不均衡问题。

最底层，以多模态的医疗 AI 中台和权威专业的医疗知识中台为基础，形成医疗 AI 循证的底座。往上层构建了多种医疗智慧应用，包括眼底筛查、临床辅助决策、新冠肺炎筛查、病案质控、合理用药以及慢性病管理等，并围绕筛、诊、管等医疗场景，推出相应的解决方案，让医疗焕发新的活力（见图 11–8 和图 11–9）。

灵医智惠与人民卫生出版社、东软集团、浪潮集团等专业伙伴合作，结出累累硕果：产品已覆盖 27 个省市自治区、300 家医院、1500 家基层医疗机构，服务数万名医生，惠及千万名患者，服务人次已经达到 2500 万。

① 百度 AI 产业研究中心，百度 AI 加速器，AI 技术产业化 蓬勃发展正当时——百度生态伙伴 AI 应用案例集，2019 年 8 月。

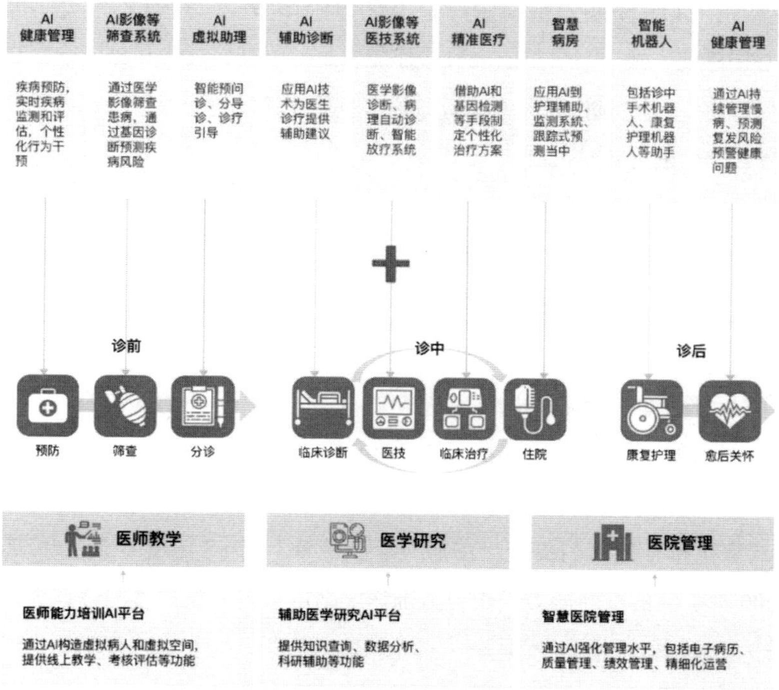

图 11–8　AI 为医疗服务带来新机会

资料来源：信通院，罗兰贝格，百度 AI 产业研究中心，2019 年

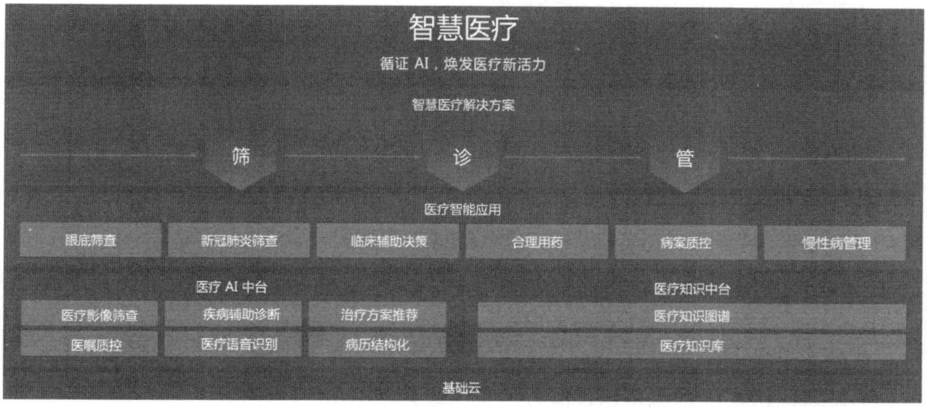

图 11–9　百度智慧医疗框架

百度灵医智惠 CDSS 助力基层医疗，推动分级诊疗

对于基层医院，缺乏高质量的全科诊疗能力是导致基层首诊和分级诊疗制度难以建立的核心原因之一。AI 辅助诊断能有效减少医生的误诊漏诊，提高医疗质量和安全，控制费用成本，全面助力基层医疗。

2019 年底，《麻省理工科技评论》发布《AI 医疗：亚洲的发展空间、能力和主动健康的未来》报告，重点介绍了百度灵医智惠临床辅助决策系统（CDSS）如何提升基层社区医院的医疗服务能力，并获得当地官方、医生和病人的高度评价。

灵医智惠 CDSS 是百度通过学习海量教材、临床指南、药典及三甲医院优质病历，打造的遵循循证医学的临床辅助决策支持系统。CDSS 的可解释性建立在百度医学自然语言处理和知识图谱技术之上，上述技术是 CDSS 的关键成功因素。

系统包含辅助问诊、辅助诊断、治疗方案推荐、医嘱质控等多种功能，能够全方位助力基层医生诊疗能力的提升。在辅助诊疗方面，CDSS 能覆盖 27 个标准科室，具备超过 4000 种疾病的推断能力，作为基础诊疗助手可以避免误诊漏诊，提供经典治疗参考。

知识图谱是计算机可以理解并用于计算的知识表达方式，灵医智惠的医学知识图谱体系包括医学标准化术语体系、医学术语间关系体系及医学复杂事例体系。这一套完整、复杂的知识体系构建是非常困难、非常耗时耗力的，而百度通过 AI 技术的力量，将其中 90% 的工作实现完全的自动化。对外开放的知识定制管理平台，可以让不同医院、不同科室的医生便捷地编辑和管理知识，满足他们个性化知识需求。现在，医学知识图谱已覆盖数百万条医学术语、数千万条医学术语关系、数十万条医学事例、数亿条医学知识条目、4000 余种深度专病图谱和 20 余万种深度药品图谱。

灵医智惠 CDSS 通过辅助问诊能力让基层医生模拟专家思路问诊，引导基层医生详细询问患者每个症状的具体属性，从而使医生对该症状的发生有更清楚的认知；辅助诊断功能基于患者病历各类属性，帮助医生推理诊断结果，防止误诊漏诊情况发生；合理用药功能从患者信息、既往病史、既往用药等多方面综合分析当前用药的合理性，对不合理行为及时给出提醒，避免出现医疗差错（见图 11–10）。

图 11–10　百度 CDSS 技术框架

AI 眼底筛查一体机，降低偏远地区病患失明风险

坚持预防为主、进行疾病筛查是“健康中国 2030”的重要安排，但受限于基层医疗资源匮乏，疾病筛查的进程不容乐观。以眼底筛查为例，中国有超过 6 亿风险人群，而专业眼科医生只有 3.6 万人，眼底阅片医生数量仅有数千人，远远无法满足筛查需要。

针对此情况，灵医智惠打造了“AI 眼底影像分析系统”，用 AI 技术学习权威眼科专家标注的眼底影像数据，目前已经具备糖尿病视网膜病变、青光眼、老年黄斑病变三种主要致盲疾病的分析能力，准确率接近三甲医院资深医生的能力。

百度联合权威眼科专家构建 AI 眼底彩照标注企业标准，引入超过 20 家三级以上医院中高年资临床医生，在 50 万级眼底数据多重交叉标注，获取了权威的医疗精标数据。基于这些权威数据，构建融合深度学习、机器学习与医疗临床路径的正反向可循证 AI 算法架构。目前架构中包含超过 20 个子模块，通过对眼底关键结构的定位、分割以及病灶、可疑区域检测等方法，实现正向AI循证；通过深度网络的可解释性探索获取热力图，分析黑盒算法，实现反向AI循证。最终实现正反向循证融合输出，保证AI算法输出遵循可理解的临床路径。目前算法适配超过13种主流眼底相机产生的影像，并针对实际拍摄过程中不同光照、对比度、对焦性能、人工伪影等干扰做了特定优化，有效提升了算法的鲁棒性。

2018年，百度携手中山大学中山眼科中心开展“AI眼底影像分析系统科研合作项目”，将AI驱动的眼底影像分析能力植入广东肇庆多家基层医院。还合作开发了AI眼底筛查一体机，10秒钟就可以为检查者生成一份筛查报告。

“百度AI眼底筛查一体机”能有效拓展眼底筛查的覆盖度，在更基层、更偏远、更缺少眼科医生的地区帮助病患。百度还在国家卫健委指导下，在全国贫困县首选500个做试点应用推广，捐赠“百度AI眼底筛查一体机”，帮助基层眼病患者尽早发现致盲风险，及时就医。

主动慢性病管理＋小度：让健康关怀无处不在

在中国有超过2/3的老年人患有慢性病，而慢性病的关键在于坚持用药，否则很容易引起并发症。以糖尿病为例，就有上百种并发症，不仅会对患者的生活质量带来影响，严重的还会危及生命。

预防并发症的关键是有效管理。但医生可用来跟踪患者生命健康体征、进行患者慢性病管理的时间是非常有限的。如何让专业医生的关爱无处不在？如何帮助患者回归品质生活？

百度给出的答案是：基于小度在家智能音箱，让主动慢性病管理产品触达更多的家庭，保护更多的患者。打造患者身边的智能家庭医生助手，通过结合患者病情及专业医学知识，可为患者量身定制个性化慢性病管理方案，并帮助患者科学、严格地遵守该方案，如用药管理、规律测量、患者教育、复诊续方、视频问诊、风险预估等。患者在院期间医疗数据、可穿戴设备采集的生命健康数据结合形成全生命周期医疗健康数据，让个性化慢性病管理方案更科学、更有效。

不仅如此，智能家庭医生也是患者签约社区家庭医生的化身。社区的家庭医生足不出院，就可以了解患者用药、测量是否规律，了解患者的生命健康状况，并可进行用药干预与调整。

百度联合浪潮在山东某地为当地慢性病患者进行管理的结果非常振奋人心，患者的血糖控制率提升了 19%，血压控制率提升了 24%。

解放军总医院电子病历多层次结构化

医疗信息以电子病历的形式被记录，这些信息成为临床、科研、管理的重要资料，但各系统标准不一，且包含大量的自由文本（半结构或无结构）数据。当医院希望利用这些数据产出研究成果、辅助临床和管理决策时，就存在如下三个困难：第一，无法用统一的模型表达多元病历数据；第二，无法快速、准确检索满足研究需求的患者；第三，无法高效地将原始数据转化为研究所需的精细颗粒度结构化数据。因此需要一套完整的、多层级的数据治理方案，以实现医疗数据的高效利用。

灵医智惠与解放军总医院大数据中心合作，应用百度电子病历结构化能力，对医院积累了 20 余年的数据进行高效治理，通过电子病历规范化、电子病历语义标准化、专病深度结构化，显著提高了电子病历的利用效率。如专病深度结构化，针对医院专科专病科研场景，提供一套专病深度结构化工具，帮助医生快速、高效地将电子病历转化为高度定制化的专病库。有别于传统人工抽取或完全基于规则的技术抽取方式，该方案以 NLP 技术为基础，可对文本进行理解和推理；辅以可配置的抽取框架，能快速高效地完成专病库的定制。

“小乔”帮助医保支付控费、远程审方

医保是国家医疗保障体系的重要组成部分，医保控费是维护医保基金长期健康发展的重要手段。监控不严、人为差错、信息化系统缺失等原因，会导致不合规医保经费支出增加，为医保系统健康运营带来压力。

“小乔机器人”采用“人证识别 + 医药学审核 + 医保政策审核”方式，在药店使用医保支付环节实现医保控费。消费者在药店使用医保卡买药时，首先需要通过人脸识别与证件比对确认；然后根据疾病类型通过管理系统对用户所购药品进行医药学审核和医保政策审核，做到因病施治、合理用药，防止过度服务，严格执行医保“三个目录”要求标准。小乔机器人历时一年完成医保控费系统的训练，该系统基于百度人脸识别技术完

成人证对比，采用百度 CDSS 进行医药学审核，覆盖了全国 23 个省 83 个地级市的 200 多家医药零售门店，累计服务 1500 万人次，在保障患者安全用药、合理用药同时，有效杜绝了不合理处方用药和无适应症用药及大处方用药，为国家节约了大量医保支出，仅通过杜绝非本人医保刷卡就使药店医保费用支出降低近 20%。

此外，百度与陕西华山大药房合作的小乔远程审方系统完成上线部署和服务模式优化。系统由门店确认第三方处方单来源，上传至管理后端，后台执业药师提供线上服务，从而解决门店药师人员缺乏或不在岗等问题，并使得药师资源效用最大化。通过音视频服务记录保留，政府便捷的端口监管监控，门店服务过程记录留存，做到全流程的可监控、可追溯。

万物语联助力家庭医生提高工作效率

家庭医生服务是国家医疗卫生服务改革的重要推进方向之一，但面临医生资源紧缺、服务水平参差不齐、供需严重失衡问题。以安徽某地区为例，家庭医生与被服务对象的比例达到 1 ： 3000 或 1 ： 4000。此外，由于家庭医生知识结构和经验水平的差距，也使服务质量难以得到保障。

万物语联的家庭医生服务点智能终端，可部署在医院、卫生服务站、社区、家庭等多个场景，帮助解决家庭医生资源不足问题。该智能终端为解决家庭医生服务实际问题设置了数据、CPG（计算机化临床指南）、CDSS 三大组件，作为家庭医生团队提升效率的工具。在数据方面通过智能设备、可穿戴设备随时采集服务对象状态；CPG 则在疾病和健康相关知识库、个人健康数据支撑下，通过语义推理引擎根据服务对象当前的状态，帮助家庭医生依据标准指南提供服务；CDSS 则直接采用灵医智惠临床辅助决策系统，帮助家庭医生判断症状和疾病的综合情况，并在此基础上做出相应决策，这大大提高了家庭医生的服务水平。

目前系统已在安徽蚌埠进行试点。在系统的辅助下，家庭医生的单次服务时间从 30~40 分钟降低到 10 分钟左右，单位服务效率大大提高；单站点的服务能力从 2500 人提高到 5000 人，覆盖范围扩大了一倍。

12

产业智能化及其转型：AI 驱动共融共享共生

> 加快推进产业智能化升级。推动人工智能与各行业融合创新，在制造、农业、物流、金融、商务、家居等重点行业和领域开展人工智能应用试点示范，推动人工智能规模化应用，全面提升产业发展智能化水平。
>
> **——国务院《新一代人工智能发展规划》（2017 年 7 月）**

随着新一代人工智能技术渗透进更多的领域，软硬结合、人的智能与人工智能融合、生态物种融合协同的新 AI 生态、新行业生态、新商业生态正在成形。

智能教育：知识图谱“克隆”名师

百年大计，教育为本。这有两个维度。其一，AI 已经在教育教学领域得到广泛应用，帮助解决传统教育模式教学枯燥、管理效率低下、教学资源不可复制、教学缺乏个性化训练、部分教学评价具有主观性等问题。其二，在新的全球竞争格局之下，面向未来的

AI 教育和人才培育是 AI 发展的胜负手，中国 AI 人才缺口目前已超过 500 万人。国务院于2017年发布的《新一代人工智能发展规划》中，就明确指出“实施全民智能教育项目，在中小学阶段设置人工智能相关课程”。一个突出矛盾在于，广大学校存在 AI 教学需求，但缺乏适合的教学产品体系和解决方案。

百度不仅提出了面向社会目标宏大的 AI 人才培养计划，而且百度教育产品矩阵月活跃用户已达 5.4 亿，其中包含移动端 3.4 亿、PC 端 2 亿，还拥有 2 亿 + 专业文档，20 万 + 正版图书，7 万 + 精品课程等优质教育资源。

（1）云智学院为产业智能化提供人才支撑。开创于 2017 年 2 月的云智学院，是业内最早专注于 AI 人才培养的 AI 教育产业平台。为企业的产业智能化培养充足的人才支撑。截至目前，百度云智学院拥有 AI、大数据、云计算、深度学习等相关领域课程 300 多门，课时超过 4000 小时，与北京交通大学、深圳大学、五道口金融学院、华北电力大学（保定校区）、绍兴文理学院、深圳职业技术学院等 100 多所院校进行课程、师资、实训室等方面的合作，培养人次累计超过 40 万，预计未来每年培养 AI 人才超过 15 万。

（2）百度教育大脑赋能中国声谷、雄安新区建设 AI 教育实验室。在“AI+ 教育”领域，急需社会力量共同打造 AI 教育产业生态圈和智慧教育新样本。百度人工智能实验室覆盖 K12 全学段，提供 AI 课程体系、AI 教学平台、配套硬件教具、师资培训等服务，将语音技术、图像识别、NLP、AR、深度学习等多项 AI 技术与师生教学场景结合，打造线上 AI 在线教学平台，通过探索区和实战区感知并探究 AI 技术（见图 12–1）。2018 年 9 月，中国声谷、百度教育大脑共建的“中国声谷人工智能教育实验室”在合肥落成。中国声谷是工信部和安徽省共建的全国首个定位于 AI 的国家级产业基地。该实验室将服务于当地 AI 教学、STEAM（科学、技术、工程、艺术、数学）教育和教师新技术能力培训。同期，由百度教育、北师大智慧研究院、白洋淀高级中学三方共建的“雄安新区人工智能教育实验室”正式落地。

（3）百度“虚拟名师”增强学习趣味性。传统培训机构的教学内容和教研水平参差不齐，培训成本高企。百度创新性地将虚拟视觉能力与语音合成、智能问答以及知识图谱等能力结合，形成了“虚拟名师”产品，帮助教育培训机构以小的成本投入，实现大的教学价值。百度的虚拟名师能够帮助培训机构打造特定真人或动漫形象的声音、表情，作为公司的名师形象，通过亲切的语音、动作、文字等方式与学生互动，增强学习的趣味性，进而增加学生的学习黏性，延长学生的自主学习时间。虚拟名师可以实现更智能的课后答疑，学生可以通过问询某个知识点，调出所有相关的课程视频、测评试题、教案笔记、教学资料等关联内容，后台系统还可据此实时统计学生的学情数据，大大节省辅导教师的课后成本投入。百度的知识图谱技术可将知识库构建成教研系统中重要的“教研大脑”，成为真正“可复制”的知识能力，以高效低廉的培训成本帮助教师达到“名师标准”。目前，百度虚拟名师已在立思辰等知名教育培训机构得到成功应用，帮助立思辰建立了专属的“立思辰大脑”。

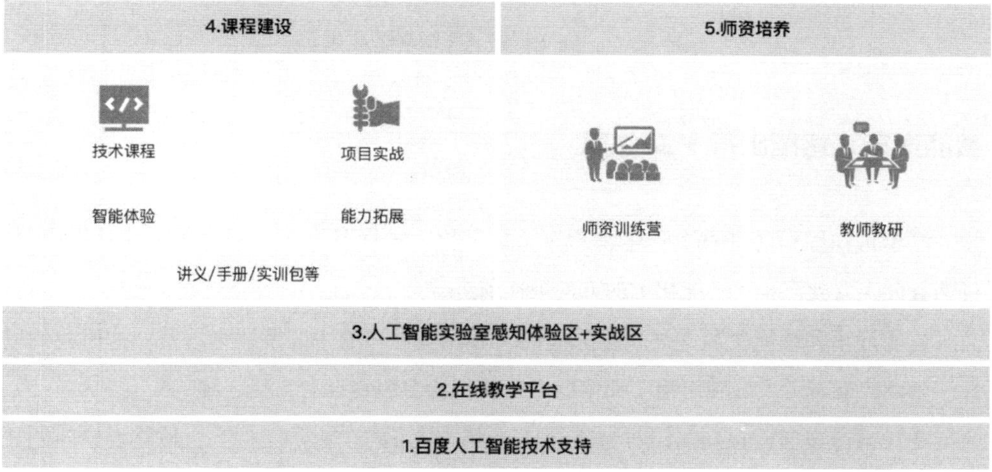

图 12–1　百度人工智能实验室服务框架

（4）象文科技用 AR 开启幼儿识字新体验。象文科技开创性地将 AR 技术应用到教学中，让幼儿识字变得轻松有趣（见图 12–2）。“识象 AR——象形文识字学习卡”通过 2D 识别与跟踪技术将平面文字转化为 AR 场景，以动画互动方式生动展现象形文字的本义；同时，依托百度 AR 渲染引擎，加入粒子特效，让场景表达更加丰富、细致，有效提升孩子的学习兴趣，加深对传统文化的理解。该产品将象形文字与 AR 技术结合，形式新颖有趣，操作便捷，体验自然。该产品自 2019 年在手机百度 App 上线以来，累计扫描达百万人次，平均周增长 2.5 万人次左右，得到湖南卫视《天天向上》节目推荐。

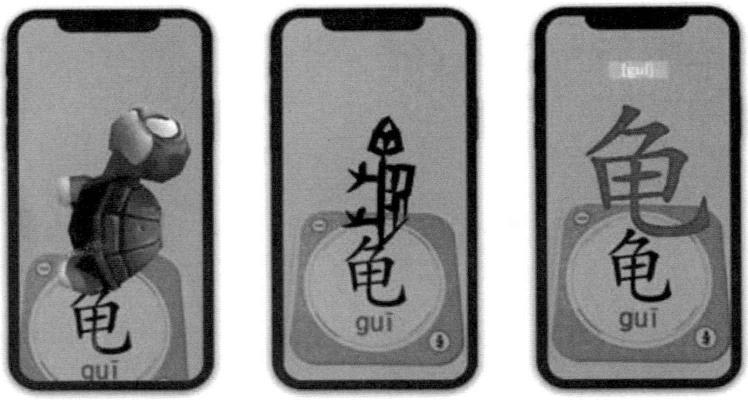

图 12–2　象文科技 AR 识字效果展示

智能汽车：智能出行 + 车生活

汽车正在经历燃油汽车—电动汽车（数字化）—网联汽车（网络化）的发展历程，将朝着无人驾驶汽车（智能化）的方向极速前进①。

智能汽车和智能交通是联系在一起的，智能交通在第十四章还会涉及。这里我们以长沙为例，看看无人驾驶出租车如何助力长沙打造中国“自动驾驶之城”。

现代城市交通困扰众多，对城市管理而言，城市内车辆密度过大，道路拥堵问题严重；对城市居民而言，高峰时段路况复杂，核心地段停车困难，有车一族自驾出行费时费力，有证无车及无驾驶证居民个人出行需求急需其他满足方式。百度 Robotaxi 无人驾驶出租车，借助 Apollo 开放平台，融合百度 AI 及大数据等技术，助力解决现代城市交通困扰，携手示范城市迎来智能交通新时代（见图 12–3）。

百度 Robotaxi 无人驾驶出租车是全方位“护你周全”的智能化交通工具。拥有定位、感知、预测、规划、控制、仿真、高精地图、安全冗余等核心自动驾驶技术强力底层支撑，Robotaxi 可以从容应对海量城市道路场景。车内多功能交互理解用户所需，车外智能交互保障他人安全。Robotaxi 提供多维度“贴心安全”的智能化出行服务，结合了百

① “新一代人工智能引领下的智能制造研究”课题组，中国智能制造发展战略研究，中国工程科学，2018 年第 20 卷，第 4 期。

度自动驾驶套件、云端服务套件、安全产品套件、交互产品套件和运维服务支持，实现了城市道路场景全天候自动驾驶，让用户获得更具人性化、个性化的服务体验（见图 12–4）。

图 12–3　百度无人驾驶出租车的硬件设备

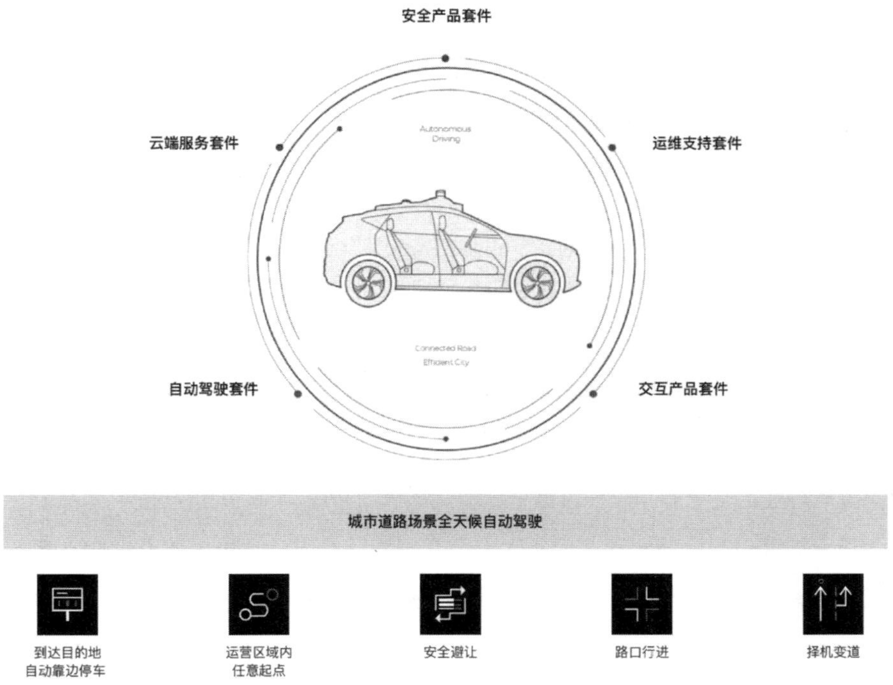

图 12–4　百度无人驾驶出租车的软件套件及其功能

百度针对智能出行场景提供了一套完整的车载对话解决方案，为保证复杂声音环境下的 AI 效果，提供了车载专属语音解决方案；并通过车厂专属语义定制平台最大化地满足该场景的个性化需求；针对车载场景下网络状态不稳定的问题，利用嵌入式预置对话技能和离在线融合的 AI 技术方案给予强力支持（见图 12–5）。

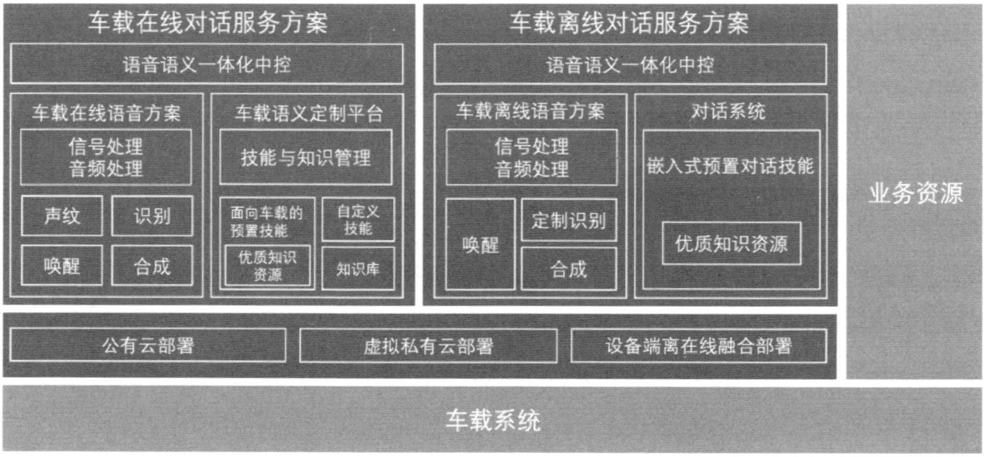

图 12–5　百度车载对话方案

智能家居：重新定义场景、平台与端

全球智能家居市场正在快速增长，市场研究公司 Strategy Analytics 指出，到 2019 年，消费者在智能家居相关硬件、服务和安装费用上的支出将达到 1030 亿美元，并将以 11% 的复合年均增长率增长到 2023 年的 1570 亿美元。智能音箱、智能电视等多媒体娱乐设施，照明控制设备和家庭监控 / 安全系统将占据智能家居市场的最大份额。亚马逊、苹果、谷歌、三星、ADT、霍尼韦尔、博世、亚萨合莱、ABB、英格索兰、通用电气是全球智能家居行业的主导者，总计占据全球智能家居约 40%~45% 的市场份额[①]。

智能家居都包括哪些？这个问题大家会有不同的答案。把思维放开一些，甚至我们可以把车也视为智能家居的一部分；再开阔一些，社区、公园、常去的宾馆、影院都可

① 参见 https://www.fortunebusinessinsights.com/industry-reports/smart-home-market-101900, Fortune Business Insights, https://www.fortunebusinessinsights.com/industry-reports/smart-home-market-101900。

以是你智能“家”的有机组成部分。就像医疗服务一样，一体化设计，整体性考虑，恐怕是未来的一个方向。家与社区、家与城市的融合，双向、多向联动，这里面的想象空间非常大。像智慧医疗一节我们介绍了小度在家与慢性病管理的结合，其实智能家居可以连接各类和生活、娱乐、健康相关的内容和服务，重新定义场景、平台与端。

专栏 《新一代人工智能发展规划》对智能家居的要求

加强人工智能技术与家居建筑系统的融合应用，提升建筑设备及家居产品的智能化水平。研发适应不同应用场景的家庭互联互通协议、接口标准，提升家电、耐用品等家居产品感知和联通能力。支持智能家居企业创新服务模式，提供互联共享解决方案。

智能家居有很多案例可以述说，我们只看看AI+电视会发生怎样的故事，一个小小的AI遥控器会不会激活电视，会不会重新定义“大屏”这个端。

AI遥控器，不仅要能互动，而且要懂用户，这才是真正的智能。

已知的故事是2018年3月，百度和创维的战略合作，百度以10.55亿元战略入股创维集团旗下公司酷开网络，持股11%，成为酷开第二大股东。

合作发布会的第二天是中国第一台电视诞生60周年纪念日。创维从深圳华强北出发，以做电视机遥控器起家，最后做成了一个全球领先的电视机厂商。30年，创维见证了中国电视行业的风风雨雨。创维创业从遥控器开始，与百度合作换了一个AI遥控器，背后是电视大脑、是爱奇艺等生态资源以及更加丰富的触达用户的方式与服务。

进入人工智能时代，电视这块屏是不是有了遥控器就结束了呢？当然不是。有了互联网，它就可以变成一个能够双向互动的屏。今天见到的主流电视机应该都已经具备这种功能，但这仍然是上一个时代的产品。所谓“上一个时代”，就是它还是一个互联网时代的产品。

在人工智能时代，电视不仅仅可以进行互动，而且要更加懂用户。创维创业之初，遥控器对电视而言是一种创新，它解放了人。在你发出指令之前，它就应该知道你想要什么，这才是真正的智能。这个智能的起点，应该是 DuerOS 在努力打造的交互系统。

怎样让用户更方便地跟电视进行交流？当然是自然语言。用户说要看什么台就转到什么台，他说要看什么剧就给他打开什么剧。甚至可以让它试着理解这些剧里面的内容，用户说出某部剧的某个场景，就可以找到那一集播放；用户问那个女演员的情况，它就会给你提供丰富的资料。所有这些需求，都会加速自然语言处理技术的成熟和应用。

电视这块屏未来还会有非常大的创新空间。比如，未来可能将不存在“台”、频道和互动的概念，只存在“视频流”。你要什么，就已经在那里了。百度不会直接做电视，但是会和众多电视厂商合作。百度和创维的合作会推动两家公司向更好的方向发展；更重要的是，因为百度更懂消费者，会推动人们用好这块屏，获得更美好体验，并带动整个电视生态的变革。

AI 时代最显著的特征将是自然语言为核心的人机交互。小度音箱 + 传统电视 = 智能电视，这件事在过去完全不可想象。小度助手的应用场景不断被拓展，TCL、海尔、国安广视、极米、联想等品牌产品纷纷预装。央视也上线“AI 电视”，电视更聪明、更智能之后，服务场景的丰富化让人充满期待。

智能农业：原始的产业也可以有春天

人工智能技术正在信息感知、定量决策、智能控制、精准投入、可视化远程诊断、远程控制、灾害预警等方面帮助农业更高效、更合理地利用农业资源、提高农作物产量和品质、降低生产成本、改善生态环境，并帮助农业可持续发展。

（1）百度大脑助力京东方建设植物工厂。京东方植物工厂在实际业务推进中，遇到了农业人才短缺、人工确认生长情况效率低下、无法大规模推广应用等问题。百度利用视觉技术、飞桨、EasyDL、EdgeBoard 等 AI 技术对京东方植物工厂原有业务进行赋能升级，并进行虫害监控模型、生长影响因素模型等产品研发，将农业专家的经验数字化、产品化，将专家频繁确认的动作变成机器识别，极大地提高了专家的工作效率；通过高效准确的机器识别，起到提高产品品质和产量的效果。降低了不良品的产出，产量提高 15%，生产物资（种子、基质、营养液）成本降低 15%。

（2）麦飞科技帮助海南实验田识别水稻病虫害。水稻是中国总产量居世界第一的主要粮食作物，病虫害是制约水稻生产的主要因素。据联合国粮农组织估计，全世界每年由病虫害导致的粮食减产约占总产量的 25%。北京麦飞科技利用无人机结合多光谱、高光谱遥感技术，获得厘米级分辨率光谱数据，进而计算多植被健康指数，利用相关性分析对水稻生长状况进行多维度描述。在飞桨的助力下，结合地面采集的水稻稻瘟病害等级数据，麦飞科技利用随机森林算法建立了基于多维光谱特征向量识别稻瘟病害等级的机器学习模型，实现了病虫害等级的精度识别，准确度达 86% 以上，这大大提高了监护、防治效率。不仅预防蔓延，精准喷洒减少喷洒浪费也达 50% 以上。

（3）百度飞桨用 AI 助力监控林场虫害。红脂大小蠹是对松科植物危害极大的害虫，1998—2004 年造成灾害面积达 52.7 万平方公里，导致枯死松树 600 余万株。传统监测方式依赖具有专业识别能力的工作人员实地检查。通过飞桨训练得到目标检测模型可准确识别红脂大小蠹，实现对病虫害的远程监测，将原本需要两周的检查任务缩短至一小时。

（4）中科赛诺用 AI 技术助力耕地地块提取。在精准农业框架下，存在大量应用卫星遥感图像光谱技术，实现农田尺度播种适宜度、作物长势、土壤养分状况及作物成熟度信息快速获取的需求，为作物播种、施肥与收获等农业生产活动安排提供数字依据。传统上遥感图像依赖大量拥有遥感专业背景的人使用专业软件进行分析。而卫星遥感影像数据画幅巨大、肉眼分辨率低、对识别人员专业要求能力高，且人工标注重复劳动、费时费力。中科赛诺基于飞桨的自动农耕地块提取系统，可快速自动获得农耕用地边境及面积，从而可以进行有效的估产并辅助相关其他农事活动。应用飞桨 Deeplab V3 实现地块面积提取准确率达 80% 以上，对作物长势、作物分类、成熟期预测、灾害监测、估产等工作进行高效辅助，大大减少了传统人力的投入。

智慧能源：电力产业智能化升级正在加速

智慧能源与能源互联网建设一直备受关注，并成为新基建的重要组成部分。国家电网近期发布“数字新基建”十大重点建设任务，包括电网数字化平台、能源大数据中心、电力大数据应用、电力物联网、能源工业云网、智慧能源综合服务、能源互联网 5G 应用、电力人工智能应用、能源区块链应用、电力北斗应用等项目。2020 年，总体投资约

247 亿元，预计拉动社会投资约 1000 亿元。6 月 15 日，国家电网还与百度、阿里、腾讯、华为等合作伙伴签署“数字新基建”战略合作协议。

以百度 AI 中台、知识中台为代表的 AI 技术已在国家电网、南方电网广泛应用，支撑无人机巡检、“刷脸办电”、综合能源等 20 多个业务场景。

百度飞桨·南方电网：电力巡检迈向“无人时代”

电力巡检的核心工作内容，就是对输变电设备进行运维。一直以来，枯燥而烦琐的电力巡检都由人工完成，急需实时智能的 AI 巡检。

广东电网自 2017 年起与百度建立战略合作关系，借助飞桨深度学习平台，利用 AI 算法实现装备赋能升级，帮助变电站智能巡检机器人改善设备图像识别的准确率，提升了装备的智能化水平，极大地降低了运维成本，进一步解放了劳动力。

利用智能巡检机器人开展室外巡视，只需预先设定机器人的巡检点，规划好巡检路线，机器人就会自动进行所有相关表计的检测与读取。工作人员无须花费 6 个小时在现场巡视，而只需要在远方的主控室一键下达巡检任务。

双方合作还将从目前集中在变电设备巡检领域，进一步延伸到输电线路巡检、现场风险管控等方向，逐步推动电力巡检行业向智能化方向发展。

国网山东电力：AI 解锁运维难题

2020 年 3 月 8 日，山东淄博一个人烟稀少的郊区突然发生火情，而上方即为国家电网的 220 千伏高压线路。如果火情得不到及时控制，后果将不堪设想。百度 AI 技术加持的输电线路可视化监拍装置第一时间发现了火灾并发出警报，避免了一场灾难的发生。

这是百度与国家电网山东电力公司合作过程中的一个情景。国网山东基于百度智能云 AI 中台，快速搭建属于自己的 AI 中台，实现了快速的业务建设与应用，如通过借助 AI 中台搭建输电通道可视化平台，可轻松实现户外各种复杂场景下的安全巡检，对吊车、导线异物、烟火、塔吊、施工机械等复杂场景都能进行智能巡检，为输电线路安全、稳定运行提供可靠的保障。数据显示，前端智能分析的识别准确率大幅上升，各类施工车辆的识别准确率由原来的 80% 提升到 95%，烟火识别准确率由 70% 提升到 90%，导线异物识别准确率由 60% 提升到了 80%，实用性大幅提升（见图 12–6）。

图 12–6　飞桨为智能巡检机器人赋能

在运行场景中，应用 AI 人脸识别，实现了进厅识别、刷脸办电等功能。通过精准营销，实现了用户体验提升以及电力营业厅的效益提升。基于企业自己的 AI 中台，实现了业务应用快速赋能，提升了营商环境及生产管理水平。

智能零售：基于用户洞察的体验闭环

零售是中国经济发展的支柱。电商行业经历了20年的发展，收集了大量消费者数据，而交易比重更大的线下零售场景的数据相对匮乏，以数据为驱动的精细化运营是提升零售效益的关键。

AI 技术将帮助零售企业形成线上线下一体化的完整消费数据闭环和更深刻的消费者洞察。同时，将给零售业带来新的营销形式和管理手段，并为消费者带来更好的消费体验。

（1）视车科技为汽车营销带来新体验。汽车消费者习惯通过线上了解汽车信息，然后去线下品牌体验店试驾，促销时再到 4S 店下单、提车。消费渠道与信息触达方式的碎片化导致流量与消费体验的碎片化，渠道间的每一次切换都会增加失去客户的风险。视车科技通过三维可视化方式生成 3D 虚拟展车，为客户提供线上、线下 AR/VR 选车服务，帮助汽车厂商、经销商突破空间、时间、库存数量等客观条件限制，打造更具沉浸式体验、更加一体化的数字销售解决方案。这一切从用户通过手机百度 App 搜索车型进入线上展厅开始，使用3D车型配置器选择心仪车型颜色配置并生成意向订单后，系统将为其匹配4S门店预约试驾，店内促成订单。视车科技通过Web3D引擎技术实现移动端3D实时渲染，配合百度DuMix AR引擎实现空间定位全覆盖，应用百度AI视觉技术实现更高效的人+车合并抠像。既有效触达潜在购车用户，又形成连续平滑体验，还可大大节约经销商的库存成本和展厅空间。

（2）百度自助结算台助力烘焙行业提升消费体验。2017年烘焙总销售规模达2000亿元。消费升级的体现不仅在产品本身，还有对“产品+体验”的复合需求。而门店高峰期排队严重；收银员流动性较高，且人力成本逐年升高。百度自助结算台基于视觉图像识别技术，通过对顾客放入结算区的烘焙产品快速自动识别，自助完成核对和支付，实现智能收银，极大地提升了结算效率，提高了用户体验。目前已在北京味多美、金凤成祥等烘焙店使用。产品还可应用于餐饮连锁店、水果店等新零售无人结算场景，满足零售行业“速度更快、成本节约、体验提升”三大核心诉求。

（3）百度智慧监控为零售门店营销分析带来新洞察。百度开发了整套智慧视频监控方案，依托计算机视觉和大数据算法的优势，为零售门店提供完整的引流宣传、转化辅助、选品建议、顾客画像分析方案。如基于地理位置投放的App端本地化广告，解决引流；通过人脸抓拍机捕捉重复到店的VIP客户，提升店员服务质量，有效提高转化；通过人流热力图相机绘制商区热力图，提供选品和动线设计需要的核心数据；通过打通百度账号体系和销售实际数据，提供顾客大数据画像分析等。

（4）惠合科技用AI提升商品陈列巡检效率。零售品牌商一直采用传统人工检查方式管理门店产品陈列。惠合科技基于百度的AI图像识别技术，驱动零售门店营销环节陈列审核的数字化变革。通过开发的“e店佳零售门店陈列AI自检”系统，品牌商能有效管理零售门店的促销、陈列、消费者活动支持等系列工作。系统通过百度定制化图像识别模型、算法及训练模板，品牌商只需提供少量样本数据，即可训练出精准模型。门店通过自主上传店内陈列影像至“e店佳”平台将视频处理为图像文件后，系统调用百度定制化图像识别接口，自动识别目前图像是否满足要求。惠合科技从2018年1月起为3000家零售门店提供“e店佳”系统服务，通过AI技术驱动陈列审核的数字化变革，帮助品牌商显著降低成本，人员效率提升超过30%，并为每一个零售门店建立了一套属于自己的基础识别库。

智能客服：新物种“数字人”的诞生

在零售业，众多零售商将人工智能集成到传统的客服系统中，为用户提供个性化产品建议，并主动推送相关产品。一些零售企业与社交媒体合作，以微服务的形式，通过聊天工具为用户提供服务。更多的中小零售企业不再单独建设客服系统，而是直接使用社交平台的对话系统接管用户服务。目前行业内广泛应用的自动电话回访也将人工从烦琐的售后回访中解放出来①。

智能对话技术的主要使用者包括行业用户和应用开发类服务商两大类。根据场景和交互目的，智能对话可以是问答型，也可以是聊天型或任务型。

百度针对智能客服场景提供了一套完整的解决方案。为满足客服领域的业务需求，百度提供了完善高效的对话技能、对话流与知识建设能力，并开放了面向呼叫中心的专属语音解决方案，支持自训练优化，从而更好地服务开发者。

为了集成方案的构建更加完整高效，百度提供了标准化的呼叫平台对接协议支持，搭建了语音语义一体化框架，一次调用即可高效整合语音和对话能力，并针对打断、沉默等可能出现的各种情况给出了完善的系统对接异常处理组件（见图 12–7）。

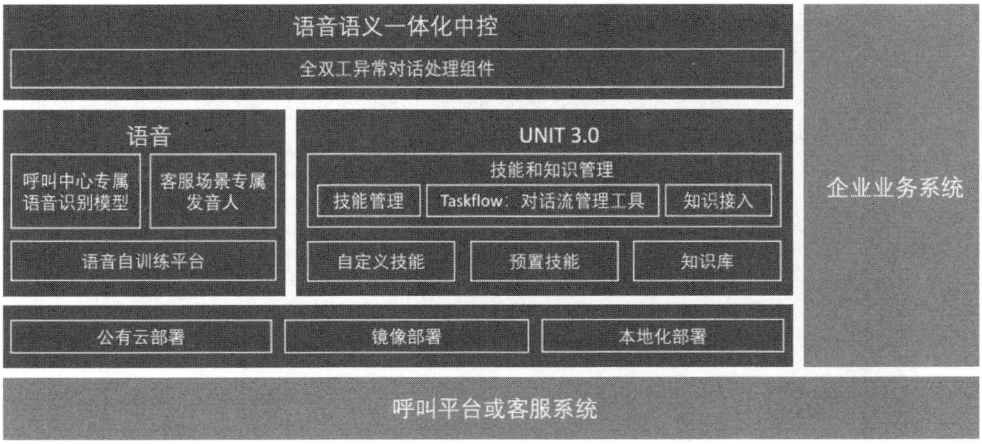

图 12–7　百度智能客服对话场景解决方案

① IDC，百度 AI 产业研究中心，《百度大脑智能对话引擎白皮书》，2019 年 5 月。

近期，百度的智能客服产品矩阵再次扩大，将过去积累的 AI 数字形象、对话式营销、智能外呼等产品与智能对话、在线客服等已有产品融合成全新的客户营销与服务平台。在这个平台上，智能营销与客服的落地场景也将从呼叫中心走向手机 App、PC 网站、家庭智能音箱等。

每一个期望为用户提供更好服务的企业，都可以在这里找到适合自己的解决方案。企业可以“雇用”一位完全熟悉自家产品又懂得客户的营销顾问和客服经理，他可以在客户出现的任何时间、任何地点提供高品质服务。过去半年，百度与合作伙伴一起，将原来产品展示和办理的静态页面改造成有着 AI 营销顾问引导对话的交互模式。在全新交互模式下，新用户办理转化率有了 10% 以上的提升。

数字人：浦发银行的超级员工

百度和浦发银行一起打造了一个数字“超级员工”。其有一个超级大脑，非常聪明，完全不怕 996，可以不吃饭、不睡觉，7×24 小时地为人们服务，而且非常善解人意，从来不会发火，永远都很体贴。

浦发银行在数字化转型方面取得了非常明显的进展并打造了无界开放银行。在很多人看来，浦发不仅仅是一个金融机构，而且更像是一家科技公司。

浦发和百度等头部科技公司成立了 9 个创新实验室，和 20 多家金融科技公司成立了科技共同体。它和百度成立的联合创新实验室，在智能客服、深度学习等领域取得了实效。

让用户、客户有个性化的极致体验对金融服务非常重要。浦发和百度、中国移动启动“数字人”计划，希望为每个用户和客户提供一对一的、个人的数字虚拟金融助理，不仅管理个人的金融资产、账户，更重要的是还能够主动对资金活动、资产配置、消费行为提供建议。

新物种“数字人”不仅在金融领域有应用，在旅游咨询、医疗健康、移动通信等领域，都非常有价值。每一个人未来都有一个甚至多个专属的“数字人”为你服务。

百度·中国联通：客服驱动型增长，AI 重新定义客服的价值

以呼叫中心为主的传统客服体系面临按键服务层级深、用户体验差的问题。2016 年，

联通与百度启动战略合作，成立 5G+AI 联合实验室，打造智能客服，向服务智能化转型。

2017 年，联通与百度智能云先在天津试点智能客服，实现了查询、办理、咨询等 100 多个意图模型，打响了转型第一枪。

2018 年 5 月，在百度智能云的支持下，联通推出“新客服”项目，开始面向全国的新客服系统建设，开启通信行业首个大规模 AI 商业化实践。

联通基于百度高准确的语音语义识别技术、自然的多轮对话交互能力、灵活可定制的 EDP 运营平台，依托结构化的企业知识图谱，为用户提供智能贴心的场景化服务。

智能客服推进数据驱动，更加精准地洞察客户、触达客户、营销客户和服务客户。以前用户办理相关业务要通过 5 层按键，大约 120 秒才能完成一项业务。现在通过智能客服，用户意图识别率达到 95% 以上；办理一项业务只需 15 秒，效率提升 88.7%；节省等待时长 70%，减少人工服务时长 12%，节约人员成本约 10%；客户满意度 90% 以上，用户企业净推荐值达到 30%~50%。

阳光保险智能对话实践

保险公司呼叫中心是典型的“劳动密集型”领域，客服人员长期面临高强度劳动，由此带来的人员流失、服务不一致等问题对保险业的人力成本和服务质量产生了消极影响。为此，保险行业尝试引入人工智能客服，引发了一场资源和人才的连锁反应。

阳光保险于 2017 年开始 AI 对话探索，其智能客服“小阳”在 2018 年底正式上线。目前，基于文本交互的智能客服可覆盖业务场景 70% 以上的问题，语音交互的智能客服主要用于售后回访，对话准确率达 85%。在智能客服的协助下，在线客服的响应速度大幅提升，人工客服的数量及工作时间均缩减为原来的 50%，工作人员腾出更多的精力，可以更专业的能力服务客户。智能对话技术为企业有效节约营运成本的同时也提升了客户体验。

上海市徐汇区行政服务中心智能对话实践

随着“互联网 + 政务”的不断推进，各地政府在人工智能、大数据的助力下不断探索服务升级新途径。已有多地政府使用具备语音交互功能的自助终端，以减轻行政人员的工作负担，提高办事效率。智能终端可通过多轮对话，快速准确地引导群众定位办事流程，收审所需材料，大幅压缩了等待时间。

2018年11月，上海市徐汇区建立了24小时自助政务服务大厅，可通过多种类自助服务终端，提供29个部门654项政务服务事项的自助办理。该项目运行以来，累计服务超过6.7万人次，自助服务办件量占总办件量的45%。

目前自助服务设备涵盖自助办理工作台、自助签注机和社保、医保自助终端等十大品类，通过智能语音引导、人脸识别、文本识别等程序完成收审材料，并利用机器学习和数据共享，不断对审批数据、审核要点自动学习，实现办事材料的精简和智能审核。

由卓繁信息依托百度UNIT开发的智能语音助手，全程提供语音对话交互，分析用户意图，简化群众在自助机器中的检索步骤，通过两到四轮的对话即可指导群众完成事项办理。视障人士和部分需要反复确认信息的人群更可借助智能语音随时进行基本信息查询（见图12–8）。

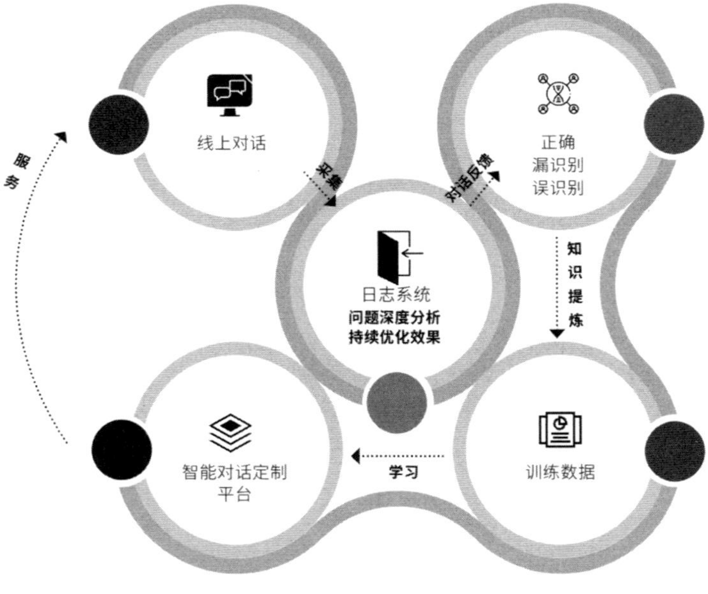

图12–8　使用知识闭环推动人机对话效果优化

AI+文旅：新文旅产业运动进行时

AI复原文化遗产，AI复原兵马俑，AI复原《清明上河图》，AI+AR重新定义旅游，

AI 赋能文创，这些过去看来是科幻故事，现在都变成了现实。

AI 复原文化遗产，国宝来讲“中国故事”

中国上下五千年的文明古老悠久，故宫也有 600 年的历史。AI+ 文化遗产，静悄悄地发生了，一切显得那么自然。

纪录片《我在故宫修文物》《如果国宝会说话》非常火，老故宫成了新网红。人们和古老文明的距离被拉近了，新文创也更容易被市场接受。

百度尝试用 AI 技术和文化结合，其中之一是让文物开口说话，使用的就是 AR 技术。AI 技术“复活”了秦朝的兵马俑，我们在参观兵马俑时，用手机对着它，就能看到两千年前那个彩色的兵马俑到底是什么样子；任何有关兵马俑的问题，它都可以开口回答。科学技术弘扬文化、让更多的人接受和了解中国灿烂文明，这是一个非常好的例子。

怎么样让国际社会也更清楚地了解中国的文化？技术手段有翻译。百度翻译已经可以翻译 30 多种语言，外国游客在故宫通过百度翻译可以很直接便捷地了解中国文化。

当传统文化碰撞二次元文化

文化产品有新的形态，比如表情包。说到表情包，可能大家最有印象的是 2016 年奥运会时有一个傅园慧的表情包，最早在贴吧里开始传，大家都非常喜欢。百度用 AR 技术做的表情包更加活灵活现。书上不能看视频，是很遗憾的事情，说明实体书还是一个传统的载体。

这些年，互联网发展很快，从最早的文字内容到后来的图片内容，再往后是视频内容。过去的视频以长视频为主，而今天，越来越多的视频变成短视频，甚至微视频。短视频可能两三分钟就能够讲出一个观点，或者一个小故事，甚至把一些长视频切成短视频，大家就很爱看。视频是一个更新、更高级的形式。用户上传视频门槛更低，也更为人们所接受。文化产品形态的变化，不啻一场新的文化产业运动。当前，中国文化产业占 GDP 的比重已达 4%。越来越多受欢迎的其他产品也越来越具有文化属性。

中国文化的发展速度很快，也希望能够走出去。但中国企业、中国互联网公司的国际化问题恰恰就是文化问题。许多人直言不讳地讲，虽然中国互联网公司很强大，每一家公司都很成功，但是在国际市场上很难得到认可。为什么？国际市场不认可中国的文化，而互联网又是一个文化色彩非常浓的产业；如果国际市场不认可我们的文化，产品和技术做得再好也没用。确实，中国互联网公司无论多么强大，主要收入还是源于中国。我们要用技术帮助中国文化走出去，让中国文化逐步被全世界人民接受、喜爱。这样的趋势正在发生。今天，日本人用得最多的输入法是百度输入法，这就是他们开始逐步接受中国的互联网、接受中国互联网产品、接受中国文化的一个例子。这样的例子未来会越来越多，中国文化也一定会在全世界得到所有人的认可。

百度·中国科技馆：AI 科技馆及 AI 科普书计划

2018 年，百度与中国科学技术馆共同发布“AI 科技馆”以及“AI 科普书”两款落地产品，并签署战略合作协议，双方借助各自技术、资源优势，在场馆信息化、科普教育、科创等领域开展合作，打造“智慧科技馆”项目，让用户可以一键连接线上线下的科普服务，同时也促进中国科学技术馆的信息化发展。

中国科学技术馆联手百度，将中国科学技术馆（数字科技馆）的科普内容以直观、生动的方式呈现给用户，实现了科普信息智能化、精准化服务的创新探索。

双方联合打造了科技教育服务公益平台，在百度 App 搜索“中国科技馆”，获得“展品讲解”“全景漫游”“刷脸报名”服务内容。展品讲解借助 AR 技术把很多科普知识直观地呈现出来，相当于提供了一个可供用户在线游览的科技馆。

百度人脸识别、自动驾驶等技术赋能文旅场景

文旅行业与 AI 技术在景区布局、游客体验、运营管理等环节进行结合，可以实现行业全方位提升，从而增加场地吸引力，提升游客体验，同时辐射周边产业。

百度利用自身 AI 能力，助力文旅行业场景智能化升级改造，利用 AI 技术将传统公园、景区升级为 AI 公园、景区，提升游览服务质量的同时，打造场景特色，更好地吸引游客，提升区域运管能力，方便游客游览、场地方管理、政府侧监管。

“阿波龙”自动驾驶小巴车线上预约、实时状态展示等智慧化能力，打造传统文旅场景 AI 新亮点，实现 AI 全程伴游，吸引更多游客。同时，智慧运营管理体系的建设，将智慧公园、景区系统，智慧数据展示系统等统一接入，建立 AI 智慧公园运营管理平台，统一入口、统一标准，用统一的视角对场地进行智能化管理，为区域管理能力的提升奠

定基础。

该应用相继在鹤壁朝歌文化园、福建武夷山、江西婺源、杭州野生动物世界、深圳锦绣中华等景区、佛山千灯湖落地。

AR、百度地图助力泰山景区智能化升级

AR 技术实现了传统旅游业在体验内容、交互方式、传播效果上的革新，满足游客娱乐性、互动性和知识性的诉求。泰山是双文化遗产，2019 年，百度 AR、百度地图和泰山景区三方深度合作，基于端云一体化的视觉定位与增强服务（VPAS），融合百度地图场景化能力，为景区打造全流程交互解决方案，促进线上引流与线下用户沉淀。

游览前，通过百度地图和手机百度小程序，以沙盘的形式将景区场景体验前置，带领游客身临其境般领略景区风光和特色文化。用户还可以对沙盘细节处进行放大和缩小观看，一解游览中的疑惑。通过视听多感官方式让用户身临其境，“触摸”遗迹背后的历史文化，成为智能旅游解决方案中极具特色和差异化的一环。

游览中，让游客获得更为沉浸式的体验。游客只需对准景点实景扫描，系统就可以识别景点身份，展示详细内容介绍，并可与虚拟模型卡片交互，实现“所见即所得”。游客在抵达南天门景点时，使用百度地图开启 AR 扫一扫，即可感受从实景穿越至云海天宫的神奇体验。

融媒体：面向未来的“媒体 +AI”

2020 年全国两会期间，央视美丽、睿智、亲和的 AI 人“小智”成为大家热议的焦点（见图 12–9）。

在两会召开期间，央视网携手百度智能云，推出全国首个集智能对话、语音交互、社交分享于一体的时事 AI 产品“对答如流 · 两会‘智’通车”。产品以“新闻 +AI+ 移动交互”为模式，以全新的人机协同机制为基础，就全国两会热点话题，与用户机“智”对答，帮助用户看清大势、知晓国事、了解“家”事。产品中的 AI 人“小智”，突破主播播报方式，突出人机互动应用，以精心的交互设计，吸引用户在动脑、动嘴、动手的游戏化场景中接收和感知信息，从而以全新的传播形态和表达方式，传递主流声音，凝

聚发展共识①。

图 12–9　2020 年全国两会期间，央视网联手百度智能云推出的“对答如流 · 两会‘智’通车”

资料来源：央视网客户端

推动媒体融合向纵深发展，需要内容与科技的深度融合，更加贴近用户、注重交互体验，提升新闻报道的吸引力、感染力和影响力。从而让传播更有用、阐释更有趣、解读更有料。技术上综合运用了百度语音识别、语义分析、机器学习、信息检索等技术，借助强大的数据库，与用户语音交互，精准对答。AI 人小智源自 3D 高精度仿真人像，其模拟人脸肌肉组织，以算法驱动人像模型的唇形、表情和动作，兼备真实感与科技感。

过去 20 年，媒体一直面临新技术的挑战。起初，互联网上的内容的主要形式是文字，报纸媒体最早感受到了互联网的冲击。后来，网速越来越快，网上的图片越来越多，依靠美图吸引读者的媒体受到了冲击。今天，网络上的视频已经非常普及，无论是带宽、服务器，还是智能手机，都已经足够强大，大家习惯了在手机上看内容，这对多数媒体

① 央视网，智“惠”双全 对答如流 央视网推出全国首个时事 AI 对答产品，2020 年 5 月 26 日。

包括电视台造成了冲击。

虽然看电视的人少了，但年轻人对视频内容的消费需求非常旺盛。用户消费内容、用户和媒体接触的方式是不断变化的，现在要求媒体随着技术演进，与 AI 一起进化。

在社交媒体上传播和在传统媒体上的传播有很大不同。内容真假难辨，谣言假新闻泛滥。几年前，网上有报道说某电视台在波士顿的广播被黑客攻击，播放了半个小时的黄色内容，后来各种各样的人出来撇清责任。过了段时间后，大家才发现这是一个假新闻，其实这家电视台根本没有被攻击，也没有播出黄色内容。

花精力去删除、辟谣是一种方法。百度选择了另外一种做法，大家在手机百度中看信息流的话，经常会在文章末尾有一个百度百科的词条，我们相信百科词条相对比较权威、公正，所以用技术对任何一篇报道提取其中的关键主题词；如果觉得这些主题词是用户有必要了解的背景，就用百科词条的形式附在后面，给大家做知识补充，避免以讹传讹。

在人工智能时代，很多过去不敢想的事情现在可以做到了，比如用机器人写稿。这对于传统媒体来说是一个新的挑战。比如，百度宣布了一个新的任命，外部大量的报道都大同小异。其实，类似这样套路的文章机器就可以写。还有，像上市公司的财报分析解读，长篇大论中其实就那么几个重要的点，完全可以用机器来做报道。当然人工智能再强也没有人强。

百度技术基因比较强，在人工智能时代，我们开发的各种各样的技术如语音、图像、自然语言处理等技术，都可以给媒体朋友们提供工具。

基于百度自然语言处理、知识图谱以及大数据技术打造的“智能创作平台”可实现自动创作、辅助创作等功能，具备热点发现、热词分析、用词润色、标题生成、多模态创作等八大技术能力，更有丰富的数据素材支持。智能写诗、智能春联的体验更是别具一格。

2020 年，百度研究院解锁支撑通用型、大规模生产的智能视频合成平台 VidPress，用户一键生成短视频。只需输入新闻图文内容链接，其余工作全部交由平台自动化完成，视频素材智能化聚合、解说词生成、语音合成、音视频对齐和渲染导出整套制作流程在 9 分钟以内完成。

“主编访谈”

王海峰：沉下心踏实干，其他的交给时间

王海峰　博士，百度首席技术官，人工智能体系负责人，百度研究院院长

访谈时间：2020 年 4 月 28 日

张晓峰： 我注意到您担任了国家新一代人工智能发展战略咨询委员会的委员。2017 年，发改委依托百度建立“深度学习技术及应用国家工程实验室”，科技部决定依托百度公司建设自动驾驶国家新一代人工智能开放创新平台，这个决定对我们意味着什么？

国家级平台协同创新，生态化开放开源输出

王海峰： 这个咨询委员会的确很重要。一是聚集了国内人工智能顶级专家，针对技术和产业走向等，提供方向性的意见建议，供国家决策，引导产业的发展。

二是说明国家意识到这个事情非常重要，并采取了实际行动。这应该是一个标志性的事件和节点。在成立之前，百度已经做了很多工作，比如为《新一代人工智能发展规划》提了不少建议。

除了人工智能发展战略咨询委员会外，类似人工智能产业联盟、人工智能技术创新发展联盟这样的行业机构，类似中国电子学会、计算机学会、人工智能学会、中文信息学会、自动化学会等学术组织，都和 AI 相关，都很活跃。

依托百度建设的国家工程实验室和开放创新平台，都是非常重要的国家级平台。一方面，反映百度在 AI 特别是深度学习、智能驾驶方面技术创新的成就得到了国家的认可；另一方面，百度有责任基于这个平台拉动整个生态，推动 AI 在中国的全面发展，这是我们希望为国家做出的贡献，也一直朝这个方向努力。国家工程实验室也联合了清华、北航等一批高校和信通院等科研机构，一起推进技术创新，并以各种形式输出技术成果，比如在平台上开源、开放，比如组织面向高校的师资培训，百度黄埔学院面向企业技术高管进行培训等。

张晓峰：您担任 CTO 这一年，工作量是不是增加了很多？

王海峰：应该说当不当 CTO，很多事情本来都会做。第一，CTO 要有全局视角，促进百度核心技术不断突破，保持领先。

第二，CTO 要夯实整个技术平台的基础。一方面，各种技术要完整、要成体系；另一方面，要提升效率，包括平台化的效率和工程效率。

第三，CTO 不仅要对技术及其应用负责，更要对技术梯队的成长负责，对技术人员的持续培养，对“务实、自驱、负责到底”的工程师文化的贯彻。

第四，CTO 要让创新技术对业务形成更好的支撑，更好地服务百度自有业务和对外界产业的输出。

算力、算法、大数据，全栈突破

张晓峰：算法、算力和大数据是 AI 的三个基石。在这三方面，百度都有很强的优势，站在全球或者国内的视角，您愿意做一下比较吗？

王海峰：因为我做技术，可以比较严谨地说说这件事。首先是大数据。不能说大数据我们什么都领先。我们的确有很多领先的地方，尤其是大数据技术，如大数据分析技术、处理技术等。如果说数据本身，大家各有特色。其中搜索大数据、地图这种时空大数据，我们的确很强甚至是领先的。

人工智能的算法，这个面就比较广了。在基础的深度学习、飞桨平台方面，百度的确有领先之处。深度学习的核心框架包括训练和推理，飞桨的超大规模深度学习模型训练技术是世界上领先的，不是在实验室里，而是真正在产业应用了。推理是在应用时使用的技术，我们的推理技术也很先进。我们自己做算法，同时跟重要的伙伴一起合作，比如跟华为的芯片一起做优化，效果非常好。开发的静态图和动态图、提供的工业级开源模型库，非常好用。

与深度学习相关的还有强化学习。我们在国际领先的强化学习方面的 NIPS 比赛（现在改为 NeurIPS）连续两年获得多项冠军。

在此基础上，如感知技术、认知技术，在语音上我们做了很多有特色的工作，不只是识别、合成，还覆盖从云到端再到跟芯片结合。我们发布了百度鸿鹄芯片。

从算法角度来看，我们有很多突破。最新的是基于复数卷积的端到端建模，比较领先，其视觉面很广，既包括图像识别，也包括人脸识别、视频理解等，不一一列举了。

百度 AI 技术有很多应用，比如跟客户做验证性测试，我们得过很多第一。在国际比赛中也得过很多第一。

到认知层，应该说百度的领先优势更大一些。百度在自然语言处理和知识图谱方面，不只是在中国，在世界上也是领先的。不管是技术、发表成果，还是团队，我们都有一批在国际人工智能领域非常有影响力的人才。技术就很多了，如语义理解层面，文心现在很多方面都是世界上效果最好的。机器翻译也是，我们在全球第一个上线基于神经网络的机器翻译。现在做同传，在这个领域也是效果最好、成果最多的。再比如语言生成系列，包括对话。对话现在很重要，UNIT 平台的影响很大。我们拥有世界上最大的知识图谱，现在大概知识的总数量超过 5000 亿。

张晓峰：无处不在的感知、连接，国家推进的数字化、网络化、智能化转型与“上云用数赋智”行动，让数据大量涌现。最近国家在提“要素市场化”，未来算法、算力富有营养的“食物”会越来越丰富。这对百度意味着什么？

王海峰：我认为这肯定是一个机会，不只是百度，对整个行业都是。国家比较重视这些事，同时在逐渐地规范化，让大家有章可循。这肯定是整个行业在成熟过程中非常必要的环节。百度从安全角度对自己要求非常严格，同时也在参与推动整个国家建标准、定法规，让整个行业更规范化、更健康、更安全。

软硬一体化

张晓峰：回顾一下，2014 年 9 月百度就推出了小度机器人。相关技术的研发应该更早，这些技术是怎么一步步发展到小度助手（DuerOS），再到软硬一体化产品，进而覆盖更多场景的？

王海峰：小度表面看是语音交互，后台实际上是自然语言处理、自然语言对话这些能力。小孩子几岁后开始说话，能听懂人说的话了，但是只有持续不断地学习，才能理解更复杂的对话。这时候不只是语音能力，同时是知识和语言的理解。

做这个小度机器人和做智能音箱、智能耳机的时间差不多。第一次尝试智能音箱是 2013 年夏天。当时像自然语言处理、语义理解、对话包括语音技术都比较成熟了，知识图谱与搜索引擎提供了丰富的信息与知识，语音的交互能力和语言的理解能力也大大提高。

当时立项了智能耳机和智能音箱两款产品，并且两款都出了工程机，但那时商业化还不够成熟。我们就把其中软的部分——百度大脑的能力提炼出来，放在相对成熟的手机里，就是 DuerOS。DuerOS 于 2015 年发布，也没有彻底放弃软硬一体。2016 年第四季度又重新启动。到 2017 年智能音箱的市场需求就逐渐出来了。其实从产业角度来看，技术成熟是一方面，产业化时间点也很关键，两者匹配才能带来产业的规模化。

张晓峰：没错。DuerOS 重点用到了家和车两大场景。车偏向 to B，破冰有没有难度？除了家、车之外，还会往哪些方面延伸？

王海峰：车应该是 to B、to C 都有，最终是 C 端在用。车、家之外，还有丰富的场景。比如同样是自然语言对话能力，很多企业客户拿来做智能客服，疫情期间我们做智能外呼协助疫情防控等。

张晓峰：搜索让我们对用户各个维度的需求可以有更多理解和判断，我们的用户画像会更精准。未来智能化会不会更好地实现供需的精准匹配？我们是不是可以将其视为一个用户行为智能识别系统，据此可以形成更好的精准匹配，又可以再反向推动供应侧或者上下游？如果把这条线连起来，我们可不可以总结为，智能化搜索 + 用户行为智能识别系统 + 垂类精准匹配 + 供给侧反向推动？

王海峰：是这样的。这些对推动供给侧肯定有用。AI 技术平台的基础能力是齐备的，就像工业生产的零件，可以随意组合。

智能云助力产业智能化

张晓峰： 聊一下咱们的云。我们定义它为智能云。它在本质属性上和其他云有哪些不同？

王海峰： 早期都叫云，更多是云计算本身，卖的就是算力、计算、存储、带宽等。百度在这个领域的发展不是太早。之所以叫智能云或ABC云，是因为百度的云是AI、大数据和云相结合。所以百度智能云的战略是，以云计算为基础，以人工智能为抓手，进行行业和场景的深耕。

百度云的特色就是突出以人工智能为抓手。你看百度整个架构也是这样。我负责的叫“人工智能体系”，下面有技术平台，有智能云业务。智能云业务在整个人工智能大体系里。

百度大脑是智能云后面很重要的AI技术，后台给云提供非常多完整且先进的AI技术。智能云是面向产业应用，满足客户的需求，大脑是提供核心能力的技术平台。

张晓峰： 您是全球知名的科学家，您刚才也判断人工智能会成为第四次工业革命的核心驱动力。人工智能给经济带来的最深刻的变化，将会呈现在哪些方面？

王海峰： 我偏宏观谈一下。之所以说人工智能是第四次工业革命的核心驱动力，我认为AI会渗透并改变我们生产生活的方方面面。电是一种能源，带来生产力的变化，更多是解放了人相关的体能、动能。AI带来的是什么？AI带来的是替代人的一部分智力活动，而人的智力活动是改变世界最根本的驱动力，所以AI这个力量是更大的力量。平时相对繁重、重复性强的很多事情很容易就被AI替代了；AI进一步发展了更高级、更复杂的智力活动，这是一个根本性变化。

百度智能云有一个方向就是智能制造。其中某些环节像质检环节，已经发生根本性变化，再往前走会深入整个生产流程。不只是制造业，任何一个行业都是。知识和信息是百度的核心，我们改变企业内部知识和信息的流转过程，就可以让企业效率变得更高。这会给企业的整个生产过程带来根本性变化。

张晓峰： 谈到知识和信息这一块，将机构的知识软件化、函数化，封装建模复用，我们有这方面平台化产品性计划了吗?

王海峰：前面说到的知识中台就是面向企业的，另外还有百度的知识图谱。以几千亿知识的通用知识图谱作为基础平台，让知识变得可计算、可推理。任何一个行业都有很多基础知识，与专业知识一起发挥作用。我们已将通用的知识图谱应用到具体领域，并大量积累领域知识，建设行业或者说领域知识图谱。

深耕才有认知，独到方有价值

张晓峰：华为曾经发布有关产业数字化、智能化转型的方法论白皮书。百度服务产业智能化的案例都有很强的说服力，覆盖的领域也足够宽，但缺乏提出、阐释我们对产业智能化的价值主张、路线图，以及对方法论的认知。

王海峰：阐释我们在每个领域的价值主张是我们持续在做的一件事。产业不断发展，我们的认知也在不断提升。可能有些发布不够及时，也可能传播不到位。我最近还跟团队一起讨论智能城市的价值主张，我们要让它升级。

张晓峰：2016 年，我的团队曾帮蚂蚁金服做过《中国新型智慧城市白皮书》。其实百度做智慧城市有很大的优势，总体 AI 能力不说，百度在时空大数据、智能交通上是首屈一指的，车路协同、智能信控、自动泊车能力更是不可替代的。

王海峰：对！不同城市做智慧城市可能有不同的切入点。比如有人可能对智能交通感兴趣，有人对基于时空大数据优化城市的管理更感兴趣，有人认为把应急系统先完善起来更有价值。我们跟城市管理者接触时，发现不同维度的需求都有。各家公司的确有不同的视角和各自擅长的领域。比如应急系统就很重要，我们之前和国家应急管理部门一起做过很多事情，比如发现火险的苗头，或者危化品的跟踪处理，等等。城市是人类生活的一个基础载体，这里涉及的面太广了。

张晓峰：我们过去发布过有关城市或者产业方面的智能指数吗?

王海峰：我们的确可以考虑发布，其实内部会有这种讨论。不能酒香不怕巷子深，这些东西提炼一下是可以对外发布的。

做对了判断，走了该走的路，才有机会面对大时代

张晓峰：十年前就开始在 AI 上发力，如智能驾驶在当时的不确定性很大，能持续十年磨

一剑，做长远投资，聚顶尖英才，这个过程您应该是感触最深的。

王海峰：十年前我没有认定 AI 会变成一个轰轰烈烈的大时代的重要驱动力量。那时，我仅仅认为 AI 技术很重要，甚至人们很少提及这个词。起初，百度认为自然语言处理、深度学习很重要，会对我们的产业有帮助，我们就做。越做越发现这个事越来越大，变成了一个大事，后来全世界都对此有了统一的认知。回头看，当时确实没有那么宏观地看待这件事，但是我们做对了判断，走了该走的路。

张晓峰：想请您介绍一下有关百度研究院，我们的几个实验室，现在还是 7 个吗？

王海峰：是 7 个①，分几个阶段来说。

最早是 2013 年初建立 IDL，2012 年初，就开始做深度学习。大家看到深度学习有价值了，就成立了 IDL。

后来到 2014 年又多了两个实验室，一个是大数据实验室，一个是硅谷人工智能实验室。这时候整体升级为百度研究院。

这三个方向都是跟技术方向相关的，深度学习技术、大数据技术或者广义一点儿来说就是人工智能。

到 2017 年，我们就考虑开始落地。后来，陆续成立了商业智能实验室，把 AI 用到商业里做商业智能；机器人与自动驾驶实验室是一类，针对应用场景的前瞻技术研究；再一类研究量子计算，量子计算比较面向未来，现在的确没有大规模应用，但需要做前瞻性布局。

后来还成立了认知计算实验室。感知技术如语音识别技术相对发展得更成熟一些，当然仍然在继续发展，但认知技术有更多的问题要解决，未来，这个方向很重要。基本上是这样一个历史过程，发展成现在的 7 个实验室。

张晓峰：外界可能都感觉特别神秘，包括咱们之前有国家工程实验室，有国家性开放创新平台，有七大实验室，这里面一定有不少秘密武器或者黑科技、硬科技。现在储存的下一代兵器有什么可以透露的？

王海峰：很多事情，我们更多是看好了某个方向，认为它有价值。就像早期做语音，当时没有很大的应用价值，但我们认为这个方向很重要。我们拿来和 CDC 合作

① 2020 年 8 月，百度研究院新增生物计算和安全实验室，架构升级为九大实验室。

的 RNA（核糖核酸）二级结构预测算法 LinearFold，肯定也不是疫情期间做的，而是此前就有开发，疫情到来后用于新型冠状病毒的全基因组二级结构预测。一旦我们从科学研究角度认为有价值，而且做好了会带来更多的社会价值、商业价值，我们就做。很多事要早早地做，做到某一点机会来了，就会发挥很大的价值。机会是给有准备的人的。需求来了，我们的东西已经做得很好了。基本上很多事情是这样发展的。量子计算也是这样，现在没有很大的应用，但方向代表未来。这就是我们的逻辑。

第五篇

人工智能与你我：智能与未来

13

智能社会：实时感知，高效治理

> 要加强人工智能同社会治理的结合，开发适用于政府服务和决策的人工智能系统，加强政务信息资源整合和公共需求精准预测，推进智慧城市建设，促进人工智能在公共安全领域的深度应用，加强生态领域人工智能运用，运用人工智能提高公共服务和社会治理水平。[①]
>
> **——习近平在十九届中央政治局第九次集体学习时的讲话**
>
> **（2018年10月31日）**

智能时代的来临，正在改变人们的认知，智能科技已经走入寻常百姓家，来到我们的生活中。从前面章节的分析可以看出，人工智能正在与各行各业、各场景、各时空深度融合，改写经济发展的范式和逻辑，重构了生产力要素与生产关系。

疫情期间，智能科技更是在生产、生活、应急管理、社会治理等各个方面凸显了重要作用。AI测温、健康码、云购物、云签约、云纳税、云看病、云课堂、云会展、云大

① 习近平主持中共中央政治局第九次集体学习并讲话，参见中国政府网 http://www.gov.cn/xinwen/2018-10/31/content_5336251.htm。

会成为疫情中百姓工作生活的日常，“宅消费”“宅办公”“宅经济”帮助人们克服了疫情条件下的社交限制。

大到智慧城市方案，小到智能手机芯片，涵盖智能医疗、智能出行、智慧家居等各个领域，仿生机器人、网联汽车、3D 打印、无人驾驶、网上音乐会、人脸识别、无现金支付等方方面面，社会生活的全部领域都能找到最新的智能技术和产品[①]。

智能社会：用新思维、新架构、新行动勾画新图景

经济发展和社会进步是不可分割的一体两面，在前言中，我们用技术经济社会三角形示意了技术、经济、社会与人之间的关系。在技术革命、工业革命以及人民对智能生活的追求三重驱动下，社会的智能化发展进程将大大加速推进，并重塑人与社会、人与自然、人与未来的关系。

智能社会不会翩然而至，而需要集人工智能与人的智慧，汇聚各主体的协同力量，用新思维、新架构、新行动勾画未来智能社会、智能生活新图景。

智能社会需要新发展理念、新治理体系、新目标导向的多重驱动

以世界眼光，从战略高度认识人工智能。可以预见，作为引领变革的战略性技术，人工智能对世界的影响将远超以往历次工业革命。拥抱人工智能的时代，要求我们在思考、分析和解决人工智能问题时站在全球高度，用洞悉人类历史发展趋势的长远眼光审时度势，进而找准自身位置。未来的中国不仅能成为众多新技术的发源地，还能推动更多创新成果辐射全球、造福人类。我国经济转型升级的内在要求为人工智能服务实体经济提供了广阔空间，国内很多应用场景为科技企业提供了宝贵的“练兵”机会，亿万网民产生的海量数据为机器学习提供了丰富的“原料”，这大大加速了技术的迭代与创新[②]。

AI 思维要和五大发展理念结合，要渗透到社会发展、国家竞争力的维度，要渗透到城市、产业、区域场景，要渗透到新基建、社会治理方向，要渗透到政务、教育、医疗、交通、公益、协同创新、智力资本促进等各项公共服务、生态建设安排。

① 霍艳华，戴涛，第四届世界智能大会将于 6 月 23 日在津开幕，学习强国，天津学习平台，2020 年 6 月 12 日。
② 李彦宏，推动新一代人工智能健康发展，人民日报，2019 年 7 月 22 日第 17 版。

中国未来是什么，中国新一代人工智能在世界人工智能领域的地位就应该是什么。《新一代人工智能发展规划》战略“三步走”已经明确方向，十九届四中全会提出的“推进国家治理体系和治理能力现代化”是总体指导方针，近期出台的生产要素市场化等改革开放安排是重要保障，新基建是智能经济、智能社会强大的新基础设施，而“不断满足人民对美好生活新期待”是技术革命、产业革命、智能经济社会发展的归宿。

《新一代人工智能发展规划》中单独就“建设安全便捷的智能社会”做出安排。我们做了结构化整理，供大家把握要点。

专栏 《新一代人工智能发展规划》之“建设安全便捷的智能社会”

围绕提高人民生活水平和质量的目标，加快人工智能深度应用，形成无时不有、无处不在的智能化环境，全社会的智能化水平大幅提升。越来越多的简单性、重复性、危险性任务由人工智能完成，个体创造力得到极大发挥，形成更多高质量和高舒适度的就业岗位；精准化智能服务更加丰富多样，人们能够最大限度享受高质量服务和便捷生活；社会治理智能化水平大幅提升，社会运行更加安全高效。

1. 发展便捷高效的智能服务

围绕教育、医疗、养老等迫切民生需求，加快人工智能创新应用，为公众提供个性化、多元化、高品质服务。

（1）智能教育。利用智能技术加快推动人才培养模式、教学方法改革，构建包含智能学习、交互式学习的新型教育体系。开展智能校园建设，推动人工智能在教学、管理、资源建设等全流程应用。开发立体综合教学场、基于大数据智能的在线学习教育平台。开发智能教育助理，建立智能、快速、全面的教育分析系统。建立以学习者为中心的教育环境，提供精准推送的教育服务，实现日常教育和终身教育定制化。

（2）智能医疗。推广应用人工智能治疗新模式新手段，建立快速精准的智能医疗体系。探索智慧医院建设，开发人机协同的手术机器人、智能诊疗助手，研发柔性可穿戴、生物兼容的生理监测系统，研发人机协同临床智能诊疗方案，实现智能影像识别、病理分型和智能多学科会诊。基于人工智能开展大规模基因组识别、蛋白组学、代谢组学等研究和新药研发，推进医药监管智能化。加强流行病智能监测和防控。

（3）智能健康和养老。加强群体智能健康管理，突破健康大数据分析、物联网等关键技术，研发健康管理可穿戴设备和家庭智能健康检测监测设备，推动健康管理实现从点状监测向连续监测、从短流程管理向长流程管理转变。建设智能养老社区和机构，构建安全便捷的智能化养老基础设施体系。加强老年人产品智能化和智能产品适老化，开发视听辅助设备、物理辅助设备等智能家居养老设备，拓展老年人活动空间。开发面向老年人的移动社交和服务平台、情感陪护助手，提升老年人的生活质量。

2. 推进社会治理智能化

围绕行政管理、司法管理、城市管理、环境保护等社会治理的热点难点问题，促进人工智能技术应用，推动社会治理现代化。

（1）智能政务。开发适于政府服务与决策的人工智能平台，研制面向开放环境的决策引擎，在复杂社会问题研判、政策评估、风险预警、应急处置等重大战略决策方面推广应用。加强政务信息资源整合和公共需求精准预测，畅通政府与公众的交互渠道。

（2）智慧法庭。建设集审判、人员、数据应用、司法公开和动态监控于一体的智慧法庭数据平台，促进人工智能在证据收集、案例分析、法律文件阅读与分析中的应用，实现法院审判体系和审判能力智能化。

（3）智慧城市。构建城市智能化基础设施，发展智能建筑，推动地下管廊等市政基础设施智能化改造升级；建设城市大数据平台，构建多元异构数据融合的城市运行管理体系，实现对城市基础设施和城市绿地、湿地等重要生态要素的全面感知以及对城市复杂系统运行的深度认知；研发构建社区公共服务信息系统，促进社区服务系统与居民智能家庭系统协同；推进城市规划、建设、管理、运营全生命周期智能化。

（4）智能交通。研究建立营运车辆自动驾驶与车路协同的技术体系。研发复杂场景下的多维交通信息综合大数据应用平台，实现智能化交通疏导和综合运行协调指挥，建成覆盖地面、轨道、低空和海上的智能交通监控、管理和服务系统。

（5）智能环保。建立涵盖大气、水、土壤等环境领域的智能监控大数据平台体系，建成陆海统筹、天地一体、上下协同、信息共享的智能环境监测网络和服务平台。研发资源能源消耗、环境污染物排放智能预测模型方法和预警方案。加强京津冀、长江经济带等国家重大战略区域环境保护和突发环境事件智能防控体系建设。

3. 利用人工智能提升公共安全保障能力

促进人工智能在公共安全领域的深度应用，推动构建公共安全智能化监测预警与控制体系。围绕社会综合治理、新型犯罪侦查、反恐等迫切需求，研发集成多种探测传感技术、视频图像信息分析识别技术、生物特征识别技术的智能安防与警用产品，建立智能化监测平台。加强对重点公共区域安防设备的智能化改造升级，支持有条件的社区或城市开展基于人工智能的公共安防区域示范。强化人工智能对食品安全的保障，围绕食品分类、预警等级、食品安全隐患及评估等，建立智能化食品安全预警系统。加强人工智能对自然灾害的有效监测，围绕地震灾害、地质灾害、气象灾害、水旱灾害和海洋灾害等重大自然灾害，构建智能化监测预警与综合应对平台。

4. 促进社会交往共享互信

充分发挥人工智能技术在增强社会互动、促进可信交流中的作用。加强下一代社交网络研发，加快增强现实、虚拟现实等技术推广应用，促进虚拟环境和实体环境协同融合，满足个人感知、分析、判断与决策等实时信息需求，实现在工作、学习、生活、娱乐等不同场景下的流畅切换。针对改善人际沟通障碍的需求，开发具有情感交互功能、能准确理解人的需求的智能助理产品，实现情感交流和需求满足的良性循环。促进区块链技术与人工智能的融合，建立新型社会信用体系，最大限度降低人际交往成本和风险。

新基建是中国拥抱智能社会浓墨重彩的一笔

在大家还没有真正认识到人工智能可能对生产生活带来怎样剧变的时候，我国政府提出了新基建的概念。这是一个中长期安排，绝不是因为疫情刺激投资的权宜之计、临时之策。

社会上有很多议论，新基建提出的时间点到底合不合适？单从产业发展的规律来讲，人工智能技术产业应用成熟度还参差不齐，似乎我们从芯片到操作系统、到IP，真正的产业化、真正的边缘计算还发展不平衡、结构不稳定，部分领域自主可控度还不够高，我们的能力和行业的需求之间还有一定的差距。多数人工智能专家还集中在技术本身，有些好的技术还没找到好的载体把它承载出来。在这种情况下，强调产业化有点拔苗助长。

如果转换维度，可以发现，这表明中国人工智能发展注定要走出一条独特的道路。高质量发展驱动下我们不能按常理思考、行动。中国积累的丰富数据、所拥有的泛在应用场景、已取得的技术进步和独具的体制优势决定我们不应该再像之前的技术革命、工业革命一样选择亦步亦趋。国家安全需要，也驱使我们先行一步。

新基建将为智能社会的到来和社会治理的智能化提供深厚的基础，智能经济也正在积累充足的动能。我们对人才是有自信的，对政府的包容是有信心的，对坚持技术信仰、不断超越是有自信的。和先进国家相比，我们在算力、算法、大数据上各有千秋。类似百度大脑、飞桨深度学习平台、Apollo ACE 交通引擎这样的平台、生态与系统，也将有力促进社会治理体系建设和社会治理能力的提升，大大提升新型智慧城市的水平，助力智能社会的早日到来。百度具备越来越雄厚的科研基础，百度业务非常广泛地结合了大数据、人工智能的研究。互联网走到这一程，数字经济不能包打天下，必须从传统纯商业的关注转移到对未来新动能、新生产要素、新生产关系的关注上来。

在智能经济方面，中国的自信力与优势更加明显。由于移动互联网的高度普及，全社会对互联网思维的理解和广泛的体验、融合参与的程度要领先于欧美。移动互联网对整个社会发展和人的影响，中国远超欧美。欧洲没有形成很好的互联网生态，美国和中国的移动支付、电商、社交网络、共享经济等发展，使得中美成为世界数字经济发展的核心带动者。在人工智能领域，欧洲在传统领域的智能化特别是医疗、工业等方面的信息化、数字化有一定的积淀；但在智能经济领域，在欧洲很难找到合适的应用场景，而且其采取了先规制、后发展的路线。中国凭借制度优势、市场优势、数据优势、人才优势等因素，在智能经济上领先于全球，中美也有可能在这个领域第一次拉开距离。

产业智能化转型是政府面临的最大挑战，也是高质量发展的迫切要求

智能产业思维如何落地是智能经济发展的关键。将智能经济、智能社会未来的发展带入正轨，需要产业找到真正有利于自己发展的道路，找到AI与产业恰当结合的点。

政府对未来的引导支持+百度等AI公司的技术演进与服务能力+行业对智能的需求和理解，这三维力量叠加新基建这个大底座，特别是创新基础设施与AI生态的支撑，将最终形成体系化推动、带动新一代人工智能落地更多场景、更广区域、更深度融合的合力。

大家对发展方向形成共识至关重要，不应该只是掌握技术的人知道未来的智能社会、智能经济是什么，更关键的是这个行业的主体能够了解未来不是把AI当成简单可利用的工具，而是需要改变基因，重塑产业结构，重塑大家对于产业未来发展的理解。这需要一个完整的蜕变，也需要政府率先转变观念，因势利导。

回顾信息化在中国的发展，20世纪90年代，政府推动信息化，吹响了中国IT业大发展的冲锋号。那时多数民间创业者没有把信息化、互联网作为核心商业模式，而仅仅是利用政府大投入创造的机会做了to G项目，这跟信息化真正的价值相距甚远。一些企业、机构早期的行业信息化做得比较好，但是to C端、to B端根本就没做到位。面向城市和社会的产品与服务也只到了政府机关，没有触达老百姓。

互联网时代开始强调to C的作用，但到后期却形成了政府对行业监管的盲区，很多数据和应用场景成为体制外的资源，体制管理无法覆盖。未来的智能经济领域，百度作为一个技术平台，理应能够为社会、为公众、为普通的消费者、为各个行业做出应有的贡献。

公共服务、社会治理、科技发展、经济增长的真正意义都是对人发展成长的尊重，不断满足人民对美好生活的新期待

传统的IT时代，信息化更像是PC的总线架构，自上而下，有统一的出口，发展到一定程度就出现带宽不够、数据化存储不够等，成为一种通用工具。互联网时代，2010

年以后的十年形成多中心状态，在不同领域形成了几个大的互联网企业和平台。

下一步，人工智能发展，强调边缘的智能化、所有节点的智能化，这个要求非常高。每个人都希望获得更大的尊重和自由，对每个个体智能服务的满足，是人工智能发展到下一个阶段的主要目标。

简单的平台通用服务已经不能满足个性化的要求，信息终端的千人千面成为最基本的要求。未来所有的服务都是针对每个个体提供完全独特的服务方式。满足个性化需求的边缘能力、边缘智能，会成为未来一个很重要的评判标准。对个性化的尊重、满足可能是智能经济、智能社会未来发展的价值和方向。

人工智能高速发展之后，对人类就业方式、合作模式必然产生深刻影响。前一阶段疫情期间已经出现共享员工，共享经济也催生了新就业模式，更多的斜杠化生存状态更会比比皆是。每个人的就业形态以后也可能是迥异的，特别是人工智能替代人的重复劳动之后会解放我们更多的时间与精力，也需要更好的创新、创造。

面对新生事物，大家除了会关注人工智能对传统经济的促进和推动，还会关注就业。其实互联网经济已经给了我们答案。互联网时代之初，大家普遍认为是互联网行业侵占了实体经济的就业机会，后来发现并非如此，比如现在有更多的人栖息在电商、直播、传播、知识与内容创造甚至网约车平台。人工智能时代到来了，比较保守的看法是将带来人类就业的灾难。人工智能新业态究竟是创造就业机会还是蚕食就业机会？这个问题根本不用担心，大家的认识有一个调整的过程，一如大家已逐渐认同互联网创造了新的就业形式、产生了大量新型就业。现在，百度的移动生态和 AI 生态已给上千万人提供了创造价值的机会，以后可能会创造更多就业机会，或者持续提高他们的就业能力。

从人类的科技发展历程来看，追溯到英国工业革命至今，科技发展永远是让人类的生活更美好，让人类的思想自由得到充分发挥、精神获得更大满足，同时带来更体面、更有尊严的就业机会和就业形式。未来 20 年后，我们反过来审视人工智能，应该也是这样一个结果。

从传统经济、互联网经济，发展到更加开放的智能经济，一种必然就是对人性的尊重，对人的生存需求的尊重，这是科技发展的真正意义。智能社会最终实现生产关系的智能化、运营机制的智能化、整个社会机制的智能化。从技术到经济到社会再到人，只有这样才能对每个人、不管能力高低都给予实实在在的尊重，让他们不断成长，满足每个人对美好生活的追求。

智慧政务与智能的公共服务

“建立健全运用互联网、大数据、人工智能等技术手段进行行政管理的制度规则。推进数字政府建设，加强数据有序共享，依法保护个人信息。”这是十九届四中全会《决定》提出的要求。

智能社会要求政务服务与公共服务的新变革

新基建给政务服务与公共服务带来了新的服务空间与新的服务形态，国家推动的创新平台、众创空间乃至园区转型也是新服务的重要组成部分，AI 平台型公司塑造的 AI 新生态也将更加社会化，更具外部性。总之，智能社会的公共服务提供方式将不断创新，除了过去满足基本民生需要的幼有所育、学有所教、劳有所得、病有所医、老有所养、住有所居、弱有所扶等方面国家基本公共服务制度体系需要继续健全之外，对共生生态的支持、对促进创新与协同的强化、对人的发展的综合促进，将是新服务、新治理的重要方向之一。

智慧教育正在对传统课堂产生深刻改变。智能医疗正在解决供给侧结构性难题。政务服务、公共服务正在发生变化，疫情之后政府的社会治理也正在发生巨大的变革。智慧城市正在被重新定义，中国倡导的新型智慧城市内涵变得越来越丰富。

技术是智能经济的基础，智能经济发展到一定阶段会推动智能治理。这三者之间密不可分，但也不会齐头并进。

目前，智能经济产业智能化的几个方向和政务服务、公共服务紧密相关。一是智慧医疗或者叫作智慧健康，包括医疗、养老、康养结合、大健康等，这是从政府到老百姓都非常关心的领域；尤其疫情之后，大家对这个领域更加关注，对其寄予更大期望。二是智慧交通、智能出行。交通领域数据量相对集中在政府手里，比较容易形成产业覆盖，目前已经有了一些很好的应用；将来随着经济的发展，社会资源的稀缺度会更高，交通效能提升具有更大的空间。三是智慧教育，另外还有智能安防领域。

整体来看，健康、出行、教育、安全是四个与老百姓生活最息息相关的领域，有着几乎一致的行业优势：第一，在 IT 时代积累下的数据量极大；第二，从业的企业，不管做算力、算法，还是做 SaaS、PaaS，尽管参与的角度不一样，但是行业目标都是一致的，能够产生比较大的共鸣；第三，与国计民生安全紧密结合，顺应政府推动的方向。

在这些领域有必要率先进行深入的落地研究，前瞻性地预测未来趋势，给大家带来更多启发，激发更多的想象与协同行动。

比如，从健康领域来看，一年来，国内有关健康的搜索上升了 32%。健康行业整体需求稳步提升，疾病知识作为刚需，近期大幅增长；健康行业需求随着时代进步，呈现新的消费者需求，出现了新的健康行业趋势和用户特征。

有远见的地方政府率先展开了探索。贵州是中国第一个大数据综合试验区，一直在加快大数据与实体经济、服务民生、社会治理等的融合，有效加快了新旧动能转换和全社会信息化的进程。目前，贵州农村电子商务有力助推山区农民脱贫致富；省、市、县、乡远程医疗有效缓解山区群众看病难；“智慧广电”让农村群众畅享数字生活；“一云一网一平台”提升了政府办事效率。在社会治理上，也能看到 AI 的“身影”。如当前贵州省警方将天网工程与 AI 等技术相结合，通过人脸识别在茫茫人海中成功抓获逃犯；在大力推进简政放权时，贵州省政务服务部门利用“大数据 + 政务”让“数据多跑路，群众少跑腿”更有效地提升政府管理水平①。

百度智能政务提升政府信息服务效率

政府在积极推进网上办事服务公开，通过“互联网 + 智能 + 政务服务”让群众办事更明白、更便捷。百度融合语音技术、人脸识别、文字识别等多项 AI 技术，应用到智慧城市、政府办公、信息管理和公共服务等场景中，助力政务决策、业务流程优化，提升利企便民服务体验。如“智能问答”，其应用价值有两个。

一是降低政策信息获取难度。通过集成百度 UNIT 技术，政府网站等信息渠道可提供 24 小时智能问答服务，企业、民众随时随地能查询政策法规等信息，提升获取政府信息便利度。

二是提升政府信息问答服务体验。国家政策、办事指南等信息，利用百度 UNIT 平

① 骆飞，人工智能“察言观色”推动建设智能社会，新华社贵阳 2019 年 5 月 27 日电。

台，可以快速进行问答、多轮对话配置，打造智能化问答服务，提升政府信息服务效率。

2018 年，国家发改委城市和小城镇改革发展中心与百度共同推出“百度千城计划”，致力于推动政府治理模式和“互联网 + 政务服务”的创新与转变。截至 2019 年底，“百度千城计划”已覆盖北京、杭州、长春等三省 26 市以及两个国家级经济开发区，其中北京、浙江、福建实现全域合作，依托百度知道完成了政策信息、办事信息、政务服务等内容布局，共计覆盖 1.58 亿人。

以福建省为例，百度知道联合“闽政通”建设地方政务服务问答内容，把护照、公积金、车辆年检办理等用户在日常办事中的需求梳理出来，由政府相关部门提供权威、准确、精准的答案，将政府的权威政务信息导入问答场景，并以结构化的形式进行清晰呈现，确保让群众办事咨询“最多问一次”。

搜索引擎是老百姓获取政务服务信息的主要入口。百度搜索每天响应用户数十亿次搜索请求，这其中有近 7000 万次与政务服务相关。百度知道平台上发生的政务类提问 60% 为政策咨询，40% 为业务办理。

当前，人们在使用政务服务时往往会遇到找不到在哪里办，不清楚办理的时间、流程和所需材料，办理后查不到进度等问题。效率和体验是政务服务最核心的问题，只有精准直达，才能更好地满足人们对智能政务的需求。为了打破民众找政务机构办事时可能发生的查不到、问不清、办理繁等“查问办”难题，百度搜索、百度知道通过与小程序打通，提供直链官方服务的入口。

百度智能小程序让“政事”一搜即办

为推动政务服务“掌上办”“指尖办”，2019 年 11 月，百度与北京市合作推出“北京通”智能小程序，涵盖了市公安局、市卫健委等 30 多个委办局的服务事项，提供包括社保、户政、交通、税务、医疗、教育等在内的 620 多项服务，覆盖人们政务服务需求的方方面面，让市民足不出户就能享受便捷高效的服务，提高群众满意度。

用户在百度搜索“北京通”“北京政务”“首都政务服务”等关键词，就可以一键线上预约办理出生登记、户口迁移和注销、补领换领户口簿、更换身份证等，享受到“手掌间”的信息服务、“指尖上”的办事服务和“移动端”的互动服务。

智能小程序还能为更多特殊人群带来便利。如“北京通”百度智能小程序助残服务板块，提供残疾人证件的办理、变更、挂失、补办服务，以及残疾人补贴补助申请服务。

除了“北京通”智能小程序，百度还与国务院办公厅、重庆、福建、成都等多地政府合作，聚焦覆盖范围广、应用频率高的政务服务领域，推出了“国家政务服务平台”“渝快办”“闽政通”“天府市民云”等智能小程序，大幅降低老百姓获取政务服务的门槛。

此外，智能小程序也可帮助政府部门在民生领域，在重大事件或活动的宣传、推广中，更快地吸引老百姓的关注。依托百度大数据、用户画像等分析能力，可以将包含重点事件和活动信息的智能小程序，精准推送给有需要的潜在用户，主动扩大传播范围，提升宣传效率和效果。

有意思的是，不仅仅是我国各级政府，连国外政府也青睐智能小程序带来的连接交互的便利性。2019 年 4 月 25 日，百度和瑞士驻华大使馆签署联合意向书，李彦宏与瑞士联邦主席于利 · 毛雷尔共同见证了首个国家小程序——“瑞士”在百度 App 正式上线。

百度结合一带一路、北京世园会、税收宣传月、世界献血日等重点活动，推出了“瑞士国家小程序”“百度线上世园会”“首都献血”等智能小程序，通过多渠道的精准分发，让签证办理、景点攻略、献血预约等功能“即搜即用”。

百度与广东省公安厅在便民服务领域达成合作

百度与广东省公安厅在便民服务领域达成合作，借助百度提供的技术平台，广东省公安厅开通了政务熊掌 ID，为民众提供驾照信息、车辆违法等多类信息的线上查询，推动广东省基于搜索下的新型数字化城市建设。

在互联网生态中，搜索引擎是民众与政府部门建立沟通的重要入口——百度每天仅涉及公安类信息的相关搜索请求就超过 900 万次，年搜索分发量超 35 亿次。

但在以站点为代表的传统搜索生态中，政府部门与民众的沟通相对薄弱：由于缺乏从用户的角度出发的服务意识，在便民服务优化、维护上存在不足，政府部门提供的服务往往会被第三方和媒体内容挤压，导致位置靠后及服务入口难寻；另外，即使民众找到了入口，还需要从搜索引擎跳转至官网，随后再进入二级或三级页面才能获得政务信息。

但是熊掌 ID 的适时推出解决了以上林林总总的问题，因为它在最大程度上节省了内容和服务提供者的运营成本，让人们有精力专注于擅长的事情。

对于政府部门来说，熊掌 ID 强大的功能和丰富的权益使得“一站式服务”不再是空谈，民众不仅可以在搜索结果中清晰辨识权威的政务熊掌 ID，也能在搜索结果页直接使用服务，整体流程的优化体现了政府部门“执政为民”的理念。

对于公安部门来说，户政办理和车管是民众搜索线上服务的两大主要领域，因此广东省公安厅政务熊掌 ID 主要提供的也是这两大类便民服务。人们可以通过熊掌 ID 及时查询身份证、护照、港澳通行证、台湾通行证等证照的办理进度和审批进度，同时还能够直接在线上查询车辆和所持驾照的违章情况。

线上技术的介入减轻了政府部门的负担，也在无形之中提高了行政效率。据统计，在违章查询卡片上线之后，熊掌 ID 主页的卡片点击率超过 93%，每天服务的车主高达 5 万人次。从 2018 年 7 月上线至今，广东省公安厅熊掌 ID 粉丝数涨幅超过 1200%。

看看智能：携手百度 AI，助力智慧社保

据人社部统计，至 2017 年 9 月底，社保卡持有人已达 10 亿，每年社保冒领人数高达 20 万 ~50 万人，冒领社保待遇近 20 亿元，并呈现冒领数额大、冒领时间长和仿效蔓延性强等特点，严重影响了社会保险事业的健康发展。

看看智能科技的看看社保 App 是一款覆盖人群多、地域广、使用大的智慧社保认证软件，接入百度 AI 人脸识别技术后，有效解决了社保冒领、代领、跨地域领取的问题。目前该产品在河北省张家口市和廊坊市、河南省平顶山市、山西省晋中市等全国 10 个省、106 个县区使用。

在使用过程中，人脸识别准确率可达 99% 以上，平均每两秒即可完成领取人的身份验证。不仅让审核流程更高效、便捷、安全，同时广大老百姓可以足不出户，随时随地进行身份验证。

海淀全球首个 AI 公园，新公共服务探索进行时

2018 年 11 月 1 日，百度跟海淀区一同打造的全球首个 AI 公园正式开放。海淀公园从此变成了一个 AI 公园。

这个公园充满了 AI，有智能跑道，有小度智能亭，还有阿波龙无人驾驶汽车，还可以用 AR 打太极。

在阿波龙自动驾驶的迷你小巴前，一些年轻的父母带着自己的孩子试乘，给他们讲

解未来会是什么样子，无人驾驶到底是一个什么样的技术。

今天公园里面充满 AI，明天全世界都将充满 AI。

人工智能与社会新治理

社会治理体系与社会治理能力的现代化已提到前所未有的高度，智能化就是现代化最重要的选项。

利用 AI 进行智能化社会治理，中国可以充分显现自己的优势。从更广泛意义的社会治理、民生普惠上，在数字政府、智能治理普及程度上，中国已走在前列。这不只是政府行政能力、制度带来的优势，同时也使智能技术、智能产业得到了更大的成长空间，因为坐拥巨大的中国民生数据，为互联网企业、人工智能企业提供了很好的学习、训练、应用机会，更获得了很大的容错空间。

公安部“光明行动计划”，精准打击电信网络诈骗犯罪

2019 年 5 月 28 日，在国务院联席办的指导下，百度发布“光明行动计划”，依托百度 AI 技术与“搜索 + 信息流”双引擎生态，协同公安部全流程监控追踪网络黑灰产，为政府部门与广大民众提供一手反诈防骗信息，精准打击电信网络诈骗犯罪。来自北京、天津等 31 个省、自治区、直辖市和新疆生产建设兵团的 365 家反诈中心正式入驻百家号，与公安部刑侦局共同搭建全国反诈中心传播阵地。

为打击电信网络诈骗，百度打造了“智能技术 + 百度安全 + 百家号”反诈三驾马车，对诈骗案例及不法分子的惯用伎俩集中传播，协助公安机关提升打击电信网络诈骗工作的效率和力度。百度 AI 和大数据等领先技术将在政府追骗、公众防骗上发挥巨大作用。“百度光明行动计划”的推出，用 AI 技术赋能网络防诈反诈工作全面升级。百度已为公安机关提供网络黑灰产鉴别和溯源能力，帮助全网用户进行网络风险识别和引导。

人工智能媒体融合发展

2018 年上半年，百度和人民日报快速完成了一系列协同工作，双方在内容、技术、资源等层面进行了深入的调研和探讨，并以此为基础展开全方位战略合作。2018 年 3 月，

在内容层面，人民日报官方账号正式入驻百家号，百度通过先进的推荐算法，把人民日报优质、权威的内容精准推送给亿万读者。2018年6月，在产品层面，“人民号”上线，实现了双方账号互通、内容共建。在技术层面，除了对“人民号”产品技术开发的持续支持外，双方共同根据党媒用户特点，开展内容算法方面的研究和探索，不断优化资讯推荐和产品体验。

随着双方合作的不断推进，截至2019年6月，“人民号”一年内累计发文超过2000万篇，成为人民日报扩大媒体平台影响的新动力，也成为人工智能时代主流媒体和创新技术融合发展的典范。

2019年9月19日，“人民日报智慧媒体研究院”正式成立，人民日报和百度共同建立“人工智能媒体实验室”，把AI技术在媒体全领域进行应用，从内容建设、算法推荐，扩大到智能化平台的搭建，帮助人民日报增强内容主控能力，提高内容生产和分发的效率，进一步扩大权威媒体平台的影响力。人工智能媒体实验室第一期的研究方向就是要利用百度已经非常成熟的语音、图像、自然语言处理、知识图谱等AI技术，为人民日报打造一个智能化“编辑团队”。这个“编辑”是打引号的，这个编辑团队将辅助媒体的新闻生产，不断提升普通编辑的生产效率，就是技术和人工编辑进行结合。

短短一年半时间，双方的合作不仅展现了“互联网速度”，更在不断加深“人工智能深度”。百度技术能力已经陆续在“人民号”后台和人民日报客户端进行实际应用。比如在新闻报道中，就可以通过AI技术，对新闻素材进行自动解读和加工，让新闻创作更加高效，也让用户能更及时地获取资讯。

这些成果及实践，不仅可以支持人民日报社新媒体中心的创新业务，未来还计划把它联合开放出去，提供给全国其他媒体机构，创建产业化的智能解决方案，提高整个行业的内容生产效率，加速媒体行业的智能化转型升级，把用户最需要、最优质的内容第一时间带到他们身边。

易审系统：重庆法院智能办案平台

上海慧谷通用是电子政务、法院信息化领域的服务商。为充分利用重庆市法院历年形成的电子卷宗、电子材料为案件办理工作服务，推动利用电子卷宗和电子材料信息进行数据提取、数据回填、文书自动生成等技术，提升电子卷宗服务法官的能力，提高法官智能化办案水平，易审系统通过百度文字识别服务，实现对三级法院在案件管理系统中上传的电子材料自动进行 OCR 识别，将传统意义上的电子档案数据化。完成对电子卷宗的识别后开发信息抓取、内容检索等功能，减少重复录入工作量。同时辅助电子卷宗材料的目录自动归类功能，减轻卷宗整理压力；建设重庆法院电子卷宗和电子材料信息提取和综合分析系统，辅助法官办案，方便法院管理，提高法院的工作效率和服务当事人、社会公众的能力。

电子卷宗随案同步生成系统深度集成了百度 OCR 识别控件、中文分词词库，利用信息自动提取技术集成到法院办案、档案和数据分析系统中，通过对电子卷宗和电子材料的智能化识别和核心信息提取存储，实现非结构化数据的结构化，并利用结构化后的数据自动生成办公、办案信息，提高了办公、办案效率。同时利用电子卷宗和电子材料提取的信息进行深度应用开发，满足重庆法院非结构化数据分析、检索需求，解决困扰法院多年的大数据分析系统一直依靠干警手工录入，分析效率低和分析范围窄的问题。

人工智能与新型智慧城市：城市大脑 + 城市操作系统 + 城市生态

新型智慧城市是活力四射的城市，也是充满科技感、未来感的城市，更是能快速引领全球智能化步伐的城市。

习近平总书记在 2017 年要求，“今后各地要以建设智慧城市为抓手，推动技术融合、业务融合、数据融合”[①]。

越来越多的人会生活在城市里，什么样的城市才是一个美好的城市、先进的城市？百度跟雄安有过很多探讨。共识认为，应该是一个没有拥堵的城市，应该是人们生活幸福的城市，应该是没有什么身份认证、排队，没有污染，每个人都很健康，工作效率很高……而这样一个城市，很多情况下都需要 AI 技术才能够实现。

百度“智慧城市解决方案”，让城市更安全、更从容、更通畅、更宜居

我国城市处于快速发展阶段，城市的安全、交通、教育等管理需求日益凸显。为了

① 习近平：实施国家大数据战略加快建设数字中国，参见新华网 http://www.xinhuanet.com/2017-12/09/c_1122084706.htm。

高效、低耗、创新地治理城市，百度最近发布了“智慧城市解决方案”（见图 13–1），助力未来城市建设。智慧城市的核心是“1+2+1”框架，城市智能交互中台主要通过时空一张图展现对城市全要素、全状态的全景洞察；智能一键搜提供强大的多模态搜索能力；城市 AI 中台和城市数据中台，前者负责 AI 核心算法的研发、调度和运营管理，保障各种来源、各种功能的 AI 模型能够在系统中集成和运行，后者支持多元数据融合、治理以及分析过程，最大程度发挥大数据的价值；城市感知平台主要负责多元数据采集以及全要素映射，为上层提供所需的数据输入。智慧城市解决方案秉承让城市更安全、更从容、更通畅、更宜居的愿景，为城市持续健康发展提供核心驱动力。

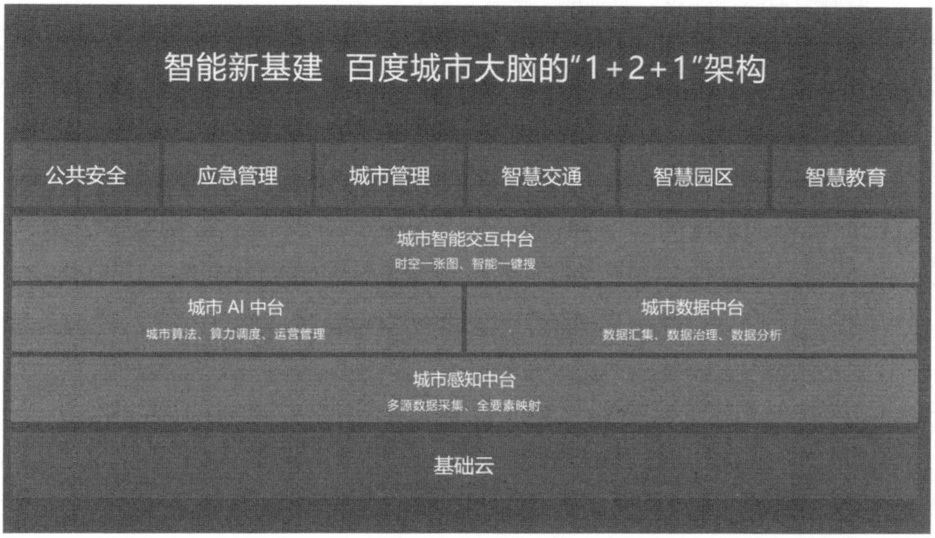

图 13–1 百度城市大脑的架构

在智慧城市管理应用中，依托百度强大的 AI 中台，实现城市环境在多模态、多场景下的知识能力。一方面，对摄像头、无人机、遥感卫星、手持终端等多种类型的前端设备进行适配；另一方面，支持人脸、人体、车辆、城市事件等语义理解。城市 AI 中台已经具备多算法融合分析、同画面多问题识别的能力，并且 AI 算法做到了业界领先水平。

在打造智慧城市方面，百度依托独到能力和“ACE 引擎”，运用全新的 AI 思维帮助城市构建智能交通和城市管理系统。百度与海南省、上海市、北京市海淀区、山西省阳泉市等省市地区达成战略合作，依托百度在人工智能、大数据、自动驾驶、云计算等领域的技术优势，共同推进智能城市建设，助力提升城市精细化管理水平，以期让城市里的每个人，都能享受更顺畅的通勤、更舒心的城市环境、更美好的生活。

百度还和雄安合作，计划打造一个没有拥堵，出行效率最高，没有各种各样的安检、身份认证非常简单，不需要有繁杂流程的新“千年大计”的城市。百度与重庆两江新区、北京亦庄开发区、保定、芜湖、上海汽车城等都有相关合作。百度城市大脑的优势，如图 13–2 所示。

图 13–2　百度城市大脑的优势

百度围绕 AI 优势和城市需要，推出了一系列助力生态经济发展的架构调整和解决方案。在公共安全领域，百度能够做到全天候的监测预警，实时的情报中心；在应急管理方面，可以通过灾害监测安全生产、智慧消防等实现零延迟的响应，防患于未然；在城市管理方面，百度运用一网通管、案件智能处理，大大提升了城市管理的和谐度；在智慧教育领域，运用模块化、实战化、多元化的人才培养机制，使产、教更好地结合。这些解决方案及应用已经在很多城市落地。

例如，百度城市大脑赋能海淀。百度全力参与了北京海淀的城市大脑建设。海淀拥有良好的科技生态，丰富的应用场景，百度城市大脑就聚焦在运用 AI、大数据和云技术的优势，汇集全域、全时、全量的数据，帮助海淀发现、提炼城市潜在的运行规律，提供全局的协同决策依据，支撑海淀的管理和服务。在海淀的智慧城市大脑当中就彰显了大数据的运用价值，还为海淀做了城市交通事故的识别系统，以及渣土车的识别系统。

百度·上海：全面战略合作，打造国际智慧城市典范

2018 年 11 月 27 日，百度与上海市政府签署战略合作框架协议。将通过百度在人工智能、大数据、云计算等领域的优势，特别是在自动驾驶、智能交通领域的技术与实践经验，共同推进上海智能城市建设，将上海打造成真正 AI 化的全球智能城市新标杆，并以上海为龙头，进一步促进长三角地区产业经济、社会治理、公共服务等方面实现更高质量的一体化发展。

上海市委书记李强表示："百度公司围绕人工智能技术发展进行前瞻性布局，同上海的产业发展方向高度契合，双方合作前景广阔。我们支持百度公司在上海设立创新中心和物联网总部，把更多创新资源配置、创新技术突破、创新成果转化放在上海，更好参与上海超大城市治理。"

百度与上海双方将围绕四个方面加强合作。首先，发挥百度在技术、人才、产品等方面的优势，依托上海作为全国中心城市和全球科技创新中心的优势，在沪建设百度（上海）创新中心，助推上海打造国家人工智能产业高地。其次，充分发挥百度在大数据、云计算、人工智能、区块链等领域的技术优势与实践经验，特别是智能交通、自动驾驶领域的优势，参与上海智能城市建设，助推上海提升城市管理和公共服务能力。再次，提升百度上海公司在市场开拓、业务发展、研发创新等领域的能级，带动长三角地区云计算、大数据、人工智能产业发展，助推实现更高质量的长三角一体化。最后，加快建设百度物联网总部，打造上海市重点区域物联网感知平台，积极推动"百度工业大脑"落户上海，助力沪企上云和工业智能化升级。

张东晨　百度集团副总裁，总编辑（访谈时间：2020 年 4 月 17 日）

张晓峰：十九届四中全会重点强调治理体系和治理能力，习总书记也说这次疫情是一个大考。我们百度在这方面有哪些准备，有相关案例吗？工具箱里还有什么宝贝？

张东晨：百度在助力国家治理能力现代化方面，主要是通过在互联网内容生态上的优势，以及人工智能方面的开放技术能力，帮助国家各级政府提升治

理能力。

一是百度全网最强大的搜索能力，在权威信息和正能量传播、互联网＋政务服务中发挥了重要作用。

在正能量传播方面，如新中国成立70周年大庆期间，为唱响网上主旋律，百度各产品结合业务特点设置了新中国成立70周年的宣传模块，策划组织宣传活动近40项。如百度视频上线“我们的70年”专题页，开设了中国新时代、中国复兴路等七大主题共13个专栏。国庆日当天，百度App阅兵直播间累计观看人次超过5.5亿。与CCTV合作的“足迹”等国庆独家定制短视频一周内播放量达2358万。

在“互联网＋政务”服务方面，百度搜索每天响应用户数十亿次请求，其中近7000万次与政务服务类搜索请求相关。为推动政务服务“掌上办”“指尖办”，百度与国务院办公厅及北京、重庆、成都、福建等多地政府合作，聚焦覆盖范围广、应用频率高的政务服务领域，推出“国家政务服务平台”“北京通”“渝快办”“天府市民云”“闽政通”等政务服务智能小程序，大幅降低老百姓获取政务服务的门槛，有效提升办事效率，为人们带来智慧、便捷的政务服务。百度与国务院办公厅合作推出的“国家政务服务平台”智能小程序，目前已联通国务院40余部门和32个地方政府的300余万政务服务事项，涵盖了公积金、电子证照、教育、民政等领域，并集成个税计算、个人及企业政务服务事项办事指南等功能，每天为近百万用户提供生活信息查询、政务服务办理指南。

二是百度通过开放全球最大的百度大脑平台，助力政府治理和政务服务的智能化。

在智能交通方面，百度将人工智能、自动驾驶、车路协同业务整体打包，推出了“智能新交通”的整体解决方案——“ACE交通引擎”，它不仅具有技术优势，还具备成本优势，是行业内唯一“既面向未来，又兼容当下”的下一代智能交通解决方案。可以打造智能信控、智能停车、交通治理、智能公交、智能货运、智能车联、智能出租、自主泊车等应用场景。以百度智能信控系统为例，该系统已部署在北京、长沙、保定等城市。保定市应用实践表明，AI驱动的智能信控系统能有效降低路口和干线交通延误，主干线道路最高行程延误时间下降30%，重点路口日均排队失衡度下降40%，预计整体区域道路通行能力最高可提升10%，测算最高可节约道路建设成本约10亿元。

在智能医疗方面，为推动分级诊疗落地、加强基层医疗水平建设，百度通过学习权威教材、指南及三甲医院优质病历，基于医学知识图谱、医学自然语言处理等AI技术，严格遵循医学循证规律，开发了基层版临床辅助决策系统（简称“灵医智惠CDSS”），功能包括辅助问诊、辅助诊断、治疗方案推荐、相似病历推荐、医嘱质控、病历内涵质控、知识查询、辅助问诊等，基层医生可以随时调取，以获得需求信息，降低误诊、漏诊率。该系统可覆盖27个标准科室的4000多种疾病，基层常见病、多发病准确率达95%，为基层医疗输出全面而优质的诊疗帮助。如今已在中国18个省市自治区超过1000家医疗机构落地。

此外，在应急管理、疫情防控、资源调配、社会管理等方面，无论是百度的互联网能力，还是人工智能能力，都是可以大有作为的，包括百度的政务智能云、区块链等方面都有成熟的解决方案。

张晓峰：您和团队做政策研究多年，您认为有哪些转折、转型、改革方向对百度意义重大，百度如何借好势能？

张东晨：过去多年，百度在科技创新、打造产业生态、服务经济高质量发展等多个层面都发挥了重要作用。

例如，在部委层面，科技部更加重视自主创新，科技部第一批授予四家企业人工智能开放创新平台，就包括百度的自动驾驶国家新一代人工智能开放创新平台。发改委重视产业带动和生态，2017年授权百度牵头成立深度学习技术及应用国家工程实验室。而地方政府更侧重企业带动的产业生态、与实体经济的深度融合，以及助力地方数字政府建设，服务政务民生等。

未来10年，是全球迈入智能经济和社会的重要时期。两大关键进程相互交织，将为中国人工智能带来巨大的发展机遇，也将给百度带来前所未有的机会。

人工智能将成为未来几十年的主要经济增长点。根据埃森哲对中国以及全球12个发达经济体的研究，到2035年，人工智能将帮助各国显著扭转近年来经济增速的下滑趋势。它还预测，应用人工智能，中国的经济增长率有望上升至 7.9%，增长额高达 7.1 万亿美元。根据麦肯锡的预测，人工智能每年将为中国经济增长贡献 0.8 至 1.4 个百分点。

我们相信，作为新时代的“电力”，人工智能是最重要的新型基础设施之一，其发挥作用的广度和深度堪比历次工业革命。英国因为掌握蒸汽时代的核心技术而成为“日不落帝国”，美国抓住了电气化、信息化的时代机遇而成为世界超级大国。未来，谁能抓住人工智能新一轮技术革命的历史机遇，谁就能一跃而起，赢得一个相当长时期的大发展。百度会紧紧抓住这些时代机遇，充分释放在人工智能技术与应用方面的厚重积累。

张晓峰：无人驾驶、车路协同、智慧交通、智慧城市与城市大脑乃至新基建等领域都需要良性的政府关系，请问有哪些合作让您印象深刻？

张东晨：百度 2019 年跟上海、重庆、湖南、银川、沧州、阳泉等地方政府以及应急管理部等部委签署了战略合作协议，合作推进很顺利。您提到的都是比较新的技术和应用，正是中央和地方政府的大力支持，特别是在政策上的先行先试，以及体制机制创新，才会推动这些新应用不断落地。

以自动驾驶和北京市的互动为例，百度 2013 年开始研发，2017 年 4 月，通过 Apollo 平台面向车企等伙伴全面开放了自动驾驶能力。自动驾驶汽车产业的成熟离不开政府上路测试等政策的支持，北京市于 2017 年 12 月第一个出台了自动驾驶上路测试的指导性文件，为自动驾驶产业发展保驾护航。北京于 2019 年 7 月发布了首批 T4 级别的自动驾驶道路测试牌照，这是全国迄今为止颁发的最高级别自动驾驶测试牌照，意味着自动驾驶汽车具备了在更复杂的城市道路自动驾驶的能力。百度凭借技术积累拿到了 5 张牌照，我代表公司领取了牌照，心情非常激动。目前百度在北京的测试里程达到 89.39 万公里，在测试道路、区域范围、服务规模、测试牌照及测试里程上均为全国第一。

中国政府先行先试的政策优势给企业提供了最佳的创新土壤，短短几年时间，百度 Apollo 平台已成为全球最大的自动驾驶开放平台。生态合作伙伴囊括全球所有的主流汽车制造商，覆盖从硬件到软件的完整产业链，拥有数万名全球开发者。

百度已经在长沙、广州、沧州、成都等城市率先开展 Robotaxi 车辆应用示范。截至2019年12月底，长沙累积实现万次以上安全载客出行。在全国，百度已拥有150张自动驾驶测试牌照，数量全国第一，测试里程超过600万公里；截至2019年底，百度自动驾驶全球专利申请超过1800余项，位列中国第一。

再如智慧城市，2019年9月我们跟重庆签署战略合作协议。百度正在利用人工智能、区块链、大数据等先进技术和互联网数据优势，以智能停车、智能法院、智能气象等应用为切入点，为重庆实施完整的人工智能城市示范方案。如百度智能云通过AI赋能，重庆市气象局两小时内的“短临预报”的准确率提升了40%；极端天气预警信息发送时间从原来的两个小时缩短到9分钟。

车路协同与智能交通

中国正朝着世界领先的自动驾驶技术强国大步迈进。在交通强国、智能汽车强国等重大发展战略的共同指引下，百度期待能够助推两大战略的顺利实施，也希望助力更多的车企成功完成智能化转型，助力更多的城市实施车路协同，推进交通出行的智能化，运用交通态势动态、交通事件的监测，减少拥堵，大幅提升交通、物流、出行的整体效率。

自动驾驶，北京独树一帜，百度遥遥领先

北京是国内最早为自动驾驶建立路测标准法规并发放测试牌照的地区之一，构建了从封闭测试场到开放测试区域的严谨测试流程，出台了最高安全门槛的载人载物测试政策，并组建了北京智能车联产业创新中心作为自动驾驶车辆道路测试的第三方服务机构。目前，北京市自动驾驶开放测试道路、区域范围、服务规模、测试牌照及测试里程均居全国首位。

自2016年起，北京就以“安全第一、有序创新”为核心原则，围绕积极探索自动驾驶“中国标准”的工作思路，不断推动各项标准法规研制，持续推进协同创新，为全球

自动驾驶发展提供了更加严谨、客观、全面的东方视野。

北京积极引领中国标准智能汽车发展路径，实践出车路协同自动驾驶技术路线，并组织相关企业在亦庄核心区率先建设了 40 公里的 V2X 测试道路，进行了深度系统化的车联网以及自动驾驶示范运行探索。2020 年，海淀区将继续推进中关村自动驾驶创新示范区建设，最终形成近 400 公里的开放测试道路，并适时启动在北清路建设综合性智能网联交通走廊。未来通过一批自动驾驶、5G 车联网、高精度地图、北斗导航、智能交通等系列新基建项目建设，构建“车、路、云、网、图”一体化的智能网联示范应用的创新体系。

据 2020 年 3 月 2 日北京智能车联产业创新中心发布的《北京市自动驾驶车辆道路测试报告（2019 年）》，百度 Apollo 以 52 辆测试车以及 75.4 万公里新增测试里程成为年度所有测试企业中投入测试车数量最多、测试里程最长的企业。

在测试规模上，2019 年，百度 Apollo 的路测车辆达到 52 台，占北京市总投入自动驾驶测试车辆的 71%；2019 年，百度 Apollo 测试里程达到 75.4 万公里，占当年北京市测试总里程的 85%，而累积测试里程已达 89.39 万公里。此外，百度是所有在京开展测试企业中唯一实现北京经济开发区、海淀区、顺义区等多个区域，且实现 R1~R4 以及 RX（设有 V2X 设备部署，支持车路协同测试）全区域全路段覆盖的测试企业。

在技术实力上，2019 年 7 月，百度 Apollo 获得首批全国最高技术等级的 T4 级别道路测试牌照，是目前唯一获得 T4 级别牌照的测试企业。由百度 Apollo 和一汽合作生产的红旗 EV 也在北京开展测试，是当前国内唯一前装量产下线的自动驾驶车型。

在安全水平上，百度 Apollo 始终秉承“安全第一”，已经先后取得包括 ISO 26262、ASPICE 以及 IATF 16949 在内的国际主流的汽车行业标准认证，成立了专业严谨的安全测试运营中心，保持零安全事故。

总体上，在自动驾驶、智能交通领域，百度是全球唯一具备车路行技术闭环的公司，也是唯一承担自动驾驶国家人工智能开放创新平台的企业。截至目前，Apollo 拥有自动驾驶路测牌照数 150 张、全球智能驾驶专利 1800 件、测试里程 600 万公里、全球开发者 3.6 万名、生态合作伙伴近 200 家、开源了 56 万行代码。在技术、生态等多个领域，Apollo 凭借十余项“第一”全面引领中国交通出行产业智能化前进步伐。

百度“ACE 交通引擎”全面助力车路协同、智能交通与智慧城市

在新基建背景下，2020 年 4 月 9 日，百度发布的“ACE 交通引擎”，是国内外第一个车路行融合的全栈式智能交通解决方案，是中国特色智能交通建设的最优解，将助力城市抢先一步落实新基建，发展新型智慧城市，加速交通强国建设。

百度“ACE 交通引擎”依托 Apollo 生态多年在人工智能、自动驾驶、车路协同方面的深厚积累和领先实践，推动人工智能与基础设施、运输装备、运输服务、行业治理的深度融合，通过大数据、云计算、人工智能能力不断提升城市治理体系和治理能力现代化水平，构建实时感知、瞬时响应、智能决策的现代化智能交通体系，让城市的运行更顺畅，生活更加美好（见图 13–3）。

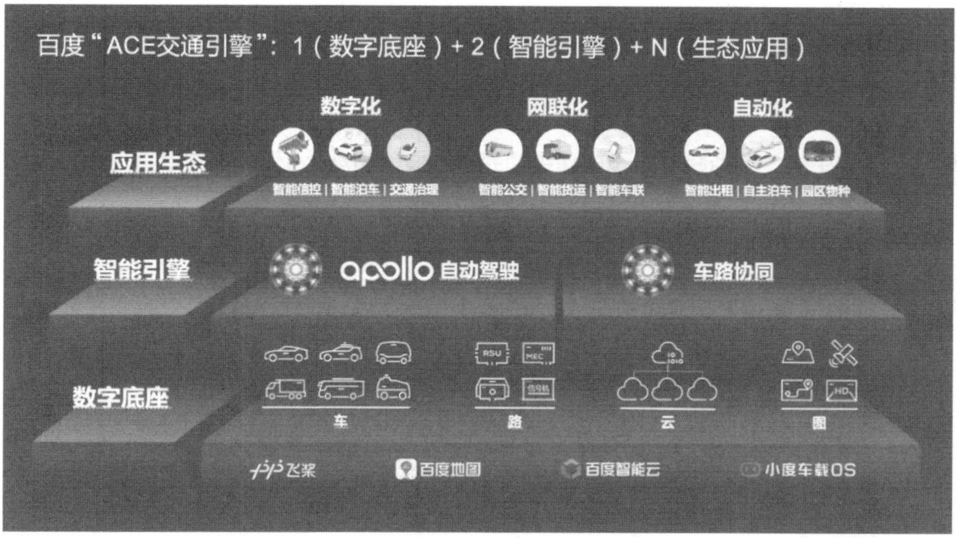

图 13–3　百度“ACE 交通引擎”总体架构

百度“ACE 交通引擎”采用了“1+2+N”的系统架构，即“一大数字底座、两大智能引擎、N 大应用生态”：一大数字底座指“车”“路”“云”“图”等数字交通基础设施，包括小度车载 OS、飞桨、百度智能云、百度地图；两大智能引擎分别是 Apollo 自动驾驶引擎和车路协同引擎；N 大应用生态包括智能信控、智能泊车、交通治理、智能公交、智能货运、智能车联、智能出租、自主泊车和园区物种等。

百度“ACE 交通引擎”综合解决方案已在北京、广州、长沙、重庆、保定、沧州等

10 余个城市落地实践、崭露头角。

应急管理亟待智能化

在国家治理和城市治理中，应急管理工作关系到国计民生，应急管理智能化利国利民。在应急管理中，新一代人工智能技术可发挥中流砥柱作用。疫情期间，智能科技产业在生产、生活各个方面都凸显了重要的作用。AI 测温、智能识别、流行病学调查等智能手段，“一方一药”等生物技术在抗疫中发挥了重要作用，语音识别翻译软件有效解决了口岸防疫中的国际交流障碍，各种手机应用通过数据技术助力企业复工复产，健康码、出行码为出行提供保障，智能科技产业已经成为中国应对疫情的重要手段[①]。

专栏　中共中央、国务院《关于构建更加完善的要素市场化配置体制机制的意见》中关于“国家应急管理体系建设”的要求

增强要素应急配置能力

把要素的应急管理和配置作为国家应急管理体系建设的重要内容，适应应急物资生产调配和应急管理需要，建立对相关生产要素的紧急调拨、采购等制度，提高应急状态下的要素高效协同配置能力。鼓励运用大数据、人工智能、云计算等数字技术，在应急管理、疫情防控、资源调配、社会管理等方面更好发挥作用。

2019 年 11 月 4 日，应急管理部通信信息中心与百度达成“人工智能应用联合创新战略合作协议”。

应急管理部科技和信息化司司长、通信信息中心主任魏平岩表示，应急管理信息化涵盖自然灾害监测预警、安全生产监管监察、应急指挥救援等诸多领域，迫切需要运用

① 霍艳华，戴涛，第四届世界智能大会将于 6 月 23 日在津开幕，学习强国，2020 年 6 月 12 日。

高新技术来推动业务创新和动力变革，从而实现跨越式发展。要加快应急管理业务与人工智能新技术的融合，尽快将科研成果转化为现实战斗力，为人民安居乐业、社会安定有序、国家长治久安做出贡献。

根据战略合作协议，双方将携手推动以人工智能为代表的高新技术在应急管理领域的应用与发展，加强双方在应急装备与信息化技术攻关、科学研究、标准研制与生态培育等方面的合作，推动国内应急管理工作的智能化升级。

同时，双方联合成立“应急管理人工智能应用联合创新实验室”。这也是国内应急管理方向首个人工智能联合实验室。百度与应急管理部通信信息中心还包括共同开展森林火险监测技术研究，形成了林火热点监测服务，2020 年自然灾害风险预警能力在四川、山西、西藏等林火救援指挥现场的信息决策支持中已发挥积极作用。

此次战略合作，不仅是人工智能在应急管理领域联合创新的开端，为国内应急管理事业的智能化建设开启新篇章、探索新模式，还将为人工智能技术打开一片新的空间。

人工智能与教育培训

“发挥网络教育和人工智能优势，创新教育和学习方式，加快发展面向每个人、适合每个人、更加开放灵活的教育体系，建设学习型社会。”① 十九届四中全会决定中提出“构建服务全民终身学习的教育体系”“建设学习型社会”的任务目标，并旗帜鲜明地强调了人工智能的重要作用。

疫情期间，远程线上教育、线上问诊发挥了重要作用，既保障了非接触的需要，又促进了国家基本公共服务制度体系的建设与完善，还丰富了社会公共服务的内涵。两者最大的意义是促进了广大人民群众享有健康教育服务的公平可及、系统连续，使得结构不合理、配置不均衡的教育、医疗资源及服务呈现普惠性、均等化、可及性、兜底性的特征，保障了群众的基本生活。

另外，就像本书反复强调的一样，人工智能的终极目标就是助人成长，也只有人工智能才能推动教育培训走上智慧教育之路。中国步入智能社会迫切需要深化教育领域综

① 《中共中央关于坚持和完善中国特色社会主义制度 推进国家治理体系和治理能力现代化若干重大问题的决定》，2019 年 10 月 31 日中国共产党第十九届中央委员会第四次全体会议通过。

合改革，创新教学、训练、成长方式。此外，就是对人工智能相关人才的培育应提到重要议事日程上来。无论发展之需、产业之需，还是竞争之需、成长之需，都有必要将人工智能技术在教育培训的丰富场景、在人的全生命周期深度应用并呵护成长，推进终身学习、人岗匹配，从而最大程度激发人力资本的活力和创造力，挖掘新的人口红利。

按照《人工智能行动计划》设定的目标，到 2020 年要建设 50 家人工智能学院、研究院或交叉研究中心。据不完全统计，截至 2019 年 1 月底，设立人工智能学院的高校已达 38 所。不久前，教育部公布 2019 年度普通高等学校本科专业备案和审批结果，有 180 所高校新增了人工智能专业，是当年备案专业中新增最多的专业。

教育是未来工程，更是社会工程。人的成长是全场景、全时空、全周期的成长，恰当的教育、个性化培训、匹配性使用、协同性合作需要全社会的支持。百度于 2020 年提出两个“500 万”目标，其中之一就是人才服务计划。2020 年 6 月 20 日，百度宣布，未来十年将继续加大新基建领域投入；预计到 2030 年，百度智能云服务器台数将超过 500 万台；未来五年，预计培养 500 万名 AI 人才。

此前，百度已经培养 AI 人才 100 余万人，并已与复旦大学、武汉大学、华中科技大学、南开大学、中国农业大学等 200 多所高校共同开设深度学习、人工智能课程，并培养了来自清华大学、北京大学、浙江大学、哈尔滨工业大学等 400 余所高校的上千名 AI 专业教师。

人工智能与社会新公益

人工智能在社会公益事业上的应用已经屡见不鲜。从 2016 年底开始，百度与民政部、宝贝回家等专业机构展开寻人合作，用人脸识别技术帮助更多的人回家。对于千千万万个寻亲者而言，他们通过民政部全国救助寻亲网、百度 AI 寻人小程序等上传家人走失前的照片，即可一键与全国各地救助站救助的数万名走失人员实现实时比对，快速锁定相似度较高的照片。截至 2020 年 7 月 6 日，百度 AI 寻人平台共计收到 414653 次人脸识别比对需求，帮助了 11538 个家庭重新团聚，其中有的人已经失踪 20 多年。

过去我们司空见惯的还有不会上网、不会打字的爸爸妈妈，现在这些数字鸿沟不能再变成“智能鸿沟”，小度智能音箱、小度在家这样的智能设备完全可以让老人和它们无障碍语音沟通，并获得完美的体验。

其实，人工智能与新公益之间远远不止这点儿事。

腾讯坚持做“9·9公益日”，2020年已是第六个年头。彼时，因个别事件影响，公募基金组织面临信任危机，一竿子打翻一船人。腾讯慈善公益基金会倡导让公益触手可及，用“互联网+公益”发现连接的力量、发现每一个微小个体的力量，用信任关系链进行信任背书与传播、分享，让更多有捐赠意向的企业形成联动，让更多的社会机构加入。2019年公益日总募捐额达到25亿元，参与者达到4800万人，参与的公益组织据说有上万家。腾讯正利用大数据、区块链技术对参与的公益组织的情况进行“画像”，进行不可篡改的存证。

4800万人这个数据很有说服力。当公益变成更多的人自觉自愿的协同行动时，整个公益环境就会焕然一新。

百度推动的“星辰计划”是科技公益计划，准确点儿说是“智能公益”。百度搭建的CSR技术赋能平台，秉承可持续发展原则和技术解决社会问题的理念，借助流量、技术、生态、资金四大能力搭建生态能力共享平台，让更多创作者、开发者，企业、非政府组织参与进来。每个细小的善意都值得被放大，都可以收获改变的力量。

借助人工智能的力量，持续激发社会新公益“WE众”的力量、生态的力量，将推动社会新公益方向不断创新、生态不断成熟。

14

智能生活：让 AI 融入生活

> 要加强人工智能同保障和改善民生的结合，从保障和改善民生、为人民创造美好生活的需要出发，推动人工智能在人们日常工作、学习、生活中的深度运用，创造更加智能的工作方式和生活方式。①
>
> **——习近平在十九届中央政治局第九次集体学习时的讲话**
>
> **（2018 年 10 月 31 日）**

技术改变了整个社会，也改变了你我。

事实上，你我也改变了技术。

还记得吗？2006 年，“你”曾经获得《时代周刊》年度人物（见图 14–1）。那曾经是“你”的高光时刻，未来，笔者预测“你”一定还会当选。

那个时代，我们成为没有边界的数字社会的公民。这几乎是一个“超级公民”，

① 习近平主持中共中央政治局第九次集体学习并讲话，参见中国政府网 http://www.gov.cn/xinwen/2018-10/31/content_5336251.htm。

Wiki[①]、Web2.0[②]、UGC，这里面你几乎都是主角，你同时给不同的互联网公司站台，甚至成为它们所谓“互联网红利”的一部分，成为它们估值的一部分。

图 14–1　美国《时代周刊》评选出了 2006 年年度人物，是我们中的每一个人

本来，这一章曾希望丢给机器，由人工智能完成。没有尝试的原因是希望这种对话更亲切，是我们有很多话要跟你说，等机器写好再增加我们想说的，就不是原汁原味的“机器作品”了。同时，更重要的，我们希望把更多的探索、求证、体验的机会留给你，你的体验才是独一无二、不容剥夺的。

懂你：真正的人工智能

人工智能的本质是对人的理解。真正的人工智能，应该是懂你的人工智能，帮助你

① Wiki，即多人协作的写作系统，是一种在网络上开放且可供多人协同创作的超文本系统，由沃德·坎宁安于 1995 年首先开发，这种超文本系统支持面向社群的协作式写作。沃德·坎宁安将 Wiki 定义为“一种允许一群用户用简单的描述创建和连接一组网页的社会计算系统”。

② Web2.0 指的是一个利用 Web 的平台，由用户主导而生成的内容互联网产品模式，为了区别传统由网站雇员主导生成的内容而定义为第二代互联网，Web2.0 是一个新的时代。

的人工智能，共同进化的人工智能。

现在智能革命带给我们的会更多，也“更少”。说“少”是说人工智能就像奥卡姆剃刀[①]，拿掉了方向盘，拿掉了键盘；未来，让我们花在学习各种工具上的时间也会减少，因为工具会越来越懂你，工具必须是用户友好型的，越来越会向你学习，趋近你的风格或者你的真实要求。当然，学不会，你也可以“盘它”、训练它。

百度坚持科技让复杂的世界更简单，AI 开放平台、飞桨、Apollo、小度助手都具有让你便捷上手、让你节约时间的优点，就像我们看电视不需要知道那些人怎么“进入”屏幕一样，我们用 AI 帮我们写作、编辑、剪辑视频、配音、导航，我们也不用学习背后的原理和逻辑。百度在搜索等产品上坚持的简单哲学也不是希望你无限驻留，你可以自主掌握而即搜即走。

前面我们举了大量的案例，说明人工智能是怎样解放双手、解放眼睛、解放时间，怎样大大提高效率、大大改善体验的。

人工智能不仅仅改变了车的方向盘，也必将改变我们每个人生活和工作的方向和选择。在某种程度上，人工智能时代是一个交互新时代，我们被“大连接”包裹，我们的“大交互”会随之发生，“大协同”也会如期而至。你和车、家居、设备、服务、知识创作者、屏幕上的演出者、潜在的开发合作伙伴连接在一起，交互无处不在，感知随时发生。尤其会改变人和机器交互的方式，人机对话也将变得更加容易。

技术越重，世界越轻，这也给了我们时间和机会思考我们与外部世界和未来的关系。

以前科技的发展表现之一也许是说明书变得越来越长。现在 AI 让你的自由度越来越大，可自由支配的时间越来越多。

我们曾被工具驱使。手机是一个非常明显的例子，低头族比比皆是。有时，我们不得不发问，这就是我们科幻世界的终点吗？

虽然我们只是处在 AI 时代的黎明，但值得我们期许的美好未来已若隐若现。

今天，百度更懂你！

---

① 奥卡姆剃刀定律又称“奥康的剃刀”，由 14 世纪英格兰逻辑学家、圣方济各会修士奥卡姆的威廉提出。这个原理认为“如无必要，勿增实体”，即“简单有效原理”。正如他在《箴言书注》2 卷 15 题中说“切勿浪费较多东西去做，用较少的东西，同样可以做好的事情”。

云生存：无处不在的云

云的应用不是企业或政府的专利，你也一样离不开云，你也可以具备吞“云”（计算）吸“雾”（计算）能力，甚至成为边缘计算的一部分。

你的手机直连百度网盘，照片、视频、通讯录、重要文档随时上传，即时备份。你在爱奇艺上看视频，其实片源就在云端。云就像你的管家，就像你的书架，就像你的储藏室，就像你的计算中心和 IDC 机房，以后云还可能扮演更多的角色，比如是你的办公助理、你的娱乐大师。

你有了自己的麦克风，有了自己的百家号，你准备好有自己的直播间了吗？你有火神山医院“云监工”经历吗？如果没有，你一定看过珠穆朗玛的 5G 云直播，或者参加过云展会、做过云签约。

云几乎就是为协同而生，也总有一种云连接、云协同让你感动。新冠疫情期间，保持社交距离让全球同“宅”，音乐成为最好的抚慰，音乐是最好的表达。于是，3 月 20 日，欧洲超过 30 个国家的 183 个电台同时播放了利物浦足球俱乐部队歌《你永远不会独行》(You Will Never Walk Alone)[①]，如图 14–2 所示。听众也录制并上传了自己的演唱视频。有云不会孤独，正如歌词所写：“Walk on, walk on, with hope in your heart. And you'll never walk alone, You'll never walk alone（继续前进，继续前进，希望永存你心。你永远不会独行，永远不会独行）。”

“天长地久，万物和兮，天地与我，大焉为一”。4 月 12 日，谭盾用一场 5G 3D 的云直播《武汉十二锣》[②]，让 15 国艺术家云在线、云直播、云交响，向世界传递“希望、温暖、爱和祝福”。

4 月 19 日，线上群星演唱会《四海聚一家》（One World：Together at Home）开启了 8 个小时的音乐线上马拉松，最终募得 1.279 亿美元，所得善款将用于为一线医护人员提供防护装备。

也许很多人不明白“云手机”到底是什么。云 + 手机，重新定义了智能手机。传统手机的功能主要由固定在手机里的芯片、内存决定。百度云手机则是依托于技术领先、

---

① 鉴赏地址：https://www.iqiyi.com/v_19rwztrqwg.html。
② 鉴赏地址：https://v.qq.com/x/page/c0951n3e7tb.html?ptag=qqbrowser。

图 14–2　欧洲 183 家电台齐播利物浦队歌

服务稳定的百度智能云，手机上所有的应用都转移到云端，原本需要手机终端提供的计算能力、存储能力，都改由云端服务器提供，用户获得超出手机配置的服务体验，且可以不停地“升级优化”，用户拿到的其实是一个账号，可以在手机端、电视端、Pad 端等各种终端上登录。

跨屏、跨场景：开启全场景智慧生活与智慧办公

跨屏、跨端能力将给我们带来更多便利，多屏互动、内容共享未来将成为标配。原来电视是一个很重要的屏，只有智能化才是一个端。现在融媒体使得内容的跨屏成为常态。而华为 EMUI10 以上版本的手机与 Pad、笔记本之间则可突破设备间隔，实现智慧全连接，开启全场景智慧生活与多屏协同、智慧办公。无须耗费数据流量，轻碰即可连接，手机端正在播放的音乐、视频或编辑中的文件，接入电脑可继续播放或编辑。同时你还可以在同一屏幕内操作两个界面，互相拖拽即可完成电脑与手机的文件传输；借助电脑键鼠及输入法直接回复手机对话，或快速把手机中的图片、文字内容等素材插入电脑文档进行编辑。

手机也能够与汽车无感连接，通过车辆中控屏幕，你可便捷享受手机上的音乐、导

航等服务，还可在手机上实时查看汽车状态，或提前开启车中空调。不仅如此，智慧车载还关注你的驾驶状态，若出现疲劳驾驶、注意力分散等异常行为，将及时提醒你休息，注意行车安全。

场景融合：惠及百姓生活

《新一代人工智能发展规划》旨在培育高端、高效的智能经济，主要包括三个层次：第一个层次是人工智能的战略性新兴产业，包括模式识别、人脸识别、智能机器人、智能运载工具、增强现实和虚拟现实、智能终端；第二个层次是让传统产业智能化，包括智能制造、智能农业、智能物流、智能商务、智能教育；第三个层次是对企业进行智能化升级，培育人工智能产业的领军企业。现在，智能网联汽车、智能服务机器人、智能无人机、医疗影像辅助诊断系统、视频图像身份识别系统、智能语音交互系统、智能翻译系统、智能家居等领域已率先取得突破，正在惠及百姓生活。

通过AI技术修复老影像、让国宝讲故事可以穿越历史，借助AI建设数字博物馆可以连接未来。AI科技还正在改变公共空间与公共服务。2018年10月，北京市海淀公园作为全球首个AI公园已面向公众开放。

2018年2月，百度与海淀区政府签订《建设海淀区“城市大脑”合作备忘录》，将在科技城市建设等方面做出有益探索。双方以海淀公园作为试点，根据人民群众的需求和人工智能技术的实际情况，对海淀公园进行AI改造，让AI成为海淀公园的DNA[①]，让人民群众共享改革开放科技发展成果，让科技惠民成为海淀新名片。

身边的万物都可以陪你聊天，跑步运动后刷脸就可以看到自己的运动数据，就算没带钱包和手机也可以轻松刷脸购物……

智能步道、智能亭、未来空间，全球首款量产的L4级别无人驾驶巴士阿波龙也等待游客来体验（见图14–3）。

① DNA，即脱氧核糖核酸。

图 14–3　游客在海淀公园争相体验全球首款量产 L4 级别无人驾驶巴士阿波龙

与人工智能共生：重新定义你和机器的关系

很多人担心机器会在未来取代人，甚至统治人。事实上，它们是辅助人类的工具、助手，而非替代物。人工智能将成为人类的智能助手，成为高信赖度、须臾不可离开的伙伴。人与机器、人与人工智能是共生关系，可以共同进化。而人的智能 + 人工智能，将催生一个从混合智能到超级智能的世界。

（1）AI 引致阅读革命。阅读体验变得可听、可看、可交互、可共创。VR 还原历史残缺书籍、戴上耳机听书、用 3D 打印技术给书本换新"衣裳"，5G、VR、人工智能等新兴技术正带来阅读新变革[①]。打开兵马俑图书，会同时出现书中兵马俑 3D 立体形象；阅读博物馆书籍，可以进行增强现实交互。读者、作者之间更多的实时交互、创作联动也成为可能。

（2）AI 引致创作革命。人工智能帮你写稿、帮你剪辑视频、伴你一起直播，这些事情你敢于想象吗？资料搜集、写稿、视频剪辑、配音、直播，这些和创作、编辑、内容

① 许东远，可听、可看、可体验：人工智能等新技术带来阅读变革，新华社上海 2019 年 8 月 20 日电。

相关的事情人工智能可以帮你搞定。百度大脑有一个“智能创作平台”，集合领先的自然语言处理和知识图谱技术，拥有丰富的自动创作和辅助创作能力，是更懂你的智能创作助手。而 VidPress 是百度研究院孵化的业界首个支撑通用型、大规模生产的智能视频合成平台，用户仅需一键输入新闻图文内容的链接，其余全部工作交由平台自动化完成，视频素材智能化聚合、解说词生成、语音合成、音视频对齐和渲染导出整套制作流程 9 分钟就能完成。

（3）AI 引致就业革命。过去我们更多处于被雇用的状态，我们需要找到组织，因为组织有衡量你的劳动价值并付酬的能力。现在，灵活就业已屡见不鲜，共享员工也可能成为常态。每一个人的斜杠能力通过不同的平台有更好的连接匹配、全部价值化的可能。百家号、微信公众号、视频号、快手号、知识付费、“人人皆主播”让每个人的兴趣、专长与就业、职业结合有更大的可能。云合作、云协同让组织、匹配形态大大改变。一个人会栖息在不同的生态上，和不同的人组成动态的虚拟团队展开合作。

（4）AI 引致成长革命。借助知识图谱、数据标注、特征描述、联邦学习等技术，将重构教育、培训与终身学习形态。对人的潜质评估、成长评价会越来越动态、精确，匹配会越来越精准，人工智能助力的人力资本服务会改写更多人的人生。人们可以有时间有条件发展自己的兴趣、进行兴趣社交、锁定目标受众、展现自己的价值。许多人有机会无门槛、超低门槛使用知识封装好的“黑科技”，获得更多的成长体验，如零代码基础掌握人工智能技能，配置简单、快速生成并轻松使用。比如在企业 AI 模型开发中，从数据准备到模型训练再到服务部署，每个环节都需要企业关注。数据的质量直接影响模型效果，企业需要高效率、低成本完成数据的采集、上传、清洗与标注并快捷接入模型训练。知识密集型产业面临海量数据的理解与处理难题，培养一名理解行业的员工需要耗时多年，但经验传授却难上加难，企业培养人才成本高。百度 EasyDL 是零门槛 AI 开发平台，面向企业开发者提供智能标注、模型训练、服务部署等全流程功能，针对 AI 模型开发过程中繁杂的工作，提供便捷高效的平台化解决方案。针对数据管理问题，EasyDL 中的 EasyData 智能数据服务平台，提供覆盖采集、清洗、标注、加工等一站式数据处理功能，并与模型训练环节无缝对接，通过数据闭环功能支持高效的模型迭代。EasyDL 面向不同人群提供了经典版、专业版、行业版三种产品形态，其中 EasyDL 专业版支持深度开发高精度业务模型，内置了丰富的预训练模型，能适用于多种场景，仅需少量数据即可达到优异的模型效果。

你的能力可以共享给你从来不会在线下谋面的团队或伙伴，教育资源随时随地唾手可得，可以让你跨过任何一家高校的门槛，而 5G+AI+ 生态化平台 + 新基建将成为你成长、发展的阳光、空气与土壤。信任、利他、合作、共享、协同则是穿行智能世界的润滑剂。

在不同的学习机构和学习场景中，人工智能正在再造新的教育和培训供给模式。百度投资的作业帮刚刚又获得一轮规模不小的投资。研究小学生编程思维培养、学习悟性提升的西瓜创客不久前也获得腾讯 B+ 轮投资。随着行业机构的深耕，少儿编程赛道正在不断走向成熟。《2017—2023 年中国少儿编程市场分析预测及发展趋势研究报告》显示，目前国内少儿编程市场规模达 105 亿元，并且每当渗透率提升 1%，整体市场规模就有望扩大 100 亿元。

华为将体验式服务做到了全国。线下渠道部署非常快速，其中市级 1800 多家、县级 3000 多家、镇级 3000 多家；开设“华为学堂”，用户可以体验全场景智慧生态，未来线上线下也会全面覆盖。微软收购了 GitHub，成立了“.NET 基金会”全面扶持开源项目。GitHub 年度数据报告显示，在 GitHub 全球 4000 万位开发者中，中国开发者无论从数量还是开源项目的贡献上均已位列第二。

百度：个人 IP 的运营商

百度的助人成长不是拿来说说的。百度通过平台生态、黄埔学院、云智学院、师资训练、高校合作、线上资源开放已实现对 100 万人的教育培训与成长促进覆盖，未来 5 年将培养 500 万位 AI 人才，为中国智能经济和智能社会的发展提供 AI 人才保障。百度还将与生态伙伴一道，进一步扩大到对更广大群体终身学习的覆盖和帮助。

百度对促就业、保民生一直不断付出努力。2020 年 7 月 2 日，百度宣布将继续加大对新基建数据产业方面的投入，未来 5 年将在百度（山西）人工智能基础数据产业基地培养 5 万名 AI 数据标注师，并引入更多的 AI 合作伙伴。此合作模式未来还将拓展到更多省市，提供更多的 AI 就业岗位，支持当地科技产业发展。

AI 数据标注师是随着人工智能的发展出现的一个新兴就业岗位。2020 年 2 月，“人工智能训练师”正式成为新职业并被纳入国家职业分类目录。数据采集和标注是人工智能训练师的主要任务之一。数据标注师的工作是教会 AI 认识数据，有了足够多、足够好的数据，AI 才能学会像人一样感知、思考和决策，更好地为人类服务。目前，百度（山西）人工智能基础数据产业基地 AI 数据标注师从业人员超过 2000 人，实现营业收入超亿元，入驻企业 35 家。

随着百度在 AI 上越来越强大，AI 的生态越来越强大，百度 AI 生态上栖息着大量的优质 AI 生态伙伴、多样的主体和物种。百度拥有最好的搜索与分发，最好最海量的内容，最好的 AI 生态，形成了各类 IP、开发者、内容贡献者、知识创新者的连接、集群，也将连接广泛的场景、项目与生态，百度有能力和意愿帮助更多的 IP 真正变成超级 IP，与用户的全生命周期、全场景、全职业生涯的终身学习、个人成长、职业发展深度结合。

关于 IP 打造，举一个文化遗产守护者计划的例子，看百度是如何用科技呵护匠人、守护匠心、传播匠品的。

2018 年，百度启动了“百度文化遗产守护者计划——百度匠心中国行”行动，旨在通过互联网技术与产品，用商业营销的思路，为传统非遗的传播赋能。此前百度已通过搜索、信息流、AR 技术，为熊氏珐琅、金氏风筝、张忠强兔儿爷等多个非遗文化做传播推广，帮助老手艺人在互联网时代重讲故事，走出老手艺传承的困境。

作为熊氏珐琅第三代传人的熊松涛（熊爷）一直坚守着珐琅技艺。虽然 53 道工序纯手工，最短两个月工期，600 年的文化沉淀，业内赫赫有名，但大众市场对熊氏珐琅品牌却始终鲜有认知。

研究出了“无风放飞”的盘鹰风筝、一做 60 年、曾将风筝带出国门的金氏风筝第四代传人王赤峰也遇到类似的困境。

非遗传承堪忧，文化不能慢性凋零。经过几百年、上千年历史检验的好物件，需要有渠道和好的形式以获得年轻人的持续关注与欣赏。百度帮助这些老手工艺人尝试“触网”，将他们的经历和故事通过信息流更精准地传递给用户，还通过 AR 技术还原风筝制作过程，让更多的人体验传统文化的魅力。

做智能经济的建设者，不当美丽世界的新孤儿

来吧，让我们重温那个让我们激动不已的新一代人工智能发展“三步走”战略目标：“第三步，到 2030 年人工智能理论、技术与应用总体达到世界领先水平，成为世界主要人工智能创新中心，智能经济、智能社会取得明显成效，为跻身创新型国家前列和经济强国奠定重要基础。”

每个人都能享受 AI 带来的好处。

期待和大家一起共建、栖息最有价值的融合生态，形成各得其所的共创与协同。

不管你是内容创作者，要寻找好的内容创作平台，还是内容传播者，要做知识直播、直播带货、短视频，寻求合适的分发平台；不管你是开发者、创业者，服务商、自由职业者；不管你是老师、医生，还是宝妈、学生，百度的容纳都是天量的，协同都是无限的，家园都是共享的。

人工智能为我们共同打开了一个美丽新世界。汪峰有一首歌叫《美丽世界的孤儿》，歌中唱道：“有时，我感觉失落，感觉自己像一棵草。有时，我陷入空虚，可我不知道为什么。时光流走了，而我依然在这儿，我已掉进深深的旋涡。”

凡事以终为始，了解、认知了未来就应该找到接纳未来、迎接未来、拥抱未来的正确方式。

这个方式，就是自我激励、高效成长、选准生态、善于协同，就是一起做智能经济的建设者，融入奔向未来的洪流。

我们在一起！

“主编访谈”

李彦宏：AI 的终极理想是为人类带来更多自由与可能

李彦宏　百度创始人、董事长兼首席执行官，第十二届、十三届全国政协委员，国家特聘专家。北京大学信息管理专业毕业，获纽约州立大学布法罗分校计算机科学硕士学位。持有的“超链分析”技术专利是奠定整个现代搜索引擎发展趋势和方向的基础发明之一。2000 年，回国创立百度，2005 年，百度在美国纳斯达克成功上市。改革开放 40 周年，被授予改革先锋称号。首位登上《时代周刊》封面的中国互联网企业家。

访谈时间：2020 年 5 月 8 日

张晓峰：书籍是人和外部对话的重要载体，也是很好的交互界面。相信《智能经济》这本书对于我们和外部对话、和这个社会对话、和未来对话一定会有好处。

李彦宏：是的，我们就是开放沟通，把心里想的都呈现出来。

张晓峰：听珊珊说一谈技术，您就会眼睛发亮，要不咱们就先聊一聊技术？

李彦宏：好。

搜索引擎的演进与未来

张晓峰：从您最早的超链分析专利到把更多以机器学习、深度学习、自然语言处理为核心的 AI 技术加载到整个搜索系统，请您再展望一下，智能搜索还会给普通用户带来哪些新体验。

李彦宏：搜索本质上就是在解决人工智能最终要解决的那个问题，就是机器要真正地理解人的意图，并且能够做出相应的回应。

搜索引擎从第一天起做的就是这个事。用户表达他的需求，我们用机器试图理解人的需求，然后响应。早期搜索技术并不是用AI实现的，第一代的搜索完全是用词频统计；第二代是我发明的超链分析，就是用别人的引用来证实内容的全面度和相关性；2010年前后，搜索技术完全转向了AI技术，就是用机器学习的方式：哪些用户搜哪些词，点了哪个结果，他在那个结果上停留多长时间等。完全用这些用户的行为来学习，最后回答新的用户或者新的信息方面的需求。这是一个演进的过程。

现阶段AI技术属于弱人工智能，远没达到机器智能和人的智能相当的通用人工智能阶段。百度最近十几年的研发投入，目标就是让机器智能逐步接近人的智能。在这个过程中，搜索仍然是最主要的应用方向。

未来的搜索会越来越精准地理解人的意图，人的各种需求也能够更好地被表达。过去人们输入关键词搜索，现在可以用语音、图像作为输入。

如果再畅想一下，未来会发生的，一个就是类似于小度音箱，更接近人的助理，而不是工具，它那种拟人化能力特征会逐步显现。今天小度在家已被很多人当作“人”看待。因为它像人一样回答问题，有时还会说点儿俏皮话。你用几十种方式问天气，它也能明白你在问什么。它还可以满足用户的陪伴性需求。

以后搜索结果的呈现，除了今天的文字、图片、语音、视频等，还会有新的形式。比如直播也是一种形式。你想知道移植白皮松的知识，也许会被导入一个植物学家的直播室，你直接提问，立刻就能得到答案。你的问题可以被一个活生生的人在直播室里解答，这是一个值得期待的场景。这样的场景也非常考验百度的匹配能力。

另一个是全息成像。现在是平面、二维的表达方式，将来可能是三维立体的表达：一个虚拟人，一步一步介绍事情怎么做，让用户更容易理解。

未来的搜索跟今天会很不一样，会用到很多今天还没有的技术。但它都跟AI

相关，都跟我们过去一二十年做的这些技术密切相关。

智能助手化、人格化、个性化

张晓峰：您刚刚谈到智能助手，相信有不同属性，如服务工作的、服务健康的、服务生活的，甚至陪伴老人和孩子的智能助手。我们未来会在哪些方面发力？

李彦宏：其实很多方向上都需要发力。在我们接近通用 AI 之前，会出现很多专用的 AI 助手。您提到医疗，在辅助诊疗上 AI 助手就很有用。百度研发的 CDSS 智能诊疗辅助系统，通过一步一步问患者问题，帮助诊断病症及开药，给医生提供辅助。未来它会发展成医疗方面的智能助手。

在教育方面，今天我们给自己的孩子请各种家教，报各种辅导班。未来 AI 可以为孩子打造一个专属的家庭教师。孩子不熟悉哪个知识点，就围绕这个知识点反复练习。这样一个完全个性化的教育助手在不远的将来就能够实现。

医疗、教育、金融等任何一个大家熟悉的领域，都会出现一个专用的智能助手。

张晓峰：它会变得让大家非常信任和信赖，虽然虚拟但离不开，而且真的会人格化。

李彦宏：对，人格化，而且是完全个性化，完全根据你的需求提供相应的方案。

帮助人们成长：基于人，服务人，成就人

张晓峰：2019 年初，百度愿景发布。其中有一个非常重要的点，让人内心涌起共鸣："帮助人们成长"。我相信这不是拿来说说，不是放在口头上的。发布愿景为什么选择这个时间节点？关于帮助人成长，您有什么样总体架构、设想？

李彦宏：我们也研究了别的公司，不是每家公司都有完整、清晰定义的使命、愿景、文化、价值观等，即便一些大公司。

百度已有 20 年历史。早期，当百度以搜索为主产品形态时，提出的使命是"让人们平等便捷地获取信息、找到所求"。2017 年，百度逐步进入人工智能时代，期望以自己的能力做更多的事情，使命升级为"用科技让复杂的世界更简单"。这件事情做好了之后，这个世界会变成什么样子？使命变得宏大，我们需要所有员工一齐朝这个方向努力，那时百度会变成一家什么样的公司？

2018 年暑期，我认真地思考这个问题，还是希望百度“成为最懂用户，并能帮助人们成长的全球顶级高科技公司”。第一,百度有这个能力；第二，沿着我们的使命往前走，最终就会走到这一步。

怎么体现“帮助人成长”？或者当遇到市场很需要，但是并不能“帮助人成长”的情况时，是不是应该放弃，如何取舍？这时我们的使命、愿景、价值观就起作用了。

比如搜索，我们以新愿景、使命和价值观为牵引，做广告托管页，商家介绍不再是商家想怎么说就怎么说，它要符合百度的规范，百度要对广告或者托管页上的内容负责。这是一种自我净化，即便影响广告收入，也要坚决去做，这是建立优良生态、建立信任必需的。

再如小度在家，2017 年就上市了。对这个设备的定义、定位是什么？很多人用小度在家学习，购买课程，获得知识；也有人用它玩游戏。这就会出现矛盾。2019 年，我们确定小度在家主要是帮助孩子学习成长的设备，就逐步弱化游戏，不断强化它的教育功能，这就是根据我们的使命愿景做的取舍。每一个百度产品未来发展出现矛盾时，使命、愿景、价值观都是帮助我们做取舍的。

张晓峰：我很理解也很赞同这种做法。人是一切的基础、支撑与归宿。对人的尊重、对人成长的尊重，更懂人、技术助人成长，这非常重要。

基于全息画像的数字孪生体，更懂才能更精准匹配

张晓峰：谈一点个人的观察和思考。人是最核心的，既是用户，又是我们的伙伴，有可能是我们生态的物种，还有可能是我们的传播者、分享者，甚至是大规模合伙制的合伙人，角色非常多元。

我和很多互联网公司有过交集，比较后发现，未来能够对人有更精细刻画、更全面描述、更精准画像的，也就是对“人”的刻画更接近于全息的只能是百度。百度了解用户的兴趣、习惯、需求、关系、能力等，了解他们的每一个维度、每一项斜杠能力、每一种兴趣、每一种需求，百度拥有 AI 技术和 AI 生态、移动生态，基于全息了解甚至能构建一个个数字孪生体，在智能社会，这非常关键。未来的 CPS，王飞跃老师在后面加了一个 S（社会），我认为前面应该再

加一个 C，把云加进去，就变成了 CCPSS，其实这就是智能社会的架构。百度在这个架构中每个环节都是贯通的，又是基于人进行连接、转化、放大的核心节点。像您讲的“永生人”一样，我相信未来百度有能力为每个人构建一个全息的、数字的、动态的孪生体，和物理世界的人一一映射。

百度从很早就选择了开放，百度生态上栖息了大量优质的生态伙伴、多样的主体和物种。我理解，别人是做“产品”，百度是做“社会”，这个“社会”将会映射每一个人、每一个 IP。

李彦宏：这是种比较新颖的提法。百度确实具备一些先天的优势。比如，用户数据的积累已有相当长的时间，数亿用户有很多行为数据。更重要的是，百度的基因是技术基因。

您刚才讲某些公司对用户数据的掌握可能也非常厉害，甚至比百度数据还要多；但是我理解，它们的理念是人和人之间的沟通，并不试图用机器理解人。百度是在真正地连接人和机器，所以我们一直在技术上不断投入，试图让机器更好地理解人。

有了这些数据，相当于有了人工智能时代的燃料，我们再用技术对它进行最深刻的理解，这就是我们愿景里体现的，可以更好地连接、服务、帮助人们成长。将来产生数字孪生体，甚至“永生”，这个人也许肉体已经消失，但是他的思想、精神是永存的，他的思维逻辑、对事物的判断反应，我们都可以通过 AI 方式计算出来。

张晓峰：未来人和场景、人和人、人和机构、人和机器、人和组织的连接，会呈指数级增长。全息了解就可以高效连接，快速分发，精准匹配。而精准匹配可以大大降低社会成本的投入和错配的损耗。从这个意义来看，百度更有条件、有能力做好“超级接口”，成为每一个 IP 的“接口人”“经纪人”，未来百度也许会成为一个人力资本银行。

李彦宏：这肯定是值得百度努力的一个方向。搜索引擎、移动生态在做这件事情。搜索引擎诞生之前，很难想象世界上这么广泛的知识在一秒钟之内就可以完全获得。很多以前我们需要背、需要记的东西，现在完全不需要了。当你需要知道什么，百度一下，马上就可以得到结果。再往前走，它可以回答更复杂的问题，即那种需要大量的推理、计算的问题，不是简单的一个知识点或者信息点。

因此，最终百度做的不管是工具也好，助手也罢，它能够让人变得更强大，让过去要很长时间才能做到的事，现在一秒钟就能做到；让过去一个人几乎不可能做的事，现在一个人完全可以做到；不仅可以对人个体赋能，而且可以对整个社会赋能，变成一个社会的基础设施。

一个人不同的维度、不同的属性、不同的行为可以用数据进行标识，以知识图谱帮助学习，用 AI 的方法辅助成长，把握学习曲线，引导未来发展的方向和领域。

当我们把技术、经济、社会、人放在大的图景里来看，不管是百度今天努力的方向，还是整个社会发展的趋势，AI 理解人的技术发展，现实社会更多的人、物都数字化之后，我们就变成了一个新的社会基础设施：交通可以有交通的基础设施，医疗有医疗的基础设施，安防有安防的基础设施，应急有应急的基础设施。这些东西全部数字化，有数字孪生体，它和人之间产生各种各样的交互，就一定会大大提升社会效率，提升人们的获得感，增加整体安全性。

新基建，加速百度的社会基础设施化

张晓峰：近期，国家密集出台了一系列重要政策与改革措施，其中新基建是不得不聊的话题。有人评价，“新基建在多个战略方向上契合了智能经济的表述”，您怎么看？未来，在新基建上，社会需要听到百度的声音，百度如何定位自身在新基建、在智能经济乃至智能社会中的角色？

李彦宏：中央讲的新基建，发改委解释它分为三类。第一类是信息基础设施，包括人工智能、大数据、互联网等。第二类是融合基础设施，比如智能交通、智能能源网络。第三类是创新基础设施，是支撑科研、技术开发的基础设施。

在融合基础设施中，能源网络我们涉及的相对少一点[①]，但智能交通百度涉及非常深。从我们的 Apollo 智能驾驶汽车，到后来的车路协同，到现在的智能信

① 不久前，国家电网与百度形成战略合作。——编者注

控——我们在长沙、保定、海淀等地部署智能控制红绿灯，协调起来帮助提升通行效率。用 AI 方式、数字孪生体的方式，能够让通行效率提升 15% 至 30%，这对 GDP 提升也是很好的促进。

这还只是不动硬件、全部靠软件的方式做交通。对城市而言，医疗、教育、金融、交通、物流、安防、应急、综合治理等，每一个方向都可以用数字孪生体的方式大幅提升效率、降低风险、增加满意度。当社会的基础设施和人完全打通之后，会是一个完全不一样的社会，会改变我们的方方面面。

再看创新基础设施，基本上和我五年前在“两会”建议上提的“中国大脑”很类似。百度有深度学习框架，完全开放开源，让别人进行创新；有自然语言理解框架，让别人不再做那些纯基础性的工作，而且这都是中国完全自主可控的基础设施。

所以我们今天面临一个新的机会，就是把 AI 打造成社会新的基础设施。这跟 100 多年前美国工业化时面临的机会非常类似。

云必须智能化，智能云将无处不在

张晓峰：假以时日，百度的 AI 将是智能化基础设施的底座，也是智能社会的大底座。您最近对智能云有了新要求，是不是火候到了？

李彦宏：云确实还处在一个市场相对早期的阶段，大家的认知也不全面。对百度来说，我更希望能够利用百度 AI 技术上的优势，做出更加端到端的云的整合，而不是简单地在基础云这个层面拓展，跟别人进行同质化竞争。

张晓峰：了解。我们把它定义为智能云，我们的 AI 能力毋庸置疑，叫智能云合情合理。当然，我看微软也叫智能云。这个产业与服务必须智能化，恐怕没人会怀疑，但客户可能辨识不清。请问百度智能云是否已经形成品牌认知和市场区隔？

李彦宏：云其实是一个很宽的赛道，在很多领域，大家都有可发挥的空间。百度现在比较领先的技术，像智能客服就完全利用了百度在自然语言理解方面的优势。

比如和联通的合作，移动电话客服无非就是套餐解释、修改服务包之类，用户需求简单，但是过去完全靠人工回答，很不经济。用百度智能客服的方式，就可以大幅提升沟通效率，而且可以给出更优的解决方案或者更准确的答案。这样的赛道，我们已经领先了。

金融服务场景，与浦发银行合作的虚拟数字人，为用户提供金融方面的咨询服务，得到了用户的认可。在医疗辅助诊疗方面，百度的技术正在很多县级医院逐步推广。

面向长周期，对技术有信仰的企业一定要有理想

张晓峰：您曾自称为“技术信仰者”，听说您还有一个别名叫 AI 先生。百度在研发上投入很大，前瞻性很强。有些应用产生了回报，但多数还要更长期的投入。我有一个观点，所谓“战略就是站在未来看当下如何做”。请问百度当初的战略决策考量的基点是什么？内外部的质疑大不大？坚守难不难？

李彦宏：确实有很大的压力，毕竟周围很多人天天盯着股票价格，会告诉你别人又做了什么特别火的产品。但是我们更愿意把这个时间轴稍微拉长一点来看技术的价值。看三五年的东西，你会面临很多诱惑。但是你看一个 30 年、50 年甚至更长时间的东西，你会发现坚持自己的理想还是很有价值的，最终也会有回报。

任何一个产业都有高潮、低点。我算是完整地经历了互联网的起伏。1991 年，我到美国开始接触互联网，互联网商业化大概于 1994 年开始。直到 2000 年初，互联网高速成长。此后开始了一个相当长期的低潮。如果用纳斯达克指数来看，2000 年突破了 5000 点，到 2001 年大概是 1000 多点。此后用了十几年的时间才回到 2000 年的水平。假如当时没有耐心、放弃了，后来的互联网繁荣就跟你没有什么关系了。

AI 也是一样。差不多自 2016 年至今，是 AI 高速发展、被广泛认知和认可的一个阶段。过去之后，又会出现一次下滑，会有大批 AI 公司倒闭，因为没有快钱可赚，很多人会怀疑、会离开。但是这种基础技术的积累，随着时间的推移，它在基础设施上能够产生影响，我觉得其价值迟早会体现出来，也许五六年，也许七八年，也许十年。

我正好又是一个信仰这个东西的人，所以不管面临多少压力，面临多少诱惑、多少质疑，我还是坚持自己的判断，坚持在这方面进行投入。

张晓峰：咱们团队的支持度怎么样？

李彦宏：也是一种自然选择。如果他们不相信这些，有很多机会到其他公司。百度的人才非常优秀，出去找个好的工作不难。留下的这些人，绝大多数跟我一样，也信仰这个东西。不信的话，待在这里会很难受。通过这样一个自然选择，留下来一批志同道合的人，真正信仰技术可以改变世界、信仰 AI 是一个跟工业革命一样伟大浪潮的人，会在这儿一起做很伟大的事情。

张晓峰：这种坚定坚守、静气静心很了不起。我看了一些资料，咱们整体的研发投入一直稳定在 15% 左右？

李彦宏：这些年基本上都在 15% 左右。有时候稍微高一点儿。对百度这样规模的公司，15% 其实很高了。但百度本身的定位就是一家高科技公司，我们应该保持这个投入。而且，确实就像您说的，很多投入是需要有耐心的，它不是两三年就能有回报的。但是如果你信这个东西，你就可以七年、十年坚持投下去。

其实当初创立百度时，我也不知道搜索引擎能赚钱。只是觉得这个技术很酷，而且我懂这门技术，它对很多人有用。那是 2000 年，搜索引擎还没有商业模式，大多数人也不看好它。

开放平台的生态哲学

张晓峰：如果用生态哲学的方法看待百度的生态和开放平台，您认为自己特别注重哪几个点？

李彦宏：这个其实我们经过了一个比较痛苦的思考过程。在 PC 时代，整个互联网是完全开放的，等于我们面对的是同一个生态。那时百度只要把技术做好，外界全部内容对我们是开放的，格式是标准化的，我们做技术就好了。

进入移动互联网时代之后，一个个 App 逐步把自己封闭起来了。这时百度面临比较艰难的选择，如果我们还走完全开放的路线，当大的 App 都封闭起来时，我们能获得的信息量势必会越来越少；如果我们自己也封闭起来，这跟我们的理念有冲突，而且我们需要自建一套内容体系和标准格式。

经过几年的争论与探索，百度确立了长期仍然要保持开放，拥抱任何对我们开放的东西。与此同时，百度要建立自己必需的能力。这也跟中国现在的国家战略类似——我们坚定地相信全球化，走开放的道路，但在关键环节要开发自主可控的技术，关键的技术要掌握在自己手里。百度今天的这种理念，或者说生态基本上是基于这么一个理念实现的。

张晓峰：在这个节点出现智能经济，是不是可以说算力、算法、大数据三者的发展正好在这个节点上产生了很好的吻合？

李彦宏：对，或者说它到了一个爆发点，就是技术的积累到这儿了，数据的积累也到这儿了，计算能力的积累也到这儿了，正好这三者在这个时点具备了爆发的能力。AI 技术进一步成熟，可以运用于很多领域，大幅提升效率，并改变人们的生产生活方式。

现在讲的新基建，不管是创新基础设施、信息基础设施，还是融合基础设施，其实很生动地描述了智能经济的基本特点。在这三个方向百度都有很深的积淀。比如创新基础设施，我们有飞桨平台，也有语义理解技术与平台文心，后者跟谷歌 BERT 相比，很多指标都明显高于它，效果比它好；现在学术界很多人都在用 ERNIE 做实验、发论文。这就是产业影响力。

百度的开放性与生态哲学表现在，百度有飞桨平台，谁来用都欢迎，都是免费的。Apollo 也是，百度有一个自动驾驶平台，源代码拿去随便用。对方跟百度是不是竞争关系，或者是不是合作伙伴没那么重要，反正大家都可以用。这样的东西，我觉得将来变成新基础设施的时候，它的迭代速度会更快。这是在理念上不太一样的地方。

张晓峰：一些专家共同判断智能经济不是一个伪命题。这个节点，除了算力、算法、大数据发展形成了交集，为 AI 提供了丰富的燃料和条件，还是向高质量发展升级、转换的一个非常重要的节点。您判断在智能经济这样一个新形态中，合作模式、游戏规则可能产生什么变化？

李彦宏：这个问题比较难回答，它其实与预测未来相关。我认为合作模式、游戏规则确实会跟以前很不一样。

从历史角度来看，像中国特色的社会主义道路，是社会主义的，又遵循市场经济规律，所以可以连续 42 年保持高速经济成长，政府在经济成长中起了比资本主义国家大得多的作用。2020 年的疫情防控，中国的文化与制度也发挥了强大的作用，确实比西方国家、发达国家做得好很多。智能经济时代或者说新基建时代，中国政府也将起到很大的作用，这是中国的优势。

在民营企业家群体里，有人认为搞基础设施建设得益的是国企，不够市场化，新基建如果走偏会导致国进民退。这是不必担心的，新基建要做的事情，民企有很大的参与空间，像智能交通，百度比任何一个国企都更有机会拿到项目；即便直接给到国企的项目，民企也会从中受益。比如5G建设，三大电信公司都是国企，它们来建设5G。5G建好了，作为民企的互联网公司也会受益。在新基建推进过程中，政府、国企扮演着重要角色，而民企也要找准自己的定位，积极参与，积极在新的基础设施上创新。经过这一轮改变，中国在全球的地位很可能会上一个台阶。

与外部分享百度洞察、百度方法论

张晓峰：有些逻辑方法是需要梳理、呈现出来，并与外部沟通。比如我们对新基建、产业智能化、智能交通方向的预判，百度的洞察，我们建构的方法论体系、我们的案例，这是值得发声和释放的。

李彦宏：是的。2020年4月，我们发布了专业智能交通白皮书，要用普通人能够理解的语言把它解释清楚。一开始出来的东西比较专业，有很多流程图。后来我说要有一个更视觉上的、能够跟交通联系起来的图景，用一张图解释未来的理念，放在最前面。白皮书发布后总体反应确实很好，人们觉得我们的理念很超前，而且有实实在在的解决方案。

公司内部还在酝酿其他领域的白皮书，如智能城市[①]。各个领域会逐步发布一些白皮书性质的东西，让大家理解我们心目中的智能经济、智能社会到底是什么样子时。

张晓峰：其实智能交通、智能治理包括应急系统都是智慧城市的一部分。

李彦宏：没错。这个还在逐步形成的过程中。大的思路还是数字孪生体的概念。首先要把所有能够数字化的东西都数字化。一旦数字化完成之后，该做仿真就去做仿真，该做各种各样的小流量实验就做实验。稍微调整一个参数，这个社会就会

① 已发布。——编者注

产生哪些相应的变化等。只有首先实现数字化，才可以做各种各样的实验。这些东西其实都是一层一层叠上来的。

智能产业化更偏底层技术、偏基础设施，而产业智能化更偏应用。智能产业化就是怎样让这些智能技术真正变成市场所需要的东西，把它从无到有、从小到大做起来。这是高科技公司的机会。产业智能化应该是所有其他公司的新机会。

智能产业化确实有很多新机会。比如芯片，在 PC、移动互联网时代，芯片相对标准，如 CPU、GPU 所用的芯片。但在人工智能时代，很可能会出现大批专用芯片。比如智能音箱的语音识别芯片，只要能精准识别人的语音就够了，不需要其他复杂的计算，不需要那么大内存。因为专用，所以成本可以大幅降低，性能也不受影响。随着应用场景的丰富，不管是语音识别专用芯片，还是图像、视频专用芯片，甚至将来自然语言理解专用芯片，都有可能出现新机会。

Do better，没有终点

张晓峰：我一直关注百度在整个疫情期间的举措，立体、全方位地呈现了技术的力量、责任的含义，相信这也是百度坚持 Do better 的阶段性成果。

李彦宏：百度经过这么多年的发展，无论是我们自己，还是外界，某种意义上都把百度当作一个公共设施。大家一方面很依赖，另一方面自然对百度有要求与期待。我们也一直在努力负起这种责任，满足外界对我们的期待。

这次疫情正好在春节前后暴发，我在美国和研发中心的科学家进行交流，他们说自己的研究项目中有一个是 RNA 二级结构预测的算法。针对国内疫情，想更快地研制出疫苗、研发出特效药，就需要更快地计算出病毒的 RNA 结构。我说这个好，救人要紧；早一点儿把这个东西发布出来，对中国的抗疫会非常有帮助。于是，我们就把它迅速发布出来。后来北京市联防联控工作小组还专门推介，说百度这种算法可以帮助科研机构更快地研发疫苗和新药，推荐大家使用。

百度在能够接触到的范围内、能够想到的都做了。不仅是我持这种理念，公司上下每一位员工，大家都在想百度能做什么，而没有一个人想我们能得到什么，能赚多少钱，从来没有一个人会想这种问题。大家都在想，现在国家有什么需求，我们还能做什么。

张晓峰：在这次两会提案中，您专门就复工复产特别是对中小微型企业、创新企业的支持提出建议，并率先做出承诺，这些努力意义重大。

李彦宏：为了恢复经济，各地方政府都在发消费券，增加人们的消费能力。其实在百度生态，我们也发了 20 亿元消费券，给我们的客户，给这些中小企业，让大家拿这种消费券来百度做推广、做广告，低成本地从百度平台获客，尽快恢复生意运转。

张晓峰：这是在给小微企业雪中送炭。

李彦宏：做百度擅长的，有流量，有用户，对于帮助中小企业尽早对接消费者，我们可以有所作为。

坚守职责，始于信任，让用户定义百度

张晓峰：我有一个设想，先抛出来。未来可不可以提一句话，即让用户定义百度？这个成不成立？您认不认可？

李彦宏：我们当然非常希望让用户定义百度。现在百度的产品经理每天做的大量工作就是分析用户行为。任何功能的改动或者升级一定要做测试，看用户喜不喜欢、接不接受。用户不接受，大概率就不做了。

从公司理念的角度，我对产品经理的要求是，不仅仅要看用户即时的反应，还要看他长远行为的改变。有些产品的迭代短期内用户特别喜欢，但是长远不一定对用户有好处。比如多一些娱乐性内容，可能时长会增加，百度要求产品人员有判断，有胆量，不怕短期得罪一批用户，哪怕是顶着短期数据下滑的压力，也要有勇气按长远的，需要两三年甚至更长时间才能显现正确性的方案推进产品。

有一个比较典型的例子，搜索引擎的相关性。我们的理念是相关性提升了之后对用户有好处，流量会增大。但是不管相关性有多么明显的提升，流量增加不会立竿见影。如果不是在理念上相信相关性提升对用户有好处，将来流量会增大，你就不敢上。可能在半年之内用户的时长黏性都没有提升；但是长期，我

相信用户会因为越来越好的体验，会越来越频繁地回到百度。这是一个有递延性的东西，需要有耐心、有勇气、有信仰去做这些事情。

张晓峰：是，所以我们帮助人成长更多是基于人、服务人、成就人，我们从产品哲学、从产品理念到具体产品形态呈现，和他们的每一次交互，一直希望他们把时间用在有价值的地方。从另外一个角度分析，实际上我们在培植这种信任型关系。信任型关系是稀缺的，但未来完全是可以资本化的，因为有信任的红利。

李彦宏：对，这也是百度非常坚持的一个理念。尤其是用户越依赖我们，我们就越有责任让用户得到真实有价值的知识信息与服务。

不管是从什么渠道接触到的信息，要想判断它的真假，很多人还是会回到百度证实、证伪。这种职责，我们现在具有，更需要坚守，一定要保证百度的内容、百度的信息或者知识、服务，是大家可信赖的。

拥抱变化，动态调适

张晓峰：百度的几个赛道越来越清晰了，移动生态和 AI 生态之间也可以打通形成相互加持，各平台之间的协同作用也越来越明显。2017 年，“夯实移动基础，决胜 AI 时代”是一次重要的战略升级，还会有哪些重要的变化或新方向？

李彦宏：夯实移动基础，决胜 AI 时代，这个战略没有变，但在不断进化。所谓“夯实移动基础”，其实在 2017 年，我们都回答不了百度的移动基础到底是什么。随着对整个移动市场理解的深入，逐步地明确了百度的移动基础、移动生态到底包括什么，并逐步把它定义出来，即百家号、智能小程序、托管页是属于移动生态的三大支柱，很多百度产品都要围绕它们构建。

外界对于百家号、小程序有比较明确的对标，可能多数人对托管页不很理解。托管页实际上就是为了提供给用户更加可信的信息。之前搜索引擎是一个开放生态，搜索之后会跳转到第三方网站。第三方网站说什么，百度已经没有办法控制了。过去，在这方面踩过很多坑。百度审核通过了，晚上人家就改了，改成了毒网站或者乱承诺的东西。后来我们就分行业，风险最高的行业比如医疗行业，以后只要是百度的客户，绝对不允许跳转到你的网站，你只能在百度这儿发布信息。信息又要求是结构化的，比如有多少床位、多少医生，这些医生都是什么职称等，我完全能够结构化、可比较，而且不允许随便更改。后来逐步在各个行业推广托管页，这样风险就更加可控了，也让用户更加信赖我们的平台。

百度也积极地拥抱每一种新的形式，比如视频、直播等，让信息跟人逐步更加紧密地结合起来。

“决胜 AI 时代”就是刚刚您提到的智能交通、无人驾驶、智能生活、智能家庭等。其他垂类基本上包含在智能云业务里。比如我刚才讲的 CDSS、智能客服、智能金融、智能城市等，都在逐步形成有百度特色的解决方案。

张晓峰：20 年真的是一个非常关键的节点。此间动态调适，不断反思，持续升华，这个过程有时候看起来简单，其实非常难。

李彦宏：非常难。我在内部也讲，我们的肌肉记忆其实很强，你习惯了一个做事方式之后，要改是不容易的，整个改变过程确实很痛苦，但只要下定决心一步一步来，不断重复，不断强调，不断做示范，一定会有成效。

张晓峰：走近百度、感知百度以后，和外部了解、认知的百度完全不一样。百度本身是一个超级 IP，未来的智能时代更应该是当仁不让的领军企业，同时作为社会化的基础设施，让社会上不同的 IP 栖息在百度的生态上，实现它们与场景、与价值、与未来的连接和匹配。百度完全可以满怀信心而又充满坦诚地和它们交互、对话。希望咱们的《智能经济》这本书在某种程度上可以起到这个作用。

主编后记

自 2015 年与腾讯合作《互联网 +：国家战略行动路线图》，2016 年，分别与滴滴合作《滴滴：分享经济改变中国》、和蚂蚁金服合作《新空间 · 新治理 · 新生活——中国新型智慧城市 · 蚂蚁模式白皮书》之后，我搁笔良久。一是自己需要沉淀、学习，二是回到自己的主业——继续为更多的企业服务，并专注于自己在大协同方向上的服务、实践与研究。

2019 年第四季度，应约与百度就《智能经济》的研究进行接触时，坦白说，我尚有些犹豫，担心不外乎三个方面：一是国内外对智能经济这个新课题缺乏相关研究，又要和新一代人工智能发展相结合，能不能驾驭得了，心里不免忐忑；二是外部缺乏对百度的全貌认知，在不了解的情况下对百度有个别负面评价，真的有必要把自己卷进去吗；三是客观上手头工作让可支配时间捉襟见肘。

春节前和百度集团副总裁袁佛玉、高级专家凡晓芝、科技与社会研究中心主任杜军三位女士的会见，坚定了后续的合作。后来一次次走近百度、感知百度，越发证明自己的决定是对的，因为对百度越了解就不由自主越喜欢，越看到百度的文化、百度的前瞻、百度的积淀、百度未来的价值。随着合作获得的支持越来越大，我也越来越有信心。

随手翻翻前几本书的后记，我确实感慨良多。从 2015 年起，我们国家的变化日新月异，越来越拥抱不确定性和未知，面向未来发展越来越有定力；同时，外部环境可谓波谲云诡、险象环生。与此同时，移动互联网技术与应用风生水起、全球领先；5G 技术更是站在世界之巅，形成势能。更令人振奋的是，继“互联网 +”之后，“智能 +”也成为国家战略的一部分，成为高质量发展的新动能、新引擎；国务院《新一代人工智能发展规划》制订了雄心勃勃的计划，新基建的整体安排也呼之欲出；在百度、华为、腾讯、阿里、商汤、旷视等企业勤勉耕耘和引领下，我国新一代人工智能技术与应用取得可信的、令人尊敬的突破，某些领域出现了“领跑”或“并跑”，它们的共同努力可圈可点，让我们未来有条件拥抱一个更加令人期待的智能经济新时代。

战略就是站在未来看当下如何做。从国家到区域，从行业到企业，从群体到个体，前瞻能力、站位维度决定了思想的高度和创新动能的力度，决定了对技术创新、思想创新、体制创新、模式创新的包容度。能够与国家发展、有影响力的企业、未来同频共振，个人何其有幸。

《哲学家杂志》共同创办人朱利安·巴吉尼与杰里米·斯唐鲁姆共同撰写了一部哲学普及著作，中文书名叫《你以为你以为的就是你以为的吗》。这句话比较出名，好像和相声演员苗阜在2015年央视春晚的一句台词有关。

大众对百度的认知也是如此。我原来也曾心存“偏见”。当认识到这种偏见会限制视线、阻碍判断时，我进行了调整。百度坚持简单哲学，坚守对技术的信仰，坚定大手笔投资，深耕人工智能近十年，不为短周期机会所迷惑，不因外部质疑而动摇助人成长的初心，传播上“耻其言而过其行”，这样器重未来，塑造独特的工程师文化，建构技术能力与工程能力，敢于开放开源，基于人、理解人、服务人、成就人的平台型公司，不正应该是我们内心向往，该备受推崇的吗？

本书是一种呼唤更多伙伴协同参与的探索，也是一种虔诚平等的对话。“风物长宜放眼量”，固化刻板、一成不变的认知既会被“浮云遮望眼”，也会让自己失去和共生生态、智慧未来交融的机会。

本书成书的过程就是一种协同。十分感谢李彦宏的信任、统筹和撰稿付出。言为心声，他有很多充满智慧的思想与洞察、有非常刻骨铭心的心路历程、有发自内心的悄悄话和各位读者近距离诉说。正如百度创业“七剑客”之一的崔珊珊在访谈时对李彦宏的评价，他是一位谦谦君子，静水流深，也是一谈技术眼睛就不由自主发亮的理工男。我们之间的交流和共同创作过程令我印象深刻，我也由此找到了百度的精神内核和全书的灵魂。

十分感谢睿智的百度集团副总裁、公关和市场负责人袁佛玉女士的信任，作为本书顾问，她对本书定调、结构调整、内部配合、访谈安排、全书审定和传播推动做出了重要贡献。十分感谢协调能力超群的杜军女士，继《互联网+》之后，很荣幸我们有机会再次联手担任主编。她是传播高手，也有很厉害的说服人的能力，得承认她的一句“您不想‘撩’遍 BAT ？”确实有些打动我。特别感谢杨子女士对访谈内容的梳理以及对全书结构提出富有建设性的意见。特别感谢杜军女士负责的科技与社会研究中心的郑静女士、韦成文先生等勤奋耐劳的同人给了我非常大的支持，也非常感谢他们对我的包容。特别感谢高级专家凡晓芝女士，自始至终给予耐心的沟通与提点。特别感谢百度品牌市场部、AI 市场部总经理徐菁女士，她欣然接受访谈并很无私、很用心地分享了大量资料。

在这里，要深深感谢百忙中接受访谈、贡献智慧的百度各位高管：百度首席技术官、人工智能体系负责人、百度研究院院长王海峰先生，百度集团执行副总裁、移动生态事业群负责人沈抖先生，百度集团资深副总裁、百度文化委员会秘书长崔珊珊女士，百度集团副总裁、CEO 业务助理、集团战略部负责人陆原先生，百度集团副总裁、总编辑张东晨先生，百度集团副总裁、深度学习技术及应用国家工程实验室副主任吴甜女士，百度集团副总裁、智能驾驶事业群组总经理李震宇先生，百度集团副总裁、百度智能生活事业群组总经理景鲲先生，百度集团副总裁、投资并购部负责人何俊杰先生。特别感谢互联网价值思想家、互联网价值研究者、《福布斯》中文版前副主编尹生先生，他愿意接受我们的访谈，并提出了十分中肯的意见。

感谢苇草智酷、“互联网 + 百人会”的段永朝老师、姜奇平老师、王俊秀老师、王飞跃老师、郭昕老师、杨培芳老师、石强老师、周涛老师、张新红老师、胡延平老师、刘锋老师、魏际刚老师、马旗戟老师、醒客老师、陈小小老师、申佳正老师、李亭秘书长贡献真知灼见，让我们达成“智能经济不是伪命题”的共识，也让本书少走了很多弯路。

感谢中信出版集团一如既往的支持。特别感谢中信出版集团党委副书记洪勇刚先生，他在本书酝酿中时就非常关心并亲自做出安排；感谢中信出版社经管分社副社长赵辉先生，这是继《互联网 +》之后我们的第二次愉快合作；感谢策划编辑惠璐瑶女士、责任编辑王金强先生，他们用心统筹本书的立项、审校、出版、发行与传播工作，付出了大量心血。

衷心感谢我爱的家人、亲人，她们为我的写作、生活、健康甚至睡眠、运动操心，对我没有时间陪伴给予最大的包容。从她们那里我收到了最多的鼓励，没有这些全心全力的帮助和精神支持，就没有本书的如期付梓。

需要说明的是，在融媒体面前，书籍能承载的信息量与可交互性都会受到限制。我与李彦宏、沈抖、佛玉商议，书的内容有限，形式也比较单一，所以我们希望改革本书，采用“书＋智能小程序”模式，在“智能经济思想汇”小程序上连接最新资讯、相关视频、延伸阅读、知识直播、交互社区、生态直达、活动与抽奖等更丰富的内容，甚至有机会来“熊厂”参观或者出现在百度各类大会上，欢迎各位读者来百度 App 搜索、体验。

在未知面前，我们保持敬畏。

在读者面前，我们满怀虔诚。

面向智能经济、智能社会的未来，我们协同创新，一起出发！

张晓峰

2020 年 7 月 8 日　于北京